LE
FORESTIER

PAR

GUSTAVE AIMARD

PARIS
F. ROY, LIBRAIRE-ÉDITEUR
222, BOULEVARD SAINT-GERMAIN 222
—
1892

Un homme jeune encore portant un fusil sous le bras gauche et un chevreuil sur le cou descendit presque en courant.

LE FORESTIER

I

OU LE LECTEUR FAIT A PEU PRÈS CONNAISSANCE AVEC NO SANTIAGO LOPEZ ET AVEC SA FAMILLE

A cinq ou six lieues, un peu plus ou un peu moins peut-être, de la ville de Tolède, l'antique capitale des rois goths, puis des rois maures, après le démembrement du califat de Cordoue, et qui, après avoir eu 200,000 habitants, en compte à peine 25,000 aujourd'hui, tant la dépopulation marche vite dans cette malheureuse Espagne ; à cinq ou six lieues environ, dis-je, de cette ville célèbre, dans les montagnes, au fond d'une vallée verdoyante et presque ignorée, s'élevait, à l'époque où commence cette histoire, c'est-à-dire vers 1628, une humble chaumière construite en rondins, couverte tant bien que mal en chaume, appuyée contre un rocher énorme qui la défendait du vent du nord, et entourée sur les trois autres faces par un enclos, bien entretenu et fermé d'une haie vive de bois épineux.

La vallée à l'une des extrémités de laquelle s'élevait cette chaumière était peu étendue ; elle avait une lieue de tour à peine, et était coupée en deux parties presque égales par une rivière qui, torrent au sommet des montagnes, tombait de cascade en cascade dans la vallée, et arrivée là fuyait silencieusement sous les glaïeuls, avec ce murmure presque insaisissable de l'eau sur les cailloux qui a le privilège de tant charmer les esprits rêveurs.

Rien de plus poétique, de plus calme et de plus reposé, que l'aspect de ce petit coin de terre perdu dans ces montagnes où meurent sans écho tous les bruits du monde ; Thébaïde charmante, où la vie s'écoule pure et tranquille loin des soucis des villes et des haines mesquines des envieux.

Le 18 mai 1628, un peu avant midi, un homme jeune encore, grand, bien découplé, à la physionomie douce et énergique à la fois, revêtu du costume des habitants de la campagne des environs de Tolède, portant un fusil sous le bras gauche et un chevreuil sur le cou, descendit presque en courant les pentes abruptes de la montagne, par un véritable sentier de chèvres ou de forestier ; il se dirigea tout droit vers la chaumière, suivi ou plutôt précédé par deux superbes chiens, au museau allongé, aux oreilles pendantes, tachetés de feu sur leur robe brune ; en approchant de la cabane ils prirent leur course, bondirent par-dessus la haie dont la porte était close et s'élancèrent dans l'intérieur de la chaumière, où ils disparurent en poussant des aboiements joyeux, auxquels répondit un énorme molosse sur un ton plus grave.

Presque aussitôt, comme si ces aboiements eussent été pour elles un signal, trois femmes sortirent de la chaumière, suivies des chiens, et s'avancèrent en toute hâte au-devant du chasseur.

De ces trois femmes, la première avait, de quelques années, dépassé la trentaine ; ses traits conservaient les traces d'une beauté qui, quelque dix ans auparavant, avait dû être remarquable ; sa taille était droite, flexible, et possédait cette morbidezza gracieuse qui caractérise les Andalouses et les femmes de la Nouvelle-Castille.

Ses compagnes étaient deux jeunes filles, âgées, la première de quinze ans, la seconde de quatorze à peine ; toutes deux étaient blondes de cette teinte nacrée particulière à la race gothique et avaient les yeux et les sourcils noirs, ce qui donnait un cachet étrange à leur physionomie rieuse et expressive ; leurs traits, peut-être un peu trop réguliers, étaient d'une perfection rare ; leur éblouissante et fière beauté avait cette sauvagerie hautaine qu'on ne rencontre que dans les grandes solitudes, qui séduit et charme à la fois et est un attrait de plus pour la passion.

La femme se nommait Maria Dolorès ; les deux jeunes filles, Cristiana et Luz.

Cristiana était l'aînée.

L'homme au-devant de qui venaient ces trois personnes se nommait Santiago Lopez ; il était le mari de Maria Dolorès et le père des deux anges blonds qui s'étaient jetés dans ses bras aussitôt qu'il s'était trouvé à leur portée.

Le chasseur débarrassé de ses armes et de son gibier, tous quatre entrèrent dans la chaumière et s'assirent autour d'une table sur laquelle un repas substantiel était préparé, et après une courte prière prononcée à haute voix par le père, ils commencèrent à déjeuner de bon appétit.

Profitons du moment où cette famille aux mœurs patriarcales prend paisiblement son repas pour raconter en quelques mots son histoire, ou du moins ce qu'on savait de cette histoire, ce qui n'était pas grand'chose.

Un jour, il y avait seize ou dix-sept ans de cela, un homme, âgé d'une trentaine d'années au plus, venant du côté de Tolède, était arrivé dans la vallée alors complètement déserte.

L'étranger était suivi d'une vingtaine d'ouvriers et de plusieurs mules chargées de vivres, d'outils et de matériaux de toutes sortes, conduites par des arrieros qui portaient non pas le costume castillan ou andalou, mais celui des provinces basques.

Après avoir visité la vallée, et l'avoir pour ainsi dire étudiée sur toutes les faces, l'étranger avait semblé fixer son choix sur la partie la plus reculée ; il fit un signe aux ouvriers qui, après avoir aidé les arrieros à décharger les mules, s'étaient immédiatement mis à la besogne avec une grande ardeur.

Les uns construisaient une maison, ou plutôt une chaumière, les autres défrichaient une assez grande étendue de terre, pour faire un enclos d'abord, puis plusieurs champs assez vastes.

Le terrain n'appartenant à personne, on pouvait en prendre tant qu'on voulait.

Jamais, depuis des siècles, si grande animation n'avait régné dans cette vallée ; les arbres tombaient avec fracas, étaient sciés et préparés pour former les murailles ; les forgerons et les serruriers travaillaient sur des forges portatives ou des établis improvisés ; personne ne restait inactif.

L'étranger surveillait les travaux, expliquait ses plans et donnait des conseils.

Bref, les travaux furent menés avec une telle activité qu'en moins d'un mois la chaumière, haute d'un rez-de-chaussée et d'un premier étage, parfaitement distribuée à l'intérieur, et complètement construite en bois, était achevée, ainsi qu'un grand hangar, une écurie pour trois chevaux, une étable et un cellier.

Le jardin ou huerta était enclos, dessiné, planté d'arbres fruitiers amenés de Tolède en plusieurs voyages et garni de fleurs. Les champs défrichés étaient ensemencés ; deux vaches et une chèvre placées dans l'étable, deux chevaux à l'écurie, et plusieurs chiens de chasse et de garde attachés dans des niches, auprès d'une basse-cour remplie de poules et de canards.

Les meubles seuls manquaient, mais ils arrivèrent, aussitôt la maison construite, ainsi que du linge et de la vaisselle.

Ces meubles étaient simples, mais solides et capables de faire un long usage.

Lorsque tout fut terminé à sa satisfaction, l'étranger, qu'on appelait No Santiago Lopez, rassembla les ouvriers, les félicita sur la façon dont ils avaient accompli leur besogne, leur paya ce qu'il leur devait et les congédia en leur donnant une gratification considérable; ce qui fit que ceux-ci se retirèrent non seulement satisfaits, mais encore en le comblant de bénédictions.

No Santiago dit alors quelques mots à l'arriero mayor, dans une langue que personne ne comprit, mais que celui-ci déclara plus tard être la langue basque; les arrieros se retirèrent à leur tour et l'étranger demeura seul.

Alors il s'occupa à reconnaître son domaine, et à faire de longues courses dans les environs de sa demeure : au bout de quinze jours il connaissait la montagne à dix lieues à la ronde, comme s'il l'avait habitée toute sa vie.

Ces quinze jours écoulés, un matin, au lieu de recommencer une de ses interminables promenades habituelles, No Santiago jeta son fusil sur son épaule, siffla ses chiens et se dirigea à grands pas vers l'entrée de la vallée.

A peine atteignait-il la gorge qui débouchait sur le sentier étroit conduisant dans la plaine en serpentant sur les flancs de la montagne, qu'il entendit le refrain d'une chanson basque chantée à pleine voix et scandée par le bruit argentin des grelots des mules.

Bientôt l'arriero qu'il avait congédié quinze jours auparavant, en lui confiant sans doute une mission de confiance, apparut au détour du sentier.

Il conduisait quatre mules chargées de bagages ; derrière ces mules quatre personnes marchaient au petit pas.

La première était une jeune femme de dix-huit à dix-neuf ans, d'une beauté remarquable, mais pâle, frêle et d'une physionomie triste et maladive.

Les trois autres, deux hommes jeunes, grands et vigoureux, et une femme de vingt-deux à vingt-trois ans, assez jolie et très fraîche, étaient des serviteurs ; l'un des deux hommes, nommé Pedro, était le mari de cette femme; l'autre, Juanito, était le frère de Pedro, et par conséquent le beau-frère de Paquita la servante.

En apercevant les arrivants, No Santiago s'élança au-devant d'eux.

Les serviteurs s'arrêtèrent et le saluèrent avec ce respect joyeux que les domestiques nés dans la maison professent pour le maître qu'ils sont accoutumés à chérir.

No Santiago leur rendit leur salut en souriant, et prenant la jeune femme dans ses bras :

— Vous voilà donc enfin, Dolorès ! s'écria-t-il ; oh ! que je suis heureux de vous voir, que le temps me pesait loin de vous !

— Et à moi, mon cher don Luis ! s'écria-t-elle en lui rendant ses caresses avec effusion.

— Pas ce nom, mon cher amour, pas ce nom ! s'écria-t-il en lui fermant la bouche d'un baiser : vous savez ce qui a été convenu.

— Pardonnez-moi, ami, reprit-elle avec un sourire qui illumina son beau

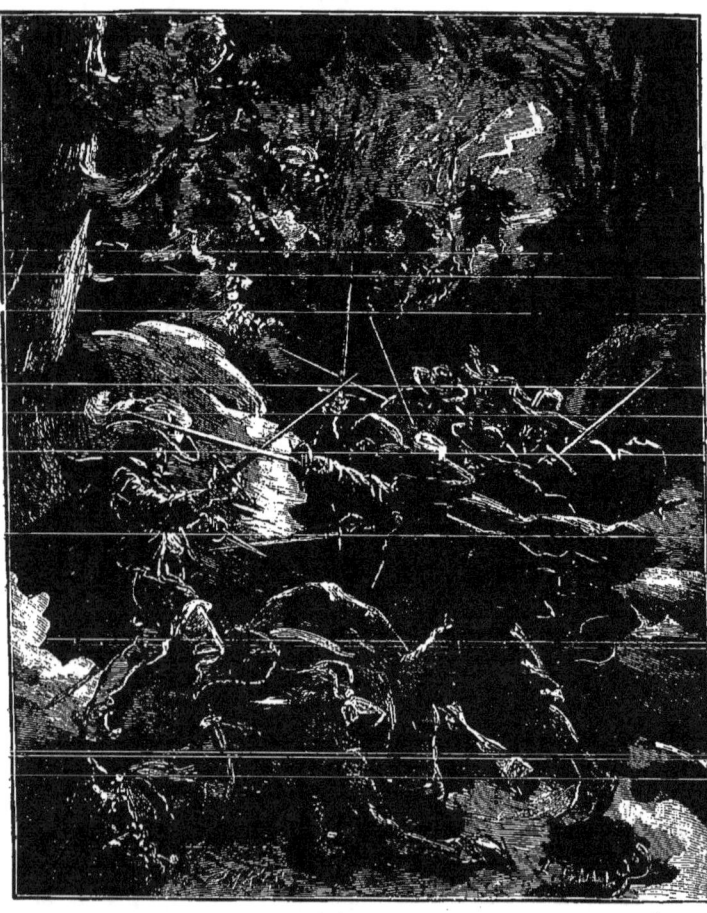

Un cavalier démonté se défendait en désespéré contre six bandits qui l'attaquaient tous à la fois.

et doux visage comme un rayon de soleil passant entre deux nuages, j'étais si heureuse de vous voir que j'avais tout oublié.

— N'en parlons plus, mignonne, et laissez-moi vous gronder
— Me gronder, mon cher seigneur, et pourquoi donc ?
— Comment, faible comme vous l'êtes, au lieu d'être commodément assise sur votre mule, vous obstinez-vous à marcher ?

— J'en ai fait l'observation à Mme la comtesse, grommela l'arriero ; elle n'a pas voulu m'écouter.

— Eh bien, Arreguy ! s'écria vivement No Santiago, qu'est-ce cela ? que dites-vous donc ?

— Bah ! reprit-il gaiement, nous sommes en famille ici, nous ne risquons rien, laissez-moi parler à ma guise, Monseigneur ; ne craignez pas que je vous trahisse, votre secret est en sûreté avec moi.

Qu'il fût comte ou nom, l'étranger lui tendit la main.

— Je le sais.

On arriva à la chaumière, doña Dolorès sourit.

— Oh ! que nous serons heureux ici ! s'écria-t-elle avec joie.

— Oui, si nos persécuteurs ne nous découvrent pas, répondit tristement son mari.

— Comment cela pourrait-il se faire ? reprit-elle. N'êtes-vous pas mort, et bien mort, pour tous, et moi, n'ai-je pas fui en France, où j'ai pris le voile dans un couvent d'une province éloignée ?

— C'est vrai, dit-il ; ne songeons donc plus qu'à vivre pour nous ; puisque nous sommes désormais séparés de la société, soyons heureux par notre amour.

— Qui nous suffira, mon cher seigneur, c'est le paradis qu'une telle existence.

Le lendemain, No Santiago partit avec l'arriero pour Tolède.

Là ils se séparèrent, peut-être pour ne plus se revoir. Arreguy retournait en Biscaye.

Ce fut les larmes aux yeux que les deux hommes se serrèrent la main pour la dernière fois.

Bien que la vallée que No Santiago occupait n'appartînt, en réalité, à personne, l'étranger, qui craignait surtout les tracasseries et les vexations que les autorités de la ville voisine auraient pu exercer contre lui, avait résolu de couper court à tout prétexte de la part du fisc de Tolède pour venir le troubler dans sa solitude.

Il s'était abouché avec un notaire de la ville, et l'avait chargé de proposer à l'ayuntamiento l'achat de la vallée.

Les membres du conseil de ville n'avaient d'abord pas compris un mot à cette affaire ; ils ignoraient jusqu'à l'existence de la vallée ; mais comme, en fin de compte, d'où qu'il vienne, l'argent est toujours bon à prendre, après plusieurs pourparlers assez longs, l'ayuntamiento, réuni en conseil, avait consenti à vendre au sieur No Santiago Lopez, cultivateur, ainsi désigné, la propriété pleine et entière de toute la vallée, pour lui et ses hoirs ou ayants droit en jouir, vendre ou céder à leur guise et sans autorisation préalable de personne, moyennant la somme de deux mille piastres fortes, en bon argent sonnant et trébuchant, marquées au coin du roi actuellement régnant.

A cette vente était annexé, sur la demande expresse du forestier, le droit de chasse à perpétuité et en toute saison sur la montagne, dans un périmètre de quinze lieues tout autour de ladite vallée, et cela moyennant une seconde somme de mille piastres une fois payées.

Une seule réserve était faite en faveur de Sa Majesté le roi, si, pendant son séjour à Tolède, où il venait assez souvent, la fantaisie lui prenait de chasser dans la montagne; ce qui élevait la vente à la somme ronde de trois mille piastres, soit quinze mille francs de notre monnaie, laquelle somme devait immédiatement être versée entre les mains du conseil de la ville par le notaire chargé de l'achat.

Ce que celui-ci fit séance tenante; on lui remit alors l'acte de vente parfaitement en règle, et les consuls de la noble cité tolédane se frottèrent joyeusement les mains, car ils avaient fait une excellente affaire.

A cette époque comme aujourd'hui, les montagnes de Tolède jouissaient d'une si exécrable réputation, comme servant de refuge à tous les bandits de la province, qui tuaient et détroussaient les voyageurs, sans que jamais les alcades, ni leurs alguazils osassent s'y opposer, que nul n'aurait osé élever des prétentions sur la vallée qu'il avait plu à No Santiago de choisir pour y établir sa demeure.

Quoi qu'il en fût, celui-ci récompensa généreusement le notaire, serra le papier avec soin, et regagna gaiement la montagne, où il arriva deux heures avant le coucher du soleil, tant il avait grand désir de revoir sa femme, dont il était séparé depuis le matin.

Alors commença pour les solitaires une existence réellement patriarcale.

Paquita était la sœur de lait de doña Maria Dolorès, Pédro et Juanita étaient, eux, les frères de lait de No Santiago, de sorte que ces cinq personnes formaient réellement une même famille, tant ils étaient unis.

Cependant, malgré les prières de No Santiago et même malgré ses ordres, jamais les trois serviteurs ne consentirent à s'asseoir à la table avec leur maître.

De guerre lasse, celui-ci finit par les laisser vivre à leur guise; ce qui les rendit très joyeux.

No Santiago chassait, Maria Dolorès surveillait le ménage, Paquita faisait les gros ouvrages et soignait la basse-cour, les hommes entretenaient le jardin et labouraient les champs.

Chaque dimanche la petite colonie allait entendre la messe dans une pauvre bourgade située sur le versant de la montagne, du côté de Tolède.

Ils étaient heureux !

Au bout de quelques mois les deux femmes accouchèrent à quelques jours d'intervalle.

Paquita mit au monde un gros garçon.

Quinze jours plus tard Maria Dolorès donna le jour à une charmante petite fille.

Paquita voulut nourrir les deux enfants; d'ailleurs, elle ne savait lequel elle aimait le mieux, le sien ou celui de sa maîtresse.

L'année suivante, nouvel accouchement dans les mêmes conditions. Les choses se passèrent comme la première fois; ce fut encore Paquita qui fut la nourrice des deux enfants.

La femme de No Santiago, puisque tel est le nom dont, pour des motifs sans doute très graves, il a plu à notre personnage de s'affubler, doña Maria

Dolorès, dis-je, soit que l'air pur et vif de la montagne lui eût fait du bien, soit que le bonheur calme dont elle jouissait eût apaisé en elle certaines douleurs secrètes, avait senti peu à peu ses forces revenir avec la santé ; jamais elle ne s'était sentie mieux portante.

Et puis maintenant elle avait une distraction charmante, une occupation délicieuse pour une mère : le soin de ses enfants.

Ceux-ci se portaient à ravir ; du matin au soir leurs frais et cristallins éclats de rire résonnaient dans le jardin comme des chants d'oiseaux ; filles et garçons s'ébattaient sous l'œil vigilant de leurs parents, qui les regardaient en souriant doucement.

Le père Sanchez, un pauvre jeune prêtre plein de foi, d'intelligence et de bonté, qui desservait l'église du village dont nous avons parlé plus haut, s'était chargé de l'éducation des enfants, auxquels trois fois par semaine il venait régulièrement donner ses leçons.

Ces jours-là étaient des jours de joie pour la petite colonie ; parfois le digne prêtre consentait à passer la nuit dans la chaumière.

Le lendemain, lorsqu'il partait, tout le monde l'accompagnait jusqu'à l'extrémité de la gorge qui terminait la vallée, et on le suivait des yeux jusqu'à ce qu'il eût disparu dans les méandres du sentier de la montagne.

Les salteadores de la sierra de Tolède, ou pour mieux dire les gentilshommes de la montagne, ainsi qu'ils s'intitulaient pompeusement eux-mêmes, étaient des gens assez peu scrupuleux de leur nature ; et n'ayant de préjugés d'aucunes sortes, pas même celui du respect de la vie humaine, ils avaient d'abord vu d'un assez mauvais œil l'établissement d'un étranger dans le voisinage de leurs impénétrables retraites ; la première pensée qui leur était venue, pensée essentiellement logique, du reste, au point de vue de leur intérêt particulier, était qu'ils avaient affaire à un espion.

En conséquence, ils résolurent de surveiller l'étranger, déterminés à le tuer sans rémission, à la moindre démarche suspecte qu'ils lui verraient faire.

Cette surveillance dura une année tout entière.

Les dignes gentilshommes qui, du matin jusqu'au soir, ne perdaient pas une seconde de vue le forestier, arrivèrent enfin, après ce temps écoulé, à se convaincre que l'étranger ne songeait nullement à eux ; ils en conclurent que c'était un esprit malade, un misanthrope qui fuyait comme la peste les autres animaux de son espèce, et s'était réfugié au fond des bois, afin d'y vivre seul et loin des hommes que sans doute il détestait.

Alors la surveillance cessa.

Et non seulement elle cessa, mais encore les salteadores, se piquant d'amour-propre et ne voulant en aucune façon gêner un voisin si paisible et si peu embarrassant, firent un crochet de quelques milles, se retirèrent enfin à droite et à gauche, de manière à lui laisser la libre jouissance de son ermitage.

Le forestier s'était parfaitement aperçu des diverses manœuvres de ses voisins les gentilshommes de la montagne, mais il avait feint de ne pas les voir, de crainte de leur faire ombrage.

Plus tard, des relations peu fréquentes mais assez facilement acceptées de part et d'autre, s'étaient nouées tout doucement entre les deux parties contractantes, selon les exigences de la situation, la nécessité ou le hasard.

C'est-à-dire qu'il était arrivé que maintes fois un bandit serré de trop près avait cherché un refuge dans la chaumière; refuge qui jamais n'avait été refusé; d'autres fois un salteador blessé avait été recueilli, pansé et guéri par la famille du forestier, qui, lui, n'avait, au contraire, jamais eu besoin d'avoir recours pour quoi que ce fût à ses voisins.

Il était résulté de tout cela que le forestier était réellement le roi de la montagne, et qu'une protection occulte, mais attentive et dévouée, veillait incessamment sur lui et sa famille.

Malheur à celui qui, cédant à une mauvaise inspiration, aurait osé faire au forestier ou à quelqu'un des siens la plus légère injure! Il l'eût immédiatement payée de sa vie.

Lorsque les filles de No Santiago furent assez grandes pour accompagner leur père, et que même, souvent selon leur caprice, elles s'amusèrent à courir seules les montagnes comme des biches effarouchées escortées par leurs frères de lait, aussi jeunes qu'elles, cette protection occulte redoubla, et jamais les jeunes filles n'eurent à se repentir de leur témérité.

Quand, le dimanche, la petite colonie de la vallée partait pour entendre la messe au hameau situé sur le versant de la montagne, la maisonnette demeurait seule portes et fenêtres ouvertes, sous la garde des chiens, plus formidablement protégée par sa faiblesse même que si elle eût eu une garnison.

Si par hasard un bandit passait par là, ayant faim ou soif, il entrait, mangeait un morceau, buvait un coup, et se retirait après avoir remis tout en place et caressé les chiens, qui l'accompagnaient en remuant la queue jusqu'à la porte de l'enclos.

Depuis près de seize ans les choses allaient ainsi dans cette vallée, coin de terre ignoré, mais où tant de bonheur se trouvait réuni, le jour où commence cette trop véridique histoire.

Voilà quel était, ou du moins paraissait être l'homme que le lecteur sait maintenant être le propriétaire de la chaumière, et ce qui se disait sur son compte.

Lorsque le déjeuner fut terminé, No Santiago tordit une cigarette; mais, au lieu de monter dans sa chambre pour faire la sieste, ainsi qu'il en avait l'habitude après son repas de midi, il remit ses guêtres qu'il avait ôtées, prit son fusil et siffla ses chiens.

— Vous sortez, don Luis? lui demanda sa femme.

Il n'avait jamais pu l'habituer à lui donner un autre nom.

— Oui, répondit-il, j'ai relevé les passées d'un sanglier; je ne serais pas fâché d'aller voir un peu si je retrouverai l'endroit où il s'est remisé; c'est un solitaire, chassé probablement par nos voisins de la montagne il s'est réfugié près d'ici.

— Vous feriez mieux de rester; voyez, le ciel se couvre, il y aura certainement de l'orage: vous savez combien les orages sont terribles dans la montagne.

— Oh! il n'éclatera pas avant ce soir; dans deux ou trois heures au plus tard je serai de retour.

— *Tatita*, demanda doña Cristiana, le père Sanchez vous a-t-il dit que M⁹ʳ le roi est à Tolède depuis quatre jours?

— Oui, mignonne, mais que nous importe cela?

— Pas beaucoup, en effet; mais Juanito dit avoir entendu ce matin le cor dans la montagne.

— Il ne s'est pas trompé, mignonne, je l'ai entendu, moi aussi.

— Ah! fit doña Dolorès, peut-être est-ce la cour qui chasse. Dieu veuille que le hasard ne conduise pas de ce côté un chasseur égaré!

— Que nous ferait cela, mon cher amour? Ne sommes-nous pas chez nous ici?

— Oui, mais...

— Bannissez ces craintes puériles, señora, nous sommes plus en sûreté ici que dans l'Alcazar de Séville; du reste, je ne crois pas que la cour chasse aujourd'hui; le cor que nous avons entendu est probablement celui de nos voisins; ce sont, vous le savez, de déterminés chasseurs; tout gibier leur est bon, ajouta-t-il en riant. Au revoir!

— Ne vous attardez pas, je vous en supplie, don Luis! Je ne sais pourquoi, mais je vous vois partir avec peine; tout le temps que durera votre absence, je serai mortellement inquiète.

— Je vous promets, à moins de circonstances impossibles à prévoir, de rentrer avant le coucher du soleil, et cela d'autant plus que, ainsi que vous l'avez dit, le temps se met définitivement à l'orage.

Là-dessus il embrassa sa femme et ses enfants, siffla ses chiens, sortit et s'éloigna à grands pas dans la direction de la montagne.

Mais les chasseurs sont de tous les hommes les plus oublieux; dès qu'ils sont lancés sur la piste d'un gibier quelconque, ils ne se souviennent plus de rien.

Les heures se passèrent sans que le forestier, en quête sous la feuillée, songeât une seule fois à regagner sa demeure.

A plusieurs reprises, il avait entendu des fanfares sous le couvert, mais il n'y avait attaché qu'une médiocre attention; il ne voyait que son solitaire, ou plutôt il ne le voyait pas, ce dont il était fort vexé.

Le soleil était couché depuis longtemps; le soir était venu, avec le soir l'orage.

Plusieurs éclairs blafards avaient sillonné le ciel; le tonnerre avait grondé à plusieurs reprises, et tout à coup la pluie s'était mise à tomber fine et drue avec une force extrême; de plus, l'obscurité était devenue complète.

Le forestier se rappela alors qu'il avait promis à sa femme de rentrer de bonne heure; il se mit immédiatement, quoique un peu tardivement, en devoir de remplir sa promesse.

Bien qu'il fît très sombre, il connaissait trop bien la montagne pour craindre de s'égarer.

Il marchait donc aussi rapidement que le lui permettait le terrain accidenté qu'il foulait, lorsque soudain ses chiens commencèrent à aboyer avec force, et il crut entendre un cliquetis d'épées à une courte distance de l'endroit où il se trouvait.

Sans réfléchir davantage, il lança les chiens sur cette piste et les suivit en courant.

Bientôt il déboucha dans une étroite clairière au centre de laquelle un cavalier démonté et se faisant un rempart de son cheval mort se défendait en désespéré contre six bandits qui l'attaquaient tous à la fois.

Autant que le forestier en put juger à la lueur d'un éclair, ce cavalier, entièrement vêtu de velours noir, était un gentilhomme de haute mine, pâle, maigre, assez jeune encore et dont la physionomie un peu effacée avait cependant un indicible cachet de grandeur et de noblesse.

— Holà! mes maîtres, s'écria le forestier en dégainant son couteau de chasse et en se plaçant d'un bond à la droite du cavalier. A quel jeu jouons-nous donc ici?

— No Santiago! s'écrièrent les assaillants, qui avaient reconnu sa voix.

Et ils firent un pas en arrière.

Le cavalier profita de cette trêve pour reprendre haleine.

— Eh! compère! dit en riant un des bandits, ce n'est pas d'un bon chasseur, de venir ainsi au secours de la bête lorsqu'elle est aux abois et qu'il ne faut plus qu'un coup pour la mettre à bas; laissez-nous terminer notre besogne, ce sera bientôt fait.

— Non, par le Dieu vivant! s'écria résolument le forestier, à moins que vous ne m'abattiez, moi aussi.

— Allons, allons, No Santiago, laissez-nous faire. Que vous importe cet homme, que vous ne connaissez pas?

— C'est un de mes semblables en danger de mort, cela me suffit, je veux le sauver.

— Prenez garde, No Santiago, nous avons un proverbe terrible dans la montagne : l'étranger que l'on épargne est un ennemi implacable qu'on se fait.

— Il en sera ce que Dieu décidera, répondit généreusement le forestier qui cependant avait senti un frisson de terreur glacer son cœur, mais je défendrai cet homme au péril de ma vie.

Il y eut un silence de deux ou trois secondes.

— Puisque vous l'exigez, No Santiago, reprit enfin un des bandits, nous nous retirons; nous ne voulons pas vous refuser la première demande que vous nous adressez; mais, je vous le répète, prenez garde à cet homme. Adieu! et sans rancune, No Santiago. Allons! en route, vous autres! ajouta-t-il en s'adressant à ses compagnons.

Les bandits disparurent dans les ténèbres, et le forestier demeura seul auprès de l'homme qu'il avait si miraculeusement sauvé.

II

QUELQUES HEURES PEU AGRÉABLES DANS LA SIERRA DE TOLÈDE

L'inconnu, accablé par la fatigue et peut-être un peu aussi par l'émotion qu'il avait éprouvée lors de la lutte inégale qu'il avait si bravement soutenue contre les bandits, s'était laissé choir sur le sol, où il gisait presque sans connaissance.

Le premier soin du forestier fut de lui venir en aide et d'essayer de lui faire reprendre ses forces épuisées.

De même que les autres chasseurs ses confrères, il avait toujours une gourde remplie d'aguardiente pendue à son côté.

Il la déboucha, et versa quelques gouttes de ce qu'elle contenait sur les lèvres de l'étranger.

Ce secours suffit pour le rappeler à lui.

Il se redressa et parvint, avec l'aide du chasseur, à se remettre debout.

— Êtes-vous blessé, señor? lui demanda No Santiago avec intérêt.

— Non, je ne crois pas, répondit-il d'une voix faible encore, mais qui se raffermissait de plus en plus ; quelques égratignures peut-être, mais rien de grave.

— Dieu soit loué! mais comment se fait-il que je vous rencontre en si fâcheuse position?

— Le roi chassait aujourd'hui.

— Ah!

— Oui, j'appartiens à la cour ; emporté malgré moi à la poursuite de la bête, je me suis égaré.

— Et vous avez été attaqué par six bandits qui vous malmenaient fort.

— Lorsque heureusement pour moi Dieu vous a envoyé à mon secours.

— Oui, fit le forestier en souriant, je crois qu'il était temps qu'il vous arrivât de l'aide.

— Si grand temps même, señor, que, sans vous, maintenant, je serais mort ; je vous dois la vie, señor, je m'en souviendrai.

— Bah! oubliez cela, c'est la moindre des choses ; j'ai fait pour vous ce que j'aurais fait pour tout autre.

— C'est possible, cela me prouve que vous êtes un homme de cœur, mais ne diminue en rien la dette que j'ai contractée envers vous. Je suis riche, puissant, bien en cour, je puis faire beaucoup pour mon sauveur.

— Oubliez-moi, caballero, je ne vous en demande pas davantage. Grâce à Dieu, je n'ai besoin de la protection de personne, le peu que je possède me suffit ; je suis heureux dans ma médiocrité, tout changement ne pourrait que m'être défavorable.

L'inconnu soupira.

— Vous souffrez, reprit vivement le forestier ; la fatigue, le besoin peut-

Chaque pas que faisait le forestier lui coûtait des efforts surhumains.

être, vous accablent ; l'orage redouble, nous ne pouvons rester ici plus longtemps, il nous faut un abri ; croyez-vous pouvoir retrouver le rendez-vous de chasse ?

— Je l'ignore, je ne connais ni ces bois ni ces montagnes.

— Alors, à cette heure de nuit, il serait imprudent de vous y aventurer davantage. Vos forces sont-elles un peu revenues, pensez-vous être en état de marcher?

Liv. 158. F. ROY, édit. — Reproduction interdite.   LE FORESTIER. 3

— Oui, maintenant je suis fort ; donnez-moi encore quelques gouttes de la liqueur contenue dans votre gourde, cela me remettra complètement.

Le forestier lui passa sa gourde, l'inconnu but et la lui rendit.

— Maintenant, dit-il, je suis prêt à vous suivre : où allons-nous ?

— Chez moi.

— Loin d'ici ?

— A une lieue à peine, mais, je vous en avertis, par des chemins exécrables.

— Cela n'est rien, je suis accoutumé à courir les montagnes de nuit comme de jour.

— Tant mieux ! alors partons.

— Oui, car j'ai hâte d'arriver quelque part, mes vêtements sont traversés, le froid me glace.

— Eh bien, en route !

L'inconnu se pencha sur son cheval, retira les pistolets contenus dans les fontes et les passa à sa ceinture.

— Pauvre Saïd ! dit-il ; un si noble animal tué par de misérables bandits !

— Ne vous plaignez pas, señor, sa mort vous a sauvé en vous permettant de vous faire un rempart de son corps.

— C'est juste.

Ils quittèrent alors la clairière ; malgré ce qu'avait dit l'étranger, il lui fallait une énergie surhumaine pour suivre les pas du forestier et ne pas rouler sur le sol.

No Santiago s'aperçut de l'état d'accablement dans lequel se trouvait son hôte ; malgré ses protestations, il l'obligea à prendre son bras, et ils continuèrent à s'avancer, mais plus doucement.

— Arrea, mes bellots ! cria le forestier à ses chiens, en avant ! en avant ! allez prévenir nos amis.

Les chiens s'élancèrent et disparurent dans les taillis, comme s'ils eussent compris la mission de salut que leur maître confiait à leur intelligence.

Cependant Dieu a posé aux forces de l'homme une limite que, dans aucun cas, elles ne sauraient franchir ; malgré des efforts de volonté inouïe, il arriva un moment où l'étranger fut réduit à l'impossibilité complète, même avec l'aide du forestier, non seulement de faire un pas de plus, mais encore de se tenir plus longtemps debout.

Il s'affaissa sur lui-même, poussa un soupir de désespoir et roula aux pieds de No Santiago, non pas évanoui, mais, malgré son courage de lion, trahi par sa faiblesse.

Le forestier s'élança vers lui, le releva et l'assit sur le tronc renversé d'un arbre tombé de vieillesse.

L'orage redoublait d'intensité, les éclairs se succédaient avec une rapidité telle que le ciel, d'un bout de l'horizon à l'autre, ressemblait à une immense nappe de feu d'un jaune pâle et sinistre.

Le tonnerre grondait et roulait sans interruption avec des éclats terribles ; le vent mugissait avec une rage irrésistible, fouettant les branches, tordant et brisant les arbres comme des fétus de paille, les emportant dans sa course échevelée, et les faisant tourbillonner dans l'espace ; la pluie qui tombait avec un redoublement de force changeait le terrain en marécages où le pied enfonçait presque jusqu'à mi-jambe ; des torrents impétueux se précipitaient du haut de la montagne avec un bruit horrible, entraînant et renversant tout sur leur passage, détruisant les sentiers et ouvrant des fondrières d'une profondeur insondable.

C'était un spectacle d'une effroyable beauté que celui offert par cette manifestation grandiose de la colère divine.

Si le forestier eût été seul, quelques minutes à peine lui auraient suffi pour gagner sa demeure, mais il ne voulait pas abandonner son compagnon ; cependant il ne se faisait aucune illusion sur la situation terrible dans laquelle il se trouvait : demeurer où il était, c'était la mort, inévitable, horrible.

Il se pencha sur l'inconnu :

— Du courage, señor, lui dit-il doucement de cette voix qu'on emploie pour parler aux enfants ou aux malades.

— Ce n'est pas le courage qui me manque, monsieur, répondit l'inconnu, ce sont les forces ; les miennes sont totalement épuisées, je suis anéanti.

— Essayez de vous lever.

— Tout effort serait inutile, le froid me glace, je le sens qui gagne le cœur, je suis comme paralysé.

— Que faire ? murmura le forestier en se tordant les mains.

C'était une belle et forte nature que celle de cet homme, vaillante et énergique entre toutes ; une de ces natures d'élite qui luttent jusqu'au dernier souffle contre des obstacles même insurmontables et ne tombent que mortes.

— Tenez, señor, reprit l'étranger, dont la voix allait s'affaiblissant de plus en plus, ne résistez pas plus longtemps contre la fatalité qui s'acharne après moi ; vous avez fait tout ce qu'il était humainement possible de faire pour me sauver ; puisque vous n'avez pas réussi, c'est que je dois mourir.

— Ah ! si vous désespérez, s'écria-t-il d'une voix nerveuse, nous sommes perdus !

— Je ne désespère pas, mon ami, mon sauveur ; non, loin de là, je me résigne, voilà tout ; j'ai confiance dans la miséricorde divine. Mais, je le sens, ma dernière heure ne tardera pas à sonner ; Dieu me pardonnera, je l'espère, mes fautes, en faveur de mon sincère repentir et de la docilité avec laquelle j'accepte ses arrêts terribles.

— Fadaises, que cela, señor ! Dieu, que son saint nom soit béni ! n'est pour rien dans tout ceci ; soyez homme, levez-vous ; avant dix minutes nous serons en sûreté ; ma chaumière est à deux portées de fusil à peine de l'endroit où nous sommes si malencontreusement arrêtés.

— Non, señor, je vous le répète, je suis incapable de faire le plus léger mouvement, ma prostration est extrême : abandonnez-moi, fuyez, sauvez-vous, puisque vous le pouvez encore.

— Ce que vous me dites serait une insulte grave, señor, si vous n'étiez pas en si fâcheux état.

— Pardonnez-moi, señor, donnez-moi la main, je vous en conjure, partez, partez ! Qui sait si dans un instant il ne sera pas trop tard ? Je vous le répète encore, tous vos efforts pour me sauver seraient inutiles, abandonnez-moi.

— Non, par le Dieu vivant! je ne vous abandonnerai pas, señor; nous vivrons ou nous périrons ensemble, je le jure par mon nom et par ma foi de... — mais, se reprenant aussitôt — de forestier! Ce n'est point la première fois que je me trouve en semblable transe; allons, allons, courage! Vive Dieu! nous allons voir qui restera victorieux de la matière inintelligente et brutale ou de l'homme, ce chef-d'œuvre intelligent fait à l'image de Dieu. Eh bien! cuerpo de Cristo! puisque vous ne pouvez pas marcher, je vous porterai; nous nous sauverons ou nous périrons ensemble.

Et tout en prononçant ces paroles avec une feinte gaieté, le forestier, sans vouloir écouter davantage les dénégations et les protestations de l'inconnu, l'enleva comme il eût fait d'un enfant, entre ses bras puissants, le chargea sur ses épaules avec une force herculéenne, et s'appuyant sur son fusil, il se mit résolument en route, déterminé à périr plutôt que d'abandonner lâchement l'homme qu'il avait si généreusement sauvé.

Alors commença une lutte réellement gigantesque et qui dépasse toutes les limites du possible, de la volonté intelligente contre l'inertie féroce de la matière, aveugle et bouleversée par l'ouragan.

Chaque pas que faisait le forestier lui coûtait des efforts surhumains, surtout avec le poids dont ses épaules étaient surchargées; il marchait comme un homme ivre, chancelant et trébuchant, s'enfonçant jusqu'aux genoux dans une boue liquide dans laquelle il redoutait à chaque seconde de rester englouti; fouetté par les branches qui lui déchiraient le visage, aveuglé par la pluie, et à demi affolé par le vent qui lui coupait la respiration.

Cependant, il ne se rebutait pas, redoublait d'efforts et suivait imperturbablement sa route, qu'il perdait et retrouvait vingt fois en dix secondes, au milieu de ce chaos horrible de tous les éléments en fureur ligués contre lui.

Et une demi-heure, ce fut à peine s'il réussit à avancer d'une centaine de pas.

Alors il calcula froidement, avec cette netteté d'esprit de l'homme dont la résolution est inébranlable, que, en supposant qu'il ne fût pas brisé dans un précipice, englouti dans une fondrière ou complètement accablé par la fatigue qui déjà faisait perler une sueur froide à ses tempes, il lui fallait, si l'on ne venait pas à son secours, sept heures, de la façon dont il avançait, avant que d'atteindre la chaumière.

— A la grâce de Dieu! murmura-t-il, il est au bout de tout; il arrivera ce que dans sa divine sagesse il a décidé déjà sans doute; mais, tant que mes forces me resteront, je ne m'abandonnerai pas et je continuerai la lutte, mais combien de minutes encore conserverai-je mes forces?

Il étouffa un soupir et redoubla ses efforts déjà prodigieux. Quelques minutes s'écoulèrent.

L'inconnu pendait, masse inerte, sur l'épaule du forestier, sans donner signe de vie. Il était mort ou privé de sentiment.

Tout à coup des aboiements furieux se firent entendre à peu de distance.

Le forestier s'arrêta; il respira à deux ou trois reprises, et un sourire joyeux éclaira son mâle visage.

— Voilà mes braves chiens, dit-il, tout est sauvé !
Alors, réunissant toutes ses forces :
— Holà ! oh ! cria-t-il d'une voix stridente qui domina le fracas de la tempête : hallo ! oh ! mes bellots ! arrea ! arrea !
Les chiens redoublèrent leurs aboiements et bientôt ils apparurent suivis à quelques pas par deux hommes qui tenaient des torches.
— Dieu, soit béni ! vous voilà enfin, s'écrièrent ces deux hommes avec une joie presque religieuse, tant ils adoraient leur maître.
— Mais qu'est cela ? demanda Pedro.
— Un homme que j'ai sauvé et qui a grand besoin de secours, mon ami.
— La señora s'était bien douté qu'il y avait quelque chose comme cela sous jeu, dit Juanito d'un ton bourru.
— La señora ! J'espère que par ce temps horrible elle n'est pas dehors ? s'écria-t-il vivement.
— Non, non, señor, rassurez-vous, elle est là-bas ; nous avons eu assez de peine à l'empêcher de venir !
— Digne et sainte créature ! murmura le forestier.
— Mais ce n'est pas tout cela, notre maître, il faut sortir d'ici, et le plus tôt sera le mieux.
— Oui, oui, hâtons-nous, ce pauvre malheureux est bien mal.
— Ce que c'est que de nous ! murmura Juanito, qui était un esprit fort ; bah ! après nous la fin du monde.
L'inconnu fut doucement posé à terre ; le forestier se pencha sur lui, et interrogea son pouls ; il était faible, mais distinct : l'inconnu était évanoui.
No Santiago se redressa :
— Nous le sauverons ! dit-il joyeusement.
— Amen ! répondirent les deux serviteurs.
— Allons, à la besogne vivement ! faisons un brancard.
— Oh ! ce ne sera pas long.
— Surtout si nous nous y mettons tout de suite.
Les chiens léchaient doucement le visage de l'inconnu en poussant de petits cris plaintifs.
Ces caresses le firent revenir à lui ; il ouvrit les yeux.
— Mon Dieu ! murmura-t-il, j'ai cru mourir.
— Vous vous êtes trompé heureusement, dit gaiement le forestier.
— Ah ! vous mon sauveur, près de moi, encore !
— Toujours.
— Vous ne m'avez pas abandonné.
— Vous abandonner ! allons donc, on voit bien que vous ne me connaissez pas, allez !
— Vous m'avez encore sauvé ?
— Tout ce qu'il y a de plus sauvé. Ainsi soyez tranquille.
— Comment m'acquitterai-je jamais envers vous ?
— Je vous l'ai dit déjà, en ne me donnant rien ; ce sera facile.
— Oh ! ne me parlez pas ainsi.

— Pourquoi donc cela? Tenez, laissez-moi vous parler franc, afin de couper court à votre reconnaissance.

— Dites.

— Est-ce que vous vous figurez que je vous ai sauvé pour vous et que je me suis donné toute la peine que j'ai prise dans le but de vous être agréable?

— Dans quel but, alors ?

— Allons donc! vous êtes fou, señor. Je ne vous connais pas, moi; je ne sais pas qui vous êtes et je ne veux pas le savoir. Tout ce que j'ai fait, je l'ai fait pour moi seul, par égoïsme, purement et simplement; pour me faire plaisir, enfin. J'adore rendre service; c'est une manie comme une autre : chaque homme a la sienne, moi, j'ai celle-là, voilà tout.

— Quel homme étrange vous êtes!

— Je suis comme cela; c'est à prendre ou à laisser.

— Ah! comme vous avez dû souffrir pour en arriver à émettre sérieusement de telles théories, contre lesquelles votre cœur lui-même se révolte.

— Qui sait? Peut-être oui, peut-être non; mais ce n'est pas de cela qu'il s'agit pour le présent; comment vous trouvez-vous?

— Mieux, beaucoup mieux; je crois même que je serais en état de marcher.

— C'est une erreur; votre faiblesse est trop grande encore pour que j'y consente ; voilà le brancard terminé, nous allons vous y étendre doucement, et puis après, en route!

— Oh! non, je vous assure...

— Je n'entends rien, laissez-vous faire.

Sur un signe du forestier, les deux serviteurs enlevèrent l'inconnu dans leurs bras et l'étendirent sur le brancard, puis ils prirent chaque bout du brancard qu'ils enlevèrent.

On se mit en route.

Les chiens étaient déjà partis en avant ; sans doute pour annoncer aux personnes restées dans la chaumière le retour du maître.

No Santiago avait dit vrai : ils étaient très rapprochés de la hutte qu'ils atteignirent en effet en moins d'un quart d'heure.

Il est vrai que les conditions n'étaient plus les mêmes.

Les dames et leurs servantes se tenaient inquiètes à la porte de la chaumière, éclairée par une torche que Paquita tenait à la main.

En apercevant le brancard, doña Maria poussa un cri d'effroi et voulut s'élancer en avant.

Elle croyait qu'il était arrivé malheur à son mari.

Mais celui-ci, devinant ce qui se passait dans le cœur de sa femme, accourut vers elle et la serra dans ses bras.

La joie de la famille fut immense en se voyant ainsi réunie après avoir souffert de si terribles angoisses pendant de longues heures.

Un grand feu avait été allumé par les soins de doña Maria et des vêtements secs préparés pour les arrivants.

Aussitôt après que les serviteurs eurent pénétré dans la chaumière, les dames se retirèrent pour laisser aux chasseurs la liberté de changer d'habits.

L'inconnu se leva du brancard avec une vivacité qu'on était loin d'attendre de l'état de prostration dans lequel il était plongé quelques instants auparavant.

No Santiago se changea alors en garde-malade, et avant de songer à quitter ses habits, il s'occupa de l'inconnu auquel, avec une adresse et une légèreté étranges chez un pareil homme, il prodigua les soins les plus empressés et les plus délicats.

Après avoir déshabillé l'inconnu, il le fit frictionner par tout le corps avec de la laine imbibée d'aguardiente, et cela vigoureusement jusqu'à ce que l'épiderme fût devenu rouge; puis il lui passa lui-même des vêtements chauds et bien secs, lui fit boire un cordial fortifiant et l'installa dans un fauteuil auprès du brasier ardent qui flamblait dans la cheminée.

— Maintenant, ne bougez pas jusqu'à ce que je revienne, dit-il, chauffez-vous, et dans dix minutes vous serez un tout autre homme, je vous le prédis.

— Je me sens très bien, je vous le jure.

— Vous serez encore mieux tout à l'heure, et j'espère que vous ferez honneur au souper.

— Au souper? reprit-il en souriant.

— Pardieu! croyez-vous que nous ne souperons pas? Je meurs de faim, moi, et vous?

— Je ne sais, mon cher hôte.

— A quelle heure avez-vous fait votre dernier repas?

— Vers huit heures ce matin, je crois; mais je ne me sentais pas en appétit et j'ai à peine mangé une bouchée.

— C'est cela, le besoin vous a ôté vos forces; ne le niez pas; vos bâillements répétés montrent clairement que votre estomac souffre; vous mangerez, vous dis-je, et de bon appétit même.

— Je ferai ce que vous voudrez, mon cher hôte.

— A la bonne heure! vous voilà raisonnable; ne vous impatientez pas, je serai bientôt de retour.

— N'êtes-vous pas chez vous? présentez, je vous prie, mes excuses à ces dames pour l'inquiétude que, sans le savoir, je leur ai causée et pour le dérangement que je leur occasionne.

— Vous ferez votre commission vous-même, señor, vous verrez ces dames à souper.

Il fit signe aux serviteurs d'enlever le brancard, prit les vêtements de l'inconnu afin de les faire sécher dans la cuisine, et il sortit.

Demeuré seul, l'inconnu, après avoir jeté un regard circulaire sur la chambre où il se trouvait, laissa tomber sa tête sur sa poitrine, ses sourcils se froncèrent et il se plongea dans une profonde rêverie.

— De tous ceux qui m'accompagnaient, murmurait-il à part lui, pas un seul n'a eu la pensée de se mettre à ma recherche; ils m'ont tous abandonné, lâchement abandonné, ces hommes que j'ai gorgés d'honneurs et de richesse. Qui sait? Peut-être voulaient-ils se défaire de moi! Oh! si je le croyais!

Hélas! je suis seul! seul toujours! Personne ne m'aime! Sans cet homme que la Providence a envoyé à mon secours, mon cadavre serait maintenant étendu brisé au fond de quelque fondrière de cette forêt maudite! oh! mon Dieu! mon Dieu! Mais cet homme! ses manières sont étranges... Il ne ressemble en rien aux mannequins parfumés que j'ai connus jusqu'à présent. Et cependant, il y a en lui quelque chose de puissant et de noble que je ne puis comprendre. Quel est-il? Je le saurai.

En ce moment un léger bruit lui fit lever la tête.

Une ravissante jeune fille se trouvait près de lui.

L'inconnu voulut quitter son siège :

— Demeurez, caballero, s'écria-t-elle vivement d'une voix douce et harmonieuse, et pardonnez-moi de vous avoir troublé.

— Je songeais, señorita, dit-il avec un pâle sourire; tout ce qui m'arrive depuis quelques heures est si extraordinaire !... Dieu, après m'avoir sauvé, m'envoie un de ses anges; qu'il soit béni !

— Ce compliment est trop flatteur pour une pauvre fille comme moi, señor, répondit-elle en rougissant.

— Un compliment? Oh! non, señorita; je vous dis ce que je pense, ne dois-je pas la vie à votre père?

— C'est un grand bonheur pour nous, señor; mon père est si bon ! mais, je vous en prie, ne vous dérangez pas; je viens seulement préparer la table pour le souper.

— Faites, señorita; seulement accordez-moi une grâce.

— Une grâce, señor?

— Oui, veuillez me dire votre nom.

— Je me nomme Cristiana, et voici ma sœur Luz, ajouta-t-elle en désignant la jeune fille qui entrait les bras chargés de vaisselle.

— Cristiana, Luz... merci, señorita, je m'en souviendrai, répondit-il avec un accent profond.

En ce moment doña Maria Dolorès entra à son tour et s'informa avec intérêt de l'état dans lequel se trouvait l'étranger.

Celui-ci saisit cette occasion d'adresser de chaleureux remerciements à doña Maria et en même temps de lui faire toutes ses excuses pour le trouble qu'il apportait, contre sa volonté, dans sa paisible demeure.

En un instant la table fut prête et chargée de mets fumants de l'apparence la plus appétissante.

— Allons, à table, à table! mon hôte, dit gaiement le forestier en entrant, nous avons bien gagné un bon souper, qu'en pensez-vous?

— Je pense, répondit l'étranger en souriant, que vous êtes le plus charmant égoïste que j'aie jamais vu, et que vous avez une charmante famille.

— Eh bien! vous avez peut-être raison, après tout; mais ne laissons pas refroidir le souper.

Chacun prit place; alors le forestier prononça le *benedicite* et le souper si longtemps attendu fut vigoureusement attaqué.

Il se trouva par hasard que l'étranger était placé directement en face de

Au moment où ils entraient dans la chambre, Cristiana et sa sœur déposaient des bols de lait fumant sur la table.

Cristiana; il ne pouvait lever les yeux sans que ses regards croisassent ceux de la jeune fille.

L'inconnu semblait avoir repris toutes ses forces; entraîné par l'exemple des autres convives, il chassa certaines pensées qui semblaient l'attrister, et se montra enfin tel qu'il était réellement, c'est-à-dire gai, spirituel, homme du meilleur monde et enfin excellent convive, car avec les forces l'appétit était revenu, lui aussi.

Le souper fut égayé par les joyeuses saillies du forestier, qui, bien qu'il ne voulût pas le laisser paraître, était, en somme, très satisfait intérieurement d'avoir sauvé la vie à un galant homme, tel que paraissait l'être son hôte.

L'inconnu se leva de la table tout autre qu'il ne s'y était assis.

Il ne savait à quoi attribuer cet heureux changement qui l'étonnait lui-même.

Lorsqu'il eut pris congé des dames avec la plus exquise politesse, il se retira, et suivit son hôte, qui le conduisit dans une chambre située au premier étage et qu'on avait préparée pour lui.

Un grand feu était allumé dans l'âtre; les vêtements de l'étranger séchaient étendus sur des chaises.

Le forestier serra la main de l'étranger et se retira après lui avoir souhaité une bonne nuit.

Avec cet homme le malheur était entré dans cette pauvre chaumière, si calme et si paisible pendant tant d'années.

III

COMMENT LE MALHEUR ENTRE DANS UNE MAISON

Dans les montagnes, les orages, à cause même de leur intensité, sont en général de courte durée.

Les éléments bouleversés épuisent en quelques heures leur rage folle, puis ils reprennent rapidement leur équilibre si brusquement rompu.

Le lendemain, le soleil se leva radieux; l'air était calme, le ciel pur; la brise matinale frémissait à travers les branches perlées de rosée et embaumait l'atmosphère de toutes les âcres senteurs qui s'exhalent de la terre après la tempête.

Au point du jour, le forestier, déjà debout depuis longtemps, parut sur le seuil de la chaumière; après avoir jeté un coup d'œil satisfait autour de lui, il se dirigea vers le chenil dans l'intention sans doute de donner la liberté à ses chiens qui, le sentant venir, le saluaient à qui mieux mieux à leur façon, aboyant à pleine gueule.

Au même instant une fenêtre s'ouvrit, le forestier se retourna, et il aperçut l'étranger qui le saluait d'un sourire amical.

— Déjà debout! dit gaiement No Santiago.

— Comme vous voyez, mon hôte, répondit l'étranger sur le même ton, et qui plus est complètement vêtu.

— Auriez-vous mal dormi?

— Moi? je n'ai fait qu'un somme jusqu'au matin.

— Bon! Et comment vous trouvez-vous?

— Je ne me suis jamais si bien porté.

— Tant mieux!

— Est-ce que vous sortez?
— C'est mon intention, oui, pourquoi?
— C'est que je désirerais causer un peu avec vous.
— Bon. Qui vous en empêche? voulez-vous que je monte auprès de vous?
— Non pas. Si cela vous est égal, je préfère descendre, au contraire.
— A votre aise, je vous attends alors.

Et pendant que l'étranger refermait la fenêtre, il ouvrait, lui, le chenil, et avait grand'peine à se débarrasser des caresses un peu vives de ses chiens, qui sautaient presque jusque sur ses épaules, tant ils étaient heureux de le voir.

— Ce sont de bonnes bêtes, dit l'inconnu en s'approchant.
— Oui, elles sont franches au moins; leur amitié me console de l'hypocrisie et de la méchanceté des hommes, répondit-il avec un sourire railleur.
— Toujours ces paroles singulières...
— Pourquoi pas, si elles sont l'expression vraie de ma pensée, mon hôte?
— Alors je vous répéterai que pour en arriver là vous avez dû bien souffrir.
— Et moi je vous répondrai, comme cette nuit : Qui sait? Mais laissons ce sujet qui nous mènerait trop loin; vous désirez causer avec moi, m'avez-vous dit?
— Oui, s'il vous plaît.
— Rien de plus simple: je prends un fusil, je vous en donne un autre. En attendant le déjeuner, nous allons tirer quelques gelinottes, et tout en chassant, nous causerons; cela vous va-t-il?
— Je le voudrais, malheureusement c'est impossible, fit-il avec un soupir étouffé.
— Comment! impossible? et pourquoi donc cela? Vous ressentez-vous encore de vos fatigues de cette nuit? En ce cas c'est différent, je n'insiste pas.
— Non, dit-il en hochant la tête, ce n'est pas cela.
— Qu'est-ce donc, alors?
— Il faut que je vous quitte, dit-il avec effort.
— Me quitter déjà! allons donc! vous plaisantez certainement?
— Non, mon hôte, malheureusement; je vous l'ai dit, j'appartiens à la cour, mon devoir m'ordonne de retourner immédiatement à Tolède auprès du roi.
— C'est vrai, je l'avais oublié, je n'insiste pas, mon hôte; entrons, je vais vous faire servir une tasse de lait chaud, avec une bouchée de pain, et puis après, vous vous mettrez en route.

Au moment où ils entraient dans la chaumière, Cristiana et sa sœur, commes si elles eussent deviné pourquoi les deux hommes revenaient, déposaient des bols de lait fumant sur une table.

— Ce sont deux adorables fées que ces charmantes enfants, dit l'inconnu avec un sourire.
— Ce sont de bonnes filles, voilà tout, dit brusquement le forestier.

Et il passa dans une autre pièce.

— Permettez-moi, señoritas, dit alors l'inconnu en s'adressant aux jeunes filles, mais plus particulièrement à Cristiana, de vous remercier une fois encore des attentions dont vous m'avez comblé pendant le peu de temps que j'ai eu le bonheur de demeurer sous votre toit; je pars.

— Vous partez! s'écria vivement Cristiana; mais elle s'arrêta, rougit et baissa la tête avec confusion.

— Hélas! il le faut, reprit-il avec émotion; peut-être pour toujours.

— Pour toujours! murmura la jeune fille, comme malgré elle.

— Mais, continua l'étranger, je conserverai précieusement dans mon cœur votre... Et se reprenant aussitôt : Le souvenir, ajouta-t-il, des habitants de cette humble demeure.

— Amen! dit en riant le forestier qui rentrait en ce moment.

Les jeunes filles s'envolèrent comme deux colombes effarouchées.

— Maintenant, en route, dit le forestier quand il eut vidé le bol de lait préparé pour lui, et qu'il vit que l'étranger avait fait de même du sien.

No Santiago prit son fusil, et ils sortirent accompagnés des chiens qui gambadaient autour d'eux.

A la porte du clos, Pedro attendait, tenant en bride un cheval sellé.

— A cheval, mon hôte, dit gaiement le forestier.

— Comment, à cheval?

— Pardieu! Vous êtes à six lieues de Tolède, ici; à pied vous en auriez pour toute la journée, marcheur comme vous l'êtes; au lieu qu'en un temps de galop vous arriverez juste pour le lever du roi, si Sa Majesté, que Dieu garde! a coutume de se lever de bonne heure.

— Oui, en effet.

— Eh bien! il est six heures à peine. A huit heures, sans vous presser, vous pouvez être rendu à Tolède. Voyons, pas de cérémonies entre nous, mon hôte, acceptez.

— J'accepte, mais à une condition.

— Laquelle?

— C'est que vous me permettrez de vous ramener moi-même votre cheval.

— Je ne vois aucun inconvénient à cela.

— C'est dit, et merci! Mais où donc est doña Maria?

— Allons, allons, en route; elle dort; quand vous reviendrez, vous la verrez.

Ils partirent, car le forestier voulut absolument accompagner son hôte jusqu'à l'entrée de la vallée, afin de bien lui indiquer le chemin, offre que naturellement l'étranger accepta avec reconnaissance.

Si l'inconnu s'était retourné au moment de son départ, peut-être eût-il vu un rideau légèrement s'entr'ouvrir à une fenêtre du premier étage et apparaître une ravissante tête blonde, un peu pâle peut-être, tandis qu'un sourire rêveur plissait ses lèvres carminées.

C'était Cristiana qui assistait invisible et pensive au départ de l'étranger.

Tout le long de la route les deux hommes causèrent entre eux de choses indifférentes; lorsqu'ils atteignirent l'endroit où ils devaient se séparer, le forestier indiqua du doigt la route qu'il fallait suivre; d'ailleurs il n'y avait pas à s'y tromper, il s'agissait seulement de descendre.

— Maintenant, ajouta-t-il, adieu, mon hôte, et bon voyage!

— Adieu et merci encore.
— Bah!
— Un mot, s'il vous plaît!
— Dites.
— Je suis, ainsi que je vous l'ai dit, un des principaux officiers du roi.
— J'en suis charmé pour vous, si cela vous plaît, mon hôte.
— Si, malgré mon désir, j'étais contraint de rester quelque temps sans vous revoir, et que... on ne sait pas ce qui peut arriver, n'est-ce pas?
— C'est vrai, mon hôte, eh bien?
— Eh bien! souvenez-vous de ceci : si par hasard il se trouvait que vous ayez besoin de mon appui pour une affaire quelconque, n'hésitez pas, allez directement au palais du roi, et là dites votre nom, et demandez don Felipe.
— Qui est ce don Felipe, mon hôte?
— C'est moi, répondit-il en souriant.
— Hum! il faut que vous soyez bien connu pour qu'il suffise de vous demander sous un simple nom de baptême dans une cour où il y a cependant foison de titres sonores.
— Je suis en effet très connu, répondit l'étranger, qui rougit légèrement; vous vous en apercevrez si vous me venez rendre visite; car les ordres seront donnés aujourd'hui même, et n'importe à quelle heure il vous plaira de vous présenter, vous serez immédiatement conduit près de moi. Vous souviendrez-vous?
— Parfaitement, mon hôte. Mais il est peu probable que j'aille vous chercher à la cour; si vous désirez me voir, je crois que vous ferez mieux de venir ici.
— Je me souviendrai aussi. Allons, au revoir, mon hôte.
— Au revoir, señor don Felipe, je vous recommande mon cheval.
— Soyez tranquille, j'en aurai le plus grand soin.

Ils se saluèrent une dernière fois de la main, et don Felipe, puisque tel est le nom de l'étranger, s'éloigna au galop.

Le forestier le suivit un instant du regard, puis il rentra dans la vallée; une compagnie de perdrix se leva devant lui et il se mit gaiement en chasse.

Quelques jours s'écoulèrent; rien n'était changé en apparence à la vie calme et paisible des habitants de la chaumière; pourtant cette existence n'était plus la même : doña Maria était pensive, Cristiana songeuse, Luz ne riait plus; quant à No Santiago, qui ne savait à quoi attribuer cette tristesse, il se creusait en vain la cervelle pour en découvrir la cause, et il était furieux de ne pas la trouver.

Au bout d'une dizaine de jours, un matin à déjeuner, le forestier se tourna brusquement vers Pedro debout derrière sa chaise :

— Y a-t-il longtemps que tu n'as reçu des nouvelles de tes fils? lui demanda-t-il.

— Assez longtemps, oui, señor.

— Où sont-ils?

— L'aîné, Michel, s'est fait marin, comme je vous l'ai déjà dit, señor, il s'est embarqué à Bayonne, il voyage sur la mer océane.

— Bon, et l'autre?
— Périco?
— Oui.
— Il est au pays là-bas, vous savez, señor, chez ses grands-parents.
— Il ne veut pas être marin, lui, à ce qu'il paraît?
— Oh! non; c'est un franc montagnard; j'attendais une lettre de lui, je suis étonné de ne pas l'avoir reçue.
— Bon! j'irai demain à Tolède, je m'informerai, sois tranquille.
— Merci! señor.
— Et puis, je ne serais pas fâché de savoir ce qu'est devenu mon cheval : ce don Felipe me semble ne pas se gêner avec moi.
— Se gêne-t-on avec ses amis? dit une voix douce du seuil de la porte.
Les convives se retournèrent avec surprise.
Les femmes ne retinrent que difficilement un cri d'effroi.
Don Felipe était debout auprès de la porte, calme, souriant, et le chapeau à la main.
Il s'inclina profondément.
— Salut et santé à tous! dit-il.
— Pardieu! s'écria le forestier, vous ne pouviez arriver plus à propos, don Felipe, je parlais justement de vous.
— Je l'ai entendu, répondit-il en souriant.
— Nous ne faisons que nous mettre à table, vous déjeunez avec nous, n'est-ce pas? Pedro, un couvert.
— J'accepte de grand cœur, mon hôte.
Et il s'assit entre les deux jeunes filles qui se reculèrent, comme d'un commun accord, pour lui faire place.
— Mon cher hôte, reprit don Felipe dès qu'il fut assis, j'ai ramené votre cheval, n'en soyez plus inquiet; je prierai mon ami Pedro de le faire mettre à l'écurie ainsi que le mien.
— Bon! Où sont-ils, señor? demanda No Santiago.
— Mon domestique les garde tous deux à l'entrée de l'enclos.
— Pedro, ajouta le forestier, tu prendras soin du valet de ce señor.
Pedro s'inclina et sortit aussitôt.
La joie et la gaieté qui, depuis si longtemps, avaient disparu, semblèrent être revenues avec l'étranger.
Les lèvres sourirent, les yeux brillèrent, la conversation s'anima. Don Felipe fut charmant d'entrain et d'esprit, il parla de Tolède, de la cour, des seigneurs qui entouraient le roi, en homme fort au courant de ce qui se passait dans l'intérieur du palais, raconta des anecdotes piquantes de la façon la plus spirituelle; bref, par sa bonhomie, son laisser-aller de bon goût et son esprit parfois légèrement caustique, mais toujours raffiné, il enchanta ses auditeurs et les tint constamment sous le charme de sa parole vive, incisive et entraînante.
Les heures s'écoulaient comme des minutes.
Il fallut enfin se séparer; don Felipe, qui semblait beaucoup se plaire

auprès de cette charmante famille, retardait le plus possible l'instant du départ.

Mais à trois heures il fut contraint de se retirer; son devoir exigeait impérieusement sa présence à la cour à six heures précises.

Il partit, mais en promettant de revenir, promesse que ses hôtes lui recommandèrent vivement de ne pas oublier.

Don Felipe revint en effet, d'abord toutes les semaines, puis deux fois par semaine, puis enfin tous les jours.

Chaque fois ses visites se faisaient plus longues; il semblait éprouver une peine extrême à se séparer même pour quelques heures seulement de ses nouveaux amis.

Quant à eux, ils éprouvaient pour lui une profonde et sincère amitié.

Don Felipe, rendons-lui cette justice, faisait tout ce qu'il pouvait pour plaire à tout le monde.

Il chassait avec le forestier, causait des choses de la religion avec doña Maria, qui était très religieuse, riait, chantait, jouait et courait avec les jeunes filles, se montrait généreux et bonhomme avec les domestiques et flattait les chiens, auxquels il donnait des gimbelettes.

En fallait-il davantage?

Un jour, don Felipe annonça qu'une affaire imprévue le retiendrait absent de la chaumière pendant trois jours. Sa Majesté Philippe IV devait recevoir un ambassadeur du roi de France, arrivé depuis la veille à Tolède, où la cour qui, dans le principe, ne devait rester que quelques jours, semblait avoir fixé sa résidence, du moins provisoirement; depuis cinq mois déjà elle habitait l'Alcazar des rois maures.

On ne savait à quoi attribuer cette prédilection subite du roi pour la ville de Tolède; mais les habitants de la province et ceux de la ville étaient fort satisfaits de ce séjour prolongé, qui donnait un grand essor au commerce; et, entre autres avantages, avait produit celui de délivrer la sierra de Tolède des bandits qui l'infestaient et avaient jusque-là joui d'une impunité complète, au grand détriment des paisibles habitants de la ville et des environs.

Le lendemain même de la chasse que nous avons rapportée, plusieurs détachements de troupe avaient complètement cerné la montagne, que d'autres soldats battaient en même temps dans tous les sens. Les bandits avaient tous été pris, et pendus aussitôt haut et court, sans autre forme de procès.

Donc, don Felipe se retira en annonçant, ce qui chagrina fort toute la famille, que la présentation de l'ambassadeur français le retiendrait trois jours, mais que le quatrième on le verrait arriver ventre à terre auprès de ses bons amis.

Deux jours s'étaient écoulés; le matin du troisième, le père Sanchez, le digne instituteur des jeunes filles et l'ami dévoué de la famille, descendit de sa mule devant la porte de la chaumière; chacun accourut avec empressement à sa rencontre; le bon curé semblait triste et préoccupé.

C'était à cette époque un homme de trente-cinq ans environ, mais au visage austère, à la parole grave, vieilli avant l'âge par le malheur et la triste expérience du cœur humain.

La visite que ce jour-là le curé faisait à la chaumière était complètement en dehors de ses habitudes; il avait cessé depuis plus d'un an déjà de donner des leçons aux jeunes filles, dont l'instruction était terminée; deux fois par mois, trois fois au plus, il venait passer quelques heures dans la famille du forestier, jamais davantage : or, il y avait à peine cinq jours que le digne prêtre avait fait sa visite habituelle. Les dames, tout en étant charmées de le voir, ne comprenaient rien à cette visite si en dehors des habitudes du père Sanchez, l'homme réglé et ponctuel par excellence.

En serrant la main du forestier, le prêtre lui glissa à l'oreille :

— Trouvez un prétexte pour que nous soyons seuls, j'ai à vous entretenir d'une affaire importante.

— Eh! père, répondit No Santiago à voix haute, il est de bonne heure encore : avant de vous enfermer avec ces dames, ne voulez-vous pas venir faire un tour dans la vallée? le gibier abonde en ce moment; peut-être tuerons-nous quelque chose pour le dîner.

— Vous, et non moi, cher señor : vous savez que je ne chasse jamais, dit le prêtre avec un doux sourire; cependant, puisque vous semblez le désirer, je vous accompagnerai avec plaisir, je crois qu'un peu d'exercice me fera du bien après une longue course à cheval.

— Allez, padre, dit doña Maria, mais ne demeurez pas trop longtemps dehors avec mon mari; surtout prenez garde qu'il ne vous entraîne trop loin; songez que nous vous attendons avec impatience.

— Dans une heure au plus, nous serons de retour, n'est-ce pas, No Santiago?

— Nous reviendrons quand vous voudrez, padre.

— A la bonne heure, reprit doña Maria, voilà parler; bien du plaisir, señores.

Les deux hommes partirent aussitôt; ils ne s'entretinrent que de choses indifférentes tant qu'ils furent en vue de la chaumière; mais après avoir fait plusieurs coudes, ils atteignirent un bois assez touffu sous le couvert duquel, tout en surveillant ce qui se passait autour d'eux, ils pouvaient causer tout à leur aise sans craindre d'être surpris ou entendus.

Le forestier se coucha à demi sur le gazon, fit signe au prêtre de se placer près de lui, et ordonna à ses chiens de faire bonne garde.

— Maintenant, dit-il au père Sanchez, me voici prêt à vous écouter. Qu'avez-vous à me dire, mon vieil ami?

— Mon ami, répondit le prêtre de sa voix sympathique, je désire seulement vous raconter une histoire.

— Une histoire?

— Oui, mon ami, reprit-il avec son fin sourire, une histoire dont, bien entendu, vous serez libre de tirer la conséquence vous-même.

— Ah! fort bien; je vous comprends, padre; parlez, je vous écoute.

— Or, mon ami, reprit le prêtre, il y avait en ce temps-là un grand roi d'Espagne nommé don Felipe, je ne me souviens plus du chiffre, c'est-à-dire si c'était un, deux, trois ou quatre.

— Peu importe; continuez, padre. Vous disiez donc?

Don Luis éperdu, plia le genou et voulut baiser cette main.

— Je disais donc que ce roi don Felipe — le numéro ne fait rien à la chose — était un grand voyageur ; et s'il voyageait ainsi, c'était, dit la chronique...

— Pas celle de Turpin.

— Je crois que si... c'était pour échapper aux obsessions de son premier ministre, qu'il détestait, mais auquel il avait laissé prendre tant d'influence sur lui qu'il n'osait s'en débarrasser autrement. Ledit roi arriva un jour dans sa bonne ville de Cordoue.

— Ou de Tolède, fit en ricanant le forestier.

— Que voulez-vous dire, mon ami? s'écria le prêtre en tressaillant.

— Rien, padre, rien encore; continuez, je vous en prie, cette histoire m'intéresse extraordinairement.

— Soit, donc. Or, à son arrivée dans la ville de... Cordoue ou de Tolède, comme il vous plaira...

— Je préfère Tolède.

— Disons Tolède, je le veux bien, une chasse fut organisée; auprès de la ville se trouve une montagne giboyeuse : donc la cour se mit en chasse; malheureusement le roi, se laissant emporter par le plaisir tout nouveau pour lui de se trouver à peu près libre, perdit la chasse.

— Pauvre roi!

— Oui, certes, pauvre roi, car il s'égara si bien, qu'il lui fut impossible de rejoindre sa cour. Sur ce fait la nuit vint et un orage effroyable éclata; comme si ce n'était pas assez pour accabler le malheureux prince et pour compliquer encore l'affreuse position dans laquelle il se trouvait...

— Six bandits surgirent subitement devant lui, interrompit le forestier, l'attaquèrent tous à la fois, tuèrent son cheval, le malmenèrent de telle sorte que si, sur ces entrefaites, un chasseur égaré, lui aussi, n'était subitement venu à son secours, le roi don Felipe, *sans numéro*, était mort. Maintenant continuez, padre, je vous prie.

— Vous connaissez donc cette histoire?

— En gros, comme vous voyez, mais j'en ignore complètement les détails; et ce sont les détails surtout qui sont intéressants, n'est-ce pas, padre? Donc, je vous écoute.

— Que vous dirai-je de plus, mon ami? Le chasseur délivra le roi des bandits qui l'attaquaient; il le sauva au péril de sa vie des dangers non moins terribles d'un ouragan dans la montagne; bref, son dévouement pour le prince qu'il ne connaissait pas fut complet, absolu, loyal et sans arrière-pensée; il conduisit le roi dans sa demeure, lui offrit l'hospitalité la plus large. Le roi vit ses filles. Le chasseur avait deux filles ravissantes, toutes deux pures, simples, candides et naïves.

— Assez, padre, assez! s'écria tout à coup le forestier, dont le visage était livide; laquelle aime-t-il?

— Cristiana!

— Cristiania, la plus chérie! murmura-t-il; mais elle ne l'aime pas, elle! reprit-il avec violence.

— Elle l'aime! dit nettement le prêtre.

— Oh! lâcheté humaine! s'écria le forestier avec désespoir, cet homme qui me doit la vie, ce roi que j'ai vu haletant à mes pieds, que j'ai sauvé au risque de périr moi-même, voilà donc la récompense qu'il me réservait! Oh! c'est horrible! ils sont bien tous les mêmes, ces tyrans couronnés que la sotte multitude met au-dessus du droit commun, et pour lesquels il n'y a rien de sacré que leurs hideux caprices!

— Calmez-vous, mon ami, au nom du Ciel!

— Me calmer! s'écria-t-il avec égarement. Ah çà! mais vous, ministre d'un Dieu de paix, de quel droit me venez-vous conter cette horrible histoire? Elle est donc connue de tous maintenant? Mon honneur est donc livré à la risée générale?

— Je vous ai conté cette histoire, señor, dit froidement le prêtre, parce que tout peut encore se réparer, que votre fille est pure, la sainte et naïve enfant; que vous pouvez fuir et la soustraire ainsi aux poursuites du roi.

— Fuir, moi! s'écria-t-il avec éclat. Ah! vous me connaissez mal, mon père; je suis né pour la lutte, moi! Par le Dieu vivant! je ferai bravement face à l'orage, au contraire.

— Prenez garde, ami, vous vous perdez!

— Padre, reprit-il avec un froid glacial, il faut que votre amitié pour moi soit bien véritable pour que vous ayez risqué ainsi votre vie sur un coup de dé, en me racontant cette hideuse histoire; je vous remercie sincèrement, car, sans hésitation, vous m'avez montré le précipice; peu d'hommes à votre place se seraient sentis capables d'un si grand courage; votre main, je vous aime; oh! oui! je vous aime! car vous vous êtes montré pour moi un véritable ami. Écoutez-moi; demain à la première heure il accourra chez moi, ce roi, ce misérable, ce séducteur couronné qui paie le plus noble dévouement par la plus ignoble trahison. Promettez-moi, sur l'honneur, de vous trouver ici demain à midi précis. Me le promettez-vous?

— Que prétendez-vous faire, mon ami?

— Cela me regarde; rassurez-vous, ma vengeance, si je me venge, sera noble et digne de moi.

— Je vous engage ma parole, mais à une condition.

— Non, mon ami, sans condition.

— Soit, puisqu'il le faut; j'ai foi en votre honneur.

— Merci! maintenant plus un mot; rentrons, on nous attend; prenez garde de laisser deviner ce qui s'est passé entre nous; ceux qui aiment, hélas! sont clairvoyants.

— Soyez tranquille, ami; pour plus de sûreté, aussitôt après le déjeuner, je partirai.

— Vous aurez raison, en effet, mais demain...

— Demain à midi je serai chez vous, je vous l'ai juré.

Ils se levèrent alors, sortirent du bois, et regagnèrent la chaumière à petits pas; en chemin le forestier eut l'occasion de tuer quelques gelinottes.

Donc il avait chassé, pas autre chose.

IV

OÙ IL EST PROUVÉ QUE NI L'OR NI LA GRANDEUR NE RENDENT HEUREUX

Le lendemain, vers dix heures du matin, don Felipe, qui, certes, était bien loin de soupçonner la réception que lui ménageait le forestier, arrivait tout joyeux à la chaumière.

Son cheval, blanc d'écume, témoignait de la rapidité avec laquelle il était venu.

Il s'arrêta à l'entrée de l'enclos, mit pied à terre, jeta la bride au domestique qui l'accompagnait, reçut des mains de celui-ci un large portefeuille de marocain rouge fermant à clef, le mit sous son bras et se dirigea à grands pas vers la chaumière, sur le seuil de laquelle il apercevait le forestier debout et immobile.

— Me voilà, mon cher hôte, dit-il en tendant la main au forestier.

— Je vous attendais, don Felipe, répondit celui-ci en faisant un pas en arrière sans prendre la main qui lui était tendue.

Don Felipe ne remarqua pas ce mouvement, ou, s'il le remarqua, il n'y attacha pas d'importance.

— Tout le monde se porte bien ici? reprit-il; il me semble qu'il y a un siècle que je ne suis venu!

— Tout le monde se porte bien, oui, señor.

— Tant mieux! j'avais hâte de vous revoir.

— Et moi aussi, señor! reprit le forestier d'une voix sourde.

Force fut enfin à don Felipe de s'apercevoir de la froide réception qui lui était faite.

— Qu'avez-vous donc, mon ami? demanda-t-il avec intérêt; vous me semblez triste, préoccupé; auriez-vous quelque chagrin que j'ignore?

— Je suis triste, en effet, señor, excusez-moi donc, je vous prie. Don Felipe, je désire vous entretenir d'une affaire grave; voulez-vous me faire l'honneur de m'accorder quelques minutes de conversation particulière?

— Avec le plus grand plaisir, répondit gaiement don Felipe en tapotant à petits coups sur le portefeuille qu'il tenait sous le bras, car moi aussi j'ai à vous entretenir d'une affaire très importante.

— Pour moi?

— Pour qui donc, si ce n'est pas pour vous?

— Je ne comprends pas quelle affaire.

— Peut-être, reprit finement don Felipe, mon affaire et la vôtre n'en font-elles qu'une seule.

— J'en doute, murmura le forestier, dont les sourcils se froncèrent.

— Causerons-nous ici?

— Non, cette salle est commune, tout le monde y vient, mieux vaut entrer chez moi.

— Comme il vous plaira, mon hôte.

Le forestier passa devant et monta l'escalier, suivi par don Felipe.

Celui-ci remarqua, non sans surprise, que, contrairement à ce qui se passait à chacune de ses visites, les dames ne s'étaient pas montrées.

Le forestier semblait être seul dans la chaumière.

En ce moment, No Santiago ouvrit la porte de la chambre, et s'effaça pour laisser passer don Felipe; il entra avec lui, referma la porte avec soin, et, mettant brusquement sur sa tête le chapeau que jusque-là il avait tenu à sa main, il se redressa, se retourna vers son hôte, et lui dit avec hauteur :

— Maintenant que nous sommes seuls, expliquons-nous.

— Il paraît, mon cousin, dit en souriant don Felipe, qu'il te plaît enfin de te souvenir que tu es grand d'Espagne de première classe, caballero cubierto, et que tu as le droit de parler au roi le chapeau sur la tête; j'en suis charmé et pour toi et pour moi.

— Qu'est-ce à dire? s'écria le forestier avec stupeur.

— C'est-à-dire que je suis Philippe IV, roi d'Espagne et des Indes, et que tu es, toi, don Luis de Tormenar, comte de Tolosa et duc de Biscaye. Me trompé-je, mon cousin?

— Sire, murmura don Luis en proie à une émotion extraordinaire.

— Écoute-moi, duc, reprit vivement le roi avec un charmant sourire : tu m'as sauvé la vie au péril de la tienne; j'ai voulu te connaître; tu t'es obstiné à demeurer impénétrable; tu as refusé tous mes dons et repoussé toutes mes avances; cette obstination m'a piqué au jeu; j'ai voulu savoir, et j'ai su. Duc de Biscaye, mon père, le roi Philippe III, trompé par de fausses apparences, écoutant trop facilement les calomnies de tes ennemis, a été dur et inexorable envers toi, j'ajouterais même qu'il a été injuste, s'il n'était pas mon père, et maintenant assis au Ciel à la droite de Dieu. Il y avait une grande injustice à réparer; je l'ai fait : ton procès a été révisé par la cour suprême; le jugement qui te condamnait, cassé; ton nom hautement réhabilité; maintenant, mon cousin, tu es bien réellement don Luis de Tormenar, comte de Tolosa, marquis de San-Sébastian, duc de Biscaye; ta fortune t'est rendue, ton honneur sauf, tes ennemis punis : es-tu content?

Et il lui tendit la main.

Don Luis, éperdu, en proie à mille sentiments divers, plia le genou et voulut baiser cette main qui lui rendait si noblement tout ce qu'il avait perdu; mais le roi ne le souffrit pas; il le retint, l'attira doucement dans ses bras et le serra sur sa poitrine.

— Oh! sire, s'écria le duc avec un sanglot, pourquoi faut-il...

— Silence! mon cousin, reprit doucement le roi, je n'ai pas terminé encore.

— Mon Dieu! dans quel but tout cela a-t-il été fait? murmura le duc d'une voix sourde.

— Tu vas le savoir.

— J'écoute, sire.

— Je serai franc avec toi; reçu comme un frère dans ta noble famille, je n'ai pu voir ta fille Cristiana sans l'aimer.

— Ah! fit-il en pâlissant.

— Oui, don Luis ; ici ce n'est plus le roi, c'est l'ami qui parle ; je l'aime comme jamais je n'ai aimé encore ; sa candeur naïve, sa pureté virginale, tout m'a charmé ; alors...

— Alors, sire, vous l'ami de son père, dit-il avec amertume, de son père qui vous a sauvé la vie, vous avez voulu reconnaître ce bienfait en...

— En demandant au duc de Biscaye, mon ami, moi, le roi, la main de sa fille, répondit noblement don Felipe ; me refusera-t-il, et ne m'aura-t-il sauvé la vie que pour me condamner à être éternellement malheureux ? Maintenant réponds-moi, duc, ou plutôt réponds-moi, mon ami, je n'ai plus rien à t'apprendre.

— Mais, moi, sire, j'ai à vous apprendre que je suis indigne de vos bontés ; que j'ai douté de vous, de votre cœur, de votre grandeur d'âme enfin ; qu'hier, lorsqu'on m'a révélé qui vous êtes, j'ai cru que vous vouliez porter le déshonneur dans ma maison.

— Don Luis, tais-toi !

— Non, sire, je ne me tairai pas, il faut que vous sachiez tout : la haine que je portais dans mon cœur contre le roi votre père s'est aussitôt réveillée en moi plus vive et plus terrible, et, Dieu me pardonne ! un instant la pensée m'est venue de laver dans votre sang cette injure irréparable que vous me vouliez faire !

— Tu en aurais eu le droit, don Luis, car si j'avais eu réellement les intentions que tu me supposais, j'aurais été un lâche et un traître. Duc de Biscaye, tu n'as pas répondu à la demande que je t'ai adressée.

— Oh ! sire, tant d'honneur ! murmura-t-il, accablé par le conflit d'émotions qui gonflait sa poitrine.

— Allons donc, mon cousin, reprit le roi avec bonté ; est-ce donc la première fois que ta maison s'allie à celle d'Espagne ? Crois-moi, duc, ton bonheur fera des jaloux, mais non des envieux ; car cette alliance rendra aux yeux de tous ta réhabilitation complète et montrera la grande estime dans laquelle te tient ton roi et ton ami.

— Merci, sire, vous êtes grand et généreux.

— Non, répondit-il en souriant, je suis reconnaissant, juste, et surtout amoureux ; et maintenant que nous nous entendons, causons de nos affaires, afin qu'il ne puisse plus exister à l'avenir de malentendus entre nous.

— J'écoute respectueusement Votre Majesté.

— Assieds-toi là, près de moi.

— Sire !

— Je le veux.

Le comte s'inclina et prit un siège.

Le roi posa le portefeuille sur une table, l'ouvrit avec une petite clef d'or curieusement ciselée, puis il en retira plusieurs parchemins remplis de sceaux et de cachets de toutes sortes et de toutes couleurs.

— Voici ! dit le roi, tous les papiers relatifs aux affaires dont nous avons parlé ; vos titres de propriétés ; enfin tout ce qui vous appartenait et que je vous ai rendu ; voici de plus votre nomination au gouvernement de la province de Biscaye ; ce dernier papier est le contrat rédigé par moi de mon mariage avec doña Cristiana ; vous verrez que je lui reconnais une dot d'un million de piastres, et que je lui assure en même temps un douaire de deux cent mille piastres par an.

— Ah ! sire, c'est trop.

— Nous ne sommes pas d'accord, mon cousin ; moi je trouve que ce n'est pas assez, mais passons. Voici la clef et le portefeuille, mon cousin : serrez toutes ces paperasses et parlons d'autre chose.

— Sire...

— Demain, s'il est possible, mon cousin, il vous faudra quitter cette vallée où vous avez été si heureux, et partir pour Madrid avec toute votre famille ; votre palais de la calle d'Alcala, fermé depuis si longtemps, est prêt à vous recevoir.

— J'obéirai à Votre Majesté. Sire, demain je serai parti.

— Très bien ; de mon côté je quitte Tolède ce soir, de sorte que nous arriverons presque en même temps à Madrid ; je viens maintenant à la partie la plus délicate de ma mission, et pour plus de sûreté, afin d'être bien compris de vous, mon cousin, je continuerai à vous parler avec la plus entière franchise.

Le duc s'inclina respectueusement.

— Vous savez, ou vous ne savez pas, mon cher don Luis, reprit le roi avec une feinte gaieté qui cachait mal son embarras, que je suis, ou du moins que je passe pour un roi très faible et très débonnaire, qui se laisse conduire par ses ministres, et fait à peu près tout ce qu'ils veulent.

— Oh ! sire !

— C'est exact. Or, il résulte ceci : c'est qu'en effet, soit ennui, soit lassitude de la lutte contre des natures plus opiniâtres que la mienne, il y a beaucoup de vrai dans ces reproches, j'en conviens, mais qu'y faire ? Maintenant, la chose est sans remède. M. le comte-duc d'Olivarès, mon premier ministre, gouverne le royaume à peu près à sa guise ; je le laisse faire ; comme en réalité c'est un profond politique et un homme qui possède une grande expérience des affaires, presque toujours je m'en trouve bien. Il ressort de tout cela que, ne voulant pas m'attaquer à lui de front lorsqu'il me prend une velléité d'indépendance, je biaise, je tourne la difficulté et je l'oblige ainsi à s'incliner devant le fait accompli. Me comprends-tu, duc ?

— Oui, sire, je comprends parfaitement ce que Votre Majesté me fait l'honneur de me dire.

— Alors, je continue. La circonstance dans laquelle je me trouve en ce moment, c'est-à-dire le mariage que je veux contracter avec doña Cristiana, est une de ces velléités dont je vous parlais à l'instant.

— C'est-à-dire que Votre Majesté désire tourner la difficulté.

— C'est cela ; et voici le moyen que j'ai trouvé ; il est fort simple et réussira inévitablement.

— J'écoute, sire.

— Je contracte avec doña Cristiana un mariage secret.

— Un mariage secret !

— Oui. Il me naît un fils ; immédiatement mon mariage est reconnu publiquement et mon fils déclaré héritier de ma couronne; et comme toujours, le comte-duc d'Olivarès, bien qu'en enrageant, car il doit avoir en tête quelque autre projet de mariage, est obligé de s'incliner; mais il faut nous hâter avant qu'il soit averti, car il a des espions bien habiles.

— Un mariage secret, sire !

— Je le sais bien, mais il n'y a pas d'autre moyen; et puis c'est une affaire d'un an au plus; bien que non officiellement reconnue, doña Cristiana aura rang à la cour.

— Si la chose doit se faire ainsi, je désirerais, au contraire, sire, que ma fille continuât à habiter mon palais; elle attirera moins les regards sur elle.

— Vous avez raison, mon cousin, cela vaut mieux ainsi; maintenant, vous avez ma parole royale en garantie de ma promesse. Consentez-vous, duc?

— Il le faut bien, sire.

— Sans arrière-pensée, au moins ?

— Sans arrière-pensée, sire, et aussi loyalement que Votre Majesté elle-même.

— Voilà qui va bien alors; ne dites rien à ces dames de notre conversation jusqu'à ce que je vous aie revu à Madrid; je désire surprendre ma charmante doña Cristiana.

— Il sera fait selon votre désir, sire. Votre Majesté m'autorise-t-elle à lui adresser une requête ?

— Tout ce que tu voudras, mon cousin : elle est accordée d'avance, dit gracieusement le roi. De quoi s'agit-il ?

— D'un pauvre prêtre, sire, desservant de l'église du village qui se trouve à mi-côte de la montagne; il a été l'instituteur de mes enfants, c'est un homme selon l'Évangile, très attaché à ma famille, je désirerais ne pas me séparer de lui.

Sans répondre, le roi attira à lui une feuille de papier, écrivit une cédule qu'il signa et au bas de laquelle il apposa le chaton d'une bague qu'il portait pendue à son cou par une chaîne d'or, puis il plia le papier en quatre et le remit à don Luis.

— Ne regarde pas, mon cousin, fit-il avec un sourire, tu lui remettras cela toi-même.

— Il va arriver dans un instant.

— Alors tu attendras mon départ avant de lui donner ce papier. Est-ce tout ? N'as-tu rien de plus à me demander ?

— Rien, sire; il ne me reste qu'à remercier Votre Majesté des bontés dont elle me comble.

— Et toi, ne fais-tu donc rien pour moi, don Luis ? Plus un mot à ce sujet; maintenant descendons auprès des dames...

— Je suis à vos ordres, sire.

— N'oublie pas, mon cousin, que je conserve encore aujourd'hui mon incognito, que je ne suis et ne veux être que don Felipe.

— J'obéirai, sire.

Les dames, assez inquiètes de ce long entretien dont elles ignoraient les

Emporté par un cheval devenu subitement furieux, il avait failli se briser sur les rochers.

motifs, attendaient avec anxiété qu'il se terminât ; ce fut avec plaisir qu'elles virent enfin arriver auprès d'elles les deux hommes, la physionomie riante, et causant entre eux de la façon la plus amicale.

Au même instant, le padre Sanchez parut à l'entrée de l'enclos ; il était fort inquiet ; aussi fut-ce avec un indicible sentiment de joie et de reconnaissance envers le Ciel qu'il accueillit les assurances de don Luis, qui s'était empressé d'aller à sa rencontre, que tout était terminé de la manière à la fois la plus heureuse et en même temps la plus extraordinaire pour lui; don Luis ajouta que plus tard il lui dirait tout, et que sans doute comme lui, il serait enchanté de ce dénouement imprévu d'une affaire qui menaçait d'avoir de si terribles conséquences.

— Surtout, ajouta-t-il, gardez-vous de reconnaître le roi ; il veut aujourd'hui conserver le plus strict incognito.

— Je me conformerai aux ordres de Sa Majesté, mon cher don Luis, vous serez content de moi, répondit le prêtre avec un doux et fin sourire.

La journée s'écoula en douces et charmantes causeries.

Vers trois heures, ainsi qu'il en avait l'habitude, le roi prit congé; don Luis et le père Sanchez l'accompagnèrent jusqu'à l'extrémité de la vallée.

— A bientôt! dit le roi en leur faisant un dernier signe de la main.

Et il s'éloigna.

Les deux hommes regagnèrent la chaumière à petits pas; don Luis raconta au prêtre dans les plus grands détails ce qui s'était passé entre lui et le roi; il termina son récit en lui disant que, ne voulant pas se séparer de lui, il avait demandé à Sa Majesté l'autorisation de l'emmener à Madrid.

— Voici, ajouta-t-il en lui présentant la cédule royale, ce que le roi m'a chargé de vous remettre, mon père.

Le prêtre ouvrit le papier et jeta un cri de surprise : le père Sanchez était nommé prieur du couvent des Hiéronymites de Madrid.

Le lendemain, la vallée dans laquelle pendant tant de temps la famille de Tormenar avait vécu si heureuse était déserte de nouveau, la chaumière abandonnée; ses habitants l'avaient quittée pour toujours.

Les choses se passèrent ainsi que le roi l'avait décidé.

Le mariage de Philippe IV et de doña Cristiana fut célébré à l'Escurial, en présence d'une partie de la cour et du comte-duc d'Olivarès lui-même, bien que ce mariage eût été déclaré secret.

Le ministre tout-puissant cacha habilement le déplaisir que lui causait cette union, contractée malgré lui; en apparence du moins, il s'inclina comme toujours devant le fait accompli.

Les choses durèrent ainsi pendant assez longtemps; le ministre, et, à son exemple, tous les courtisans faisaient une cour assidue à celle qui d'un jour à l'autre pouvait être déclarée reine.

Don Luis de Tormenar jouissait ou paraissait jouir d'un crédit immense et bien établi à la cour, où il résidait presque constamment, ne faisant que de courtes et rares visites à son gouvernement de Biscaye.

Deux ans s'écoulèrent : enfin doña Cristiana devint enceinte; au mois de décembre 1631 elle donna le jour à un fils.

Cette naissance, si impatiemment attendue par le roi, le combla de joie.

Averti aussitôt, il accourut au palais de Tormenar, où doña Cristiana avait continué de résider; il voulut placer lui-même dans le berceau de ce fils tant désiré le grand cordon de la Toison d'or, dont les rois d'Espagne étaient grands-maîtres, comme héritiers directs des ducs de Bourgogne.

Le nouveau-né fut baptisé sous les noms de Gaston-Philippe-Charles

Laurent, créé aussitôt par son père comte de Transtamarre, et almirante de Castille.

Puis le roi, fidèle à la parole qu'il avait donnée au duc de Biscaye, se mit en mesure de faire déclarer publiquement son mariage, et de faire reconnaître doña Cristiana comme reine d'Espagne et des Indes.

Les choses marchèrent très rapidement ; tout fut prêt de façon à ce que la cérémonie eût lieu, aussitôt après les relevailles de la future reine, au couvent de las Huelgas.

Les couches de doña Cristiana avaient été fort laborieuses ; elle ne se rétablissait que très difficilement ; cependant les médecins ne montraient aucune inquiétude ; ils annonçaient que bientôt la jeune femme serait en état de se lever, lorsque tout à coup, contre toute prévision, doña Cristiana, après une visite assez longue que lui avait faite le comte-duc d'Olivarès, fut prise subitement d'une crise nerveuse et expira après une demi-heure de souffrances horribles, sans pouvoir prononcer une parole, entre les bras du roi presque fou de désespoir.

Cette mort fit grand bruit à la cour.

Les ennemis du ministre, et il en avait un grand nombre, allèrent jusqu'à parler tout haut d'assassinat, c'est-à-dire d'empoisonnement, mais rien ne vint justifier ces bruits qui finirent par s'éteindre d'eux-mêmes.

Le roi, inconsolable de la mort de cette femme, la seule qu'il eût véritablement aimée, et qui par sa douceur angélique et sa haute intelligence était si digne de son amour, lui fit faire des funérailles magnifiques ; pendant longtemps il s'enferma dans son palais, où il s'obstina à ne recevoir que quelques-uns de ses familiers les plus intimes.

Les malheurs vont par troupes, dit-on ; ce dicton populaire sembla cette fois fatalement se réaliser.

Doña Maria Dolorès et sa seconde fille doña Luz s'étaient retirées en Biscaye aussitôt après la mort de doña Cristiana, et avaient été cacher leur douleur dans le château de Tormenar, sombre édifice construit dans les montagnes, à deux ou trois lieues à peine des frontières françaises.

Une nuit le château fut surpris et incendié par des maraudeurs appartenant, dit-on, à l'armée française ; la faible garnison qui défendait Tormenar fut massacrée, le bourg et le château mis à feu et à sang.

Le lendemain, il ne restait plus que des ruines fumantes ; l'incendie avait été éteint dans le sang ; les maraudeurs gorgés de richesses avaient disparu, emmenant avec eux doña Maria et sa fille doña Luz.

Ce nouveau et terrible coup qui frappait don Luis faillit le rendre fou de douleur.

Le duc cependant, à force de volonté, dompta son désespoir ; il voulait retrouver sa femme et sa fille ; mais vainement il prodigua l'or et les promesses ; toutes ses recherches furent sans résultat ; tous ses efforts demeurèrent stériles ; jamais le mari désolé, le père désespéré, ne réussit à apprendre un mot du sort de ces deux créatures qui lui étaient si chères ; un mystère impénétrable enveloppa cette sombre et ténébreuse histoire.

Après avoir, pendant plusieurs années, parcouru l'Europe dans tous les sens à la recherche des deux anges qu'il avait si déplorablement perdus, le duc, brisé par la douleur, résigna toutes ses charges entre les mains du comte-duc d'Olivarès, plus puissant et plus heureux que jamais; et il se retira dans le château de Tormenar, qu'il avait fait reconstruire à la place même qu'il occupait primitivement, résolu à y terminer ses jours, loin de ce monde par lequel il avait tant souffert.

Mais un ami dévoué lui était demeuré fidèle dans l'adversité; cet ami était le père Sanchez, qui avait tout quitté pour venir partager sa solitude et non pas pour le consoler, il y a certaines douleurs qui demeurent toujours vives et saignantes au cœur, mais pour l'aider à supporter bavement les coups redoublés qui le frappaient, et le soutenir dans sa voie douloureuse.

Gaston-Philippe, sur la tête duquel le roi son père semblait avoir reporté tout l'amour qu'il avait éprouvé pour sa mère, avait par les soins du roi reçu la plus brillante éducation.

C'était, à l'époque à laquelle nous sommes arrivés, un beau et fier jeune homme de seize à dix-sept ans, doué de toute la ravissante beauté que possédait sa mère à ce même âge, mais avec une expression plus accentuée.

Par l'ordre exprès du roi qui paraissait craindre de s'en séparer, il avait continué à résider à la cour et à habiter le palais de son grand-père; il portait le titre de comte de Transtamarre et il était, depuis le jour de sa naissance, ainsi que nous l'avons dit, almirante de Castille.

Bien que Gaston ne vît le duc de Biscaye, son grand-père, que très rarement, cependant il avait pour lui une profonde et sincère affection; c'était un bonheur pour le jeune homme lorsqu'il pouvait obtenir du roi l'autorisation d'aller passer quelques jours à Tormenar.

C'était fête aussi au château; le vieillard, en revoyant son petit-fils, semblait renaître à la vie, il se sentait presque joyeux; c'était avec un plaisir infini qu'il écoutait les longs récits du jeune homme sur sa manière de vivre à Madrid, les événements qui se passaient à la cour et dont il était témoin.

Cependant une inquiétude secrète dévorait le vieux duc.

Le roi, tout en paraissant aimer beaucoup Gaston-Philippe, en le comblant d'attentions et de faveurs, n'avait pas, selon la promesse solennellement faite, déclaré la légitimité du mariage contracté avec doña Cristiana et régularisé ainsi la position de son fils qu'il devait, à la suite de cette déclaration publique, nommer son héritier au trône.

Cette indifférence du roi, cet oubli inconcevable peinaient le vieillard; non pas par ambition, depuis bien longtemps déjà toute ambition était morte dans son cœur: mais il trouvait que cette réparation si juste était due au fils de la femme que lui, le roi, avait tant aimée, et qu'il faisait injure à sa mémoire en faussant la parole qu'il lui avait si solennellement engagée.

Ce n'était pas tout encore; le roi n'était pas demeuré fidèle au souvenir de la pauvre morte; malgré l'éclat de sa douleur, peu à peu il avait repris son train de vie habituel; plusieurs maîtresses s'étaient succédé auprès de lui et avaient brillé à la cour; une d'elles lui avait donné un fils; ce fils, sous le nom de don Juan d'Autriche, était publiquement élevé auprès du roi, qui l'aimait beaucoup, et dont il partageait les faveurs avec Gaston-Philippe, qui lui cependant, bien que non reconnu encore, était fils légitime du roi, et l'héritier direct de la couronne.

De plus, une haine sourde, implacable, toujours vivace, semblait depuis sa naissance veiller attentive auprès du jeune homme. Était-ce fatalité?

Vainement le vieux duc essayait d'acquérir une certitude à ce sujet; mais un concours inouï de circonstances groupées par le hasard ou par une haine patiente augmentait encore sa perplexité en redoublant ses craintes pour la vie de son petit-fils.

A plusieurs reprises, le jeune homme avait failli être victime d'accidents singuliers; sa vie même avait été mise en péril.

Ces accidents avaient été si habilement préparés que Gaston, avec l'insouciance naturelle à son âge, et d'ailleurs doué d'une bravoure à toute épreuve, racontait en riant à son grand-père, qui, lui, hochait tristement la tête en l'écoutant, comment, emporté par un cheval devenu subitement furieux, il avait failli se briser sur les rochers; comment, une autre fois, en faisant des armes avec le comte de Medina Sidonia, jeune homme à peu près de son âge et son grand ami, le fleuret du comte s'était tout à coup démoucheté sans qu'on sût à quoi attribuer cet accident, et que peu s'en était fallu qu'il fût traversé de part en part.

Une autre fois, à la chasse, des balles avaient sifflé à ses oreilles sans qu'il fût possible de découvrir celui ou ceux qui avaient commis cette maladresse.

Enfin l'ensemble de tous ces faits était effrayant et donnait fort à penser au vieux duc.

Les choses en étaient là, lorsqu'un matin du mois de mai 1630, le comte Gaston arriva à l'improviste à Tormenar où, depuis près d'une année, il n'avait pas mis les pieds.

Le duc de Biscaye, prévenu par un de ses serviteurs, se hâta d'aller à la rencontre du jeune homme, qui, en apercevant son grand-père, sauta à bas de son cheval et se jeta dans ses bras en l'accablant de ces caresses filiales si douces au cœur des vieillards.

Puis le jeune homme offrit son bras au duc, et tous deux remontèrent doucement dans les appartements.

V

LE SERMENT D'ANNIBAL

Le jeune homme était pâle, ses sourcils se fronçaient malgré lui; il semblait être sous le poids d'une grande douleur ou d'une vive émotion.

Le duc fit asseoir son petit-fils sur un coussin, à ses pieds, prit ses mains dans les siennes, et, après l'avoir attentivement considéré pendant deux ou trois minutes :

— Pauvre enfant, lui dit-il en lui mettant un baiser au front, vous souffrez beaucoup, n'est-ce pas?
— Oh! oui, mon père, répondit-il les yeux pleins de larmes.
— Voulez-vous me faire part de votre chagrin, mon enfant?
— Je suis venu vous trouver exprès pour cela, mon père.
— Comment! vous avez fait deux cents lieues...
— A franc étrier, oui, mon père, pour tout vous dire.
— Mais... le roi?
— Le roi! fit-il avec amertume, le roi est un grand prince, mon père.
— Me resterez-vous longtemps, cette fois?
— Vous-même en déciderez.
— Ah! alors, s'il en est ainsi, je vous posséderai longtemps à Tormenar.
— Qui sait? murmura-t-il d'un air pensif.
— C'est juste, peut-être que le roi votre père...
— Je n'ai plus d'autre père que vous, monsieur le duc.
— Ciel! le roi serait-il mort?
— Rassurez-vous, mon père; la santé de Sa Majesté est parfaite.
— Alors, mon cher fils, ce que vous me dites me semble être une énigme dont je renonce à chercher le mot.
— Je vous le donnerai, moi, soyez tranquille; mais avant de m'expliquer, j'aurais voulu voir près de vous un saint homme.
— Il est absent, mon fils, interrompit le duc; depuis un mois déjà le père Sanchez m'a quitté; car c'est de lui, que vous voulez parler sans doute?
— Oui, mon père, de lui, votre vieil ami; le seul qui soit resté fidèle à notre famille.
— Hélas! enfin, le père Sanchez est depuis un mois à Madrid, où l'ont appelé à l'improviste des affaires de la plus haute importance, à ce qu'il m'a dit du moins avant de quitter le château; je m'étonne que vous ne l'ayez pas vu à la cour.
— J'en suis étonné, moi aussi, mon père; ordinairement, lorsqu'il venait à Madrid, sa première visite était pour moi. Sans doute il aura été empêché, mais, puisque le padre Sanchez est absent, je vous dirai tout, à vous seul, mon père.
— Parlez, enfant, je vous écoute.
— Je dois d'abord vous dire, monsieur le duc, que, depuis quelques mois déjà, j'avais cru remarquer qu'un grand changement s'opérait dans les manières du roi à mon égard; Sa Majesté continuait à me bien traiter sans doute, mais sans épanchement, sans laisser aller; il y avait enfin dans ses manières, lorsque j'allais lui rendre mes devoirs à l'Escurial, une gêne et une contrainte que je n'avais jamais observées en lui jusqu'alors; plus le temps s'écoulait, plus ses manières se faisaient froides, sèches et même hautaines; plusieurs fois, l'entrée de la chambre royale me fut refusée et je quittai le palais sans parvenir jusqu'à Sa Majesté.
— Oh! cela c'est singulier, en effet, murmura le duc dont les sourcils se froncèrent.
— Cela n'était rien encore, continua le jeune homme avec ironie; j'étais

destiné à souffrir d'autres insultes autrement graves que celles-là. Les courtisans, se modelant selon leur coutume sur le souverain, prenaient avec moi un ton qui me déplaisait fort : ils chuchotaient, se parlaient bas à l'oreille lorsqu'ils m'apercevaient; s'ils l'eussent osé, ils m'auraient tourné le dos; je souffrais en silence ces attaques ridicules, attendant patiemment qu'une insulte indirecte me fût faite en face, afin d'en tirer une éclatante vengeance. Avais-je raison, mon père?

— Oui, mon fils, vous agissiez en homme de cœur; je pressens comment tout cela a dû finir.

— Au contraire, mon père, vous ne vous en doutez pas, répondit-il avec un rire nerveux; oh! ma vengeance a été belle, allez! plus belle même que je ne l'espérais.

— Continuez, mon fils, je vous écoute.

— Sur ces entrefaites, le bruit courut à la cour, et prit bientôt une certaine consistance, du mariage du roi.

— Du mariage du roi! s'écria le duc avec une douloureuse surprise; le roi va donc se marier?

— Oui, mon père, le fait est aujourd'hui officiel : Sa Majesté épouse une princesse accomplie, dit-on. Mais que vous importe?

— C'est juste, murmura le duc, les dents serrées, tandis qu'un sourire de dédain se jouait vaguement sur ses lèvres blêmies; continuez, mon fils.

— Un matin, reprit Gaston, le valet de chambre du roi se présenta au palais de Tormenar, il m'annonça que le roi me demandait. Je montai à cheval et je me rendis à l'Escurial. Sa Majesté m'attendait dans son oratoire; son visage était pâle, ses yeux rougis par la veille ou par la douleur. Le roi congédia le valet de chambre d'un geste et me fit signe de m'approcher. J'obéis. Le roi, remarquant que je tenais mon chapeau à la main, me dit sèchement : « Couvrez-vous, vous êtes grand d'Espagne. » — « C'est vrai, répondis-je, mais si j'ai le droit de parler au roi le chapeau sur la tête, il est de mon devoir d'écouter mon père le front nu et incliné. »

— Bien, mon fils.

— Le roi détourna la tête, reprit Gaston, puis au bout d'un instant, il reprit : — « Monsieur, je vous ai fait venir en ma présence, parce que j'ai à vous entretenir de choses d'importance et qui n'admettent pas de délai. » Jamais le roi ne m'avait parlé avec cette sécheresse : je tressaillis, mais je ne répondis pas; le roi, voyant que je gardais le silence, reprit du ton d'un homme pressé d'en finir, parce qu'il reconnaît intérieurement qu'il fait mal : — « Monsieur, le bien de l'État exige que je me marie, vous avez sans doute appris cette nouvelle? » Je m'inclinai. « Ce mariage aura lieu prochainement; je suis contraint de vous éloigner temporairement de la cour. — Est-ce un exil, sire? » demandai-je. « Non, se hâta-t-il de répondre; c'est une mesure de prudence exigée par la politique. Je vous laisse libre du choix de votre résidence, pourvu que vous n'alliez pas en Biscaye auprès de votre aïeul... »

— Le roi a dit cela? s'écria le duc.

— Il l'a dit, mon père, puisque je vous le répète.

— C'est vrai; pardonnez-moi, mon fils.

— « Et, reprit le jeune homme, que vous n'approchiez pas à plus de vingt-cinq lieues de la cour; du reste, cette absence durera peu, je l'espère. Voilà tout ce que j'avais à vous dire. Allez, de près comme de loin, ma bienveillance veillera sur vous. » Et sans me laisser le temps de lui répondre, le roi me fit un geste d'adieu et passa dans une autre pièce. Je sortis je ne sais comment de l'Escurial et je rentrai dans mon palais sans qu'il me fût possible de savoir de quelle façon j'y étais revenu ; je trouvai chez moi le secrétaire particulier du puissant ministre qui venait, au nom du roi, me demander la démission de toutes mes charges : le roi se hâtait de me donner des preuves de la bienveillance dont il m'avait assuré. Je donnai ces démissions, que je signai sans daigner prononcer une parole ; le secrétaire les prit, les examina, puis il me demanda avec un sourire légèrement ironique, quand je comptais quitter la cour : « Cette nuit même, » répondis-je ; et je congédiai cet homme.

— Ainsi, vous n'êtes plus rien, mon fils ?

— Rien, mon père, que le fils de Christiana de Tormenar, et ce titre, vive Dieu! nul ne pourra me l'enlever. D'ailleurs, que me font les titres ? Mais je n'ai pas fini mon récit, mon père.

— Continuez donc, mon fils, je vous écoute.

— Le soir de ce même jour, le duc de Medina Sidonia, père d'un de mes amis les plus intimes, donnait une fête à laquelle toute la haute noblesse avait été invitée. Comme je n'avais commis aucun crime, qu'à ma connaissance je n'étais coupable d'aucune mauvaise action, je ne trouvai pas digne de moi de quitter la cour en fugitif : je résolus donc d'assister à cette fête et de m'y présenter le front haut, comme doit le faire un homme fort de son innocence. Je fis préparer mes équipages, je réglai tout pour mon départ, et après avoir ordonné à mes gens de m'attendre à Alcala de Henares, je me rendis au palais de Medina Sidonia, suivi d'un domestique que j'avais, seul, gardé près de moi. La foule était nombreuse, brillante, et envahissait les salons. Mon entrée fit sensation ; je m'y attendais ; je me tins ferme ; ma disgrâce était connue déjà sans doute, car de tous mes nombreux amis de la veille, cinq ou six seulement eurent le courage de venir à moi et de me presser la main, marque de sympathie dont je leur sus gré au fond du cœur. Medina Sidonia, le fils du duc, et d'Ossuna, me prirent par le bras, se promenèrent en causant gaiement avec moi à travers la foule, qui s'écartait sur notre passage comme si j'eusse eu la peste ; puis ils m'entraînèrent dans un salon éloigné où toute la jeune noblesse semblait s'être donné rendez-vous, pour rire et plaisanter à son aise, sans crainte d'être dérangée.

« Parmi ces jeunes seigneurs s'en trouvait un à peu près de mon âge, nommé, ou plutôt qu'on nomme don Felipe de Guzman d'Olivarès. Il est fils du comte-duc et d'une comédienne de Séville. Trois ans auparavant son père, grâce à sa toute-puissance, l'avait fait légitimer. Ce jeune homme, insignifiant du reste, et très enflé de ses nouveaux titres, m'avait toujours témoigné, sans que jamais j'en aie su la cause, une haine profonde, dont au reste, mon père, je vous avoue que je ne me préoccupais guère. Au moment où je pénétrai dans le salon, don Felipe parlait avec animation au milieu d'un groupe rassemblé

— Allons, señores, d'autres prétendent-ils encore soutenir cette honteuse querelle?

autour de lui; en m'apercevant, un de ses amis lui fit un signe et il se tut subitement.

Ici, j'abuserai franchement de mon privilège de romancier pour substituer mon récit à celui du comte Gaston de Transtamarre, convaincu que l'intérêt ne pourra qu'y gagner.

Le jeune homme s'était parfaitement aperçu du silence causé, parmi les jeunes seigneurs composant le groupe rassemblé autour de don Felipe, par son apparition inattendue sur le seuil du salon; cependant il n'en laissa rien paraître : il s'avança doucement jusqu'auprès de don Felipe en saluant à droite et à gauche, et d'une voix très calme :

— Pardon ! caballeros, lui dit-il, vous causiez de choses fort intéressantes, sans doute, lorsque je suis entré; serait-il indiscret de vous demander quel sujet avait le privilège d'exciter autant votre attention ?

— Nullement, señor, répondit insolemment don Felipe, nous parlions de bâtards.

— Nul mieux que vous, caballero, reprit froidement Gaston, n'est à même de traiter une telle question; comment se porte madame votre mère, s'il vous plaît?

— Señor, s'écria le jeune homme avec violence, une telle insulte !

— Une insulte, parce que je vous parle de madame votre mère, vous n'y songez pas, caballero.

Don Felipe se mordit les lèvres.

— Je parlais de vous, grommela-t-il entre ses dents.

— C'est-à-dire que je suis un bâtard ! s'écria le jeune homme dont l'œil noir lança un fulgurant éclair. Vive Dieu ! vous en avez menti et vous êtes non seulement un sot, mais encore un calomniateur.

— Eh ! señores ! s'écria un jeune homme avec violence, les fils de courtisanes viendront-ils donc ici nous imposer des lois? Jetons cet homme à la porte.

— Que personne ne bouge, dit Gaston d'une voix stridente en arrêtant ses amis, qui faisaient mine de le défendre, ceci me regarde seul; vous passerez après don Felipe, comte de Caseres ! Allons, señores, d'autres prétendent-ils encore soutenir cette honteuse querelle?

— Moi !

— Et moi aussi ! s'écrièrent deux jeunes gens presque ensemble.

— Très bien, marquis d'Alvimar; vous ensuite, n'est-ce pas, comte de sierra Bianca? Soit, caballeros, je vous ferai face à tous les quatre l'un après l'autre, à votre choix, ou plutôt à tous ensemble, ce qui je crois vous conviendra mieux.

Les jeunes seigneurs poussèrent un cri de rage à cette nouvelle insulte, plus sanglante encore que les précédentes.

— Señores, dit Médina Sidonia en s'avançant, je suis honteux, pour vous, d'un telle conduite, dans la demeure de mon père que vous auriez dû respecter. Le comte de Transtamarre, mon ami et mon hôte, est un gentilhomme de nom et d'armes que tous nous aimons; vous vous êtes conduits envers lui, sans provocation aucune, comme des palefreniers; mes amis et moi nous saurons le soutenir, car sa querelle est la nôtre.

— Oui ! oui ! s'écrièrent la plupart des gentilshommes en venant serrer avec effusion la main de Gaston.

L'élan était donné, les insulteurs demeurèrent à peu près seuls et isolés au milieu du salon.

— Je vous remercie, caballeros, s'écria le jeune homme avec émotion ; il m'est doux de voir que je n'ai pas baissé dans votre estime.

Il y eut une protestation unanime.

— Caballeros, reprit Gaston, cette nuit même je quitte Madrid ; demain, au lever du soleil, je vous attendrai à Alcala de Henares.

— Nous y serons tous pour vous servir de seconds, s'écrièrent avec enthousiasme les amis du jeune homme.

Deux heures plus tard, Gaston sortit du palais de Medina Sidonia ; il rentra chez lui, mit quelques papiers en ordre, s'arma, puis monta à cheval ; suivi par son domestique, il quitta Madrid, et se dirigea vers Alcala de Henares, où il arriva dix minutes environ avant le lever du soleil.

A l'entrée du village il trouva une quarantaine de gentilshommes appartenant à la grandesse qui l'attendaient et lui firent cortège.

Cette manifestation de la noblesse en sa faveur lui fit du bien. Il remercia ces amis de la dernière heure avec effusion, et, accompagné par eux, il arriva à un endroit assez retiré, situé derrière un couvent de chartreux, et qui avait été choisi par les seconds des deux partis pour être le théâtre du duel.

Là, tous les jeunes gens mirent pied à terre et confièrent leurs chevaux à leurs valets.

— Caballeros, dit Gaston à ses amis, cette affaire me regarde seul, laissez-moi seul la terminer.

Medina Sidonia et d'Ossuna voulurent soulever quelques objections.

— Je vous en supplie par notre amitié, leur dit-il.

Ils lui serrèrent affectueusement la main et se turent.

En ce moment les adversaires de Gaston arrivèrent ; mais presque aussitôt parut le vieux duc de Medina Sidonia, qui accourait à toute bride.

Malgré son âge, il sauta à bas de son cheval avec la vivacité d'un jeune homme, et s'approchant de Gaston, qui de son côté venait à sa rencontre :

— Monsieur le comte de Transtamarre, dit-il d'une voix claire en mettant le chapeau à la main, en même temps qu'il promenait un regard fier autour de lui, j'ai appris que cette nuit, lors de la visite dont vous avez daigné m'honorer, vous avez été gravement insulté chez moi ; veuillez, je vous prie, monsieur le comte, recevoir ici mes plus humbles excuses ; je vous tiens pour un loyal gentilhomme et suis très honoré d'être compté au nombre de vos amis.

Ces paroles, prononcées par un des plus loyaux représentants de la grandesse, émurent Gaston jusqu'aux larmes.

— Merci, señor duc, dit-il d'une voix tremblante, vous m'avez réhabilité devant tous ; avec la grâce Dieu, mon épée fera le reste.

— Je le désire vivement, monsieur le comte, répondit le noble vieillard.

— Habits bas, caballeros ! la dague et l'épée en main ! ceci est un duel à mort, dit Gaston, d'une voix stridente, en jetant ses habits sur le sol ; à vous, don Felipe !

Les Espagnols sont essentiellement braves ; pour eux un duel est presque une partie de plaisir ; don Felipe était déjà en garde. A la deuxième passe l'épée de Gaston lui traversa la poitrine de part en part.

— A un autre! dit froidement le jeune homme, en voyant son adversaire se tordre à ses pieds dans les angoisses de l'agonie.

Le comte de Caseres était devant lui, l'épée haute.

Gaston lui fit signe qu'il était prêt; les deux ennemis se ruèrent l'un sur l'autre.

Le comte de Caseres tomba comme une masse : la dague du jeune homme l'avait frappé au cœur.

Les assistants étaient épouvantés ; ils voulurent intervenir.

— Arrière ! s'écria Gaston en brandissant son épée rougie jusqu'à la garde, ces hommes m'appartiennent.

— Je vous attends, dit le marquis d'Alvimar.

— Me voici ! répondit Gaston avec un rugissement de tigre.

Ce n'était plus une créature humaine; la colère et le sang l'enivraient ; il ne rêvait plus que le meurtre.

Le comte tomba la gorge traversée.

Presque aussitôt le comte de Sierra Blanca se trouva en garde.

— Tuez-moi donc aussi ! s'écria-t-il d'une voix stridente.

— J'y tâcherai, señor, répondit Gaston avec rudesse.

Cette fois le combat fut long et acharné. Les deux adversaires étaient passés maîtres en faits d'armes. Gaston, fatigué par ses luttes précédentes, avait perdu beaucoup de son agilité. Son adversaire, froid, méthodique, calculait ses coups et ne se livrait jamais ; son épée se tordait autour de lui comme un serpent et lui formait une impénétrable cuirasse.

Gaston comprit que si le combat durait plus longtemps il était perdu ; alors il changea de tactique : il se fendit sur son adversaire, engagea le fer jusqu'à la garde, et faisant un bond en avant, avant que celui-ci pût revenir à la parade, il lui planta sa dague dans le cœur.

Le comte tomba sans jeter un soupir : il était mort.

Les quatre ennemis du jeune homme gisaient à ses pieds.

— Ai-je fait en homme de cœur et en gentilhomme? demanda-t-il en piquant en terre la pointe de son épée.

— Oui, répondirent tristement ses amis, vous avez noblement combattu.

— Et maintenant lisez ce papier à voix haute, duc de Medina Sidonia.

Et il remit au duc un papier que celui-ci lut aussitôt : c'était le contrat de mariage du roi Philippe IV avec doña Cristiana.

— Donc je ne suis pas un bâtard! dit-il d'une voix fière.

Tous s'inclinèrent.

Le jeune homme prit alors son épée et la brisa sur son genou.

— Écoutez tous, dit-il, cette épée que je brise, c'est mon serment de fidélité à la couronne d'Espagne que je romps; je renonce à ma patrie; je ne veux plus servir un roi parjure, qui fait litière de l'honneur des femmes de sa noblesse et désavoue ses enfants! Tant que je vivrai, la monarchie espagnole n'aura pas de plus cruel ennemi que moi! Je la poursuivrai partout, sans trêve et sans merci. Dites-le au roi, mes seigneurs, afin qu'il sache bien que ce fils qu'il a renié, et auquel il a lâchement volé tous ses droits, a conservé le plus précieux de tous : son honneur! Adieu à jamais, messieurs! Le comte de Transtamarre est mort! bientôt vous entendrez parler du vengeur! Sur les cendres de ma mère, morte victime de ce misérable couronné, je vous le jure! ajouta-t-il d'une voix stridente.

Il jeta un manteau sur ses épaules, monta sur son cheval et partit ventre à terre sans que personne songeât à s'opposer à son départ.

Les assistants étaient frappés de stupeur; ils ne savaient s'ils étaient bien éveillés ou bien s'ils étaient en proie à un cauchemar horrible.

Le duc de Biscaye avait écouté ce terrible récit avec une joie sombre.

— Bien, mon fils, dit-il au jeune homme, lorsque celui-ci eut enfin terminé; je reconnais le descendant des Tormenar; mais ce serment terrible que tu as prononcé, il faut le tenir, mon fils.

— Jusqu'à la mort, mon père, je vous le jure!

— Ah! nous serons donc vengés enfin! s'écria le vieillard avec une animation extraordinaire; tu ne peux demeurer plus longtemps ici; il faut partir, à l'instant, s'il est possible.

— Soit, mon père, je suis prêt, répondit le jeune homme en se levant.

— Mais où aller? reprit le duc.

— En France d'abord; de là, Dieu me conduira!

— Bien, mais hâte-toi.

Au même instant, un serviteur entra et annonça au duc qu'une quinzaine de cavaliers arrivaient au galop le long de la rampe qui conduisait au château.

— Tout le monde sous les armes! commanda le duc.

— Ils ont fait diligence, dit le jeune homme avec un sourire.

— Oui, mais il ne faut pas qu'ils s'emparent de toi.

— Ne craignez rien, mon père, ils ne m'auront pas vivant!

Ils sortirent.

Les domestiques du château, tous vieux serviteurs du duc, avaient pris les armes; ils se tenaient prêts à obéir à leur maître, quel que fût l'ordre qu'il lui plût de leur donner.

Cependant les estafiers arrivaient grand train; lorsqu'ils ne furent plus qu'à quelques pas du château, un homme vêtu de noir, qui avait une chaîne d'or au cou et tenait à la main une baguette en ébène, réclama au nom du roi l'entrée du château.

— Le roi n'a rien à faire ici, répondit nettement le duc.

Alors l'homme noir déplia un parchemin qu'il se mit à lire gravement.

Pendant ce temps, Gaston était monté à cheval et avait donné quelques ordres à voix basse au portier.

— Que prétends-tu faire? demanda le duc.

— Passer au milieu de ces drôles.

— Mais ils te tueront, enfant! s'écria le vieillard.

— Non pas, mon père, répondit-il en riant : ils sont trop maladroits pour cela.

— Mon Dieu! mon Dieu!

— Mon père, donnez-moi votre bénédiction, dit le jeune homme en se découvrant.

— Sois béni, mon fils, répondit le vieillard d'une voix brisée. Mon Dieu! faut-il donc te perdre, toi aussi, le dernier, le plus chéri de tous?

— Dieu me protégera, mon père. Ne faut-il pas que je venge celle qui prie là-haut pour nous?

— Oui, mon fils, oui, venge ta mère! Mais que dis-je, mon Dieu! ils vont te tuer, ces hommes qui sont là au dehors.

— Je ne le crois pas, mon père; mais si cela arrive, vive Dieu! je me serai fait de belles funérailles; donnez-moi un dernier baiser, mon père, et laissez-moi partir.

Il se pencha sur le vieillard, qui le baisa au front en pleurant.

— Et maintenant adieu, mon père, dit le jeune homme, me voilà fort!

— Attends, reprit le duc, je vais détourner leur attention.

L'homme noir, qui n'était autre qu'un alcade du palais du ministre, avait terminé sa lecture.

— Si vous n'ouvrez pas les portes, cria-t-il en pliant son parchemin, on fera feu sur vous, comme sur des rebelles au roi.

— Votre roi, nous ne le connaissons pas, répondit le vieillard d'une voix stridente.

Au même instant, la porte s'ouvrit et Gaston s'élança l'épée aux dents, les pistolets aux poings, à toute bride, au milieu des estafiers.

— Feu! feu! sur les rebelles, hurla l'alcade.

— Feu! répondit le duc.

Deux terribles décharges éclatèrent presque en même temps.

Le vieillard tomba, la poitrine traversée, mais il se releva presque aussitôt.

Il y eut quelques secondes d'une mêlée affreuse entre les estafiers et le jeune homme; enfin, celui-ci se lança au milieu d'eux, et, s'ouvrant un sanglant passage, il disparut sur le versant de la montagne en brandissant son épée et en jetant un cri de triomphe.

— Il est sauvé, Dieu soit béni! s'écria le vieillard qui s'était cramponné à la muraille pour assister à la fuite de son petit-fils. Seigneur, murmura-t-il, Seigneur, ayez pitié de moi!

Il lâcha l'appui qui jusque-là l'avait soutenu, et il roula sur le sol, sans même jeter un soupir.

Il était mort.

FIN DU PROLOGUE

I

CE QUI SE PASSAIT ENTRE QUATRE ET CINQ HEURES DU MATIN, LE 28 FÉVRIER 1664, SUR UNE PLAGE DÉSERTE, AUX ENVIRONS DE CHAGRÈS.

Pour l'Européen à peine débarqué en Amérique, c'est un merveilleux et majestueux spectacle que celui d'une nuit tropicale; alors que la brise frissonne mystérieusement dans les hautes ramures des arbres séculaires des forêts vierges; que le ciel, diamanté d'étoiles étincelantes, étend jusqu'aux extrêmes limites de l'horizon son dôme d'azur, dont la frange plus sombre se confond avec la nappe immobile de l'Atlantique, et que le disque argenté de la lune se balance dans l'éther, faisant scintiller comme autant de miroirs les innombrables flaques d'eau verdâtre, que le flot en se retirant, éparpille comme à regret au milieu des roches noires et menaçantes de la plage.

Tout dort, tout repose dans la nature ensommeillée; seul, on perçoit comme dans un rêve le roulement continu de la lame sur la grève, et le bourdonnement monotone des infiniment petits, dont la tâche est mystérieuse et incessante.

Oh! nuits tropicales! plus lumineuses mille fois que les jours les plus beaux et si sombres de nos froids climats du nord, qui élèvent l'âme, rendent la vie au corps épuisé, l'énergie au cœur affadi et découragé; rien ne saurait exprimer le charme enivrant caché sous votre voile transparent et cependant si mystérieusement grandiose!

Si, le 28 février 1664, un étranger ou un curieux quelconque se fût trouvé, vers quatre heures du matin, c'est-à-dire une heure à peu près avant le lever du soleil, au sommet d'une falaise escarpée, située à cinq lieues environ au nord du port de Chagrès, et, tout en fumant son cigare ou sa cigarette, eût laissé errer son regard sur l'Océan, dont la nappe, calme en ce moment, se déroulait immense, sombre à ses pieds, ce curieux ou cet étranger eût assisté à un spectacle auquel, malgré ses efforts d'imagination, il lui eût été certes impossible de rien comprendre.

Le panorama qui se fût déroulé sous les yeux de cet observateur ne manquait point d'un certain cachet de beauté grandiose et mélancolique, surtout à cette heure matinale où la nuit commençait à lutter avec le jour qui ne devait pas tarder à la vaincre.

D'abord, au pied même de la falaise, commençait une plage sablonneuse, le long de laquelle s'étendait sur un parcours assez considérable une levée de dunes couronnées par des bouquets d'arbres tropicaux, au feuillage bizarrement découpé, dont les troncs minces et élancés, ou noueux et bas, s'échappaient dans toutes les directions.

A gauche, une pointe de terre, couverte de taillis impénétrables, s'enfonçait comme un coin dans la mer, formant une anse elliptique au fond de laquelle des navires d'un tonnage même assez considérable auraient pu, au besoin, chercher un abri ou même se cacher au milieu des palétuviers.

De l'autre côté, c'est-à-dire à droite de la pointe, on distinguait les méandres argentés par la lune, d'une rivière qui déchargeait ses eaux dans l'Océan et sur les bords de laquelle étaient éparses quelques cabanes en roseaux, là demi ruinées, sans doute abandonnées depuis longtemps déjà par leurs habitants.

Une ligne d'opale commençait à franger les contours de l'horizon d'une teinte de bistre, les étoiles s'éteignaient les unes après les autres dans le ciel, lorsqu'un point noir apparut à quelque distance en mer, grossit rapidement et prit bientôt l'apparence d'un brick de deux cents tonneaux environ.

Ce navire s'approcha de la côte en louvoyant, puis, arrivé à portée de mousquet de la pointe, il mit en travers et demeura immobile.

Presque aussitôt une pirogue fut affalée, se détacha du bord et se dirigea à force de rame vers la plage.

A peine la pirogue se fut-elle éloignée, que le brick orienta ses voiles au plus près, piqua dans le vent, et bientôt disparut derrière la pointe.

La pirogue, vigoureusement manœuvrée, ne tarda pas à s'engager dans les palétuviers, au milieu desquels, sans presque ralentir son allure, elle se fraya un passage jusqu'à deux ou trois toises du rivage ; alors elle s'arrêta auprès d'un tronc d'arbres tombé de vétusté, mais qui, maintenu au niveau de l'eau par ses congénères, formait un pont naturel pour atteindre la plage.

Les trois hommes qui composaient l'équipage de la pirogue se levèrent alors.

Deux d'entre eux sautèrent à la fois sur l'arbre, tandis que le troisième, demeuré seul à bord, rassembla plusieurs paquets assez volumineux qu'il fit passer ensuite à ses compagnons qui, au fur et à mesure, les mettaient en sûreté sur le sable sec de la rive.

— Là ! dit l'homme resté dans la pirogue, après une recherche minutieuse sous les bancs, voilà qui est fait, tout est débarqué.

— Tu es sûr que nous n'avons rien oublié, Michel ? demanda l'homme le plus rapproché de l'embarcation.

— Pardieu ! Monseign...

— Hein ? s'écria vivement son interlocuteur dont l'œil noir lança un fulgurant éclair.

— Pardon ! la langue m'a fourché, répondit l'autre en s'excusant. D'ailleurs, ne parlons-nous pas français ?

— En effet, mais je t'ai ordonné, ou plutôt prié... reprit-il d'un ton plus doux.

— Bah ! dites ordonné, ne vous gênez pas, fit l'autre d'un ton bourru ; une prière de vous n'est-elle pas un ordre pour moi ? N'ayez peur, on ne m'y reprendra plus, c'est la dernière fois.

— J'y compte.

— Que faut-il faire maintenant ?

— Saborde rondement et en route, matelot ; voilà le soleil qui sort de la mer ; bientôt il ne fera pas bon ici pour nous.

— C'est juste.

— Ai-je fait en homme de cœur et en gentilhomme ? demanda-t-il en piquant en terre la pointe de son épée.

Alors Michel, puisque tel est son nom, saisit une hache et en asséna deux coups vigoureux dans le fond de la pirogue qui s'emplit d'eau si rapidement, qu'il eut à peine le temps de s'élancer d'un bond prodigieux sur l'arbre, pour ne pas être englouti avec elle.

Les trois singuliers voyageurs, après ce naufrage factice et s'être assurés que rien de l'embarcation ne surnageait, sautèrent sur le rivage, où ils se chargèrent en une seconde des paquets qu'ils avaient précédemment débarqués.

— Maintenant, chef ou qui que vous soyez, dit le premier interlocuteur en se tournant vers celui de ses compagnons qui jusqu'alors était demeuré silencieux, le reste vous regarde.

— Suivez-moi, caballero ; répondit celui auquel il s'adressait.

— Un instant, reprit l'autre en lui posant rudement la main sur l'épaule et le regardant fixement ; nous sommes entre vos mains, Michel le Basque et moi ; souvenez-vous qu'à la moindre apparence de trahison, foi de boucanier, je vous tue comme un chien.

L'Indien, car l'homme auquel l'aventurier faisait cette terrible menace était un Indien, supporta sans se troubler le regard qui pesait sur lui ; il sourit doucement et d'une voix grave :

— Suivez-moi ! reprit-il laconiquement.

— C'est bien, répondit le boucanier ; marchons.

Ils se mirent en route, et s'enfoncèrent sur les pas de l'Indien dans les taillis touffus qui bordaient la rivière.

Leur course cependant ne fut pas longue ; après avoir marché une demi-heure à peine à travers les halliers, où l'Indien se dirigeait avec autant d'aisance et de sûreté que s'il se fût trouvé sur une grande route d'un pays civilisé, ils firent halte devant une cabane enfouie dans un massif, en apparence impénétrable, et si bien cachée aux regards sous un fouillis de feuilles et de branches, qu'à cinq pas il était impossible de l'apercevoir.

L'Indien siffla doucement.

Après cinq ou six minutes d'attente un sifflet semblable se fit entendre.

C'était évidemment une réponse au signal donné par le guide.

Celui-ci, du moins, le comprit ainsi.

Sans hésiter davantage, il enleva une claie, faite d'un cuir de daim tendu sur quatre roseaux et servant de porte à la hutte ; puis il s'effaça, et se penchant vers ses deux compagnons, immobiles derrière lui :

— Entrez dans mon humble demeure, caballeros, dit-il de sa voix douce, sonore et cadencée ; vous êtes en sûreté ici pour tout le temps qu'il vous plaira d'y rester.

Les deux hommes passèrent devant le chef et pénétrèrent dans la hutte.

L'Indien replaça la claie devant l'ouverture et siffla de nouveau.

— Que faites-vous ? demanda le boucanier.

— Je donne l'ordre qu'on veille sur nous, répondit-il paisiblement.

— Habillons-nous, dit Michel, on ne sait pas ce qui peut arriver ; il est important d'être sur ses gardes.

— Bien parlé, matelot, fit en riant le boucanier. Vive Dieu ! quelle prudence !

— Frère, répondit avec intention Michel le Basque, dans une expédition comme la nôtre, où le moins qu'on risque est la tête, souvenez-vous bien de ceci : ce qui surtout ne doit pas être négligé, c'est...

— Quoi ? interrompit son compagnon en riant.

— Les détails, frère, les détails ; tous deux nous parlons le castillan comme des natifs de la Castille, cela est vrai ; mais n'oublions pas qu'il y a des Espagnols parmi les Frères de la Côte, bien qu'ils soient en petit nombre. A trompeur, trompeur et demi; les *Gavachos* sentent les boucaniers de dix lieues à la ronde; ils ont un flair infaillible qui les leur fait reconnaître; jouons d'autant plus serré que nous sommes seuls, abandonnés sans secours possible, en pays ennemi, et que de plus nous avons affaire à si forte partie que la moindre négligence, le plus léger oubli, nous perdrait irrévocablement.

— Bien prêché, cher ami; je dois convenir que tu as raison de tous points; donc, entendons-nous bien, afin de ne pas commettre de gaucheries dans l'exécution de nos rôles.

— J'écoute, mais j'ai bien peur.

— Tu as toujours peur, fit l'autre en riant.

— S'il ne s'agissait que de moi!

— C'est bon; vas-tu recommencer?

— Je me tais.

— Ce n'est pas malheureux! Tu t'effraies d'une ombre; rien n'est plus simple et plus facile que ce que nous voulons faire, cependant.

— Hum! hum!

— Encore?

— Non, non; je suis enroué, voilà tout. J'écoute.

— Avant tout, établissons bien ceci, dit le boucanier, qui tout en causant procédait à sa toilette : c'est que nous sommes Basques tous les deux, ce qui veut dire que nous appartenons à une race qui, sous son apparence de naïve franchise et de bonhomie, cache l'intelligence la plus déliée et les instincts les plus rusés; tu conviendras de cela avec moi, n'est-ce pas?

— Parfaitement. Continuez, je ne perds pas un mot.

— Or, il ferait beau voir que ces drôles de *Gavachos* nous prissent pour des imbéciles! Souviens-toi bien de ceci, Michel, mon vieux camarade : je suis le comte Fernando Garci Lasso de Castel Moreno, *cristiano viejo*, dont la famille depuis un siècle est fixée au Mexique.

— Bon, je préfère cela.

— Pour quel motif?

— Dame! parce qu'à défaut d'autre titre, je pourrai vous donner celui de comte.

— Qu'importe cela, Michel?

— Cela me sera plus facile ainsi; je ne craindrai pas de faire de sottises; quelle triomphante idée vous avez eue là, monseigneur!

— Tu recommences!

— Eh! non, j'entre dans mon rôle, au contraire; n'êtes-vous pas grand d'Espagne de première classe, *caballero cubierto*, que sais-je encore; allez, allez, il n'y a plus risque que je me trompe.

— Fou! reprit en souriant le boucanier, soit, puisque tu le veux; mais n'oublie point ceci : l'adelantado de Campêche, mon très proche parent, sachant que j'ai l'intention de fonder, à Panama, des pêcheries de perles sur une grande échelle, m'a muni de lettres fort pressantes pour le gouverneur de ladite ville; tout cela est limpide, il me semble.

— Limpide et clair comme de l'eau de roche, monsieur le comte. Vous voyez que je m'habitue déjà.

— Soit, voilà tout. Ah! encore ceci : tu es mon serviteur dévoué...

— Pardieu!

— Laisse-moi donc achever... le fils aîné de ma nourrice, presque mon frère de lait par conséquent.

— Sauf l'âge; du reste, tout cela est vrai.

— Oui, mais voilà où cela change : tu te nommes Miguel Warroz.

— Bon; il n'y a pas à s'y tromper, Michel, Miguel, c'est, en somme, la même chose.

— Absolument; de plus, nous ne parlons plus que la langue espagnole à compter de ce moment même; cela nous coûtera un peu pour commencer, mais nous en prendrons bientôt l'habitude; de cette façon, nous entrerons plus facilement dans notre défroque castillane.

— *Es entendido, señor conde,* — c'est entendu, monsieur le comte, — répondit en riant Michel le Basque.

Les aventuriers, tout en causant ainsi, avaient fait peau neuve et s'étaient métamorphosés de la tête aux pieds.

Les boucaniers avaient disparu pour faire place, le premier à un gentilhomme de haute mine, de vingt-huit à trente ans au plus, aux manières élégantes, aux gestes séduisants, mais cependant au regard d'aigle et à la physionomie altière et tant soit peu railleuse; ce qui, du reste, loin de nuire à son déguisement, au contraire, le complétait; le second, âgé de quarante à quarante-cinq ans, à l'œil sournois, à la mine futée et doucereuse, aux façons souples et félines, avait tous les dehors d'un serviteur de bonne maison.

Le travestissement était si complètement réussi que l'œil le plus fin n'eût point découvert la fraude.

Le comte Fernan, puisqu'il lui plaît de prendre ce nom que provisoirement nous lui conserverons faute d'autre, et Michel le Basque, son pseudo-serviteur, étaient deux de ces titans foudroyés, de ces déclassés de la société féodale du XVIIe siècle, mis hors la loi par le despotisme énervant des gouvernements européens, qui, plutôt que de courber la tête sous le joug avilissant qu'on prétendait leur imposer, s'étaient fièrement retirés à l'île de la Tortue.

Cette île servait alors de refuge à tous les grands cœurs méconnus et désespérés.

Après s'être affiliés à la redoutable association des Frères de la Côte, flibustiers et boucaniers de Saint-Domingue, en peu de temps, grâce à des prodiges inouïs d'audace, d'intelligence et de témérité, les deux hommes que nous mettons en scène étaient devenus les égaux des Montbars, des Poletais, des Olonnais, des Vent-en-Panne, des Barthelémy, des Ourson Tête-de-Fer, et de tous ces aventuriers de génie qui faisaient trembler les plus puissants rois sur leur trône, et avec lesquels ils traitaient hautement en arborant fièrement sur leur étendard aux trois couleurs, bleue, blanche et rouge, cette implacable devise :

Au delà des tropiques,
Ni paix, ni trêve avec l'Espagne!

Lorsqu'ils eurent revêtu leurs costumes, les deux aventuriers se placèrent en face l'un de l'autre ; mais de même que les augures de l'ancienne Rome, ils ne purent se regarder sans rire, tant ils ressemblaient peu à ce qu'ils étaient un instant auparavant.

Fernan, le plus jeune et par conséquent le plus rieur des deux, fut le premier à éclater.

— Ma foi ! cher ami, dit-il gaiement, il faut en prendre notre parti ; nous sommes magnifiques ; nous ressemblons à s'y méprendre à des mannequins de la Passion.

— Bah ! répondit philosophiquement Michel, que signifie cela ? Si nous sommes laids, tant mieux, on nous prendra plus facilement pour des hidalgos ; c'est ce qu'il nous faut en ce moment, monsieur le comte.

— Parfaitement, cher ami.

— Donc, tout est bien ; il est inutile de nous rire au nez plus longtemps comme des caïmans qui bâillent au soleil.

A cette comparaison, tant soit peu saugrenue, ils éclatèrent de nouveau, au risque de compromettre leur dignité d'emprunt.

Heureusement, ils furent interrompus par l'Indien qui, avec ce savoir-vivre inné chez les Peaux-Rouges, avait quitté la hutte afin de les laisser s'habiller en toute liberté, et qui rentra alors pour les prévenir que le déjeuner était prêt.

Aucune nouvelle ne pouvait être mieux reçue ; les aventuriers, à jeun depuis le soir précédent, fatigués par une longue course sur terre et sur mer, mouraient littéralement de faim ; ils se hâtèrent de suivre leur guide et de s'asseoir avec lui sur l'herbe, en face d'un cuissot de daim rôti et de patates douces cuites sous la cendre, destinées à remplacer, peut-être avec désavantage, le pain absent.

Nous noterons, en passant, ce fait caractéristique, lequel ne manque pas d'une certaine importance : les gens accoutumés aux dures péripéties de la vie d'aventure, quelle que soit du reste la disposition d'esprit dans laquelle ils se trouvent, joie ou douleur, mangent toujours de bon appétit.

Il en est du reste de même des soldats en campagne ou bivouaquant devant l'ennemi la veille d'une bataille ; ils disent avec raison, à notre avis, car nous avons été nous-même souvent mis en mesure d'en constater la vérité pendant nos longues courses en Amérique, que le physique sauvegarde le moral, et que, pour avoir les idées claires et le cœur fort, il faut, avant tout, avoir le ventre plein.

Les deux boucaniers firent honneur au simple mais copieux repas que leur offrait leur hôte ; repas égayé par quelques *tragos* de bonne eau-de-vie de France, dont, en vieux routiers qu'ils étaient, ils avaient eu soin d'emporter avec eux quelques lourdes *botas*, en cas d'accident, ainsi que disait Michel le Basque avec ce sérieux railleur qui était un des côtés saillants de son caractère.

L'Indien, de même que la plupart des guerriers de sa nation, était fort sobre : il mangea quelques bouchées, mais, malgré les pressantes instances de ses convives, il refusa de goûter la liqueur dorée.

Cet homme se nommait, ou plutôt se laissait nommer José, nom générique que les Espagnols, on ne sait pourquoi, par ironie peut-être, donnent à tous les Indiens, *bravos* ou civilisés.

C'était un des types les plus accomplis de la belle race indienne, croisée avec celles de l'Europe et de l'Afrique.

D'une taille élevée, bien prise, parfaitement proportionnée, son corps eût pu servir de modèle à l'Apollon Pythien; ses membres, dont les muscles saillants avaient la rigidité du fer, dénotaient une vigueur, une agilité et une souplesse peu communes.

Son visage au galbe pur, aux traits fins, réguliers, avait cette sûreté de lignes que l'on ne rencontre ordinairement que dans la race caucasienne; ses yeux noirs bien fendus, frangés de longs cils bruns qui jetaient une ombre sur ses joues d'un rouge cuivré, avaient le regard droit, profond, scrutateur, et imprimaient à sa physionomie mobile un cachet de finesse impossible à rendre et que le sourire de sa bouche un peu rêveuse rendait plus saisissant encore; de plus, il était doué de cette singulière faculté magnétique qui permet à ceux qui la possèdent d'exercer une influence irrésistible sur les gens avec lesquels le hasard ou les circonstances les mettent en rapport.

José paraissait avoir de quarante à quarante-cinq ans; peut-être était-il plus âgé, peut-être l'était-il moins : il est impossible de fixer exactement l'âge d'un Indien.

Quant à son moral, il était assez difficile de savoir à quoi s'en tenir sur son compte à cet égard. Son caractère paraissait doux, franc, loyal, désintéressé, gai, communicatif, mais peut-être jouait-il un rôle et, sous les apparences d'une feinte bonhomie, essayait-il de tromper ceux dont il avait intérêt à capter la confiance.

Qu'était-il? D'où venait-il? Ceci était un impénétrable mystère; il ne parlait jamais de sa vie passée, très peu de son existence présente. Deux ans auparavant il était arrivé à Chagrès, venant on ne savait d'où; depuis ce temps, il avait vécu du produit de sa chasse, et de l'argent qu'il gagnait, soit en conduisant des voyageurs de Chagrès à Panama, à travers l'isthme, soit en servant de courrier entre les deux villes.

Lui aussi avait jugé à propos de faire une espèce de toilette, c'est-à-dire qu'il avait quitté le pagne en roseaux tressés qui remplaçait pour lui les autres vêtements, pour endosser les trousses de toile bise, le poncho de cuir tanné et le chapeau de paille à forme conique et à larges bords des *peones* occupés sur les plantations espagnoles.

Les aventuriers mangent vite; pour eux le temps est de l'argent, ainsi que disent les Yankees de nos jours : les trois hommes avaient, sans prononcer une parole, expédié leur repas en quelques minutes.

Lorsque la dernière bouchée eut été engloutie, Fernan avala d'un trait un grand coup d'eau-de-vie, poussa un hem! sonore, et, tout en bourrant sa pipe à tuyau de cerisier et à fourneau de terre rouge, il se tourna vers l'Indien :

— Nous voici à terre, José, mon garçon, lui dit-il dans le plus pur castillan qui se parlait à Madrid; maintenant, où sommes-nous? que faisons-nous? Passe-moi du feu, Miguel.

L'aventurier saisit délicatement entre le pouce et l'index un charbon incandescent, et il le plaça sur le foyer de la pipe de son compagnon.

— Nous sommes à cinq lieues à l'est de Chagrès, répondit l'Indien, la rivière auprès de laquelle nous campons, et qui n'est plus celle que nous avons suivie quelque temps, pour venir ici, sort de la Cordillère; elle se nomme le rio Bravo et se jette dans l'océan Pacifique, à huit lieues environ de Panama.

— Est-elle navigable dans tout son parcours? reprit Fernan.

— Oui, pour les pirogues légères, sauf quelques portages peu importants, répondit aussitôt l'Indien.

— Bon! voilà qui est parler; ainsi nous continuons notre voyage par eau?

— Ce qui sera fort agréable, observa Michel entre deux bouffées de tabac.

— Non pas, reprit l'Indien, cela nous obligerait à des détours qui nous feraient perdre un temps précieux.

— Hum! fit Michel, ceci ne manque pas de justesse.

— D'ailleurs, continua l'Indien, don Fernan est un gentilhomme castillan, il voyage à cheval, ce qui est plus noble et plus commode.

— Certes, fit l'incorrigible Michel, mais ceci est un peu l'histoire du civet pour lequel il faut un lièvre.

— C'est-à-dire, ajouta Fernan, que pour voyager à cheval il faut d'abord des chevaux.

L'Indien sourit.

— Deux chevaux sellés et portant vos valises, vous attendent, attachés là dans ce bouquet de sabliers, dit-il.

— Bah!

— Ne vous l'avais-je pas promis?

— C'est vrai! Pardonnez-moi, chef, je l'avais oublié. Je reconnais maintenant que vous êtes homme de parole; mais pourquoi deux chevaux et non pas trois?

— Parce que, répondit l'Indien avec un sourire railleur d'une expression terrible, moi, je ne suis qu'un pauvre Indien manso, un peon; mon devoir est de courir devant Vos Seigneuries pour frayer la route; que penserait-on de vous, si votre esclave était à cheval?

— Ah! ah! c'est comme ça? fit Michel en ricanant; ces bons Gavachos, toujours humains!

— Quand partons-nous? demanda don Fernan.

— Quand il vous plaira, caballeros.

— Rien ne vous retient plus ici?

— Rien, señor.

— Partons tout de suite, alors.

— Soit!

Ils se levèrent.

En ce moment une voix douce, mélodieuse, à l'accent presque enfantin, se fit entendre dans un fourré de naranjos.

— *Tatita!* — petit père, — dit cette voix.

Et une jeune fille bondit comme une biche effarouchée et s'élança vers l'Indien, qui l'enleva dans ses bras puissants et la serra avec passion sur sa large poitrine, en s'écriant avec un bonheur inexprimable :

— Aurora! mon enfant adorée! oh! je tremblais d'être contraint de m'éloigner sans t'embrasser!

A la vue de la jeune fille les aventuriers s'étaient arrêtés saisis d'admiration, et ils l'avaient respectueusement saluée.

II

COMMENT S'ACCOMPLIT LA PREMIÈRE ÉTAPE

La jeune fille s'aperçut seulement alors de la présence des étrangers, elle baissa les yeux, se recula de quelques pas et s'arrêta confuse et rougissante.

Malgré le triple airain qui entourait leurs cœurs de tigres, les aventuriers avaient été doucement émus à la vue de cette charmante jeune fille, qui s'était si subitement montrée comme une céleste apparition devant eux; à peine osaient-ils l'effleurer d'un regard discret, tant ils craignaient d'augmenter sa confusion et de l'obliger ainsi à se retirer.

Elle était bien belle, en effet, cette chaste créature de seize ans à peine, mais qui possédait déjà, sans s'en douter, toutes les séduisantes perfections de la femme.

Ses grands yeux rêveurs au regard doux et un peu inquiet, son teint à peine bistré, les lignes pures de son beau visage, ses lèvres carminées qui en s'entr'ouvrant par un rire cristallin découvraient la double rangée de ses dents éblouissantes; ses cheveux d'un noir bleu, d'une finesse extrême, dont il lui eût été facile de s'envelopper tout entière, flottant comme un nuage embaumé autour d'elle; sa taille svelte, cambrée, aux mouvements gracieusement ondulés; sa voix mélodieuse comme un chant d'oiseau, la suave harmonie de ses formes exquises; tout enfin se réunissait en elle pour lui compléter la plus ravissante beauté qui jamais eût été le partage d'une fille d'Ève et la douer de cette attraction irrésistible qui est l'aimant du cœur.

L'Indien considéra un instant la charmante enfant d'un œil attendri, puis il l'attira doucement dans ses bras, où elle se blottit comme une colombe peureuse, et s'inclinant avec une courtoisie fière et majestueuse devant ses hôtes :

— Caballeros, leur dit-il d'une voix grave, je vous présente ma fille.

Les deux hommes saluèrent silencieusement.

— Pourquoi êtes-vous venue malgré mes ordres? reprit l'Indien en s'adressant à sa fille d'une voix qu'il essayait vainement de rendre sévère.

— J'avais si grande hâte de vous embrasser, mon père! répondit-elle en balbutiant, et puis...

— Et puis, quoi? demanda-t-il en voyant qu'elle s'arrêtait.

— Je voulais prendre vos ordres, mon père.

Et une jeune fille bondit comme une biche effarouchée.

— Mes ordres? fit-il avec surprise.
— Oui, mon père, au sujet des hôtes que vous avez amenés.
— Ah! fort bien, *querida*, reprit-il avec un léger sourire; je n'ai pas d'ordre à vous donner au sujet de ces cavaliers; dans dix minutes ils seront partis.
— Ah! fit-elle en jetant à la dérobée un regard sur les deux hommes.
— Oui, Aurora, chère petite, je les accompagne.

— Vous les accompagnez, vous, mon père? s'écria-t-elle avec un tressaillement douloureux, et moi?

— Eh bien, vous, ma fille ?

— Resterai-je donc ici seule, mon père ?

— Seule? Non pas. Silah, Kamish, Thorab suffisent, il me semble, pour vous garder de toute inquiétude et vous défendre au besoin. Ce sont des serviteurs dévoués.

— Oui, mon père, cela est vrai; mais vous ne serez pas là, vous! et pardonnez-moi, j'ai peur.

— Vous êtes une folle et une enfant gâtée par ma tendresse, Aurora; j'ai été trop faible pour vous.

Mais comme il vit que les yeux de la jeune fille se remplissaient de larmes :

— Allons, ne pleurez pas, querida mia, reprit-il plus doucement, je ne puis rester ici; mais soyez sans crainte, mon absence sera courte; bientôt je reviendrai près de vous.

— Dieu le veuille, mon père! Cette hutte est si isolée; il y a tant de coureurs de bois!

— Rassurez-vous, vous dis-je; vos craintes sont absurdes; d'ailleurs, si un de ces misérables ose s'approcher à portée de fusil de la hutte, on lui enverra une balle dans le crâne. J'ai particulièrement recommandé à vos serviteurs de surveiller Cascabel. Si ce *picaro* s'avise de rôder aux environs, comme il semble prendre l'habitude de le faire, son compte sera immédiatement réglé : ainsi je vous le répète, soyez sans crainte.

— Cascabel ! murmura faiblement la jeune fille avec un geste d'effroi.

— Plus un mot, *niña*, reprit-il d'un ton péremptoire; je n'ai perdu déjà que trop de temps; embrassez-moi et retirez-vous.

La jeune fille n'osa insister davantage, elle se jeta en sanglotant dans les bras de son père, puis elle disparut légère comme un oiseau.

— C'est une enfant, dit l'Indien d'une voix qu'il essayait de rendre ferme ; elle ne sait rien encore de la vie et se figure que tout doit aller selon son caprice.

— Que Dieu lui conserve longtemps cette ignorance ! dit Michel le Basque, elle est heureuse ainsi.

— C'est vrai, pauvre enfant! reprit l'Indien ; et changeant brusquement de ton : Suivez-moi, caballeros, nous devrions avoir fait deux lieues déjà.

— Bah! rien ne nous presse ! d'ailleurs nous aurons bientôt rattrapé le temps perdu.

Ils suivirent alors l'Indien jusqu'à un bosquet touffu, au milieu duquel deux chevaux magnifiques, richement harnachés à l'espagnole, étaient tenus en bride par un jeune Indien de bonne mine.

— Voilà vos montures, dit José.

— Les belles et excellentes bêtes ! ne put s'empêcher de s'écrier Fernan avec joie.

— Vous les apprécierez davantage encore lorsque vous les connaîtrez, reprit le chef.

Les deux hommes se mirent en selle.

José parla pendant quelques minutes à voix très basse au jeune Indien, qui s'inclina respectueusement, posa la main sur son cœur, et d'un bond disparut au milieu des broussailles.

— En route, caballeros! dit le chef en se plaçant en avant de la petite troupe.

Ils partirent.

Ils suivaient une *sente* à peine tracée par les bêtes fauves, et qui longeait les bords accidentés de la rivière.

Un paysage sévère, calme, sauvage, mais grandiose, se déroulait au fur et à mesure, comme un immense kaléidoscope, devant leurs yeux émerveillés.

Nulle part la main brutale de l'homme ne se laissait voir.

Cette magnifique contrée avec ses forêts dix fois séculaires, ses prairies couvertes de hautes herbes, était demeurée telle qu'elle était sortie des mains puissantes du Créateur.

C'était bien réellement un sol vierge que foulaient les aventuriers.

Parfois, sur leur passage, un daim montrait sa tête inquiète au-dessus des broussailles, puis s'échappait en bondissant effaré; des oiseaux de toutes sortes et de toutes couleurs volaient çà et là; d'autres se balançaient nonchalamment sur l'eau de la rivière, à peine ridée par le souffle léger d'une folle brise.

Mais aussi loin que la vue pouvait s'étendre dans toutes les directions, on n'apercevait aucune trace de culture; aucun vestige de la présence de l'homme, qui cependant devait être assez près, puisque le pays que les aventuriers parcouraient en ce moment était une des colonies les plus riches et les plus puissantes de toutes celles que possédaient les Espagnols sur le sol américain; de plus, Panama, sur le Pacifique, et Chagrès, sur l'Atlantique, se reliaient l'un à l'autre par un transit qui était sans doute très fréquenté, puisque ces deux ports servaient d'entrepôts aux incalculables richesses du Nouveau-Monde.

Les aventuriers, sur la recommandation expresse de leur guide, avaient mis leurs chevaux au grand trot; cependant l'Indien, se servant de ce pas gymnastique et balancé particulier aux hommes de sa race, suivait facilement les cavaliers en avant desquels il se tenait toujours sans paraître aucunement incommodé de cette allure rapide.

Michel le Basque, subissant la double influence du soleil de midi qui tombait droit sur sa tête et de la selle arabe dans laquelle il se trouvait solidement établi, s'était tout prosaïquement endormi.

Ce fut en vain que Fernan essaya à plusieurs reprises de l'éveiller et d'entamer une conversation quelconque avec lui; chaque fois, l'autre ne répondit que par des ébrouements inintelligibles et brefs; il finit par ne plus répondre du tout et à ronfler avec toute la magistrale ampleur des orgues de Séville, un dimanche de grande fête.

De guerre lasse, Fernan renonça à causer avec un aussi obstiné dormeur; mais, comme il était, lui, un de ces hommes qui ne s'endorment sous aucun prétexte, lorsqu'ils ont en tête des projets sérieux, ou qu'ils sont chargés d'une mission non seulement difficile, mais encore périlleuse, il résolut, à défaut de son compagnon qui ne voulait pas lui donner la réplique, d'entreprendre le guide, de l'interroger et d'essayer d'en tirer quelques renseignements utiles, dont plus tard probablement il ferait son profit.

Fernan était doué d'une finesse extrême; rusé comme un montagnard, c'est-à-dire jusqu'au bout des ongles; mais jusqu'alors il n'avait eu affaire qu'aux Européens; il ignorait par conséquent le caractère des Indiens, ne connaissait pas leur côté faible, et, avec la fatuité européenne, s'imaginait qu'il viendrait facilement à bout d'un sauvage à peine dégrossi, comme celui qui trottait si gaillardement à dix pas de son cheval.

Le brave aventurier était loin de se douter que, comme ruse, adresse et astuce, il y a chez l'Indien le plus candide en apparence, l'étoffe généreusement taillée de trois Bas-Normands, de deux Bas-Bretons et de pareil nombre de Gascons ou Basques, gens, au dire de chacun, — ce que Dieu me garde de garantir! — les plus madrés qui soient sur la surface de ce globe sublunaire.

En conséquence, l'aventurier, se croyant à peu près sûr de son fait et jugeant inutile d'user de certaines précautions, interpella carrément son guide.

— Ohé, José! cria-t-il d'une voix joyeuse, ne pourriez-vous courir un peu moins vite et vous venir placer à ma botte? Nous causerions tout en cheminant, ce qui nous aiderait à tuer le temps qui, entre nous, me semble diablement long par ce soleil à cuire la carapace d'une tortue?

— A votre aise, señor, répondit paisiblement l'Indien, mais à quoi bon causer quand on peut dormir? Voyez votre compagnon, il a pris le bon parti et se laisse bercer doucement par son cheval; pourquoi n'imitez-vous pas son exemple?

— Pour deux raisons, cher ami, répondit le jeune homme en goguenardant: la première est que je ne me sens aucune envie de dormir; la seconde que je ne suis pas fâché de me rendre compte de la route que nous suivons.

— Rien de plus facile, puisque vous avez les yeux si bien ouverts, señor, nul besoin n'est de causer pour cela.

— C'est juste, mon bon ami, parfaitement juste, je le reconnais; cependant, si cela ne vous désoblige pas trop, je serai charmé de jouir de votre conversation; je vous avoue que j'aime beaucoup causer; ce qui, du reste, est un des plus sûrs moyens de s'instruire.

— Ah! vous voulez vous instruire, señor?

— Ma foi! oui, j'en ai l'ardent désir.

— Voyez comme vous tombez mal, mon cher señor, répondit l'Indien d'une voix railleuse; je suis peut-être l'homme le plus incapable de vous donner cette satisfaction que vous ambitionnez si fort.

— On ne sait pas, cher ami, on ne sait pas; venez toujours près de moi, si cela ne vous déplaît pas trop, et causons de choses et d'autres; peut-être, sans que nous nous en doutions ni l'un ni l'autre, sortira-t-il quelque chose de cet entretien à bâtons rompus.

— Je ne le pense pas; cependant, pour ne point vous désobliger, je me rends à votre désir. Maintenant, causons ou plutôt causez, señor, me voici prêt à vous répondre, si je le puis.

Tout en parlant ainsi, l'Indien avait ralenti son pas et s'était placé à la droite de l'aventurier.

Celui-ci, étonné d'une aussi vigoureuse résistance et commençant à comprendre qu'il avait peut-être affaire à plus forte partie qu'il ne l'avait supposé, résolut de se tenir sur ses gardes et de changer ses batteries. Ce fut donc de l'air le plus indifférent en apparence qu'il reprit la parole :

— Ma foi! dit-il, je vous avoue, entre nous, que si je tiens si fort à causer, c'est tout simplement parce que je ne veux pas me laisser aller au sommeil.

— Cela est évident, répondit nonchalamment l'Indien.

Et il écrasa avec la baguette qu'il tenait à la main la tête d'un serpent corail qui s'était tout à coup dressé devant lui.

— Diable! s'écria le jeune homme avec admiration, comme vous tuez ces vilaines bêtes, compagnon! c'est affaire à vous de vous en débarrasser aussi vite.

— Oh! c'est la moindre des choses; vous disiez donc, señor?

— Moi? Je ne disais rien du tout.

— Bon! alors la conversation est finie.

— Oh! non, elle commence, au contraire; vous savez bien que les premiers mots sont toujours les plus difficiles à trouver.

— Bah! señor, vous plaisantez, ou voulez-vous vous moquer de moi?

— Pouvez-vous le penser?

— Je ne pense rien, señor, seulement je suis certain de ce que je dis; écoutez-moi : vous ne seriez pas fâché, n'est-ce pas, de savoir qui je suis, d'où je suis, d'où je viens et où je vais ?

— Mais! Qu'est cela? s'écria le jeune homme avec une gaieté de commande qui cachait mal sa confusion réelle, faisons-nous donc de la diplomatie?

— Nullement, pas de mon côté du moins, señor ; je vous parle avec toute franchise; je n'ai rien à vous dire ni à vous apprendre pour le moment; plus tard peut-être, lorsque nous nous connaîtrons mieux, vous témoignerai-je une confiance qu'il est inutile que je vous montre maintenant; un homme dans lequel vous avez une foi entière m'a chargé de vous servir de guide; cet homme sait qui je suis; il m'aime, me protège, et je me ferais tuer pour lui; cela doit vous suffire; j'ai promis de vous conduire en sûreté à Panama, je tiendrai mon serment; voilà tout ce que peux vous apprendre quant à présent ; si cela ne vous satisfait pas, rien ne vous est plus facile que de rebrousser chemin, d'autant plus que le temps se gâte et que je crains un temporal; vous demeurerez caché dans ma hutte; à la première occasion, je m'engage à vous remettre sain et sauf à bord de votre navire.

L'aventurier fut un instant décontenancé par cette fière réponse si nettement articulée, mais se remettant presque aussitôt :

— Nous ne nous entendons pas du tout, mon brave homme, dit-il d'un air enjoué; je n'émets aucun doute sur votre dévouement : il m'est affirmé par un homme qui est presque un frère pour moi; seulement, je vous avoue franchement que, devant, quelque temps au moins, avoir avec vous des relations assez intimes, je ne serais pas fâché de vous connaître davantage;

il y a autour de vous un mystère qui ne m'inquiète pas, il est vrai, mais qui excite ma curiosité au dernier des points.

— Cependant, señor, il me semble...

— Pardieu! interrompit-il vivement, à moi aussi il me semble que votre conduite est loyale, vos façons franches : mais que prouve cela? Mon compagnon et moi, nous jouons en ce moment un jeu à nous faire remplir la tête de plomb; vous connaissez les Espagnols au moins aussi bien que nous ; vous savez la guerre atroce qu'ils nous font, la haine qu'ils nous portent; haine que nous leur rendons bien, du reste; ils nous appellent *ladrones* et nous chassent comme des bêtes fauves, nous massacrant sans pitié partout où ils nous rencontrent isolés.

— Oui, oui, fit le guide d'un air rêveur, ils usent envers vous des mêmes procédés qu'envers les Indiens.

— A peu près, peut-être plus mauvais encore. Au demeurant, les Indiens, étant leurs esclaves, représentent à leurs yeux un capital qu'ils ne se soucient que médiocrement de perdre. Quant à nous, c'est autre chose; au plus léger soupçon qui s'élèverait sur notre identité, nous serions impitoyablement fusillés après avoir subi d'horribles tortures. Certes, la mort ne m'effraie point, je l'ai trop souvent vue en face pour la redouter. Mais, s'il me convient de risquer bravement ma vie pour gagner honneurs, gloire et richesses, je ne me soucie pas d'être pris comme un loup au piège et tué comme un niais, sans autre bénéfice que celui de faire pâmer d'aise un tas d'insolents *Gavachos*. En somme et pour me résumer, si mauvaise que soit ma tête, je vous confesse que j'ai la faiblesse d'y tenir extraordinairement, par la raison que j'en trouverais difficilement une autre qui allât aussi bien sur mes épaules.

— Vous avez raison, señor, tout ce que vous dites est très juste ; la confiance exige la confiance. Vous êtes en effet entre mes mains, et si j'étais un traître, c'en serait fait de vous; mais laissez-moi agir à ma guise. Il ne faut pas presser le bétail d'un homme. Chacun se conduit selon ses instincts et son intérêt. Peut-être cette confiance que vous me réclamez aujourd'hui, demain, de mon propre mouvement, vous la donnerai-je tout entière ; cela dépendra surtout des événements; d'ailleurs, sachez que j'aurai avant peu un service important pour moi à réclamer de votre courtoisie; ce sera donnant donnant, si vous voulez.

— Soit, j'accepte, et de tout mon cœur; seulement veillez au grain, mon camarade, car, sur ma foi de Frère de la Côte, si vous me manquez, moi, je ne vous manquerai pas.

— C'est convenu; maintenant éveillez votre compagnon; le ciel prend une apparence qui m'inquiète, il nous faut faire diligence et précipiter notre marche.

— Que craignez-vous donc?

— Un *temporal*. Regardez au-dessus de votre tête et autour de vous, et vous comprendrez qu'il est important de nous hâter.

Le jeune homme fit ce que désirait le guide, et il ne put retenir un mouvement de surprise.

Le soleil avait disparu pour ainsi dire subitement derrière d'immenses nuages jaunâtres qui roulaient dans le ciel avec la rapidité vertigineuse d'une armée en déroute; bien qu'il n'y eût pas un souffle dans l'air, la chaleur était suffocante ; on respirait du feu; les oiseaux voletaient lourdement ; ils tournoyaient affolés dans l'espace en poussant des cris rauques et saccadés ; des animaux de toutes sortes émergeaient des bois et des forêts, fuyant effarés dans toutes les directions avec des hurlements lugubres.

Prodige étrange et terrible! les eaux de la rivière semblaient tout à coup être devenues stagnantes ; le courant, si rapide d'ordinaire, avait subitement disparu, et les eaux étaient lisses et immobiles comme la surface d'un miroir.

Les arbres, les broussailles, les brins d'herbes eux-mêmes, comme subissant une commotion intérieure, avaient du sommet à la base des frémissements qui les agitaient avec une force électrique.

On entendait comme un écho lointain dans les mornes, des grondements sourds et indéfinissables.

Les chevaux des voyageurs, les naseaux à terre, renâclaient avec force, grattaient le sol et, l'œil ardent, les oreilles couchées, en proie à une terreur innomée, refusaient d'avancer et poussaient par intervalle des hennissements plaintifs.

— Qu'est-ce que cela veut dire? demanda don Fernan avec une surprise presque mêlée de crainte.

— Cela veut dire, señor, qu'à moins d'un miracle nous sommes perdus, répondit froidement le guide.

— Perdus? allons donc! s'écria le jeune homme, et pourquoi cela? ne pouvons-nous pas chercher un refuge?

— Le chercher, oui; le trouver, non; il n'y a pas de refuge contre le *terremoto*.

— Que voulez-vous dire?

— Qu'il va y avoir temporal compliqué de tremblement de terre.

— Diable! c'est sérieux alors?

— Plus que sérieux : terrible.

— Sommes-nous loin de la halte de nuit?

— Deux lieues à peine.

— Ce n'est rien, un temps de galop et...

— Trop tard! s'écria tout à coup le guide : à bas de cheval, tout de suite, ou vous êtes perdu!

Et saisissant le jeune homme par la ceinture, il l'enleva de selle et se coucha sur le sol auprès de lui.

Le cheval, délivré de son cavalier, se coucha aussitôt.

Une rafale effroyable, brisant et renversant tout sur son passage, arrivait avec une rapidité foudroyante.

Michel le Basque tomba à terre comme un sac, à peine éveillé encore et ne comprenant rien à ce qui se passait.

Heureusement pour le brave aventurier, le choc fut rude et il resta à demi évanoui, étendu tout de son long.

En même temps, un crépitement sec, strident comme celui que pourrait produire une batterie de cent pièces de gros calibre, éclata avec une force épouvantable; les eaux de la rivière, soulevées par une force inconnue, se gonflèrent, semblèrent bouillir et s'abattirent sur leurs rives, qu'elles inondèrent à droite et à gauche, à une grande distance; la terre trembla avec des frémissement sourds et sinistres; de larges crevasses s'ouvrirent çà et là; les montagnes oscillèrent sur leurs bases, et les arbres bondirent et s'entrechoquèrent comme s'ils eussent été piqués de la tarentule.

Puis soudain le silence se fit, les nuages qui obscurcissaient le ciel se fondirent dans l'espace, le soleil reparut et le calme revint.

— Debout! cria le guide d'une voix stridente.

Les deux hommes se relevèrent aussitôt; ils jetèrent autour d'eux des regards effrayés.

La campagne avait complètement changé d'aspect; elle était méconnaissable; en quelques secondes un bouleversement général s'était opéré; là où était une vallée il y avait une montagne; la rivière semblait avoir changé de lit; les arbres déracinés, tordus, brisés, enchevêtrés les uns dans les autres, gisaient pêle-mêle sur le sol; d'énormes crevasses s'étaient ouvertes, coupant la plaine dans tous les sens; tout chemin, tout sentier avait disparu.

Cependant la brise de mer s'était levée et rafraîchissait l'atmosphère; le soleil brillait radieux dans l'éther azuré; un calme profond avait comme par enchantement succédé à l'effroyable cataclysme; les animaux rassurés avaient repris leur tranquillité première, les oiseaux recommençaient leurs chants sous la feuillée.

Jamais constraste plus profond et plus saisissant ne frappa les yeux de l'homme.

— Que faire? demanda Fernan.

— Attendre, répondit le guide.

— Charmant pays, grommela Michel en se frottant les côtes, la terre même manque sous les pieds; à qui se fier, bon Dieu! J'aime mieux décidément la mer.

— Allons-nous donc rester ici? reprit Fernan.

— Jusqu'à demain, oui, la route est coupée, il nous faut nous en frayer une autre, la journée est trop avancée pour commencer ce travail. Campons où nous sommes.

— Pourquoi donc? demanda Michel. Une halte en pleine campagne n'a rien de rassurant dans un pays comme celui-ci, où les montagnes dansent le menuet comme des matelots ivres.

— Il le faut; il nous est impossible d'atteindre ce soir l'endroit où nous devions camper.

— Bon! fit Miguel, à défaut de celui-là, un autre.

— Nous sommes dans un désert.

— Mais non, pas tant que cela; qu'est-ce donc que ces murs que j'aperçois là-bas?

— Rien, fit le guide avec hésitation.

— Allons donc! vous voulez vous gausser de moi.

— Je ne comprends pas.

— Comment! dit Fernan, vous n'apercevez pas au sommet de cette colline,

C'était bien réellement le sol vierge que foulaient les aventuriers.

là un peu sur la droite, à dix minutes à peine de l'endroit où nous sommes, les murs blancs d'une grande habitation à demi cachée dans ce fourré d'arbres !

— Pardieu ! appuya Michel, à moins d'être aveugle...

Le guide eut un tressaillement nerveux, mais tout à coup il sembla prendre une détermination inflexible :

— Señores, dit-il, je vois cette maison aussi bien que vous pouvez la voir. Je la connais depuis longtemps.
— Quelle est cette propriété? demanda Fernan.
— C'est l'hacienda del Rayo.
— Le nom est éclatant, fit Miguel avec un sourire.
— Elle appartient à don Jesus Ordoñez de Sylva y Castro, continua impassiblement le guide.
— Bon? et quel homme est ce don Jesus Ordoñez, etc. ? reprit Fernan.
— C'est un des plus riches propriétaires de la province.
— Très bien! mais ce n'est pas cela que je désire savoir; quel homme est-ce?
— Un Castillano Viego, farci de préjugés sur toutes les coutures, dévot, hypocrite, dissolu, traître comme un Juif et menteur comme un Portugais; au demeurant, le meilleur fils du monde; voilà l'homme.
— Hum! fit Miguel, le portrait n'est pas flatté et, s'il est ressemblant, il n'a rien de fort aimable.
— Il est vrai, mais permettez-moi d'insister pour que nous restions ici, cela vaudra mieux pour nous sous tous les rapports.
— Bah! serons-nous donc mal reçus?
— Quant à cela, n'ayez crainte, vous serez bien reçus. Seulement...
— Seulement...
— On raconte des choses étranges sur don Jesus et la maison qu'il habite.
— Voyons, parlez franchement, comme un homme! dit Fernan avec impatience.
— Eh bien! cette hacienda n'est pas en bonne réputation dans le pays; les gens prudents s'en écartent; on raconte des histoires effrayantes sur ces vieux murs; bref, l'hacienda est hantée.
— Bon! ce n'est que cela! s'écria gaiement Miguel; pardieu! voilà une occasion de voir des revenants que je ne laisserai pas échapper, moi qui brûle d'en voir et qui n'ai jamais eu ce bonheur.
— Conduisez-nous, José, ne demeurons pas davantage ici.
— Mais...
— Trêve à vos rêveries, nous ne sommes pas des enfants qu'on effraie avec des contes de nourrices; partons.
— Réfléchissez.
— Il n'est besoin de réfléchir; en route!
— Vous le voulez?
— Je l'exige.
— Soit, que votre volonté soit faite, mais souvenez-vous que je n'ai fait que céder à votre exigence.
— C'est convenu, José, j'assume toute responsabilité sur moi.
— Allons donc, puisque vous le voulez, mais croyez-moi, prenez garde!
— Pardieu! qu'avons-nous à craindre? dit Michel en riant; ne serons-nous pas diables contre diables! Satan sera, je n'en doute pas, de bonne composition avec des confrères.
Le guide haussa les épaules, sourit tristement et reprit sa marche.

Au bout de dix minutes à peine, les voyageurs atteignirent l'hacienda.

Au moment où ils en franchissaient la porte, José aperçut, pérorant au milieu d'une foule de personnes rassemblée autour de lui, un Indien hideux, moucheté comme une panthère de taches verdâtres sur tout le corps, à la physionomie basse, rusée, cruelle et repoussante, borgne et manchot.

Cet Indien avait près de lui une mule grisâtre, maigre, efflanquée, saignante, qui portait la tête basse, avec cette résignation désespérée de l'animal non pas dompté, mais martyrisé par l'homme ; un énorme chien au poil rude et fauve, aux oreilles courtes et à l'œil sanglant, était couché aux pieds de l'Indien.

En apercevant cet individu, José tressaillit, un éclair jaillit de son regard, et d'une voix basse qui fut cependant entendue par don Fernan :

— Cascabel ici ? Qu'y vient-il faire ? murmura-t-il.

Et il passa ; les deux voyageurs le suivirent.

III

QUEL HOMME C'ÉTAIT EN RÉALITÉ QUE LE SENOR DON JESUS ORDOÑEZ DE SYLVA Y CASTRO, PROPRIÉTAIRE DE L'HACIENDA DEL RAYO.

José et l'Indien si bizarrement moucheté avaient, en se croisant, échangé, rapide comme l'éclair, un regard chargé de toute la haine que peut contenir un cœur humain ; peut-être y aurait-il eu entre eux une vive altercation, si l'haciendero, apparaissant subitement dans la cour d'honneur, ne se fût avancé précipitamment au-devant des hôtes qui lui arrivaient.

— Veille au grain, matelot, dit à voix basse Fernan à son compagnon, c'est maintenant qu'il nous faut jouer serré.

— Monsieur le comte peut être tranquille, répondit respectueusement le boucanier en s'inclinant sur le cou de son cheval, peut-être pour cacher un sourire narquois à l'adresse de l'Espagnol.

Cet haciendero, don Jesus Ordoñez, etc., ainsi que disait facétieusement l'aventurier, était un homme entre deux âges, ni grand ni petit, assez replet, aux traits réguliers, au teint brun, au regard perçant, à la moustache retroussée, aux lèvres railleuses et sensuelles et à la physionomie empreinte de cette bonhomie narquoise qui empêche le plus souvent l'observateur de se former une opinion exacte de l'homme auquel il a affaire ; du reste, empressé, cordial, charmant sous tous les rapports et comprenant les lois de l'hospitalité castillane dans toutes ses exentriques exigences ; ce qui veut dire que les voyageurs furent non seulement bien reçus, mais accueillis avec toutes les apparences de la joie la plus vive.

— Soyez le bienvenu dans ma pauvre demeure caballero, dit l'haciendero avec un salut cordial, vous connaissez notre proverbe castillan : l'hôte est l'envoyé de Dieu ; son arrivée dans une maison y porte la joie et le bonheur. Donc, je vous le répète, soyez le bienvenu dans ma chétive maison; tout ce qu'elle renferme est à vous, et don Ordoñez de Silva y Castro, votre serviteur, tout le premier.

Ce discours fut prononcé tout d'une haleine et avec une volubilité qui ne permit pas à l'aventurier de l'interrompre.

— Mille grâces, caballero, répondit-il enfin en mettant pied à terre, et abandonnant la bride de son cheval à José, mille grâces, caballero, pour ce courtois accueil; j'ai été il y a une heure surpris avec ce serviteur de confiance et ce guide indien par le terremoto, non loin d'ici; me trouvant malgré moi dans l'impossibilité de continuer ma route, je me suis décidé à vous demander une hospitalité de quelques heures, ce dont je vous adresse toutes mes excuses.

— Des excuses! se récria l'haciendero, vous plaisantez sans doute, caballero; c'est à moi seul qu'il appartient de vous en faire pour la mauvaise réception qui vous attend ici; le terremoto nous a complètement bouleversés; c'est à peine si mes gens sont revenus de la terreur qu'ils ont éprouvée; tout est encore en désordre, mais nous ferons de notre mieux pour vous satisfaire.

Après cet échange de compliments, l'haciendero, précédé par son majordome, grand gaillard à mine patibulaire, vêtu de velours noir de la tête aux pieds, une lourde chaîne d'or au cou et une baguette d'ébène à la main, insignes de sa dignité, conduisit ses hôtes dans une vaste pièce où il les laissa, après s'être assuré par lui-même que rien ne manquait de ce qui leur était nécessaire.

— Dans une heure, on sonnera la cloche du souper, dit-il, et il fit un mouvement pour se retirer.

— Pardon! répondit le jeune homme en le retenant, permettez-moi, señor, de me faire connaître à vous.

— A quoi bon, caballero? vous êtes mon hôte, cela doit me suffire.

— A vous peut-être, mais non à moi, señor : tout en vous remerciant de votre gracieuse obligeance, je ne veux pas en profiter : je suis le comte Fernan Garci Lasso de Castel Moreno, arrivé depuis quelques jours à Chagrès et me rendant à Panama, où m'appellent de hauts intérêts privés et politiques.

L'haciendero se découvrit respectueusement, salua jusqu'à terre, et d'une voix que l'émotion faisait trembler :

— Le comte Garci Lasso de Castel Moreno, dit-il, le neveu de Son Altesse le vice-roi de la Nouvelle-Espagne, le parent de l'Adelantado de Campêche, caballero cubierto et grand d'Espagne de première classe! Oh! monseigneur, quel honneur pour ma pauvre maison, quel bonheur pour moi que vous ayez daigné accepter mon hospitalité!

Et il se retira à reculons et continua ses révérences jusqu'à la porte, puis il sortit, suivi du majordome, tout aussi décontenancé que son maître.

La porte se referma enfin, et les deux aventuriers demeurèrent seuls.

Miguel avait apporté les valises qu'il avait déposées sur un meuble. Fernan procéda immédiatement à sa toilette, aidé par son compagnon, qui s'acquittait de son office en conscience et avec tout le respect nécessaire.

Les Frères de la Côte avaient depuis longtemps l'habitude des demeures espagnoles; ils savaient qu'elles fourmillaient de portes secrètes, d'escaliers dérobés, de judas invisibles par lesquels on pouvait les voir et les entendre, ils se tenaient sur leurs gardes.

Bien leur en prit, cette fois, d'être prudents, car ils étaient consciencieusement espionnés; non pas peut-être dans une mauvaise intention: mais le nom et le titre que s'était donnés le jeune homme avaient produit un effet magique sur l'haciendero, digne campagnard peu accoutumé à recevoir si bonne compagnie; il regardait et écoutait son hôte afin de se rendre bien compte de la manière dont les grands seigneurs agissaient en particulier avec leurs gens.

Sans doute ce qu'il vit le satisfit complètement, car il s'éloigna le visage radieux et en se frottant les mains.

Les deux hommes avaient constamment parlé castillan; ce qu'ils avaient dit n'avait fait qu'augmenter encore la bonne opinion que l'haciendero s'était faite d'eux dès le premier moment.

Don Jesus Ordoñez de Silva y Castro, natif de Burgos, était venu tout jeune chercher fortune en Amérique; chercher est le mot vrai, car, en mettant le pied sur le sol à peu près vierge du Nouveau-Monde, le digne garçon, alors âgé de treize ou quatorze ans au plus, ne possédait autre chose qu'un grand désir de s'enrichir, sans avoir en poche la plus minime mise de fonds. Cependant il ne se découragea pas; loin de là, il fit à peu près tous les métiers, parcourut l'une après l'autre toutes les colonies espagnoles; successivement marin, soldat, arriero, mineur, colporteur, que sais-je encore! Bref, cette existence sans doute passablement accidentée, mais dont personne ne put jamais savoir le dernier mot, car le digne garçon était très discret, surtout pour ses propres affaires, cette existence dura une quinzaine d'années; puis un beau jour notre aventurier arriva à Panama sur un bâtiment frété par lui et dont le chargement lui appartenait en entier.

Mais ce n'était plus No Jesus Ordoñez : il avait fait peau neuve, était riche, tranchait du grand seigneur et se faisait nommer emphatiquement don Jesus Ordoñez de Silva y Castro, noms très ronflants et qu'il jugea à propos de garder définitivement.

De plus, il était marié; sa femme était jeune, charmante, avait une physionomie douce et triste qui intéressait, à première vue; elle avait une délicieuse petite fille de deux à trois ans, rieuse et espiègle, nommée Flor, et dont le señor don Jesus Ordoñez de Silva y Castro était naturellement le père.

Cette dame était-elle heureuse avec son mari? Il y avait des raisons pour en douter; souvent on lui avait vu les yeux rouges; on assurait même l'avoir vue pleurer en secret en embrassant sa fille et la serrant sur son cœur; mais jamais elle ne se plaignait et si parfois on se hasardait à l'interroger, elle détournait adroitement la conversation, ébauchait un sourire et feignait une gaieté qui, à tous, paraissait trop forcée pour être naturelle.

Quoi qu'il en fût de ces suppositions qui, en réalité, ne reposaient sur aucune base sérieuse, puisque jamais un mot, un regard ou un geste n'étaient venus donner un corps aux soupçons des oisifs, des curieux ou des amis du nouveau débarqué, celui-ci faisait grande figure à Panama; il était riche et partant considéré et même recherché par tout le monde ; d'ailleurs, quelle que fût la façon d'agir du señor don Jesus Ordoñez de Silva y Castro dans son intérieur, ce dont personne ne savait rien, en public il était charmant, aimable, empressé, et se faisait noblement honneur de sa fortune bien ou mal acquise.

Lorsque le señor don Jesus Ordoñez de Silva y Castro eut terminé les affaires qui le retenaient à Panama, il déclara que le pays lui plaisait et qu'il désirait s'y fixer ; mais que, trop jeune encore pour vivre dans l'oisiveté, il voulait mener la vie de gentilhomme campagnard et fonder un établissement agricole.

Sur ces entrefaites, un riche propriétaire de la colonie, qui, lui, désirait se retirer en Espagne, mit ses biens en vente ; au nombre de ces biens se trouvait une magnifique hacienda, bâtie à quelques lieues de Chagrès, possédant d'immenses dépendances en forêts et en prairies en plein rapport, et abondamment pourvue de chevaux et de bestiaux de toutes sortes.

Cette hacienda, nommée l'hacienda del Rayo, avait été construite aux premiers jours de la découverte, par un des redoutables compagnons de Fernan Cortès qui était venu s'échouer sur cette colonie alors à peu près inconnue. On racontait d'étranges histoires sur cet aventurier ; des scènes sinistres, des orgies monstrueuses, des crimes effroyables s'étaient, dit-on, passés derrière les murs de cette sombre demeure ; la mort du premier propriétaire avait été enveloppée de circonstances terribles qui n'avaient jamais été bien expliquées ; un mystère redoutable planait depuis lors sur cette demeure que chacun fuyait et dans laquelle, disait-on tout bas en se signant, on entendait parfois des bruits et des rumeurs inexplicables, mais qui remplissaient chacun d'une invincible terreur.

Le propriétaire actuel ne l'avait jamais habitée : une seule fois il avait voulu y établir sa résidence et s'y était rendu en annonçant l'intention formelle de s'y fixer ; mais après un séjour de quarante-huit heures à peine, il l'avait quittée avec une précipitation qui ressemblait beaucoup à une fuite, et il était revenu à Panama sans s'arrêter ni retourner la tête, laissant à un serviteur de confiance le soin de régir cette immense et magnifique propriété.

L'hacienda del Rayo, ainsi discréditée, était mise à prix à cent cinquante mille piastres, avec toutes ses dépendances ; prix comparativement fort minime, car elle valait au moins cinq ou six fois plus ; mais à ce prix même, le propriétaire doutait beaucoup de trouver acquéreur.

Heureusement pour lui, don Jesus entendit parler de cette vente. L'aventurier était un esprit fort ; il n'ajoutait qu'une mince croyance aux contes de nourrices, ainsi qu'il le disait lui-même ; son existence avait été panachée de péripéties trop singulières pour qu'il s'effrayât des bruits plus ou moins véritables qui couraient sur cette demeure.

Il avait besoin d'une hacienda, celle-ci s'offrait à lui ; le prix en était très modéré, elle était parfaitement à sa convenance ; il s'aboucha avec le propriétaire, le fit consentir à un rabais de vingt-cinq mille piastres, solda séance tenante son acquisition en bonnes onces d'or bien trébuchantes, et il devint ainsi légitime possesseur de l'hacienda del Rayo.

Plusieurs personnes s'étaient hasardées à lui faire certaines observations ; elles avaient essayé de le détourner de cette acquisition dont, disaient-elles, il ne tarderait pas à se repentir ; mais le digne hidalgo s'était contenté de sourire et de hausser les épaules, et il avait tenu bon avec cet entêtement qui formait le fond de son caractère ; en somme, l'affaire était excellente pour lui ; il achetait presque pour rien une propriété de plus de trois ou quatre millions ; il n'y avait rien à répondre à cela ; on se tut, mais non sans lui prédire auparavant toute espèce de malheurs.

Cependant, en apparence du moins, ces prédilections ne se réalisèrent pas ; au grand ébahissement de ses amis et connaissances, don Jesus Ordoñez continua à prospérer.

Sans se préoccuper davantage de ce qu'on disait, le nouvel haciendero fit sans sourciller toutes ses dispositions pour quitter Panama et aller établir sa résidence à l'hacienda del Rayo. En effet, huit jours à peine après son marché conclu, un matin, au lever du soleil, il sortit de Panama avec sa femme et sa fille, et, suivi d'une nombreuse troupe de serviteurs bien armés et montés sur de bons chevaux, il se dirigea vers l'hacienda del Rayo, où il arriva le quatrième jour vers trois heures du soir.

Ce n'était pas marcher trop vite, l'hacienda n'étant éloignée que de quatorze lieues au plus de la ville ; mais les chemins étaient exécrables ou, pour être plus vrai, n'existaient pas du tout ; de plus, don Jesus conduisait avec lui une vingtaine de mules chargées d'objets de toutes sortes, quatre ou cinq chariots traînés par des bœufs et un palanquin dans lequel se trouvaient sa femme et sa fille.

Les femmes de service avaient été placées tant bien que mal dans les chariots. Une si nombreuse, et surtout si encombrante caravane, avait fort à faire pour sortir des ravins et des marécages dans lesquels, à chaque pas, elle s'embourbait ; il fallait littéralement s'ouvrir passage la hache et la pioche à la main ; heureusement, grâce à de prodigieux efforts, on y réussit et on parvint, après des fatigues surhumaines, à atteindre l'hacienda.

L'aspect imposant et véritablement grandiose de cette magnifique demeure à l'apparence féodale réjouit fort les yeux et surtout le cœur du nouvel enrichi, qui était loin de s'attendre à une si splendide habitation ; selon sa coutume, il se frotta joyeusement les mains, et ce fut d'un air délibéré et sans le moindre souci de ce que l'avenir lui réservait peut-être dans ce château qu'il pénétra au galop de son cheval dans la cour d'honneur, où le majordome et tous les peones attachés à l'exploitation de l'hacienda attendaient impatiemment leur nouveau seigneur pour lui offrir leurs hommages et l'assurer de leur dévouement.

Don Jesus n'était pas homme à perdre son temps en futilités ; après avoir distribué quelques réaux aux peones et les avoir complimentés, il les laissa et, précédé du majordome, il procéda à la visite des appartements de l'hacienda depuis les combles jusqu'aux celliers, des magasins à la chapelle et des corales aux communs.

Alors sa joie n'eut plus de bornes et se changea en enchantement. Tout était en ordre et en bon état ; les meubles et les tentures eux-mêmes reluisaient comme s'ils eussent été achetés et posés de la veille. Don Jesus félicita chaleureusement le mayordomo, et, pour la première fois peut-être de toute sa vie, revenant sur une résolution prise, il annonça au mayordomo qu'il le gardait et qu'il ne dépendait que de lui de mourir à son service; le mayordomo remercia son maître avec d'autant plus d'effusion, qu'il savait que d'abord celui-ci voulait le renvoyer.

L'haciendero désigna les appartements qu'il prétendait occuper, ainsi que ceux qu'il réservait à sa femme et à sa fille; donna l'ordre qu'ils fussent prêts pour le soir même, et, de plus en plus satisfait de son acquisition, il acheva la visite de l'hacienda dans les dispositions les plus charmantes.

Le mayordomo ne lui fit pas grâce d'une chambre de cette immense habitation et il le conduisit partout, un peu sans doute pour faire valoir aux yeux de son maître le soin qu'il avait apporté à ce que tous les ameublements se conservassent en bon état; la visite fut longue, mais quel est le propriétaire qui se fatigue à contempler ses richesses?

Depuis près de deux heures l'haciendero et son mayordomo montaient, descendaient, allaient à droite, tournaient à gauche, parcouraient les corridors, sondaient les murs, ouvraient les portes dérobées, franchissaient les escaliers secrets, car cette maison, bâtie dans l'ancien style féodal, était pour ainsi dire double; les appartements et les passages inconnus étaient plus importants que ceux qui ouvraient leurs portes et leurs fenêtres au grand soleil.

Les deux hommes avaient atteint l'aile droite de l'hacienda, construite en forme de tour sarrazine, se terminant au sommet par une espèce de mirador d'où on apercevait la campagne à une grande distance. Don Jesus allait redescendre dans la cour d'honneur, lorsqu'un courant d'air s'engouffra dans la salle où il se trouvait, agita les draperies, et comme peut-être elles étaient mal attachées, une de ces draperies tomba, et, en tombant, démasqua une porte si bien ajustée et si adroitement enchâssée dans le mur, qu'il fallait regarder avec le plus grand soin pour la reconnaître; du reste, cette porte paraissait ne pas avoir été ouverte depuis très longtemps; on n'y voyait aucune trace de serrures.

L'haciendero regarda le mayordomo: celui-ci était pâle et frissonnant; une sueur froide perlait en larges gouttelettes sur son front.

— Où conduit cette porte? demanda don Jesus.

— Je l'ignore, répondit en hésitant le mayordomo.

— Ouvrez-la.

— C'est impossible.

— Pourquoi?

— Voyez vous-même, señor; elle n'a ni serrure, ni verrous; de plus, elle paraît condamnée depuis longtemps. On la nomme, je ne sais pourquoi, la porte del Moro. L'ancien propriétaire l'a, dit-on, fait murer.

Don Jesus frappa plusieurs coups sur la porte avec le manche de son poignard; en effet, elle rendit le son mat et sec des murs pleins.

L'haciendero hocha la tête,

— Hum! murmura-t-il; et vous ne savez rien de plus à ce sujet?

Le cheval, délivré de son cavalier, se coucha aussitôt.

— La tradition rapporte que derrière cette porte se trouvent, ou du moins se trouvaient des passages, des couloirs et des escaliers qui contournent toute la maison et aboutissent à toutes les pièces.

— Voilà qui est mieux, j'aime le grand jour.

— Quant aux souterrains dont parle la tradition, ils n'existent sans doute que dans l'imagination des peones et des Indiens, gens les plus crédules qui soient.

— C'est vrai; continuez.
— Bien que cette hacienda soit construite sur le sommet d'une éminence assez élevée, elle ne possède cependant pas de cave; d'ailleurs vous savez, señor, que ce n'est pas la coutume en Amérique d'établir des caves sous les habitations.
— Diable ! fit l'haciendero.
— La même tradition ajoute, continua le mayordomo, que les passages et les souterrains se continuent sous terre, et débouchent en plusieurs endroits fort éloignés les uns des autres, à une grande distance dans la campagne.
— Voilà qui est peu récréatif; on n'est plus chez soi alors.
— Oh ! reprit vivement le mayordomo, cette tradition doit être fausse.
— Qui vous le fait supposer?
— Depuis dix ans, señor, seul j'habite l'hacienda, dont je possède un plan très complet que j'ai dressé moi-même. J'ai visité la maison peut-être cent fois dans les plus grands détails; tous les appartements secrets, toutes les portes dérobées ont été peu à peu découverts par moi. Ce ne sont que des lieux de refuge et d'attaque et de surprise, pas autre chose. Aucun escalier secret n'existe de ce côté, je m'en suis assuré; de plus aucune porte dérobée ne donne dans les appartements que vous avez choisis.
— C'est juste. Après ?
— Cependant, je voulus avoir le cœur net de tout cela, et, comme j'étais seul et maître d'agir à ma guise, j'ordonnai plusieurs battues que je surveillai moi-même; ces battues s'étendirent bientôt à cinq, six et même sept lieues autour de l'hacienda.
— Et on ne découvrit rien?
— Rien, señor.
— Alors, c'est qu'il n'y a rien de vrai dans tout cela.
— Pour moi, j'en suis convaincu.
— Bientôt, j'espère l'être, moi aussi. Faites monter deux ou trois peones avec les outils nécessaires pour desceller cette porte.
Le majordome s'inclina et sortit; un quart d'heure après il était de retour; trois peones l'accompagnaient.
— Mes enfants, dit l'haciendero, descellez cette porte, mais procédez avec précaution, de façon à ne pas l'endommager, s'il est possible.
Les peones se mirent à l'œuvre.
La porte fut descellée en quelques minutes; derrière, le mur était plein.
— Vous aviez raison, dit l'haciendero.
Une demi-heure suffit pour remettre tout dans l'ordre primitif, puis maîtres et valets partirent.
Le jour même de son arrivée, don Jesus fut aussi complètement installé dans l'hacienda del Rayo que s'il l'habitait depuis un an.
Le soir, après avoir copieusement soupé, don Jesus quitta la salle à manger et descendit dans la huerta pour jouir de la fraîcheur; la nuit était magnifiquement étoilée, la lune éclairait comme en plein jour.
L'haciendero se promenait en causant avec son mayordomo; il avait l'in

tention de faire le lendemain une reconnaissance de ses domaines, et il commandait que les chevaux fussent prêts au lever du soleil.

Tout en causant il leva machinalement la tête et poussa un cri de surprise. Une lumière brillait dans la salle du Moro.

— Voyez, dit-il au mayordomo.

— Qu'est-ce que cela signifie? murmura celui-ci en se signant.

— Vive Dios! s'écria l'haciendero, je le saurai, et cela tout de suite.

Don Jesus était brave; il n'hésita pas, et, entraînant avec lui le mayordomo effaré, il se dirigea vers l'aile droite de l'hacienda.

Tout à coup la lumière disparut.

Les deux hommes s'arrêtèrent.

— J'étais fou, dit l'haciendero au bout d'un instant en éclatant de rire : ce que j'ai pris pour une lumière n'était autre chose qu'un rayon de lune jouant sur les vitres.

Le mayordomo secoua la tête d'un air de doute.

— Bon! vous ne me croyez pas, reprit don Jesus, je vais vous en donner la preuve.

Il regagna alors la place qu'il occupait précédemment; en effet, la lumière reparut.

— Voyez, dit-il.

Puis il revint sur ses pas, la lumière disparut; plusieurs fois il recommença ce manège avec le même succès.

— Allons nous mettre au lit, dit-il, et ne songeons plus à ces niaiseries.

Le lendemain, sans en expliquer le motif, il ordonna qu'on lui préparât un autre appartement que celui qu'il avait d'abord choisi et dans lequel il avait passé la nuit; puis il repartit pour visiter ses rancheros et ses vaqueros. Le mayordomo remarqua que son maître était pâle, défait, agité de tressaillements nerveux; que ses regards inquiets se fixaient autour de lui avec égarement; en homme bien stylé, il garda ses observations pour lui et ne souffla mot.

Plusieurs années s'écoulèrent; don Jesus ne faisait que de rares voyages, soit à Chagrès, soit à Panama, pour écouler les produits de son hacienda en cuirs, grains et céréales; mais ces voyages étaient courts, et ne duraient que le temps strictement nécessaire. Ses achats à peine terminés, il retournait en toute hâte au Rayo.

Doña Luz, sa femme, vivait fort retirée; elle quittait à peine ses appartements, et se consacrait tout entière à l'éducation de sa fille, qu'elle aimait avec passion.

Parfois, lorsque le temps était doux, elle descendait dans la huerta, s'asseyait au fond d'un bosquet de magnolias, d'orangers et de grenadiers, et passait plusieurs heures à causer cœur à cœur avec sa chère Flor et le chapelain de l'hacienda, digne prêtre qui avait consenti à quitter son couvent de Panama, pour venir s'enterrer dans ce désert.

Le père Sanchez était un homme de quarante-huit à quarante-neuf ans; mais les fatigues et les macérations de la vie claustrale lui avaient blanchi les cheveux avant le temps, ses traits émaciés, ses regards doux et voilés, lui donnaient une véritable tête d'apôtre; il en avait le cœur, et bien qu'il ne parlât jamais de lui, cependant il était facile de comprendre, en le voyant, qu'une grande douleur avait dû, dans sa jeunesse, briser à jamais son âme généreuse, aimante et douée d'une sensibilité exquise; de même que tous les cœurs d'élite pour lesquels la vie n'a été qu'une longue souffrance, cet homme possédait le talent si rare, non seulement de compatir aux douleurs du prochain, mais de consoler sans être ni importun ni indiscret.

Tous les habitants de l'hacienda révéraient le père Sanchez; doña Luz l'aimait comme un père et apprenait à sa fille à le chérir. Don Jesus Ordoñez lui-même, qui ne respectait pas grand'chose, le craignait et l'aimait à la fois, sans bien se rendre compte de ce double sentiment qu'il éprouvait pour le digne prêtre.

Cependant la santé de doña Luz, fort chancelante depuis quelques mois, déclinait de plus en plus; elle pâlissait et maigrissait sans se plaindre ni paraître souffrir.

Un jour elle s'alita.

Don Jesus, qui négligeait assez sa femme, se décida à entrer dans sa chambre à coucher, où, sur la prière de doña Luz, il demeura près de deux heures seul avec elle.

Que se dirent les deux époux pendant ce long entretien?

Nul ne le sut jamais.

Lorsque don Jesus sortit, il était pâle, avait les traits bouleversés et semblait en proie à une vive douleur ou à une grande colère.

Il monta immédiatement à cheval, et suivi d'un seul domestique, il partit ventre à terre pour Chagrès.

A peine la porte de la chambre de doña Luz s'était-elle fermée sur don Jesus qu'elle se rouvrit pour livrer passage au père Sanchez et à doña Flor.

Doña Flor avait treize ans alors; grande, svelte, presque formée, elle possédait déjà toute la beauté de sa mère, avec un éclair d'énergie de plus dans ses beaux yeux d'un noir profond.

Les trois personnes passèrent la nuit entière à causer cœur à cœur; à l'aube, doña Flor, accablée par la veille, malgré tous ses efforts, finit par s'endormir sur le sein de sa mère mourante.

La jeune femme mit un baiser au front de sa fille.

— Il le faut donc? murmura-t-elle tristement.

— Il le faut, répondit doucement le prêtre.

— Hélas! la reverrai-je jamais!

— Oui, si tu m'obéis.

— Je te le jure, mon père! J'ai peur, Rodriguez.

— Parce que tu n'as pas la foi, pauvre chère enfant! c'est Dieu lui-même qui, par ma voix, te commande ce sacrifice.

— Que sa volonté soit faite! dit-elle avec abattement; tu veilleras sur elle, mon père.

— Jusqu'à ce qu'elle soit heureuse, et quoi qu'il arrive.

— Quand même cet homme voudrait s'y opposer?

— Rassure-toi, chérie, il a tout à craindre de moi, je ne redoute rien de lui.

— Dieu a reçu ton serment, mon père.

— Il m'aidera à l'accomplir, ma fille.

Un peu après dix heures du soir, don Jesus arriva à franc étrier de Chagrès.

Un médecin l'accompagnait.

A la porte de l'hacienda, le père Sanchez attendait, immobile et triste.

— Doña Luz? cria l'haciendero.

- Elle est morte au coucher du soleil, répondit sourdement le prêtre.

Don Jesus n'en entendit pas davantage, il sauta à terre.

— Venez, dit-il au médecin.

Et il se précipita à travers les montées.

Quand il pénétra dans la chambre de la jeune femme, il éprouva une émotion étrange.

Doña Luz était étendue sur son lit, calme, souriante, comme un oiseau qui a replié ses ailes; elle semblait dormir.

Doña Flor, agenouillée au chevet de sa mère, tenait une de ses mains entre les siennes et sanglotait avec des spasmes nerveux.

La jeune fille, toute à sa douleur, ne s'aperçut pas de la présence de son père.

La chambre était entièrement tendue de tapisseries noires semées de larmes d'argent; quatre cierges étaient allumés, deux au pied, deux à la tête du lit; sur une table était un candélabre à neuf branches où brûlaient des cires roses.

Malgré cette illumination, la chambre était tellement vaste que ses extrémités demeuraient sombres.

— Faites votre devoir, ordonna don Jesus d'une voix étranglée au médecin.

Celui-ci obéit; il demeura un instant penché sur le corps de la jeune femme; puis il se redressa, prit une branche d'absinthe qui trempait dans un vase d'argent plein d'eau bénite, fit dévotement le signe de la croix, aspergea le corps en murmurant une courte prière, et, s'adressant à don Jesus :

— Tout est inutile, dit-il, elle a rendu son âme à Dieu !

L'haciendero demeura un instant comme frappé de la foudre; sans force, sans volonté, sans voix.

Le père Sanchez se tenait immobile à ses côtés, fixant sur lui un regard d'une expression étrange.

Soudain don Jesus releva la tête, promena un regard égaré autour de lui, et d'une voix sourde et tremblante :

— Sortez, dit-il, sortez tous !

— Mon fils, dit doucement le prêtre, mon devoir m'ordonne de prier auprès du cadavre de cette pauvre défunte.

— Sortez, vous dis-je, reprit-il avec égarement; emmenez cette enfant, je veux veiller seul au chevet de ma femme morte !

Le prêtre s'inclina, releva doucement la jeune fille et se retira avec elle.

Le médecin était déjà sorti.

Aussitôt qu'il fut seul, don Jesus se précipita vers la porte qu'il ferma et dont il poussa les verrous, puis il revint à pas lents vers le lit.

Il croisa les bras sur sa poitrine, et pendant quelques minutes il demeura les yeux ardemment fixés sur le cadavre.

— Cela devait être, murmura-t-il ; elle est morte, bien morte, enfin !... Maintenant tout est fini !... Qui pourra m'accuser ? fit-il avec un ricanement terrible. Elle est morte, bien morte ! Qui osera ?... Allons, je suis fou ! Il y a autre chose encore : ce coffret... ce coffret maudit dont elle portait toujours la clef suspendue à son cou... Si elle avait parlé ! A qui ? elle ne voyait personne dans ce pays perdu. Terminons-en. Où est-il, ce coffret ?... Si je prenais la clef ? dit-il en jetant un regard sur le cadavre... à quoi bon maintenant ? elle ne pourra m'empêcher de la prendre tout à l'heure... Au coffret d'abord !

Alors, avec un cynisme et une brutalité horribles dans un pareil moment et dans un tel lieu, cet homme commença à ouvrir les armoires et les bahuts ; bouleversant le linge, les vêtements, les bijoux, avec l'acharnement fébrile d'une hyène déterrant une proie.

La recherche fut longue ; à plusieurs reprises l'haciendero interrompit son hideux labeur ; son visage était livide, la sueur coulait sur son front, ses mouvements étaient brusques, nerveux, saccadés ; parfois ses regards se dirigeaient malgré lui sur le cadavre de la pauvre morte étendue calme et belle sur sa couche, et un frémissement de terreur parcourait tous ses membres.

Tout à coup il poussa un cri de joie, il tenait dans ses mains crispées un coffret d'argent ciselé.

— Enfin, le voilà ! s'écria-t-il avec un rugissement de tigre.

Il se hâta de rejeter pêle-mêle dans les bahuts et les armoires les habits qu'il avait jetés sur le plancher ; puis il alla poser le coffret sur la table.

— Maintenant tout est bien fini, dit-il ; si je le jetais dans le feu ? Non, il serait trop longtemps à brûler ; prenons la clef.

Mais il ne bougea pas ; malgré lui, cette profanation d'un cadavre l'effrayait.

— Bah ! dit-il, je suis fou ! Qu'ai-je à craindre ?

— La justice de Dieu ! dit une voix profonde.

L'haciendero frissonna et ses yeux se fixèrent vers l'endroit d'où la voix s'était fait entendre.

— Qui a parlé ? murmura-t-il.

Mais personne ne répondit.

Alors il se passa une chose étrange, épouvantable.

Les lumières pâlirent peu à peu, s'éteignirent les unes après les autres, et la chambre demeura plongée dans une obscurité profonde ; un rayon de lune, filtrant à travers les vitres, ne répandait que des lueurs incertaines qui permettaient à peine de distinguer vaguement les objets.

Plusieurs formes blanches surgirent lentement des ténèbres, semblèrent doucement glisser sur le parquet, et s'approchèrent de l'haciendero, sans que leur marche produisît le bruit le plus léger.

Un des fantômes allongea le bras et toucha le misérable au front.

Celui-ci, brûlé comme par un fer rouge, poussa un cri horrible et tomba à la renverse.

— Prends garde de tuer ta fille comme tu as tué ta femme ! dit une voix sourde et menaçante. Dieu, touché par les prières de ta victime, suspend sa justice ; repens-toi... Sois maudit, assassin !

Don Jesus n'en entendit pas davantage ; il poussa un cri ressemblant à un râle d'agonie et perdit connaissance.

Lorsqu'il revint à lui le jour se levait, les cires achevaient de se consumer dans le candélabre ; les cierges brûlaient toujours, un joyeux rayon de soleil se jouait sur les lambris, où il dessinait de fantastiques arabesques.

— J'ai rêvé ! murmura-t-il en passant sa main sur son front inondé d'une sueur froide, quel horrible cauchemar !

Mais tout à coup il poussa un cri de rage ; le coffret n'était plus sur la table ; ses regards se tournèrent machinalement vers le lit ; il était vide.

Le cadavre de doña Luz avait disparu.

— Oh ! je suis perdu ! s'écria-t-il.

Il se précipita vers la porte et l'ouvrit d'une main fébrile.

Le père Sanchez, agenouillé sur les dalles près de cette porte, priait avec ferveur.

— Venez ! venez, mon père, s'écria l'haciendero en se jetant dans ses bras.

Tous deux rentrèrent alors dans la chambre à coucher, dont la porte se referma derrière eux.

Au bout d'une heure don Jesus sortit ; il revint bientôt apportant lui-même un cercueil.

Tous les habitants de l'hacienda admiraient l'amour si passionné de leur maître, qui voulait que nul autre que lui n'ensevelît celle qu'il avait si douloureusement perdue.

Les obsèques eurent lieu le jour même.

Don Jesus, le lendemain, s'enferma dans la chambre à coucher où s'était passée cette scène étrange ; pendant quatre heures il sonda les murs, mais il ne put rien découvrir ; il n'existait aucune porte secrète.

Doña Flor voulut occuper la chambre de sa mère ; don Jesus y consentit sur les observations du père Sanchez, auquel le secret terrible dont l'haciendero l'avait fait dépositaire donnait presque le droit de commander, bien qu'il n'en fît rien.

Trois ans s'étaient écoulés depuis que ces événements s'étaient passés à l'hacienda del Rayo, le jour où les aventuriers arrivèrent et demandèrent l'hospitalité, qui leur fut généreusement accordée.

Doña Flor avait seize ans ; sa beauté avait tenu tout ce qu'elle promettait ; mais elle était froide, pâle, sévère, comme une statue de marbre ; un léger pli s'était creusé entre ses sourcils, son regard était pensif, et se fixait parfois sur son père avec une expression indéfinissable de haine et de colère.

L'haciendo l'adorait ou semblait l'adorer ; il ne la gênait en rien et cédait avec une docilité d'enfant à ses moindres caprices.

Seulement, pendant la nuit terrible qu'il avait passée tête à tête avec le cadavre de sa femme, ses cheveux étaient devenus complètement blancs.

Le père Sanchez était toujours comme par le passé, un religieux doux, compatissant, calme et résigné.

Voilà qui était don Jesus Ordoñez de Sylva y Castro, propriétaire de l'hacienda del Rayo, et quelques-uns des événements dont avait été assaillie l'existence de ce digne gentilhomme.

IV

COMMENT DON FERNAN DEVINT AMOUREUX DE DOÑA FLOR ET LOUA UNE MAISON A DON JESUS

L'aventurier, aidé par Michel le Basque, achevait sa toilette au moment où le premier tintement de la cloche du souper se fit entendre.

Presque aussitôt le mayordomo, après avoir préalablement gratté à la porte, pénétra dans la chambre.

— Votre Excellence est servie, monseigneur, dit-il en s'inclinant gravement; puis il tourna sur les talons.

Le jeune homme le suivit.

Le mayordomo le conduisit au réfectoire; c'est ainsi qu'on nommait alors la pièce que nous appelons aujourd'hui salle à manger.

Le réfectoire était une immense salle voûtée, assez basse, dont le plafond en saillies s'appuyait sur des colonnes monolithes en granit noir; d'étroites mais nombreuses fenêtres en ogive y laissaient pénétrer à travers des vitrages plombés un jour à peine suffisant; les murs disparaissaient sous des boiseries en chêne, noircies par le temps et garnies de bois de cerf, de daim, d'épieux, de cors, de défenses de sanglier, etc.; des bras de fer soutenaient d'espace en espace des torches, dont la fumée montait en spirale jusqu'au plafond et formait un nuage bleuâtre au-dessus de la tête des convives.

Au centre de cette immense pièce, dallée de larges pierres blanches, se trouvait une énorme table en forme de fer à cheval, dont le haut bout, destiné à la famille et aux hôtes de la maison, était élevé de trois marches et se trouvait ainsi sur une estrade.

Deux immenses pièces d'argenterie curieusement ciselées et renfermant des épices et des sauces de toutes sortes établissaient une ligne de démarcation à droite et à gauche entre les maîtres et les serviteurs; ces pièces d'argenterie étaient des salières; à cette époque, dans les colonies espagnoles ainsi que dans la mère patrie, on conservait encore l'usage patriarcal de servir les maîtres et les serviteurs à la même table.

D'énormes flambeaux en cuivre, vissés de distance en distance sur la table, contenaient des cierges allumés.

Au haut bout de la table, couvert d'une fine nappe damassée, en toile de Hollande et garnie d'une lourde argenterie, se trouvaient deux candélabres à sept branches avec des bougies roses allumées.

Don José frappa plusieurs coups sur la porte avec le manche de son poignard.

La vaisselle du bas bout de la table était commune; la nappe manquait.

Cinq couverts étaient mis sur l'estrade : au milieu celui de l'haciendero, à sa droite celui du comte, à gauche celui de doña Flor, puis venait la place du chapelain, auprès de doña Flor, et à côté de don Fernan, le couvert d'un jeune homme de bonne mine à la moustache outrageusement retroussée et à l'œil plein d'éclairs.

Michel le Basque et le mayordomo avaient chacun une place réservée auprès des salières, puis les autres serviteurs venaient par rang d'âge ou d'ancienneté.

Lorsque le comte don Fernan pénétra dans le réfectoire, la famille de l'haciendero était debout sur l'estrade; les serviteurs se tenaient, eux aussi, immobiles et silencieux devant leurs places.

— Mon cher hôte, dit affectueusement don Jesus, permettez-moi de vous présenter mon digne chapelain le père Sanchez, mon ami don Pablo de Sandoval, capitaine de marine au service de Sa Majesté, et enfin doña Flor, ma fille; maintenant, père Sanchez, que la présentation est faite, veuillez, je vous prie, dire le *benedicite* afin que nous nous mettions à table.

Le père Sanchez obéit, puis chacun prit place et le repas commença.

C'était un véritable repas espagnol avec le puchero et l'olla podrida classiques, accompagnés de pièces de venaison et d'oiseaux de marais. En somme, tout était exquis et servi d'une façon irréprochable ; don Jesus avait un excellent cuisinier.

La conversation, assez languissante au commencement du repas, s'anima peu à peu et devint générale au moment où le *postre*, — dessert, — les dulces, les liqueurs et les vins fins furent placés sur la table.

Les domestiques avaient disparu; seuls le mayordomo et Michel, sur un signe bienveillant de l'haciendero, avaient conservé leurs places.

Don Pablo, d'après ce qu'apprit don Fernan, était un prétendant à la main de doña Flor; depuis quelques jours à peine il était de retour à Panama, après une assez longue croisière faite sur les côtes du Pérou; il commandait une corvette de vingt canons et de deux cents hommes d'équipage; cette corvette, nommée la *Perla*, était, au dire du brillant capitaine, bien connue des ladrones, ainsi qu'il nommait les flibustiers, et ils la redoutaient fort.

La croisière de la *Perla* avait été heureuse; elle était rentrée à Panama, ramenant avec elle deux navires contrebandiers et une dizaine de ladrones surpris par un gros temps, dans une pirogue à peu près désemparée.

Au dire du capitaine, ces ladrones avaient opposé une résistance désespérée avant de se laisser amariner, et ce n'avait été que lorsqu'ils avaient vu leur embarcation couler sous leurs pieds qu'ils avaient consenti à se rendre. Il paraissait que depuis deux jours les pauvres corsaires n'avaient ni bu, ni mangé, lorsqu'ils avaient été aperçus par la *Perla*.

— Cependant, fit observer doña Flor, malgré la faiblesse dans laquelle ces pauvres gens devaient se trouver, ils ont fait une belle défense.

— Magnifique, señorita! dit le capitaine en frisant coquettement sa moustache; de véritables démons : ils m'ont tué ou blessé trente hommes.

— Et ils n'étaient que dix ? dit Fernan.

— Pas un de plus, sur ma parole !

— Vous les avez fait prisonniers ?

— Ils sont gardés à vue dans la prison de Panama.

— Hum ! fit l'haciendero, s'ils avaient été vingt au lieu de dix, vous auriez eu fort à faire, mon cher capitaine.

— Oh! ceux-ci font exception ; tous ne sont pas aussi braves.

— Vous croyez, capitaine? dit Fernan d'une voix railleuse.

— Je connais les ladrones de longue date; ce n'est pas la première fois que j'ai maille à partir avec eux, répondit-il avec fatuité.

— Ah! murmura Fernan en se pinçant les lèvres.

— Mon Dieu, oui! je fais le service de garde-côte, vous comprenez?

— Parfaitement.

— Et que compte-t-on faire de ces pauvres gens? demanda doña Flor avec intérêt.

— Ils seront pendus haut et court; d'ailleurs, ils ne se font nulle illusion sur leur sort; ils ont deviné ce qui les attend.

— Savez-vous quand aura lieu cette belle exécution? demanda Fernan.

— Je ne pourrais trop vous dire, mais je crois qu'ils ne seront pas pendus avant une dizaine de jours.

— Pourquoi si tard?

— Une idée du gouverneur, idée assez ingénieuse, du reste. Il doit y avoir une fête à Panama, l'exécution des ladrones fera partie des divertissements.

— C'est, en effet, parfaitement trouvé; il faut être Espagnol pour avoir d'aussi belles idées! dit le jeune homme avec amertume.

— Pauvres malheureux! s'écria doña Flor, dont les yeux étaient remplis de larmes. Comme ils doivent souffrir!

— Eux! fit le capitaine en haussant les épaules; allons donc, vous vous trompez du tout au tout, señora : ils rient, chantent et boivent toute la journée.

— Ils essaient de s'étourdir.

— Pas le moins du monde; il prétendent, avec un aplomb qui donnerait fort à réfléchir, si l'on n'avait pas la certitude que cela est impossible, ils prétendent, dis-je, qu'ils ne seront pas pendus et que leurs amis les sauveront.

Fernan et Michel le Basque échangèrent un regard expressif.

— Dieu le veuille! murmura la jeune fille.

— *Amen!* fit le père Sanchez.

— Vive Dios! je ne partage pas cet avis, dit l'haciendero; ces ladrones sont de mauvais drôles qui ne croient ni à Dieu ni à diable et sont capables des crimes les plus affreux; leur audace est inouïe; ils tiennent presque notre formidable marine en échec; mort la bête, mort le venin; plus on en tuera, moins il en restera en état de nous nuire; qu'en pensez-vous, capitaine?

— Je pense que ce serait une sottise de leur faire grâce quand on les tient : un bout de corde règle bien des comptes.

— C'est possible, dit le chapelain, mais pourquoi vous montrer plus féroces qu'ils ne le sont eux-mêmes? après la bataille, ils ne tuent pas les prisonniers.

— Et Montbars l'Exterminateur? s'écria le capitaine.

— Montbars est une exception; mais tenez, don Jesus est une preuve vivante de ce que j'avance : il a été prisonnier de l'*Olonnais*, si je ne me trompe?

— En effet, mais pendant le temps que j'ai été son esclave, il m'a fort maltraité.

— Peut-être, mais il ne vous a pas tué.

— Je suis forcé d'en convenir, dit en riant l'haciendero.

— Comment ! vous avez été prisonnier de l'Olonnais, un des chefs les plus féroces de la flibuste, et vous avez réussi à vous échapper, señor ? dit Fernan avec un air d'intérêt parfaitement joué. Mais c'est un miracle, cela !

— Vous dites vrai, señor, un miracle dont je suis redevable à mon saint patron.

— Peut-être, reprit Fernan, que si nous étions plus pitoyables envers ces gens, nous parviendrions à les adoucir et à diminuer la haine qu'ils ont contre nous.

— Ceci est une erreur, señor; ces gens sont indomptables, répliqua le capitaine; la vue de l'or les rend fous.

— Bien des gens leur ressemblent, hélas ! murmura le chapelain.

— Bah ! A quoi bon s'attendrir sur de pareils drôles qui n'ont de l'homme que l'apparence et en réalité ne sont rien moins que des bêtes féroces ? s'écria l'haciendero. A votre santé, señores, et vive l'Espagne ! que nous importent ces ladrones ?

— Quoi que vous en disiez, mon père, reprit assez sèchement la jeune fille, ce sont des hommes, égarés peut-être; mais ce sont des créatures de Dieu; on doit les plaindre.

— Comme il vous plaira, niña, je ne m'y oppose pas, fit l'haciendero en ricanant.

Il remplit les verres à la ronde.

La conversation dévia alors et on parla d'autre chose.

Le capitaine Sandoval, qui se figurait faire la cour à la jeune fille en se posant en exterminateur de flibustiers, comprenant qu'il se fourvoyait et que doña Flor ne partageait nullement son opinion, jugea prudent de ne pas insister davantage sur ce sujet qu'il était seul à soutenir; d'autant plus que don Jesus Ordoñez, selon sa tactique ordinaire, lorsqu'une chose déplaisait à sa fille, menaçait de l'abandonner net.

Quand à Fernan, il paraissait assez indifférent à ce qui se disait autour de lui.

Depuis quelques minutes, il semblait plongé dans de sérieuses et profondes réflexions; il ne prêtait qu'une attention machinale aux compliments que son hôte se croyait obligé de lui décocher tant bien que mal à chaque instant.

Fernan était en proie à une émotion étrange, une opération singulière ou plutôt une révolution complète se faisait en ce moment dans son esprit.

A son entrée dans le réfectoire, lors de la présentation faite par don Jesus, l'aventurier avait respectueusement salué la jeune fille sans trop la regarder; puis il s'était assis; et comme il était jeune, bien portant, fatigué d'une longue course, que son appétit était aiguisé par un jeûne prolongé, il s'était mis à manger de bon appétit, avec cette insouciance innée du voyageur qui, ne se considérant dans les lieux où il s'arrête que comme un oiseau de passage, songe peu, en dehors des lois de la stricte politesse, aux personnes que le hasard groupe autour de lui; qu'il quittera quelques heures plus tard; que sans doute il ne reverra jamais.

Lorsque la conversation, en devenant générale vers la fin du repas, était tombée sur un sujet qui l'intéressait particulièrement, puisqu'il s'agissait de ceux qui, pour lui, étaient des frères, c'est-à-dire des boucaniers, l'aventurier, assez indifférent jusque-là à ce qui se disait autour de lui, s'était pour ainsi dire trouvé contraint à jeter quelques mots dans cette conversation ; ce fut alors qu'il remarqua, sans y attacher d'abord une grande importance, la sympathie avec laquelle doña Flor parlait de ses frères d'armes; la façon généreuse dont elle prenait leur défense devant ceux qui les attaquaient.

Il leva les yeux sur la jeune fille, leurs regards se croisèrent, le jeune homme ressentit comme un choc électrique qui lui fit froid au cœur; ses yeux se baissèrent malgré lui, et il sentit le rouge lui monter au visage.

Cette homme qui cent fois avait vu la mort en face, que jusque-là aucune émotion n'avait effleuré, douce ou terrible, tressaillit, et un frisson parcourut tout son corps.

— Que se passe-t-il en moi? murmura-t-il. Aurais-je peur, ou cette sensation aiguë que j'éprouve serait-elle ce qu'on nomme de l'amour? Amoureux, moi? reprit-il, métamorphosé en chevalier dameret par une petite fille ignorante et sauvage! Allons donc, je suis fou !

Alors il releva fièrement la tête, et, afin de constater la victoire qu'il se figurait remporter sur lui-même, il se prit à examiner la jeune fille avec une attention singulière, et il réussit même à lui faire baisser les yeux à son tour.

Doña Flor avait seize ans; elle était grande, cambrée, mince sans maigreur, et flexible sans faiblesse; par un contraste singulier et qui était une beauté de plus, les deux races du Nord et du Midi, ce qui faisait le charme de cette jeune fille, se trouvaient réunies en elle, non pas fondues, mais heurtées, et parfaitement distinctes; ses cheveux blond d'épis mûrs, à la fois épais et légers, flottant comme une vapeur dorée au moindre caprice du vent, lui formaient comme une auréole et ombrageaient des yeux et des sourcils de velours noir; avec la finesse de peau des femmes du Nord, elle avait la matité de teint des femmes du Midi, ce qui lui donnait une pâleur pour ainsi dire transparente. Sa bouche petite, mais au dessin correct et aux lignes arrêtées, était à la fois chercheuse et pensive; rien ne pourrait rendre l'expression de cette physionomie étrange, qui était toute dans ces yeux noirs, je l'ai dit, mais grands, limpides et si brillants, qu'ils semblaient, en s'animant, tout éclairer autour d'eux.

L'aventurier se sentit fasciné et attiré malgré lui par cette magnifique créature, si pure, si chaste, et dont l'aspect le dominait si complètement : aussi, s'il y eut victoire, cette victoire fut de courte durée : le jeune homme s'avoua vaincu; il baissa la tête en murmurant avec un frémissement intérieur :

— Je l'aime!

Ce fut tout. Il renonça à une lutte dont il reconnut toute l'impossibilité; il se laissa aller au courant qui l'emportait, sans même se demander à quel abîme le conduirait cet amour, si singulièrement entré dans son cœur et qu'il aurait dû à tout prix en arracher.

— Bah! murmura-t-il, qui sait?

Qui sait! le grand mot en amour, car il signifie espoir!

Du reste l'amour est illogique par son essence, c'est ce qui lui donne cette force redoutable au moyen de laquelle il renverse comme en se jouant tous les obstacles.

— Señor conde, dit en ce moment l'haciendéro, êtes-vous bien pressé d'arriver à Panama?

— Pourquoi cette question, s'il vous plaît, señor? répondit le jeune homme réveillé en sursaut de son rêve d'amour.

— Peut-être est-elle indiscrète? en ce cas vous me pardonnerez.

— Elle ne saurait l'être, señor; veuillez vous expliquer, je vous prie.

— Mon Dieu! la chose est bien simple; figurez-vous, señor conde, que certaines affaires m'obligent à me rendre, moi aussi, à Panama; seulement, comme mon intention, si toutefois cela ne déplaît pas trop à ma fille, est qu'elle m'accompagne dans ce court voyage; qu'une dame ne fait pas un trajet comme celui dont il s'agit aussi facilement que nous autres hommes, j'ai, vous le comprenez, certaines dispositions à prendre.

— Je comprends parfaitement cela, dit Fernan avec un sourire à l'adresse de la jeune fille.

— De sorte, continua don Jesus, qu'il m'est impossible de quitter l'hacienda avant quarante-huit heures; s'il vous était possible de retarder votre départ jusque-là, nous partirions ensemble; le voyage serait ainsi doublement agréable pour nous tous; voilà ce que je désirais vous dire, señor conde, j'ajoute que je serais heureux que ma proposition vous agrée.

Fernan jeta un regard à la dérobée sur la jeune fille; elle causait vivement à voix basse avec le père Sanchez et ne semblait aucunement entendre ce qui se disait; l'aventurier réprima un geste de mauvaise humeur, mais son parti fut pris aussitôt.

— La proposition que vous me faites, señor, est tentante, répondit-il; je dois me faire violence pour la refuser; malheureusement les intérêts qui réclament ma présence à Panama sont d'une gravité telle qu'il m'est impossible de retarder mon départ.

— Je le regrette vivement, señor conde; mais si, comme je le pense, votre séjour se prolonge à Panama, j'ai l'espoir que nous nous y verrons.

— Ce sera un grand honneur pour moi, señor, d'être reçu chez vous.

La jeune fille sourit doucement en regardant l'aventurier.

— Quelle singulière créature! murmura le jeune homme, je ne comprends rien à ses caprices.

— Pardonnez-moi si j'insiste, señor conde, connaissez-vous Panama?

— Je ne suis jamais venu en ce pays, señor.

— Alors vous n'avez aucune préférence pour habiter dans un endroit plutôt que dans un autre?

— Aucune, señor.

— Et vous n'avez pris aucune mesure au sujet de votre établissement?
— Certes.
— Eh bien! señor conde, dit l'haciendero en se frottant les mains, j'ai à vous faire une proposition qui, j'en ai l'espoir, vous sera agréable?
— Voyons la proposition, señor.
— Je dois d'abord vous avouer en toute humilité, reprit-il en se regorgeant, que je suis très riche, tel que vous me voyez.
— Je vous en félicite, señor, répondit don Fernan en s'inclinant avec une pointe d'ironie si imperceptible que don Jesus ne s'en aperçut pas.

L'haciendero continua bravement:

— Outre cette immense propriété, je possède deux maisons à Chagrès et trois à Panama même, dont une sur la plaza Mayor, en face du palais du gouverneur.
— Jusqu'à présent je ne vois pas venir la proposition que vous devez me faire, señor.
— J'y arrive, señor conde, j'y arrive; je possède donc trois maisons à Panama.
— Vous m'avez déjà fait l'honneur de me le dire.
— Fort bien; une de ces maisons est construite presque aux portes de la ville, entre cour et jardin, avec une sortie sur la campagne, au moyen d'un chemin couvert qui passe sous les murs d'enceinte, et une sortie ou entrée comme il vous plaira de la nommer, qui donne sur une place à peu près déserte; cette maison est seule, enfouie au milieu de massifs d'arbres dont nul regard indiscret ne saurait percer l'épais feuillage.
— Mais c'est presque une chartreuse, dit en riant le jeune homme.
— Un vrai bijou, señor conde, pour un homme aimant le repos et la solitude; de plus on est chez soi complètement.
— C'est charmant.
— N'est-ce pas? Eh bien! si cette maison vous convient, je la mets à votre disposition pour tout le temps de votre séjour.
— Pardon! si elle est telle que vous me la dépeignez, elle me conviendra sans doute; à moins cependant que ce ne soit une jolie bonbonnière, trop petite pour un établissement assez considérable comme doit être le mien; car je ne vous cache pas, señor, que j'ai l'intention de m'installer d'une manière en rapport avec le nom que je porte et le rang que je dois tenir.
— Que cela ne vous inquiète pas, señor: la maison est grande et parfaitement disposée, les appartements sont vastes, les pièces nombreuses; de plus, les communs peuvent loger dix et même quinze domestiques au besoin.
— Oh! je n'en aurai pas autant; je ne suis pas aussi riche que vous, señor.
— Peut-être, mais cela importe peu; de plus, il y a des corales pour les chevaux, et au sommet de la maison un mirador d'où l'on voit, d'un côté, la vaste étendue de l'océan Pacifique, et de l'autre, la campagne à une grande distance; eh bien! que pensez-vous de ma proposition?
— Eh mais! je trouve qu'elle est charmante, et que si cette maison était meublée...

— Mais elle est meublée, señor conde, complètement, du haut en bas; le mobilier a été renouvelé il y a six mois à peine.

— Ah! pour cette fois, s'écria-t-il en riant, votre offre me séduit fort, je l'avoue.

— J'en étais sûr!

— Et si le prix...

— Quel prix, señor conde?

— Le prix de la location. Supposez-vous que je consentirais à occuper ainsi votre maison?

— Pourquoi pas, señor conde? Ne vous ai-je pas dit que je suis très riche?

— Oui, et moi je vous ai répondu que je ne l'étais pas autant que vous; cependant, señor, je vous ferai observer que, quelle que soit ma fortune, je tiens avant tout à être chez moi et à vivre à ma guise.

— Qui vous en empêche?

— Vous-même, señor.

— Je ne vous comprends pas, señor conde.

— C'est cependant bien clair, señor; je ne puis être réellement chez moi dans une maison qu'à deux conditions.

— Lesquelles, señor conde?

— L'acheter ou la louer.

— Mais je ne veux pas vendre ma maison, moi!

— Très bien, louez-la-moi, alors?

— Quelle folie! je serais si heureux de vous être agréable!

— Vous me serez bien plus agréable en me la louant.

— Alors vous ne voulez rien me devoir?

— Rien, señor; je ne suis pas assez riche pour avoir des dettes, ajouta-t-il en souriant; j'en ai déjà contracté une envers vous en acceptant votre gracieuse hospitalité; tenons-nous-en là.

— Quel homme singulier vous êtes, señor conde.

— Vous trouvez, señor? Peut-être avez-vous raison. Je suis forcé de vous déclarer que vous me louerez votre charmante maison ou que j'irai habiter ailleurs, où je serais beaucoup plus mal sans doute, mais où au moins je serais chez moi.

— C'est une détermination irrévocable?

— Irrévocable! vous l'avez dit, señor.

— Eh bien! soit, j'accepte.

— A la bonne heure, vous me comblez; il ne s'agit plus que de régler le prix de la location.

— Que cela ne vous inquiète pas, señor conde.

— Pardon! señor, cela m'inquiète beaucoup au contraire.

— Bah! nous nous arrangerons toujours.

— Mieux vaut nous arranger de suite, señor, afin de n'avoir plus tard de regrets ni l'un ni l'autre.

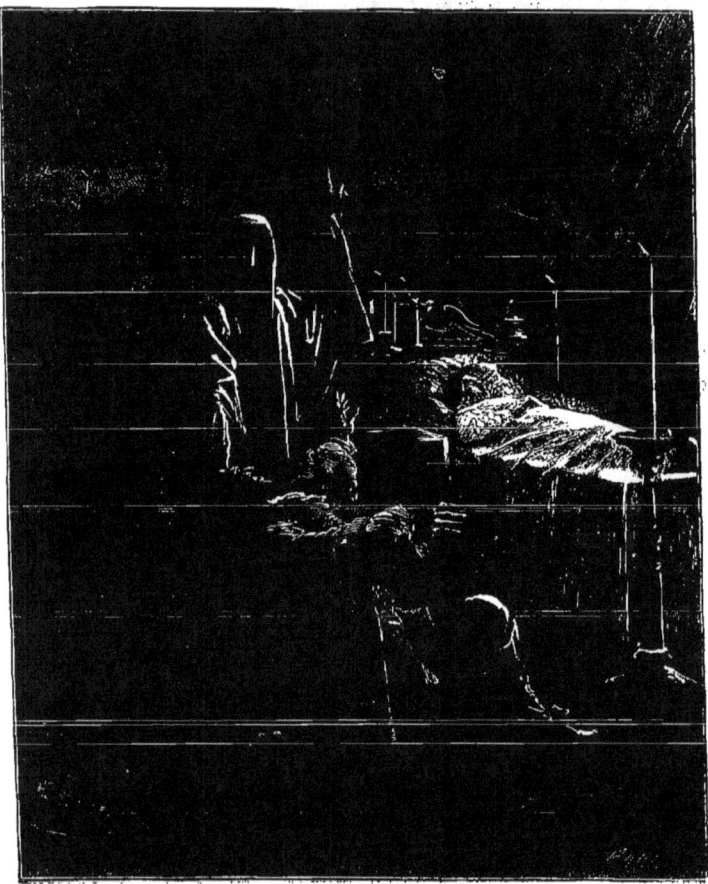

Un des fantômes allongea le bras et toucha le misérable au front.

— Vous êtes un homme terrible.
— Parce que je tiens à faire les affaires comme elles doivent être faites.
— Non, mais parce qu'il faut vous céder en tout.
— Vous allez trop loin, señor, je n'exige qu'une chose juste, il me semble.
— C'est vrai, señor conde, j'ai tort, pardonnez-moi.
— Je ne vous pardonnerai qu'à une condition.

— Bon, et quelle est-elle ?

— Faites-moi connaître le prix que vous désirez pour la location de votre maison.

— Encore ?

— Toujours ; ou bien dites-moi franchement que vous ne voulez pas me la louer, et n'en parlons plus.

— Enfin, puisque vous l'exigez, vous me paierez mille piastres par an : est-ce trop ?

— C'est raisonnable, señor ; va pour mille piastres.

— Maintenant tout est terminé.

— Pas encore.

— Comment cela ?

— Attendez un instant, de grâce !

Fernan retira un portefeuille à fermoir d'or d'une poche de son pourpoint, chercha un instant parmi plusieurs papiers, en prit un, et le présentant à l'haciendero :

— Connaissez-vous à Panama, dit-il, la maison Gutierrez, Esquiroz et Compagnie ?

— Certes, señor conde, c'est la première maison de banque de la ville.

— Je suis heureux de ce que vous me dites là : voici un bon de mille piastres sur cette maison que vous ne refuserez pas alors ; ce bon est à vue, ainsi que vous pouvez vous en assurer.

— Oh ! señor conde ! s'écria l'haciendero, auquel un simple coup d'œil avait suffi pour reconnaître la validité du titre, je suis si bien convaincu qu'il est excellent, que je l'accepte les yeux fermés.

— Voilà donc qui est entendu. Veuillez me donner un reçu de ces mille piastres, y joindre l'adresse de la maison, qui maintenant est la mienne, ajouter un mot pour le gardien de ladite maison, et tout sera terminé.

Sur un signe de son maître, le mayordomo était sorti. Presque immédiatement il rentra, portant tout ce qu'il fallait pour écrire.

— Comment, comme cela tout de suite, dans cette salle, sans respirer ? dit en riant l'haciendero.

— Si cela ne vous contrarie pas, señor, je vous serai obligé d'y consentir ; je dois partir demain au lever du soleil.

— C'est juste, señor conde.

Il écrivit alors le reçu qu'il remit au jeune homme ; celui-ci le renferma dans son portefeuille après l'avoir lu.

— Quant à l'adresse de la maison, continua l'haciendero, elle se nomme la *Casa Florida* ; votre guide indien vous y conduira les yeux fermés. Mon mayordomo vous portera les clefs ce soir même ; la maison n'a pas de gardien.

— Voici les clefs, dit le mayordomo en présentant un énorme trousseau au jeune homme, qui le remit à Michel, je les avais apportées avec moi.

— Merci ! Maintenant, señor, il ne me reste plus qu'à vous adresser mes sincères remerciements pour votre gracieuse hospitalité et votre courtoisie.

— Señor conde, répliqua l'haciendero en s'inclinant, soyez convaincu que je suis heureux d'avoir trouvé l'occasion de vous être agréable. Me permettrez-vous de vous faire visite dans votre demeure?

— C'est moi, señor, qui aurai l'honneur de me présenter chez vous aussitôt votre arrivée à Panama.

— Tout le monde vous indiquera ma demeure.

— De mon côté, señor conde, dit le capitaine, je me mets à votre disposition pour visiter le port, la ville et même mon navire, à bord duquel je serai heureux de vous recevoir.

— J'accepte de grand cœur votre invitation, capitaine ; j'en profiterai avec plaisir.

— Ainsi vous partez définitivement?

— Au lever du soleil, oui, il le faut ; je prendrai même, si vous me le permettez, congé de vous à l'instant même, car je vous avoue que je suis brisé de fatigue.

Le père Sanchez prononça les grâces, et on se leva de table.

Le jeune homme prit alors congé de ses hôtes, et se retira après avoir échangé avec doña Flor un sourire d'une expression singulière.

Arrivé à la porte, Fernan se retourna ; la jeune fille, un doigt posé sur ses lèvres, le regardait en souriant.

— Que veut-elle me dire? murmura-t-il.

Il sortit alors, précédé du mayordomo qui l'éclairait et suivit de Michel et de l'haciendero.

Don Jesus s'obstinait à conduire lui-même don Fernan jusqu'à sa chambre à coucher, afin de s'assurer que rien ne manquait à son hôte.

Le jeune homme fut contraint de céder à ce caprice, qu'il attribuait intérieurement à un excès de courtoisie.

Le mayordomo ouvrit plusieurs portes, traversa plusieurs salles et, finalement, il introduisit les étrangers dans une pièce qui n'était pas celle où ils avaient été conduits la première fois.

Cette pièce, vaste et éclairée par trois fenêtres de style ogival, et dont le plafond était en forme de dôme, était entièrement tendue de tapisseries de haute lisse ; son ameublement, tout en chêne noirci par les années et curieusement sculpté, était du meilleur temps de la Renaissance et avait été apporté d'Europe ; le lit, placé sur une estrade et auquel on arrivait par un escalier de trois marches, était enveloppé d'épais rideaux.

A la tête du lit s'ouvrait une porte donnant sur un cabinet de toilette dans lequel on avait dressé un lit pour Michel.

Les bagages des voyageurs, c'est-à-dire leurs valises, étaient déposés sur des meubles.

Sur une petite table, placée au chevet du lit, se trouvait une veilleuse allumée auprès d'un vase plein d'une liqueur fortifiante qu'à cette époque on était accoutumé de boire en se couchant et que pour cela on nommait le coup du soir.

Des cires brûlaient dans des candélabres posés sur des piédouches, et une Bible était ouverte sur un prie-Dieu surmonté d'un Christ en ivoire jauni.

L'haciendero jeta un regard satisfait autour de la pièce.

— Je crois que tout est en ordre, dit-il en se frottant les mains.

— Je ne sais comment vous remercier de tant d'attentions, répondit le jeune homme.

— Je ne fais qu'accomplir les devoirs de l'hospitalité ; d'ailleurs, ajouta-t-il avec intention, si vous croyez m'avoir quelques obligations, eh bien ! c'est un compte que nous réglerons plus tard ; maintenant que je sais que rien ne vous manque, que mes ordres ont été exécutés, je vous laisse et je vous souhaite une bonne nuit et surtout un bon voyage ; car il est probable que je n'aurai pas l'honneur de vous revoir avant votre départ.

— Je le crains : je suis forcé de me mettre en route au lever du soleil.

— Alors, adieu, c'est-à-dire non, au revoir, à la Ciudad, et bonne nuit encore une fois ; dormez bien et réveillez-vous demain frais et dispos ; c'est, je crois, le meilleur souhait que je puisse vous faire.

— Souhait facile à accomplir et dont je vous remercie sincèrement, répondit en souriant le jeune homme.

— Qui sait? souvent on se couche croyant dormir, et l'insomnie veille toute la nuit au chevet : aussi, pour plus de précaution, je vous recommande cette potion préparée sur cette table, c'est un spécifique admirable contre la veille.

— Je n'oublierai pas vos recommandations. Bonsoir, et encore une fois merci !

Les deux hommes se serrèrent la main, puis l'haciendero sortit précédé du mayordomo.

— Que le diable l'emporte ! dit Michel en fermant la porte et poussant les verrous, j'ai cru un instant qu'il resterait ici jusqu'à demain ! Enfin, nous en voilà débarrassé, ce n'est pas malheureux !

— Je ne suis pas fâché qu'il soit parti, répondit Fernan ; il commençait singulièrement à m'agacer les nerfs ; je ne sais pourquoi, mais il me semblait que ces obséquiosités étaient feintes et cachaient quelque sombre projet que je ne puis m'expliquer.

— La vérité est que cet homme a une véritable face de coquin.

— N'est-ce pas?

— Il ressemble comme deux gouttes d'eau à un portrait de Judas Iscariote, que je me rappelle avoir vu dans mon enfance, je ne sais où. Bah ! nous prendrons nos précautions, voilà tout.

— Des précautions sont toujours bonnes à prendre, dit Fernan en plaçan son épée nue au chevet de son lit et ses pistolets sous l'oreiller.

— Maintenant, monsieur le comte, visitons la chambre.

— Soit.

Ils s'armèrent de flambeaux, soulevèrent les tapisseries et sondèrent les murailles.

Ils ne découvrirent rien de suspect.

— Je crois que nous pourrons dormir tranquilles, dit le jeune homme.

— Moi aussi ! A propos, monsieur le comte, savez-vous que la location de cette maison est un coup de maître, et que vous avez fort habilement mené l'affaire?

— Oui, le bonhomme est rusé, mais il avait affaire à plus fin que lui ; nous ne pouvions trouver une habitation plus convenable.

— C'est un vrai coup du ciel ; ah çà ! et nos pauvres camarades, les laisserons-nous pendre par les *Gavachos* ?

— Non, vive Dieu ! si nous pouvons l'empêcher, d'autant plus que c'est pour nous venir en aide qu'ils sont tombés dans ce traquenard.

— C'est vrai ; mais dans deux jours, nous serons à Panama, et les Gavachos seront bien fins, si nous ne leur tirons pas nos amis des griffes.

— Et le capitaine, comment le trouves-tu, mon vieux Michel ?

— C'est un charmant garçon, répondit le boucanier en ricanant ; mais si jamais, ce que j'espère, je mets le pied à bord de sa corvette, je lui apprendrai de quoi sont capables ces ladrones qu'il méprise si fort.

— Bon, c'est un plaisir que je te donnerai bientôt.

— Bien vrai, monsieur le comte ? s'écria-t-il joyeusement.

— Je t'en donne ma parole ; mais chut ! ne parle pas si haut, on pourra nous entendre.

— Bon, ils dorment tous...

— Et nous ne ferons pas mal d'en faire autant ; bonsoir, Miguel.

— Bonsoir, monsieur le comte.

— Tiens, emporte cette potion et bois-la.

— Vous n'en voulez donc pas ?

— Non, je n'ai pas soif.

— Moi, j'ai soif toujours. Bonsoir, monsieur le comte, je laisse la porte du cabinet ouverte.

— C'est cela, on ne sait pas ce qui peut arriver.

Le jeune homme se coucha ; Miguel sortit après avoir éteint les lumières. La chambre ne fut plus éclairée que par la lueur tremblante de la veilleuse.

Miguel tourna pendant quelque temps dans le cabinet, puis le silence se fit ; au bout d'un quart d'heure Fernan entendit son compagnon ronfler comme un tuyau d'orgue ; le boucanier dormait à poings fermés.

V

QUELLE SINGULIÈRE NUIT DON FERNAN PASSA DANS
L'HACIENDA DEL RAYO

Don Fernan ne dormait pas, bien au contraire ; jamais il ne s'était senti moins de dispositions au sommeil ; les yeux clos, afin de mieux concentrer sa pensée en lui-même en s'isolant des objets extérieurs, il faisait tout éveillé les rêves les plus charmants, et se laissait bercer par les plus séduisantes chimères.

Il reconstruisait lentement dans son esprit les divers événements futiles en apparence qui avaient eu lieu pendant le souper et qui, pour tout autre que pour lui, étaient passés inaperçus ; cette entente qui s'était tout à coup établie entre la jeune fille et lui ; le dialogue muet de ces deux cœurs qui, quelques heures auparavant, ignoraient l'existence l'un de l'autre et s'étaient soudain entendus et compris d'un regard et d'un sourire ; cet amour profond, passionné, qui, comme un choc électrique, avait pénétré par les yeux pour brûler le cœur, en allumant cette étincelle divine qu'il cache dans ses replis les plus secrets ; cette alliance contractée devant tous si franchement et si sincèrement ; tous ces faits réunis, groupés dans le cerveau exalté du jeune homme, et dont à peine il avait la conscience, bouleversaient complètement sa pensée et lui faisaient entrevoir comme à travers un prisme enchanteur des horizons de bonheur et de volupté inexprimables.

Comment cela était-il arrivé ? Il l'ignorait et ne cherchait même pas à le savoir ; la seule chose dont il avait la conviction, c'était qu'il était impossible d'être plus certain de l'amour d'une femme qu'il ne l'était de celui de doña Flor ; cependant, s'il eût confié à quelqu'un son secret et qu'on lui eût demandé sur quelle preuve reposait cette certitude, il lui eût été complètement impossible non pas de l'expliquer, mais seulement de le dire.

Il sentait ses pensées s'agrandir avec son amour ; le but qu'il s'était proposé jusque-là lui semblait bien misérable en comparaison de celui que la passion lui révélait et des horizons lumineux qui s'ouvraient peu à peu devant lui.

Cependant la nuit s'avançait, la fatigue commençait à prendre le dessus ; le jeune homme sentait ses paupières s'alourdir ; ses pensées devenaient moins lucides, elles lui échappaient sans qu'il parvînt à les coordonner d'une manière logique ; il était enfin dans cet état qui n'est déjà plus la veille sans être encore le sommeil, il n'allait pas tarder à s'endormir tout à fait.

Tout à coup, au milieu de l'anéantissement dans lequel il était plongé, il tressaillit brusquement, bondit sur lui-même, ouvrit les yeux et regarda.

La chambre était plongée dans une obscurité presque complète, la veilleuse s'était éteinte, un rayon de lune filtrant à travers les vitraux traçait une large bande d'un blanc bleuâtre sur le parquet.

Le jeune homme avait cru entendre résonner à son oreille un bruit sec ressemblant à un ressort trop tendu et qui s'échappe.

Ce fut en vain que Fernan essaya de sonder les ténèbres, il ne vit rien ; il prêta l'oreille, il n'entendit rien que les ronflements sourds de son compagnon.

— Je me serai trompé, murmura-t-il, cependant j'avais bien cru entendre.

Il glissa la main sous son chevet et prit ses pistolets, puis il saisit son épée, et bondit brusquement au milieu de la chambre.

Au même instant, sans qu'il vît ni entendît rien, il fut saisi à la fois par les bras et par les jambes, renversé sur le sol et, malgré une résistance désespérée, désarmé et mis dans l'impossibilité de faire un mouvement.

— Trahison ! cria-t-il d'une voix rauque, à moi, Michel, à moi ! trahison, frère !

— A quoi bon appeler celui qui ne peut répondre ? murmura une voix douce et mélodieuse à son oreille ; votre compagnon ne s'éveillera pas.

— C'est ce que nous allons voir, reprit-il avec rage en criant de nouveau.

— On ne vous veut pas de mal, reprit la voix, qui malgré lui le faisait tressaillir, car il croyait la reconnaître ; vous êtes en notre pouvoir ; rien ne nous serait plus facile que de vous égorger si nous en avions l'intention.

— C'est vrai, grommela-t-il avec conviction, maudit soit le démon qui m'a poussé dans cette demeure !

Un rire cristallin lui répondit.

— Raillez, raillez, reprit-il d'un ton bourru, vous êtes les plus forts.

— Vous le reconnaissez ?

— Pardieu ! je le sens assez, vos ongles et vos doigts m'entrent dans les chairs.

— Gaston, reprit doucement la voix, donnez votre parole de gentilhomme de ne pas essayer de savoir qui nous sommes ; de ne pas tenter plus longtemps une résistance impossible, et à l'instant vous serez libre.

— Pourquoi m'appelez-vous de ce nom que j'ai oublié moi-même ? reprit-il avec colère.

— Parce que ce nom est le vôtre : consentez-vous à faire le serment qu'on vous demande ?

— Il le faut bien.

— Alors, donnez votre parole.

— Sur ma foi de gentilhomme.

— Relevez-vous, dit doucement la voix.

Fernan ne se fit pas répéter l'invitation, en une seconde il fut debout.

Il s'approcha à tâtons de son lit, prit ses vêtements déposés sur un siège et s'habilla.

Le plus grand silence continuait à régner dans la chambre.

— Maintenant que vous êtes vêtu, dit la voix qui seule avait parlé jusqu'à ce moment, replacez-vous sur votre lit et ne bougez pas, il y va de votre vie.

— Mais qui êtes-vous ?

— Que vous importe ? obéissez !

— Pas avant de savoir qui vous êtes, au nom du diable !

— Des amis.

— Hum ! des amis qui ont de singulières façons.

— Ne jugez pas témérairement ce que vous ne pouvez comprendre.

— Allons, soit ! fit-il, je ne suis pas fâché, après tout, de savoir à quoi m'en tenir sur tout cela.

— Bien ! vous êtes brave.

— Le beau miracle ! au rude métier que je fais, grommela-t-il.

Et il s'étendit sur le lit.

Au même instant il éprouva une légère secousse, et il lui sembla que le lit s'enfonçait dans le parquet.

— Tiens, tiens, tiens ! fit-il à part lui, il me semble que ce digne don Jesus Ordoñez, etc., ne connaît que la moitié de sa propriété et qu'il ne l'occupe pas seul.

Toute sa gaieté lui était revenue ; son cœur de lion n'avait pas une seconde tressailli dans sa poitrine ; la peur lui était inconnue ; sa curiosité était vivement excitée : qui étaient ces gens qui semblaient connaître jusqu'à ses secrets les plus cachés ? Dans quel but jouaient-ils avec lui cette scène de fantasmagorie, bonne tout au plus, pensait-il, à effrayer les enfants ? Que voulaient-ils de lui ?

Toutes ces pensées qui se croisaient dans son cerveau, il les résuma par un seul mot :

— Attendons, dit-il.

Cependant le lit descendait toujours par un mouvement lent et régulier ; enfin il reprit son immobilité : il avait touché le sol.

Fernan voulut se lever.

Une main se posa sur son épaule.

— Restez où vous êtes, dit une voix rude.

— Ah ! ah ! j'ai changé d'interlocuteur, à ce qu'il paraît, reprit-il ; resterai-je couché ou assis ?

— Comme il vous plaira.

Le jeune homme s'assit sur son séant, croisa les bras sur la poitrine et attendit.

Une lueur verdâtre éclairait de reflets fantastiques l'endroit où se trouvait Fernan et lui permettait de distinguer, bien que faiblement et d'une manière indécise, les contours noirs de plusieurs individus, spectres, hommes ou démons, revêtus de longues robes noires qui les enveloppaient entièrement, et dont les yeux brillaient comme des charbons ardents à travers les trous des cagoules rabattues sur leur visage.

Il y eut un instant de silence si profond qu'on aurait presque pu entendre battre le cœur de tous ces individus dans leur poitrine, en admettant qu'ils fussent des êtres de chair et d'os.

Fernan ne songeait guère à cela : il attendait froid, hautain, le regard plein d'éclairs.

Enfin, la voix douce qui déjà avait retenti à son oreille dans sa chambre à coucher se fit entendre de nouveau.

— Gaston, duc de...

— Ne prononcez pas d'autre nom que celui porté maintenant par cet homme ! interrompit la voix rude.

— Bien parlé, cordieu ! s'écria gaiement le jeune homme : qu'importent ces noms et ces titres ! Le personnage que vous avez nommé est mort depuis longtemps, mort de désespoir, de honte et de rage impuissante, ajouta-t-il avec un mouvement de rage ; puis, après une seconde, il reprit avec amertume : L'homme qui est devant vous porte un nom et des titres qui sont assez connus, il me semble, parmi ses ennemis et ses amis, s'il lui en reste encore.

— Vous avez raison, reprit la voix douce avec un accent d'ineffable tristesse : c'est donc au capitaine Laurent, au célèbre boucanier, à l'émule de Montbars, de Ourson, de Barthélemy et de tous les héros de la flibuste, que je m'adresserai seulement.

— Hum ! vous me connaissez un peu plus qu'il ne convient à ma sûreté personnelle, vous que moi je connais si peu.

— Peut-être, cela dépendra de la franchise avec laquelle vous répondrez aux questions que nous vous adresserons.

Fernan jeta un regard à la dérobée à la jeune fille : elle causait à voix basse avec le père Sanchez.

— Voyons ces questions : si elles ne se rapportent qu'à moi, je ne ferai aucune difficulté de vous répondre, mais, si elles doivent compromettre d'autres personnes, dussiez-vous me faire écarteler ou écorcher vif, je ne dirai pas un mot. Vous voilà prévenus ; maintenant, faites ce que vous voudrez.

— Ces questions n'auront trait qu'à vous et à vos affaires personnelles.

— Alors, parlez.

— Il y a deux mois, à la Jamaïque, où vous vous trouviez alors en relâche, avec le bâtiment que vous commandiez, dans une taverne, un individu auquel vous aviez rendu un service vous a averti que le gouvernement anglais avait résolu de s'emparer de votre personne et de confisquer votre navire.

— C'est vrai, mais j'ai appareillé le soir même et je suis retourné à Léogane, après avoir amariné une caravelle anglaise, en représailles de la trahison dont j'avais failli être victime.

— En posant le pied sur le débarcadère de Léogane, un homme que vous ne connaissiez pas et qui vous attendait vous a pris à part, et après vous avoir montré un signe qui vous a fait tressaillir, a eu une longue conversation avec vous.

— C'est parfaitement exact.

— Quel était ce signe?

— Vous devez le connaître, puisque vous êtes si bien instruit.

— Ce signe était une bague dont le chaton représentait une tête de mort avec deux poignards en croix au-dessous, avec ce mot anglais tracé avec de la poussière de diamants : *Remember*.

— Ce que vous dites est encore exact.

— Huit jours plus tard, au Port-Margot, les principaux chefs de la flibuste se sont réunis, sous la présidence de Montbars, en assemblée secrète ; là vous avez fait une proposition qui a été acceptée à l'unanimité, après, cependant une longue discussion, dans laquelle vous êtes parvenu à convaincre tous vos amis. Quelle était cette proposition?

— A cela je ne puis répondre, cette affaire ne me regarde pas seul.

— Soit. Le lendemain, vous avez mis à la voile; arrivé en vue de Chagrès, vous êtes descendu dans une pirogue avec un capitaine flibustier, votre ami, nommé Michel le Basque, et un Indien; puis vous avez entrepris de franchir l'isthme de Panama par terre, et finalement, vous êtes aujourd'hui, vers deux heures de l'après-dîner, arrivé ici.

— Je n'ai pas un mot à vous dire, vous connaissez mes affaires aussi bien que moi.

— Pas tout à fait, nous connaissons un des motifs qui vous ont engagé dans cette périlleuse aventure, nous ignorons l'autre.

— Je ne vous comprends pas.

— Au contraire, vous me comprenez fort bien ; votre principal motif, celui pour lequel vous jouez votre rôle, en ce moment, est celui-ci : l'accomplissement d'une vengeance.

— Soit! dit-il en serrant les dents avec colère.

— Maintenant nous voulons connaître votre second motif.

— Quant à celui-là, s'il existe, ce n'est pas par moi que vous le saurez.

— Vous refusez de le dire?

— Je refuse; je ne me suis engagé qu'à répondre pour moi; j'ai tenu loyalement ma promesse : insister davantage serait inutile, vous n'obtiendrez rien ; puisque vous possédez des espions si subtils, que vous avez des relations si étendues, mettez votre monde en campagne, cherchez; peut-être découvrirez-vous ce secret que vous tenez tant à savoir.

Il y eut un silence assez long pendant lequel Fernan essaya vainement d'entendre un bruit quelconque ou d'apercevoir une lueur qui lui permît de donner une consistance logique aux soupçons qui germaient dans son esprit; mais ses efforts furent inutiles, il ne put parvenir à rien voir ni à rien entendre.

— Oh! murmura-t-il à part lui, si j'avais une arme!

Une main se posa moelleusement sur son épaule et une voix faible comme un souffle dit à son oreille:

— Qu'en feriez-vous?

— Ce que j'en ferais, vive Dieu! J'éventrerais deux ou trois de ces drôles qui me tiennent comme un oison au perchoir, et je me tuerais après.

— Vous tuer! reprit la voix avec un accent d'indicible tristesse : vous êtes donc seul sur terre? vous n'aimez personne, sans doute, et, ajouta-t-elle avec une certaine hésitation, personne ne vous aime?

— J'aime et je suis aimé, répondit-il nettement.

— Qu'en savez-vous? reprit la voix avec hauteur.

— Mon cœur me l'a dit, et le cœur ne trompe pas.

— Et celle que vous aimez? reprit câlinement la voix.

— Je ne lui ai jamais parlé; il y a deux heures je ne la connaissais pas.

— Et elle vous aime?

— J'en suis sûr.

Un frémissement fébrile agita la main toujours posée sur l'épaule de l'aventurier.

— Qu'en savez-vous?

— Nos cœurs se sont fondus dans un regard.

— Écoutez, reprit précipitamment la douce voix, le temps presse, ne le perdons pas en paroles. Prenez cette bague; lorsqu'on vous présentera ce signe, quel que soit l'individu qui vous le montre, n'hésitez pas, accourez.

— Je le ferai, certes, à moins de tomber mort sur la place, répondit-il en pliant le doigt, de peur que la bague ne lui échappât.

— Pourquoi parler de mort? reprit la voix avec un accent de tendresse ineffable; parlez de bonheur, au contraire, puisque vous êtes aimé... dites-vous...

— Oh! s'écria-t-il, c'est vous, Flor, ma Flor bien-aimée! Oh oui! oui, je vous aime!

— Silence, malheureux! s'écria-t-elle avec terreur; si l'on vous entendait, vous seriez perdu.

— Et que m'importe, maintenant que je suis certain de ton amour.

La petite et mignonne main se posa précipitamment sur ses lèvres! l'aventurier la couvrit de baisers passionnés.

— Chut! murmura la voix à son oreille, et cela de si près, qu'il sentit, avec un ravissement extrême, le contact de deux lèvres fraîches sur son visage.

Il se tut : peu lui importait maintenant ce qui arriverait. Il avait dans son cœur du bonheur pour une éternité de tourments.

— Monsieur, dit une voix grave et triste que l'aventurier n'avait pas encore entendue, êtes-vous prêt à nous entendre et à nous répondre?

— Je suis prêt à l'un comme à l'autre, monsieur; parlez, je vous écoute.

— Monsieur, nous avons compris et apprécié, continua la voix, le sentiment d'honneur qui vous fermait la bouche quand nous vous avons interrogé; nous ne voulons pas insister sur ce point et vous pousser à forfaire à votre honneur en manquant à la parole que vous avez sans doute donnée...

— Quant à cela, monsieur, interrompit l'aventurier, avec un ricanement railleur, vous pouvez avoir l'esprit en repos : je vous mets au défi de me faire manquer à ma parole.

— Nous ne discutons pas ce point, monsieur, répondit la voix avec un accent de dépit : il est donc inutile, et j'ajoute qu'il serait presque de mauvais goût d'appuyer davantage là-dessus.

— Soit, monsieur, je me tais.

— Nous vous l'avons dit, reprit la voix, nous verrons non seulement avec plaisir, mais encore avec un vif intérêt, le succès du premier des motifs qui vous ont attiré en ce pays ; j'ajoute que, bien qu'invisibles, inconnus de vous et de vos ennemis, que vous ne connaissez pas, mais que nous connaissons, nous, quoi qu'il arrive, nous vous aiderons de tout notre pouvoir.

— Je vous remercie d'autant plus, monsieur, vous et vos amis, que d'après ce que j'ai été à même d'en juger, ce pouvoir doit être grand; mais, sur Dieu! je vous le jure! en ce cas, quoi qu'il arrive, ainsi que vous-même l'avez dit, je ne me montrerai pas ingrat du secours que j'aurai reçu de vous.

— Nous enregistrons votre parole, monsieur, et nous vous la rappellerons au besoin.

— Quand il vous plaira, de nuit comme de jour, le matin ou le soir, aux champs ou à la ville, je serai prêt à acquitter envers vous la dette que j'aurai contractée.

— C'est bien, monsieur, tout est dit sur ce sujet; quant au secret que vous vous obstinez à ne pas nous révéler, nous le découvrirons.

— Peut-être, fit-il en raillant.

— Nous le découvrirons; seulement, souvenez-vous bien de ceci : pour cette affaire, quelle qu'elle soit, nous ne vous connaissons plus, et nous agirons en conséquence.

— C'est-à-dire?...

— C'est-à-dire que nous ne sacrifierons pas nos intérêts aux vôtres; que nous agirons à notre point de vue personnel, sans nous soucier en quoi que ce soit de celui auquel vous vous serez placé; dussions-nous, au moment du succès, renverser de fond en comble votre travail et mettre à néant vos combinaisons, si habiles qu'elles soient.

— J'accepte ces conditions un peu dures, monsieur : chacun pour soi, telle est la loi fatale à laquelle tous les hommes obéissent.

— Vous avez bien réfléchi?

— Oui.

— Vous ne voulez point parler?

— Moins que jamais; j'aurais l'air de céder à une menace.

— Oh! monsieur! réfléchissez encore.

— Je ne reviens jamais sur une détermination prise.

— Soit; que votre volonté soit donc faite, monsieur, et que Dieu juge entre nous.

— Mais nous restons amis, je l'espère.

— Oui, pour ce que je vous ai dit et jusqu'où je vous ai dit.

— Et pour le reste?

— Ennemis mortels, répondit d'une voix sourde le sombre interlocuteur.

— Eh bien! monsieur, Dieu jugera entre nous, ainsi que vous l'avez dit vous-même.

Au même instant, Fernan ou le capitaine Laurent, ainsi qu'il plaira au lecteur de le nommer, sentit qu'on lui appuyait quelque chose de mouillé sur le visage; il voulut se récrier, la parole expira sur ses lèvres, et il tomba privé de sentiment sur le lit.

. . . .

Plusieurs coups rudement frappés retentirent avec un bruit de tonnerre sur la porte de la chambre à coucher occupée par les voyageurs.

Rien ne bougea.

Au bout de quelques secondes, le vacarme recommença de plus belle, mais dans des proportions telles qu'en supposant que ce roulement continuât ainsi pendant seulement cinq minutes, la porte serait tombée en éclats.

Michel le Basque entr'ouvrit un œil et se retourna sur son lit.

— Je crois qu'on a frappé, grommela-t-il: au diable l'importun! je dormais si bien! aaooooh! ajouta-t-il en s'étirant et en bâillant à se démettre la mâchoire.

Le tapage recommença.

— Décidément on a frappé, reprit Michel, et tout en grognant il se leva en recommençant à bâiller et à s'étirer. C'est drôle, marmotta-t-il entre ses dents, j'ai cependant dormi comme une souche dix heures durant, et, Dieu me pardonne! j'ai autant sommeil que si je n'avais pas fermé l'œil.

— Eh! là-dedans, cria-t-on du dehors, êtes-vous morts ou vivants?

— Cordieu! on y va, un peu de patience, nous sommes vivants, et bien vivants, je l'espère.

Et tout en chancelant, en titubant et en bâillant, il poussa les verrous et ouvrit la porte; le guide entra.

— Voilà, dit-il, vous êtes diablement pressé, mon camarade.

— Il est cinq heures passées, répondit José, nous devrions être partis depuis longtemps déjà.

— Cinq heures? reprit Michel; comme le temps passe, mon Dieu!

— Où est don Fernan?

— Dans son lit; où voulez-vous qu'il soit?

— Et il dort?

— Je le suppose.

— Voyons.

Ils s'approchèrent du lit.

En effet, don Fernan dormait comme s'il n'eût jamais dû se réveiller.

— Allons, dit José, éveillez-le.

— C'est dommage, il dort si bien!

Cependant il le secoua par le bras.

Fernan ouvrit les yeux.
— Quoi encore? s'écria-t-il en se dressant subitement d'un air de menace.
— Comment, quoi? s'écria Michel scandalisé; à qui en avez-vous, monsieur le comte, et quelle mouche vous a piqué de nous recevoir ainsi?
Le jeune homme passa la main sur son front.
— Pardonnez-moi, dit-il en souriant, j'ai fait un mauvais rêve.
— Ah! alors, il n'y a pas d'offense, dit paisiblement Michel.
— Oui, reprit-il.
Mais tout à coup ses regards tombèrent sur une bague qu'il avait au petit doigt et sur le chaton de laquelle se trouvait une fleur en diamant.
— Eh non! s'écria-t-il, je n'ai pas rêvé; tout est vrai, j'ai bien réellement assisté à cette scène étrange.
Et il sauta à bas du lit.
— Il devient fou, s'écria Michel, quel malheur!
— Ah! tu dors bien! lui dit Fernan avec ironie.
— Moi! oui, assez bien, je vous remercie.
— Je m'en suis aperçu cette nuit.
— Vous m'avez appelé?
— Plusieurs fois.
— Et je n'ai pas répondu?
— Par tes ronflements, oui, mais pas autrement.
Michel sembla réfléchir.
— Tout cela n'est pas naturel, dit-il au bout d'un instant. Je ne sais pas ce qu'il y avait dans la boisson que j'ai bue hier au soir, mais à peine l'ai-je eu avalée que je suis tombé comme un plomb, pour ne me réveiller que ce matin, et encore grâce à José.
— C'est vrai, dit celui-ci, et j'ai frappé assez longtemps avant de parvenir à me faire entendre.
— Oui, oui, il y a dans tout cela un mystère que je veux découvrir, murmura le jeune homme.
— Ah çà! vous vous êtes donc couché tout habillé cette nuit? reprit Michel, je croyais bien cependant vous avoir aidé hier à quitter vos vêtements.
Fernan tressaillit; la mémoire lui revenait; sans prononcer une parole il alla pousser les verrous de la porte, et revenant auprès des deux hommes :
— Aidez-moi à ôter ce lit, dit-il.
— Pourquoi faire? demanda Michel.
— Obéis!
Les trois hommes soulevèrent le lit, et, après plusieurs efforts, ils réussirent enfin à l'enlever et à le placer au milieu de la chambre.
— A l'estrade, maintenant.
Ce travail fut plus facile, l'estrade fut simplement poussée, elle n'adhérait pas au parquet.
— C'est étrange! murmura José; que s'est-il donc passé ici?
Lorsque l'emplacement occupé par le lit fut complètement débarrassé
— Mes amis, dit Fernan, il s'agit maintenant de chercher si nous ne découvrirons pas une solution de continuité sur le parquet.

— Ah! ah! je comprends, murmura le guide; en effet, c'est possible.

Et s'adressant au jeune homme :

— Que s'est-il donc passé ? lui demanda-t-il avec intérêt.

— Des choses inouïes, répondit celui-ci d'une voix saccadée. Hâtons-nous; je vous dirai cela plus tard ; on peut nous surprendre.

Les trois hommes s'agenouillèrent alors sur le parquet; leurs recherches furent obstinées, minutieuses; elles durèrent plus d'une demi-heure; le parquet était ou paraissait être intact.

Ils ne découvrirent rien et se relevèrent enfin avec découragement.

— C'est étrange! murmura le jeune homme; cependant je n'ai pas rêvé, cette bague, ajouta-t-il en la baisant avec passion, cette bague est une preuve irrécusable de la réalité de cette scène. Où suis-je donc ici? s'écria-t-il avec colère.

— Dans une maison maudite : ne vous ai-je pas averti! répondit le guide d'une voix sourde.

— C'est vrai, cette maison est maudite! hâtons-nous de la quitter. Qui sait quelle catastrophe pourrait nous atteindre encore, si nous y restions plus longtemps?

— Partons; je ne demande pas mieux, dit Miguel. Contre les hommes je suis prêt à combattre; mais contre les esprits, ce n'est pas mon affaire.

— Remettons d'abord tout en ordre, dit José.

— C'est juste, ajouta Fernan, il ne faut pas qu'on se doute de ce que nous avons fait ici.

L'estrade et le lit furent replacés comme ils l'étaient primitivement; puis les deux aventuriers achevèrent leur toilette, mirent leurs valises sous le bras et descendirent sur les pas du guide.

Les deux chevaux sellés et harnachés étaient attachés à un anneau dans la cour d'honneur.

Quelques peones vaguaient deçà et delà, mais le maître de la maison ne se présentait pas.

Au moment où les aventuriers allaient se mettre en selle, le père Sanchez parut et salua le jeune homme.

— Vous partez, señor conde? dit-il.

— A l'instant, padre, répondit Fernan en lui rendant son salut; aurai-je l'honneur de vous voir à Panama?

— Je l'espère, señor : si ma pupille doña Flor accompagne son père à la Ciudad, je l'accompagnerai.

— Alors je ne vous dis pas adieu, mais au revoir, señor padre.

— Moi de même, señor conde. Recevez, vous et vos compagnons, la bénédiction d'un vieillard, et que Dieu vous protège pendant votre voyage!

Les trois hommes s'inclinèrent respectueusement en faisant le signe de la croix, puis ils prirent congé du prêtre, qui entra dans la chapelle, et ils se mirent en selle.

Ils sortirent au grand trot de l'hacienda.

Lorsqu'ils eurent atteint la base de la colline, Fernan s'arrêta, se retourna vers le sombre bâtiment, et étendant le bras vers lui d'un air de menace :

— Je pars, dit-il d'une voix étranglée par une colère impuissante, mais, vive Dieu! je reviendrai et je découvrai les terribles mystères de cette sinistre habitation, dussé-je payer de ma vie cette découverte. En route, compagnons, et hâtons-nous afin de regagner le temps perdu.

Ils repartirent, mais cette fois au galop.

VI

DE QUELLE MANIÈRE LE CAPITAINE LAURENT, ALIAS DON FERNAN, PÉNÉTRA POUR LA PREMIÈRE FOIS DANS LA CASA FLORIDA

Lorsque l'hacienda eut disparu derrière l'entassement de collines, les voyageurs retinrent leurs chevaux et leur firent prendre une allure plus modeste.

La contrée que traversaient les aventuriers en ce moment est peut-être une des plus pittoresques et des plus accidentées de l'Amérique; je ne crois pas trop m'avancer en affirmant qu'elle ne ressemble à aucune autre.

Tout ce que la nature possède de saisissant, de grandiose et d'étrange, se présente aux regards dans sa plus complète majesté et sa plus sublime horreur.

A droite et à gauche, à des distances que l'œil ne peut exactement calculer, les cimes chenues et orageuses de la chaîne des Cordillères, cette épine dorsale du Nouveau-Monde, dont les têtes couvertes de neiges éternelles s'élèvent à des hauteurs prodigieuses, enveloppées de nuages qui leur forment une radieuse auréole; leurs forêts immenses et mystérieuses penchées sur les lagunes sombres dont les eaux verdâtres les reflètent; ces lagunes et ces lacs sauvages et abandonnés comme aux premiers jours de la création, dont les échos n'ont jamais été recueillis par les sons de la voix humaine et les flots sillonnés par des pirogues ou troublés par les filets des pêcheurs; puis, après ces montagnes géantes qui, d'échelons en échelons, de gradins en gradins, de collines en collines, viennent presque se niveler et se confondre avec le sol de chaque côté de l'isthme, commencent les plaines sans fin, les savanes arides, les déserts affreux, insondables mers de verdure avec leurs vagues et leurs tempêtes.

Pendant bien des milles on voyage sous les dômes immenses d'arbres géants que le soleil de midi ne perce qu'avec peine et comme à regret; puis, tout à coup, la forêt s'éclaircit, la prairie commence, noire, pelée, bosselée, où la vue se perd tristement dans un horizon sans bornes; les vallons et les collines se succèdent, on monte et on descend sans cesse, traversant avec ennui, parfois même avec effroi, ce paysage bouleversé qui remplit le cœur de tristesse; on cherche vainement un chemin ou un sentier frayé, et après quelques heures, en se voyant ainsi perdu et isolé au milieu de ce désert

Une lueur verdâtre éclairait de reflets fantastiques l'endroit où se trouvait Fernan.

affreux, l'homme le plus fort se sent tressaillir, il a peur; car il désespère d'arriver; la longue marche qu'il a faite lui paraît inutile et lui semble ne devoir le conduire en aucun lieu habité.

Puis, sans transition, subitement, en atteignant le sommet d'une colline, un paysage tout nouveau se déroule devant les regards éblouis; d'immenses massifs de verdure, des bouquets capricieusement groupés de ces splendides végétaux des tropiques, qui inclinent gracieusement leurs larges feuilles dentelées au souffle caressant de la brise ; des rivières formant des méandres infinis et fuyant sous les plantes aquatiques qui bordent leurs rives et souvent les enjambent en élevant au-dessus des eaux murmurantes des arcades de feuilles et de fleurs ; et çà et là, cachés sous une herbe courte et drue, des marécages trompeurs ou des lacs verdâtres et stagnants, asiles des caïmans et des iguanes qui se chauffent paresseusement au soleil.

Et pendant près de vingt lieues, c'est-à-dire de Chagrès à Panama, sur un périmètre de quarante à cinquante lieues de tour environ, les paysages se succèdent ainsi les uns aux autres, changeant incessamment d'aspect, mais toujours pittoresques et conservant ce cachet grandiose et sauvage qui est l'empreinte de Dieu sur les grandes œuvres de la nature.

Vers onze heures du matin, les voyageurs firent halte au milieu d'une étroite clairière traversée par un charmant cours d'eau.

Ils voulaient laisser tomber la plus grande chaleur du jour, faire souffler leurs chevaux et prendre quelque nourriture, dont ils avaient le plus pressant besoin.

Après que les animaux eurent reçu leur provende, les hommes songèrent alors à eux et préparèrent leur repas.

Ce fut José qui se chargea de ce soin dont, au reste, il s'acquitta avec une adresse et une célérité qui lui attirèrent les remerciements de ses compagnons, habitués de longue main à la vie d'aventures et juges compétents en pareille matière.

Après le repas qui fut bientôt expédié, comme toujours on alluma les pipes et on causa.

Michel le Basque entama l'entretien, en s'asseyant sur la cuisse un coup de poing à assommer un bœuf.

— Qu'est-ce qui te prend ? demanda Laurent en riant.

— Ce qui me prend, cordieu! reprit-il en roulant les yeux avec colère, il me prend que j'ai été traité comme un oison, et que si les drôles qui m'ont joué ce mauvais tour me tombent jamais sous la patte, ajouta-t-il en allongeant d'un air de menace une main large comme une épaule de mouton, ils verront à leurs dépens de quel bois je me chauffe.

— Bah! de quoi te plains-tu ? dit légèrement le jeune homme.

— Comment! de quoi je me plains? s'écria le boucanier hors de lui, ah! pardieu! je trouve l'observation précieuse! comment, vous ne comprenez pas?

— J'attends que tu t'expliques froidement, si cela t'est possible.

— J'essaierai, je n'en réponds pas.

— Va toujours.

— Pour moi l'affaire est claire ; cette soi-disant boisson était un somnifère ; ce traître de don Jesus, comme il se nomme, voulait nous assassiner pendant notre sommeil ; heureusement j'avais verrouillé la porte.

— Tu n'y es pas du tout, compagnon ; l'haciendero n'est pour rien dans tout cela.

— Pas possible!

— C'est exact, j'ajoute même qu'il serait plus épouvanté que personne, s'il savait ce qui cette nuit s'est passé à son insu chez lui.

— Allons donc ! et le somnifère que j'ai bu ?

— A été préparé par un autre que par lui ; le digne homme ne sait pas le quart de ce qui se fait chez lui ; cette hacienda est double, triple peut-être ; elle est construite comme les vieux châteaux de Bohême et de Hongrie, remplie de trappes, de passages secrets, de cachettes et de souterrains qui se croisent et s'enchevêtrent dans les murailles, sans que le propriétaire actuel s'en doute le moins du monde ; j'en ai eu la preuve par moi-même.

— Vous direz ce que vous voudrez, monsieur le comte, fit le boucanier en haussant les épaules, il n'en est pas moins vrai que j'ai été endormi pour qu'il me fût impossible d'aller à votre aide.

— Ceci est vrai.

— Et que moi, votre compagnon dévoué, votre frère presque, je vous aurais laissé tuer à mes côtés sans vous défendre.

— Mais, puisque tu dormais toujours, il n'y avait pas de ta faute.

— Voilà justement ce que je ne pardonne pas à ceux qui m'ont joué ce tour indigne.

— Ils ne me voulaient aucun mal, et m'ont, au contraire, fort bien traité.

— C'est possible, mais il pouvait en être autrement, et alors moi, moi Michel le Basque, j'étais déshonoré aux yeux de tous nos compagnons qui n'auraient pas voulu croire un mot de toute cette ridicule histoire.

— Allons, console-toi, mon vieux compagnon, ne sais-tu pas bien que je t'aime ?

— Si, je le sais, voilà justement pourquoi j'enrage.

— Ainsi, dit l'Indien, qui avait prêté la plus sérieuse attention à la conversation des deux flibustiers, c'est vrai, cette maison est hantée ainsi qu'on l'assure ?

— Oui, elle est hantée, mais par des êtres de chair et d'os comme nous, qui élaborent dans les ténèbres quelque sombre machination.

— Vous croyez, señor, que ce ne sont pas des êtres du monde invisible ?

— Je vous répète que ce sont des hommes, résolus et terribles, à la vérité, mais nullement des fantômes ; ils possèdent des moyens immenses d'intimidation, reçoivent sans doute une impulsion forte d'un chef intelligent et résolu, mais il n'y a rien que de très naturel dans ce qu'ils accomplissent, bien que souvent leur manière de procéder et les résultats qu'ils obtiennent dépassent la compréhension du vulgaire.

— Ils n'en sont que plus redoutables, alors ?

— Certes : aussi me suis-je promis de découvrir qui ils sont.

— Nous serons deux pour tenter cette expédition, dit Michel.

— Nous serons trois, fit gravement l'Indien, car, moi aussi, j'ai un puissant intérêt à connaître ces hommes.

Le capitaine Laurent jeta un regard à la dérobée sur le guide ; mais son visage était si calme, son œil rayonnait de tant de franchise que les soupçons du jeune homme, s'il en avait conçu, s'évanouirent aussitôt.

— Soit, dit-il, j'accepte, nous agirons de concert.

— Et, le moment venu, je ne me ferai pas attendre, dit Miguel avec rancune.

— Je retiens votre parole, señor, ajouta le guide.

— Maintenant, si vous le voulez bien, reprit Laurent, assez sur ce sujet qui me semble épuisé ; à combien de lieues nous trouvons-nous encore de Panama ?

— A huit lieues environ en suivant les sentes, à cinq lieues au plus en ligne directe.

— Avons-nous l'espoir d'atteindre la ville avant le coucher du soleil par le chemin ordinaire ?

— Ce sera difficile, pour ne pas dire impossible.

— Et par la ligne droite ?

— Facilement, seulement le trajet est rude, je vous en avertis.

— Bah ! nous en avons vu bien d'autres, fit Michel.

— Que voulez-vous faire, señor ?

— Nous suivrons la ligne droite.

— Soit. Dans une heure nous partirons.

— Vers quelle heure arriverons-nous à la ville ?

— A quatre heures, au plus tard.

— Très bien ; c'est ce que je désire ; connaissez-vous Panama ?

— Comme ce désert.

— Don Jesus m'a loué une maison où je veux me rendre directement.

— Laquelle ? don Jesus en possède trois en ville.

— Celle-ci se nomme la Casa Florida.

— Don Jesus vous a loué la Casa Florida ! s'écria le guide avec surprise.

— Oui. Que trouvez-vous d'étonnant à cela ?

— Rien et beaucoup de choses.

— Je ne vous comprends pas.

— Il faut que cet homme soit fou, pour avoir consenti à vous louer cette maison, ou qu'on l'ait soufflé pour le faire.

— Dans quel but ?

— Je l'ignore, mais dans tous les cas le conseil ne peut venir que d'un ami, et vous avez toutes raisons pour vous féliciter de cette affaire.

— Comment cela ?

— Aucune maison de Panama ne vous aurait convenu aussi bien que celle-là, par sa construction d'abord et ses agencements intérieurs, qui ressemblent beaucoup à ceux de l'hacienda.

— Diable ! voilà que vous m'inquiétez, mon brave José.

— Pourquoi donc cela, señor ?

— Pardieu ! si je retombe dans des trappes et dans des cachettes, je ne serai plus maître chez moi ; je serai entouré d'espions invisibles qui surveilleront mes mouvements, écouteront mes paroles, surprendront mes secrets ; de façon, en un mot, que je n'oserai plus faire un geste ni dire un mot, par crainte d'une trahison probable.

— Rassurez-vous, rien de tout cela n'arrivera ; deux hommes possédaient seuls les secrets de cette maison: celui qui l'a fait construire, mais celui-là est mort.

— Et l'autre?
— L'autre? c'est moi.
— Ah bah! quelle bonne plaisanterie! s'écria Miguel.
— Vous? murmura Fernan, ou le capitaine Laurent.
— Moi-même, señor.
— Vous savez que je ne vous comprends pas du tout, José?
— L'explication sera courte et claire, señor, écoutez-moi.
— Je vous écoute.
— Pour des motifs qu'il est inutile que vous connaissiez quant à présent, señor, je fus amené à Panama tout enfant; j'avais à peine dix ans, mais j'étais grand et fort pour mon âge; j'avais la mine éveillée: je plus à un capitaine de la marine du commerce espagnol, il m'acheta; ce brave homme s'intéressa à moi, peu à peu me prit en amitié, et comme je lui avais raconté mon histoire, sans lui rien cacher, avec la plus entière franchise, il se sentit ému de pitié pour mes malheurs; et lorsque j'eus atteint l'âge de quinze ans, il m'affranchit. J'étais libre. Au lieu de quitter mon bienfaiteur, je demeurai auprès de lui; j'avais juré de ne pas l'abandonner tant qu'il vivrait. Ce capitaine, qui se nommait don Gutierrez Aguirre, faisait principalement la contrebande des perles; il gagnait beaucoup d'argent dans ce trafic, mais il jouait gros jeu: le gouvernement espagnol ne plaisante pas avec les contrebandiers; don Gutierrez possédait de grandes richesses, mais il redoutait au premier jour une descente de justice dans sa maison; les soupçons étaient éveillés sur lui; on le surveillait; un jour il me communiqua ses craintes, et me pria de lui amener quelques Indiens qui, sous sa direction, construiraient une maison telle qu'il désirait en avoir une. Le capitaine, lors d'un voyage au Callao quelques mois auparavant, avait fait dresser par un architecte espagnol un plan qu'il me montra, et comme je lui faisais observer que le hasard pourrait amener cet architecte à Panama, il me répondit avec un singulier sourire, qui n'appartenait qu'à lui, que cela n'était pas à redouter.

— Le digne contrebandier avait un peu égorgé l'architecte, dit Michel.
— Je l'ignore; ce qui est certain, c'est que cet homme disparut tout à coup, sans que jamais plus on entendit parler de lui.
— Je l'aurais parié, dit l'incorrigible boucanier.
— Tais-toi, Michel; que fîtes-vous, José, en recevant cette confidence?
— Je conseillai au capitaine de choisir des Indiens Mansos étrangers à la ville et de leur faire construire la maison sous sa direction; l'idée sourit à don Gutteriez et il me chargea du soin d'engager les Indiens; je m'acquittai de cette mission de mon mieux; quinze jours plus tard, j'étais de retour à Panama avec une vingtaine d'Indiens d'un village ou plutôt d'une tribu éloignée, que j'avais embauchés. Pendant mon absence, le capitaine n'avait pas perdu son temps: il avait choisi et acheté le terrain et rassemblé tous les matériaux nécessaires; au bout de cinq mois, la maison était construite, les peones indiens généreusement payés et renvoyés. Pendant tout le cours des travaux, don Guttierez et moi nous les avions si attentivement surveillés

qu'ils n'avaient communiqué avec personne; d'ailleurs, ils n'avaient pas conscience eux-mêmes de l'œuvre qu'ils accomplissaient.

— C'est probable, dit le jeune homme; mais le gouvernement? Il ne s'émut pas de cette construction d'une seule maison qui durait pendant si longtemps dans un pays où il faut moins d'un mois pour édifier un palais?

— Vous connaissez l'incurie, la nonchalance et surtout l'avarice des membres du gouvernement colonial; don Gutierrez avait des amis un peu partout, il parvint à fermer tous les yeux et toutes les oreilles; d'ailleurs, il se conduisait avec la plus extrême prudence; l'emplacement de la maison avait judicieusement été choisi dans un quartier perdu, habité seulement par les Indiens; on ne vit rien ou on ne voulut rien voir, ce qui pour le capitaine revenait au même. Quelques années s'écoulèrent, le capitaine vieillissait, il était tourmenté du désir de retourner en Europe; enfin, n'y pouvant résister, il fréta un navire sur lequel il embarqua toutes ses richesses, m'embrassa sur le quai même où je l'avais accompagné, descendit dans un canot qui l'attendait et partit; en montant à bord du navire qui déjà était sous voiles, le pied lui manqua, il tomba à la mer, et malgré tous les efforts que l'on tenta pour le sauver, il se noya.

— C'était l'architecte qui l'avait tiré par les jambes, dit Michel avec un rire railleur.

— Et la maison, que devint-elle?

— Don Gutierrez était seul; on ne lui connaissait pas de parents; le gouvernement s'empara de sa fortune.

— Bonne proie pour les Gavachos.

— Et vous, que fîtes-vous, José?

— Rien ne me retenait plus à Panama, señor; j'avais vingt-deux ans, je retournai au désert. Quinze ans s'écoulèrent pendant lesquels je ne me rapprochai plus des villes des blancs.

— Depuis votre retour, vous n'avez rien entendu dire sur cette maison?

— Pas grand'chose, señor, cela ne m'intéressait guère : je sus par hasard qu'elle avait été vendue plusieurs fois, et finalement achetée, il y a un an environ, par don Jesus Ordoñez. Voilà tout.

— Vous ne soupçonnez pas le motif qui a pu engager don Jesus à faire cette acquisition?

— Je mentirais, señor, si je vous disais le contraire.

— Selon votre pensée, quel peut être ce motif?

— Señor, à Panama, tout le monde ou presque tout le monde se livre à la contrebande, depuis le gouverneur jusqu'au dernier peon.

— Tiens, tiens, tiens! fit Michel.

— Bien entendu, reprit l'Indien, que tous agissent avec la plus grande prudence, et que ceux qui profitent davantage de ce libre trafic, c'est-à-dire le gouverneur et les autres membres du gouvernement, sont implacables pour les petits contrebandiers, qu'ils pourchassent à outrance, car ceux-ci leur font souvent beaucoup de tort.

— De sorte que?...

— Les autres contrebandiers, qui savent parfaitement à quoi s'en tenir, emploient tous les moyens imaginables pour échapper aux poursuites dirigées contre eux, c'est une suite continuelle de luttes et de finesses.

— Très bien, mais je ne vois pas paraître don Jesus Ordoñez dans tout cela.

— Don Jesus est un des plus fins et en même temps des plus hardis contrebandiers de Panama, associé avec don Pablo de Sandoval et quelques autres.

— Comment ! s'écria Michel, don Pablo de Sandoval, le commandant de la corvette la *Perle !*

— Lui-même ; ils font ce commerce en grand, tout leur est bon. Les associés avaient besoin d'une maison sûre pour cacher leurs marchandises ou les entreposer ; la Casa Florida, qui possède une entrée sur la campagne, leur convenait parfaitement ; voilà pourquoi don Jesus l'a achetée.

— C'est probable, en effet ; et vous êtes certain que don Jesus ignore les réduits secrets de cette maison ?

— J'en suis convaincu ; qui les lui aurait enseignés ?

— Un hasard les lui aura peut-être fait découvrir ?

— C'est impossible, señor, vous en aurez bientôt la preuve ; d'ailleurs, depuis que cette maison a été vendue pour la première fois et fouillée du haut en bas et dans tous les sens, il y a longtemps déjà que ce secret serait connu ; et ce qui, pour moi, est une preuve positive de l'ignorance complète de don Jesus à ce sujet, c'est la facilité avec laquelle il vous l'a louée, et le prix modique qu'il vous a demandé.

— Bon, j'admets cela ; mais à quoi attribuez-vous ce désir subit de me louer cette maison ?

— Qui sait ? peut-être le surveille-t-on, se doute-t-on de quelque chose, et veut-il ainsi égarer ou faire cesser les soupçons ; il est bien fin, le señor Ordoñez.

— Je le crois comme vous, José ; je ne sais pourquoi cet homme, qui en somme a été charmant pour moi, m'inspire une répulsion invincible.

— C'est l'effet qu'il produit sur tout le monde à première vue.

— Voilà une impression avantageuse ! grommela Michel.

— Nous le surveillerons, José.

— Rapportez-vous-en à moi pour cela, señor.

Tout à coup le guide s'arrêta, sembla pendant un instant humer l'air avec inquiétude, puis il se coucha sur le sol, appuya son oreille à terre et écouta un bruit lointain que, sans doute, lui seul pouvait entendre.

Les deux aventuriers se regardaient avec surprise et ne comprenaient rien à ce manège qui les intriguait fortement.

Soudain le guide se releva.

— Vivement, dit-il, les chevaux dans le fourré, tandis que je ferai disparaître les traces de notre campement.

Ces paroles furent prononcées avec une gravité telle que les aventuriers, soupçonnant un danger prochain, obéirent aussitôt sans répondre.

Au bout de quelques minutes, le guide les rejoignit après avoir dispersé les cendres du foyer et effacé les empreintes des pas sur l'herbe.

Il lia fortement les naseaux des chevaux pour les empêcher de hennir, puis cette dernière précaution prise :

— Écoutez! dit-il à voix basse.

— Que se passe-t-il donc? demanda Laurent avec inquiétude.

— Quelque fauve égaré, grommela Michel.

— Si ce n'était que cela! fit le guide en haussant les épaules : écoutez, vous dis-je.

En effet, bientôt les aventuriers commencèrent à percevoir un bruit sourd et continu, ressemblant au roulement d'un tonnerre lointain et qui se rapprochait d'eux avec une rapidité extrême.

— Qu'est cela? demanda encore le jeune homme.

— Le galop de deux chevaux lancés à toute bride. Silence, regardez ; je me trompe fort, ou vous allez apprendre quelque chose d'intéressant pour vous.

Les trois hommes se turent et demeurèrent les yeux fixés dans la direction où le galop se faisait entendre de plus en plus rapproché.

Quelques minutes s'écoulèrent, puis les branches craquèrent, les broussailles s'écartèrent, et deux cavaliers lancés ventre à terre passèrent avec la rapidité de l'éclair devant les aventuriers, s'enfoncèrent dans la forêt et disparurent.

— Les avez-vous vus? demanda le guide à son tour.

— Certes.

— Et vous les avez reconnus?

— Pardieu! ce sont don Jésus Ordoñez et don Pablo Sandoval.

— Oui, vous avez bien vu, ce sont eux, en effet.

— Que vont-ils faire aujourd'hui à Panama, et pourquoi se hâtent-ils si fort?

— C'est ce que nous saurons ce soir.

— Mais ils ne devaient partir que demain.

— Cette nuit sans doute, don Jesus retournera à l'hacienda; don Jesus possède les meilleurs chevaux de la colonie : des barbes qui font vingt lieues sans mouiller un poil de leur robe.

— C'est étrange! murmura le jeune homme.

— N'est-ce pas?

— Comment découvrir les motifs?...

— C'est mon affaire, interrompit le guide, nous arriverons à Panama deux heures au moins avant eux.

— Vous en êtes sûr?

— J'en réponds; êtes-vous *hombre de á caballo?*

— Oui, je monte à cheval comme un ginete.

— Bien; et votre compagnon?

— De même.

— Alors, tout va bien; à cheval, tout de suite!

— Mais vous...

— M'y voici, dit-il en se mettant d'un bond en croupe du jeune homme qui lui céda la bride; maintenant, señores, tenez-vous bien, car vous allez

Ils s'approchèrent du lit : Fernan dormait comme s'il n'eût jamais dû se réveiller.

faire une course comme vous n'en avez jamais fait, et passer par des chemins où toute chute est mortelle. Vous voulez arriver, n'est-ce pas ?

— Oui, à tout prix ; mais vos chevaux ?

— Vous allez juger de ce dont ils sont capables. Y êtes-vous ?

— Oui ! répondirent les deux aventuriers.

Le guide siffla doucement ; les deux chevaux, comme s'ils eussent reçu une commotion électrique, tressaillirent, couchèrent les oreilles, et, tout à coup, ils détalèrent avec une rapidité telle que les cavaliers, courbés sur le cou de leurs montures, sentaient l'air leur manquer; parfois il leur semblait respirer du feu.

Décrire une telle course est impossible; rien n'en saurait donner l'idée; le cavalier-fantôme de la ballade allemande, dont le cheval-spectre dévorait l'espace, allait certes moins rapidement.

Les chevaux bondissaient comme des démons à travers les obstacles sans cesse renaissants sous leurs pas, sautant les arbres renversés, franchissant les ravins, escaladant les montées, côtoyant les fondrières où ils avaient à peine la place suffisante pour poser leurs pieds.

De temps en temps, le guide faisait doucement clapper sa langue. A ce signal, les deux nobles bêtes redoublaient leurs efforts déjà prodigieux et leur course affolée prenait les proportions effrayantes d'un cauchemar.

Les cavaliers ne voyaient pas, n'entendaient pas : ils allaient, ils allaient comme emportés par un tourbillon, sans pensée et presque sans souffle ; les arbres, les ravins, les montagnes, fuyaient derrière eux avec une rapidité vertigineuse.

Les chevaux volaient dans l'espace, soufflant le feu par leurs naseaux sanglants, superbes, échevelés, hennissants, n'hésitant, ne trébuchant jamais et maintenant leur vélocité fantastique, sans aucune apparence de lassitude ou de vertige.

Combien de temps dura cette course endiablée, où cent fois les aventuriers avaient failli rouler dans les ravins ou se briser au fond des précipices béants sous leurs pas?

Ni l'un ni l'autre n'aurait su le dire, à peine conservaient-ils la conscience de leur existence; ils obéissaient machinalement à l'ouragan qui les emportait sans même y songer.

Tout à coup le guide siffla.

Les chevaux s'arrêtèrent subitement comme si leurs sabots s'étaient incrustés dans le sol.

L'arrêt fut tellement subit et imprévu que Michel passa par-dessus la tête de son cheval et roula à terre.

— Merci! dit-il en se relevant et en se tâtant les côtes.

— Nous sommes arrivés, dit le guide d'une voix aussi calme et aussi reposée que si rien d'extraordinaire ne s'était passé.

— Déjà! dit Laurent en regardant autour de lui, et n'apercevant que les arbres séculaires d'une épaisse forêt.

— Je n'en suis pas fâché, ajouta Michel, voilà une petite promenade dont je me souviendrai longtemps; quels démons! comme ils détalent!

— Vous connaissez mes chevaux maintenant, qu'en dites-vous?

— Ce sont de nobles bêtes! s'écria le jeune homme, et pas apparence de fatigue.

— Ils auraient pu soutenir cette course trois heures encore s'il l'avait fallu.

— Mais don Jesus et son compagnon ?

— Ils sont loin derrière nous. Croyez-vous que leurs chevaux soient aussi vites que ceux-ci?

— Toute comparaison est impossible en effet; mais pourquoi nous arrêter dans cette forêt?

— Notre arrivée à Panama doit être ignorée jusqu'à demain ; demain nous entrerons en ville comme d'honnêtes voyageurs que nous sommes; pour ce soir nous prendrons un autre chemin.

— Vous avez raison, mais lequel?

— Celui-ci, dit le guide.

Et il montra l'entrée d'une caverne dont il avait écarté les broussailles qui la cachaient aux regards.

— Don Jesus, reprit-il, connaît une des sorties de sa maison, moi j'en connais d'autres. Entrez, laissez-moi le soin de conduire les chevaux et de faire disparaître les traces de notre passage, il ne faut pas qu'on découvre ce souterrain, il pourra nous être utile plus tard.

— Vous avez raison, dit le jeune homme; et il pénétra dans le souterrain suivi de Michel.

Ce souterrain était assez clair pour qu'on pût facilement s'y diriger : sans doute il recevait le jour par des fissures adroitement ménagées.

Le guide fit entrer les chevaux l'un après l'autre; puis il effaça soigneusement les traces laissées sur le sol, et replaça les broussailles qui masquaient l'entrée de la caverne, dans leur état primitif.

Le souterrain, assez large pour qu'on pût facilement y marcher deux de front, était sablé, et s'élevait en pente douce; après avoir marché pendant environ vingt minutes, les aventuriers furent arrêtés par un bloc de rocher qui semblait terminer le souterrain.

— Voyez, dit le guide en montrant un ressort adroitement caché dans une fissure de la muraille de granit.

Il toucha le ressort, le bloc tourna silencieusement sur des gonds invisibles, puis, lorsque tous eurent passé, le guide poussa un autre ressort et le rocher reprit sa place.

Ils rencontrèrent encore trois blocs semblables, qu'ils ouvrirent de la même façon.

— Arriverons-nous bientôt? demanda Fernan.

— Avant un quart d'heure.

En appuyant le doigt sur la muraille, il ouvrit une porte invisible qui donnait entrée dans une écurie où dix chevaux pouvaient tenir à l'aise.

Le guide fit entrer les chevaux, leur enleva les harnais, et après leur avoir donné la provende, il les laissa.

— Il y a cinq écuries semblables, dit-il, sans compter celles des communs de la maison.

— Eh! c'est bon à savoir, répondit le jeune homme.

— Je vous les montrerai plus tard; allons.

Il referma la porte et ils continuèrent leur route.

— Nous sommes dans votre huerta, dit le guide après un instant.

— Ah! ah! nous sommes donc entrés à Panama? fit curieusement Michel.

— Depuis un quart d'heure déjà.
— C'est agréable de pouvoir se promener ainsi, incognito.
— Bah! vous n'avez rien vu encore.

La pente du souterrain devenait de plus en plus rapide; enfin, après avoir marché pendant à peu près vingt-cinq minutes encore, ils se trouvèrent arrêtés par un pan de muraille, qui s'ouvrit comme précédemment s'étaient ouverts les blocs qui avaient barré le passage aux aventuriers pendant cette longue excursion.

Derrière ce pan de muraille commençait un escalier étroit, qui montait en colimaçon.

— Nous voici dans la maison, reprit José en refermant le passage; cet escalier contourne toute la maison, donne issue dans toutes les chambres, depuis les plus petites jusqu'aux plus grandes, conduit aussi à des chambres secrètes, qui sont au nombre de neuf, grandes, bien aérées, et desquelles on peut voir ce qui se passe dans les appartements publics de la maison; de plus, il y a un passage qui conduit aux communs, où le même agencement se répète.

— Quelle singulière habitation! fit Miguel; don Jesus n'avait pas besoin de nous donner les clefs de sa maison, jusqu'à présent elles ne nous ont pas servi à grand'chose.

— C'est vrai, fit le guide, mais elles nous serviront quand nous voudrons visiter la maison réelle; celle où nous sommes n'est que la double; venez.

Il le suivirent, et bientôt il les introduisit dans une chambre assez grande et bien meublée.

— Établissons-nous là provisoirement; le cabinet de don Jesus se trouve ici à côté, nous pourrons voir et entendre nos deux voyageurs, lorsqu'ils arriveront.

— Mais nous? fit observer Fernan.
— Nous les entendrons, il est vrai, mais ils ne nous entendront pas.
— Voilà qui est assez agréable, fit Miguel. Ah çà! s'écria-t-il tout à coup, notre propriétaire a donc gardé les doubles clefs de sa maison?
— C'est probable.
— Je les lui redemanderai, soyez tranquilles, dit Laurent.
— Vous n'aurez pas cette peine, répondit le guide; il vous les rendra lui-même; je pense qu'il ne les a conservées que parce qu'il avait l'intention de venir aujourd'hui.
— Qu'allons-nous faire?
— Attendre, et pour que l'attente soit moins longue, nous mangerons; vous avez appétit, sans doute?
— Oui, cette course endiablée m'a creusé l'estomac, dit en souriant le jeune homme.
— Moi, j'ai le ventre dans les talons, ajouta Michel.
— Dans un instant, je vous apporterai tout ce dont vous avez besoin; dans cette armoire il y a du linge et de la vaisselle : préparez la table.

Et il sortit.

— Que dis-tu de tout cela, Michel? demanda le jeune homme à son compagnon dès qu'il fut seul avec lui.

— Moi! je dis que c'est très amusant, pourvu que cela dure.

— Oui, mais cela durera-t-il?

— Vous m'en demandez trop, mon cher Laurent; vous savez ma devise Laisser venir. Attendons, comme dit le guide. D'ailleurs, jusqu'à présent, nous n'avons pas à nous plaindre, tout nous réussit assez bien, il me semble.

— Trop bien, peut-être.

— Bah! à quoi bon se chagriner? le souci tuerait un chat.

— Tu as raison; mettons la table.

— C'est ce que nous avons de mieux à faire.

Et ils mirent la table.

Trois quarts d'heure plus tard, le guide rentra; il portait avec lui tous les ingrédients nécessaires pour faire un repas excellent et copieux, jusqu'au liquide dont il n'avait pas oublié de se munir.

Les aventuriers saluèrent son retour par un cri de joie.

VII

OU IL EST DÉMONTRÉ QUE CE N'EST PAS TOUJOURS UN TORT D'ÉCOUTER CE QUE DISENT CERTAINES PERSONNES

La position du capitaine Laurent était en ce moment assez singulière : locataire et par conséquent maître pendant un an de la Casa Florida, dont il avait soldé le loyer par anticipation, ainsi que l'écrivent élégamment les notaires, il s'était introduit subrepticement, toujours selon le même style, qu'on ne saurait trop louer, dans une maison qui était la sienne, tandis qu'au contraire le propriétaire, qui n'avait pas le droit d'y entrer sans l'autorisation de l'homme auquel il l'avait cédée, allait y arriver par la grande porte, aux yeux de tous, absolument comme s'il était encore chez lui, et pénétrerait dans l'intérieur au moyen de doubles clefs qu'il avait conservées, contre tous droits légaux, quelques heures à peine après que le réel possesseur de l'immeuble y avait pénétré, lui, au moyen de ressorts cachés et de couloirs secrets.

Mais, ainsi que cela arrive trop souvent dans la vie, le hasard avait arrangé les choses à sa guise, et les deux hommes, poussés par les circonstances, s'étaient vus ainsi contraints de changer de rôles.

Peut-être le doigt de la Providence était-il caché au plus profond de ces faits, en apparence si illogiques.

Quoi qu'il en fût, les aventuriers, naturellement assez insoucieux de l'avenir, et ne se souciant guère que du présent, qui, pour eux, résumait la vie, puisque le lendemain ne leur appartenait jamais, fêtaient gaiement les vivres apportés par José.

Le guide prenait à leurs yeux des proportions imposantes; l'influence que cet homme étrange exerçait sur ceux qui l'approchaient se faisait sentir dans leur esprit; leur défiance première diminuait pour faire place à la confiance.

Jusque-là ils l'avaient trouvé fidèle, dévoué et intelligent. Ils se laissaient donc peu à peu entraîner sur la pente qui les attirait vers lui, et en arrivaient tout doucement à le traiter en camarade et même en ami,

José, lui, ne changeait pas, il conservait toujours sa position subalterne vis-à-vis des flibustiers, mais cela sans petitesse ni cajoleries; prêt à tout pour les servir, mais ne faisant point un pas pour pénétrer malgré eux dans leur intimité; sachant qu'il était nécessaire, peut-être même indispensable, il se faisait pardonner, grâce à ce tact exquis qu'il possédait à un si haut degré, cette situation difficile vis-à-vis de gens orgueilleux et susceptibles, par sa bonhomie, sa rondeur, et surtout sa gaieté communicative.

Cette fois le repas fut long, émaillé de joyeuses histoires. Rien ne pressait les aventuriers; ils tuaient le temps en vidant les pots et en causant de tout ce qui leur passait par la tête.

Cependant, vers la fin du repas, la conversation prit une teinte plus sérieuse; en somme, les deux boucaniers jouaient le jeu du diable. S'ils perdaient, il y allait pour eux de la tête : il y avait donc là matière à réflexions.

— Enfin, nous voici à Panama! dit le capitaine, et sains et saufs, grâce à Dieu !

— Oui, jusqu'à ce que nous soyons pendus, ajouta Michel le Basque en ingurgitant un énorme gobelet de vin.

— Le diable t'emporte de dire de pareilles choses, toi ! Songeons un peu à nos affaires. José, mon ami, dix des nôtres ont été capturés par cette face blême qui se nomme don Pablo de Sandoval.

— Je voudrais bien capturer sa corvette, dit Michel, comme appoint.

— Patience, compagnon, nous y arriverons.

— Je l'espère.

— Avez-vous entendu parler de la prise de nos amis, José ?

— Oui, capitaine, répondit le guide; nous ne craignons pas d'être entendus, je puis donc parler ainsi que je le fais.

— Parlez comme vous voudrez, mon brave, pourvu que vous nous disiez des choses agréables, fit Michel; moi aussi, cordieu! je suis capitaine.

— Je le sais, reprit le guide, votre réputation est assez bien établie pour que personne ne l'ignore.

— Merci! vous disiez donc au capitaine Laurent...

— Que j'ai entendu parler de cette capture, et que cette nouvelle m'a affligé.

— Il faut les sauver! s'écrièrent les deux aventuriers d'une seule voix.

— C'est à quoi je songe; ici tout se fait avec de l'argent; mais en cette circonstance la situation est grave, critique même; il s'agit de Frères de la Côte.

— Est-ce possible? demanda nettement Laurent.

— Tout est possible, répondit aussi nettement le guide.

— Alors cela se fera.

— Oui, mais cela coûtera cher.
— Qu'importe, pourvu que nous réussissions?
— Avez-vous de l'argent?

Le capitaine Laurent sourit avec dédain.

— De l'argent? dit-il, mon ami et moi nous avons des traites à vue sur les premiers banquiers du pays pour plus de deux millions de piastres.
— Oh! oh! tant que cela?
— Davantage. Vous savez lire?
— Oui, fit le guide en souriant; cela vous étonne qu'un Indien sache lire?
— Rien ne m'étonne de votre part, mon brave; voyez.

Le capitaine retira son portefeuille de sa poche, l'ouvrit et étala devant le guide les papiers qu'il contenait.

Celui-ci les examina avec la plus sérieuse attention.

— Ces traites sont excellentes! dit-il enfin.
— Pardieu!
— Vos amis sont sauvés.
— Vous en répondez?
— J'en réponds.
— Alors, je suis tranquille; combien cela nous coûtera-t-il?
— Cinquante mille piastres au moins.
— Bon, une misère! voici une traite de cent mille, sur la maison Olibarietta.
— La première et par conséquent la plus riche de Panama.
— Vous l'encaisserez demain et vous agirez.
— Immédiatement.
— Quel sera notre rôle dans tout cela?
— Je l'ignore encore, cela dépendra des circonstances.
— Très bien! c'est convenu alors?
— Parfaitement.
— Où les cacherons-nous?
— Ici même.
— C'est juste : de cette façon, nous les aurons sous la main lorsque le moment viendra d'agir.
— Nous n'avons pas de temps à perdre, observa Miguel, notre tâche est rude; il faut que le 28 mars le signal soit donné à l'escadre : un mois pour dresser nos batteries, ce n'est pas trop.
— C'est suffisant, avec de l'intelligence et du courage, dit Laurent.
— Ni l'un ni l'autre ne vous manquent, capitaine, dit galamment le guide.
— Mais qui donnera le signal à l'escadre?
— Moi, si vous voulez? répondit José.
— Nous verrons, reprit Laurent, avant tout il faut nous assurer de l'hacienda del Rayo, la position est importante.
— Et bien défendue, elle est imprenable, ajouta Michel.
— Avez-vous des intelligences dans la place, José?
— Fort peu, capitaine, je ne suis qu'un pauvre Indien.

— Bah! vous me faites l'effet d'un roi, dit gaiement Michel, roi sans couronne, bien entendu.

L'Indien sourit, mais il ne répondit pas.

— Je tiens à cette hacienda, reprit Laurent, et dussé-je l'enlever l'épée au poing, elle sera à moi.

— Nous aviserons, frère, quand le moment sera venu; depuis que nous sommes en ce pays, il nous arrive tant de choses extraordinaires et surtout avantageuses pour nos projets, que je ne suis pas éloigné de croire qu'une bonne fée nous ouvrira les portes de l'hacienda que nous convoitons, lorsque nous voudrons nous en rendre maîtres.

Ce fut alors au tour du capitaine Laurent à sourire, mais il ne jugea pas à propos d'insister sur ce sujet.

— Quant à moi, reprit Michel, je tiens essentiellement à la corvette.

— Tu l'auras.

— Vous me le promettez?

— Sur l'honneur, avant huit jours.

— Merci! répondit-il avec conviction.

Ces deux lions ne doutaient jamais de rien; ce que l'un ou l'autre promettait était non pas chose dite, mais faite.

— Dites-moi, José, faites-moi le plaisir, vous qui connaissez le pays, de vous informer d'un individu nommé Pedro Serrano, reprit Fernan.

— Qui est-il et que fait-il, capitaine?

— Qui il est? un bandit de la pire espèce; ce qu'il fait, je l'ignore; mais je sais de source certaine qu'il doit habiter Panama ou ses environs.

— Depuis combien de temps?

— Treize ou quatorze ans à peu près.

— Vous avez un grand intérêt à découvrir cet homme?

— Un immense. C'est pour lui seul que j'ai tenté l'expédition désespérée que je fais aujourd'hui.

— C'est bien, capitaine, je le découvrirai, fût-il caché dans les entrailles de la terre.

— Retenez bien ceci, José, mon ami : le jour où vous m'aurez trouvé cet homme... Vous me connaissez, n'est-ce pas?

— Oui, capitaine, je vous connais, je vous aime, et je vous admire.

— Eh bien! José, ce jour-là, demandez-moi la chose la plus folle, la plus impossible même, et je vous engage ma foi de gentilhomme et de Frère de la Côte que cette chose, je vous la donnerai.

— Est-ce sérieusement que vous parlez, capitaine? s'écria le guide, dont l'œil lança un fulgurant éclair.

— Je n'ai jamais parlé plus sérieusement; voici ma main, José.

— C'est chose faite, capitaine, je trouverai cet homme.

— Tenez votre parole, je tiendrai la mienne.

— Prenez ma main, José; lorsque Laurent s'engage, moi aussi, je suis engagé; je ne sais de qui il veut parler, mais peu importe; découvrez ce misérable et comptez sur moi comme sur Laurent.

Les voyageurs firent halte au milieu d'une étroite clairière.

— Merci! capitaine Michel, répondit le guide avec une émotion étrange chez un homme ordinairement si maître de lui.

— Nos gens tardent bien, dit Laurent tout en bourrant sa pipe.

— Il est six heures, capitaine, avant une demi-heure ils seront ici! Mais pardon, ne fumez pas, je vous prie, l'odeur nous trahirait.

— C'est ma foi vrai, je n'y songeais pas. Il posa pipe sur la table. Comment les verrons-nous? ajouta-t-il.

Le guide fit glisser deux ou trois planches fort minces dans des rainures intérieures.

— Nous dominons la pièce dans laquelle ils entreront; ces ouvertures que j'ai démasquées sont cachées dans les ornements du plafond et complètement invisibles du dehors : regardez.

Le capitaine se pencha vers les ouvertures, car elles étaient placées à peu près à la hauteur de son épaule, et il regarda.

Le trou était assez grand et percé de façon à ce qu'il fût facile d'embrasser d'un coup d'œil la chambre tout entière.

Cette pièce assez grande était parfaitement, même luxueusement meublée, c'était plutôt un salon qu'un cabinet.

Plusieurs paquets de petites dimensions étaient posés sur une table.

— Qu'est-ce que c'est que ces paquets? demanda le capitaine.

— Des perles.

— Hum! il y en a pour une valeur considérable.

— C'est à cause de ces paquets que don Jesus Ordoñez vient ici.

— Je le suppose, reprit-il avec hauteur, mais il n'aurait eu qu'à me les réclamer, je me serais fait un devoir de les lui rendre.

— Oui, et vous auriez appris par là que don Jesus Ordoñez de Sylva y Castro fait la contrebande; c'est ce qu'il a voulu éviter.

— Oui, c'est probable, mais il doit y avoir autre chose encore.

— Voilà ce que, je l'espère, nous saurons bientôt.

— Patience, alors!

— Le plus fort est fait, capitaine; eh! tenez, entendez-vous? Voilà nos hommes, avant dix minutes nous les verrons entrer.

En effet, un grand bruit se faisait entendre au dehors, des portes furent ouvertes et fermées, des pas se rapprochèrent, la porte du cabinet et du salon s'ouvrit enfin et don Jesus et don Pablo parurent; un troisième personnage les accompagnait.

— Je savais bien qu'il y avait autre chose, murmura à part lui le guide : à nos postes, señores; surtout ne soufflons pas mot.

Les trois hommes regardèrent.

Don Jesus et don Pablo avaient les vêtements en désordre et couverts de poussière comme des gens qui viennent de faire une longue traite à franc étrier.

Le personnage qui les accompagnait était un grand vieillard à mine chafouine et rusée, éclairée par deux petits yeux gris toujours en mouvement; il était entièrement vêtu de velours noir, et sa tête était couverte d'un de ces chapeaux à forme ridicule qui, après la représentation de *Figaro*, un siècle plus tard, furent nommés chapeaux à la Basile.

— Señores, dit ce lugubre personnage, j'ai reçu votre message depuis une demi-heure à peine, et j'accours au rendez que vous m'avez fait l'honneur de m'assigner. Il s'agit sans doute d'une affaire importante?

— Très importante, señor corregidor, dit le capitaine.

— Asseyez-vous donc, señor don Cristoval Bribon y Mosquito, asseyez-vous, je vous prie, nous avons à causer sérieusement, dit don Jesus d'un air aimable.

— Je suis tout à vos ordres, mes chers seigneurs, répondit en prenant un siège le señor corregidor, don Cristoval Bribon y Mosquito, sans doute bien nommé, si le moral, ainsi que cela était probable, ressemblait au physique.

— Qu'avons-nous de nouveau ici, señor don Cristoval? reprit don Jesus.

— Pas grand'chose, señor.

— De bon?

— Rien.

— De mauvais?

— Beaucoup.

— Diable! cela se gâte alors, fit le capitaine.

Le corregidor se signa dévotement.

— Ne parlez pas du maudit, mon cher capitaine, je vous en prie, dit-il d'un ton doucereux, cela porte malheur.

— Au diable les singeries! reprit le bouillant capitaine, cela m'exaspère lorsque je vois un vieux coquin comme vous marmotter toujours des patenôtres.

— Les affaires sont les affaires, capitaine, répondit le corregidor avec un ton de dignité blessée; elles ne sauraient m'empêcher de faire mon salut.

— Bah! votre salut! laissez-nous donc tranquilles avec vos niaiseries et venez au fait; vive Cristo! nous ne sommes pas ici pour perdre notre temps en simagrées ridicules; vous valez moins que nous encore.

— Le Seigneur m'en préserve! s'écria-t-il en se signant deux ou trois fois. Et changeant de ton subitement: La contrebande n'est pas un crime, après tout.

— Non, mais le vol en est un, répliqua durement le capitaine, et des plus damnables même, vous devez en savoir quelque chose, vous qui êtes corregidor, fit-il en ricanant.

— Capitaine, s'écria-t-il avec colère, Dieu me pardonne de ne pas me contenir davantage! mais de telles insultes...

Une querelle était imminente entre le brutal marin et l'hypocrite plumitif; don Jesus le comprit, il résolut d'y couper court.

— Silence! señores, s'écria-t-il avec autorité. Que signifient de telles paroles entre amis et associés? Nous sommes ici pour nous occuper de nos affaires et pas pour autre chose.

— Vous avez raison, don Jesus, répondit le capitaine; señor de Cristoval, j'ai été un peu vif, pardonnez-moi mes injures.

— Je les mets aux pieds de Dieu, répondit le rancuneux corregidor.

— Vous disiez donc, don Cristoval, reprit don Jesus, qu'en fait de nouveau il y a beaucoup de mauvais.

— Beaucoup, hélas! oui, señor.

— De quelle sorte?

— On nous soupçonne; l'association a été dénoncée.

— Quel est le traître?

— Je l'ignore, mais je le saurai. Le gouverneur m'a fait appeler il y a quatre jours.

— Ah! ah! don Ramon de la Crux est contre nous?

— C'est notre ennemi le plus acharné.

— Il ne nous pardonne pas les bénéfices de la dernière affaire qu'il croyait tenir et que nous lui avons si habilement soufflée, fit le capitaine en ricanant.

— C'est cela même; il ne peut nous pardonner sa déconvenue.

— Je comprends cela : cent mille piastres ne se trouvent pas ainsi sous le sabot d'une mule, comme dit le vulgaire, reprit le capitaine.

Les trois associés se mirent à rire.

— Et que vous a dit le gouverneur? reprit don Jesus au bout d'un instant.

— Voici ses propres paroles: « Señor don Cristoval Bribon y Mosquito, vous êtes corregidor mayor de la Ciudad; en cette qualité, votre devoir est de veiller non seulement sur la sûreté des habitants, mais encore sur les intérêts du fisc; vous négligez les devoirs de votre charge d'une manière honteuse; la contrebande prend des proportions effrayantes; je soupçonne certaines personnes des plus haut placées de la ville; prenez garde que je ne vous surprenne en connivence avec elles, et que je ne demande votre révocation.

« Là-dessus il me congédia.

— Mais la situation était grave : que fîtes-vous, cher señor? vous êtes homme de ressource ordinairement.

— Hélas! reprit-il de sa voix traînante et pateline, je compris que tout était perdu, si je n'employais pas les grands moyens; je fis arrêter au hasard deux misérables Indiens; par mon ordre, on leur glissa pour quinze mille piastres de perles dans leurs ceintures et on les conduisit chez le gouverneur, moi marchant en avant.

— Ah! ah! et qu'arriva-t-il? quinze mille piastres, c'est dur.

— Il fallait faire la part du feu, cher señor, je les ai portées au débit de l'association.

— Hum! enfin, et qu'arriva-t-il?

— Il arriva ce que j'avais prévu, cher señor : le gouverneur s'empara des perles et me renvoya avec force compliments et force excuses; je me suis assuré que ses soupçons ne reposent que sur des dénonciations vagues et qu'il ne sait aucun nom.

— Alors, nous sommes sauvés, quant à présent?

— Je l'espère.

— Et les Indiens que vous aviez fait arrêter?

— J'ai eu la douleur de les faire pendre hier; mais je me lave les mains de cette exécution: c'est don Ramon de la Crux, et non moi, qui l'a ordonnée; j'ai obéi, voilà tout.

— Nous ne vous adressons pas de reproches.

— Et puis j'ai remis trois piastres au prieur du couvent des Franciscains pour faire dire des messes à leur intention.

— Oh! comme je reconnais bien là votre honnête économie, qui s'allie si noblement à votre religion éclairée! dit en ricanant le capitaine.

Don Jesus se hâta d'intervenir afin d'éviter une nouvelle querelle provoquée par le sarcasme du marin.

— Et en résumé, quelle est votre opinion sur tout ce qui s'est passé, señor don Cristoval ?

— Oui, voyons un peu votre opinion, je ne serais pas fâché de la connaître ; une fois n'est pas coutume, cela vous changera, ricana le capitaine.

Don Cristoval Bribon y Mosquito jeta sur son éternel contradicteur un regard mêlé de dédain et de mépris.

— Je crois, dit-il, que les soupçons conçus contre nous sont plutôt assoupis que détruits, et qu'ils se réveilleront à la première occasion.

— C'est aussi mon avis ; mais que nommez-vous la première occasion, mon cher don Cristoval ?

— Je veux dire que ces soupçons renaîtront plus forts dans l'esprit du gouverneur dès qu'il aura perdu au jeu les quinze mille piastres qu'il nous a escroquées ; car soyez persuadé qu'il sait parfaitement à quoi s'en tenir sur notre compte, et qu'il n'est nullement notre dupe en cette affaire.

— Non, certes, dit l'incorrigible capitaine, c'est nous qu'il a pris pour dupes.

— Je partage de tous points cette opinion ; et vous concluez de cela, cher señor ?

— Je conclus, señor don Jesus, que les circonstances sont graves, excessivement graves, qu'elles peuvent amener une catastrophe.

— Je le pense aussi, mais je désire connaître votre opinion sur la conduite qu'il nous convient de tenir.

— Je n'entrevois qu'un seul moyen de nous tirer de ce mauvais pas.

— Et ce moyen est, cher señor ?

— Cesser complètement nos opérations, pour un certain temps du moins, et faire dériver adroitement les soupçons sur d'autres personnes qui seront ainsi compromises en notre lieu et place, ce qui me semble assez facile.

— Pas autant que vous le supposez.

— Pourquoi donc cela, señor don Jesus ?

— Eh, mon Dieu ! pour une raison bien simple, c'est que tout le monde fait peu ou prou la contrebande à Panama ; c'est le secret de la comédie, cela ; et don Ramon de la Crux le sait mieux que personne ; aussi je suis convaincu que s'il s'adresse à nous, c'est qu'il a des raisons particulières de le faire, et que peut-être il est mieux instruit sur notre compte qu'il ne lui a plu de le paraître devant vous.

— De plus, ajouta le capitaine, votre invention des Indiens, que vous croyez si subtile et si adroite, est au contraire une sottise et une maladresse.

— Capitaine !

— Oui, señor, une sottise et une maladresse, je le répète ; don Ramon de la Crux n'est pas un niais, tant s'en faut ; tout en empochant nos quinze mille piastres, il a deviné l'enclouure, vive Dios ! Cette magnifique rançon lui a donné la mesure de ce qu'il peut attendre de nous, et il se promet bien d'en profiter le plus souvent possible ; grâce à votre poltronnerie, ses soupçons, s'il en avait, se sont changés en certitude ; vous verrez bientôt les conséquences de votre belle combinaison.

— A moins que nous ne coupions immédiatement le mal dans sa racine, et c'est ce qu'il nous faut faire sans retard.
— Je serais heureux que ce résultat fût obtenu; le plus promptement sera le mieux, señor.
— Écoutez bien ceci, et surtout ne perdez pas un mot de ce que vous allez entendre, cher señor, c'est très important.
— J'écoute avec la plus sérieuse attention.
— Après-demain, vers midi, accompagné de la señorita doña Flor, ma fille, du capitaine ici présent, et de quelques domestiques, j'arriverai à Panama.
— Comment ! vous arriverez à Panama?
— Cette nuit même je retourne à l'hacienda; comprenez-vous?
— Pas du tout, mais c'est égal, continuez, señor.
— J'irai m'installer dans ma maison de la Plaza Mayor, où tout est prêt pour me recevoir.
— Peut-être seriez-vous mieux ici.
— Allons, je vois que décidément vous ne me comprenez pas; je vais essayer d'être plus clair, si cela m'est possible.
— Je vous en aurai une réelle obligation; il est important que je vous comprenne bien, afin de vous servir avec intelligence.
— Ce sera difficile, grommela le capitaine toujours railleur.
Don Jesus continua :
— Hier, après le tremblement de terre, dont sans doute les secousses se sont fait ressentir jusqu'ici...
— En effet, señor, mais heureusement, grâce à la benoîte Vierge Marie, nous n'avons eu aucun malheur à déplorer.
— Tant mieux; donc, après le tremblement de terre, un étranger suivi d'un serviteur et d'un guide indien s'est présenté chez moi et m'a demandé une hospitalité que je me suis empressé de lui accorder.
— Jusqu'à présent je ne vois pas...
— Cet étranger est un des plus grands seigneurs de la cour d'Espagne; il se rend ici où il arrivera demain, car ce matin il a quitté l'hacienda au lever du soleil.
— Ah! ah!
— Oui, sa présence est même annoncée depuis longtemps déjà au gouverneur.
— Et comment se nomme cet étranger, s'il vous plaît?
— Don Fernan Garci Lasso, conde de Castel Moreno. Il est neveu du vice-roi de la Nouvelle-Espagne, et même, je crois, un peu parent de l'Adelantado de Campêche.
— En effet, señor, ce caballero est impatiemment attendu; une caravelle est entrée il y a deux jours dans le port, entièrement chargée pour son compte.
Les écouteurs échangèrent entre eux un regard d'intelligence.
— Mais je ne vois pas encore quel rapport... continua le corregidor.
— Patience! m'y voici : Le señor conde avait besoin d'une maison, je lui ai loué la mienne.

— Laquelle?

— Celle-ci où nous sommes.

— Comment! cette maison si commode pour nous!

— Justement; n'est-il pas convenu que provisoirement nos suspendons nos opérations? la présence dans cette maison du comte de Castel Moreno fera tomber les soupçons que l'on avait conçus contre elle, probablement à cause de sa position isolée; de plus, le comte est un puissant seigneur, son influence est immense; j'ai agi avec lui de manière à attirer sa confiance; il se croit mon débiteur pour le service apparent que je lui ai rendu; je cultiverai assidûment sa connaissance; je me ferai son ami, ce qui me sera facile, car il est jeune, il semble doux, loyal, sans expérience encore; tout naturellement il nous protégera et au besoin, si on nous attaque, eh bien! il nous défendra, et, appuyés par lui, nous n'aurons plus rien à redouter; comprenez-vous maintenant?

— Parfaitement, cher señor, parfaitement, c'est affaire à vous d'arranger aussi bien les choses.

— Et qui sait? continua l'haciendero, le comte est pauvre, il me l'a avoué lui-même : peut-être, en le circonvenant adroitement, réussirons-nous à en faire non seulement un ami, mais encore un complice.

— Vive Dios! ce serait un coup de maître! s'écria le corregidor avec enthousiasme. Mais se reprenant aussitôt et se signant : — Le Seigneur me pardonne d'avoir pris son saint nom en vain! ajouta-t-il avec componction.

— Pour obtenir ce résultat que je ne considère nullement comme impossible, reprit don Jesus, il faut beaucoup de prudence jointe à beaucoup d'adresse.

— Il faut avant tout parvenir à la compromettre, le reste viendra tout seul après.

— C'est cela même, mon cher don Cristoval, je m'en charge, et je réussirai, je vous le jure.

— Je n'ai pas de doute à cet égard.

— Il nous reste quelques marchandises en dépôt ici, nous allons nous occuper à les faire disparaître; pouvez-vous les recevoir chez vous?

— Cela me sera bien difficile; mais n'avez-vous pas quelque grenier, quelque cave, quelque réduit ignoré, enfin, dans cette maison, où vous puissiez les cacher sans craindre qu'elles soient découvertes?

— Hélas! non, cher seigneur, cette maison, vous le savez, n'est qu'un lieu de repos, un pavillon de chasse à peu près; elle n'a ni caves ni cachettes.

— Voilà qui est malheureux.

— Mais ne vous chagrinez pas, les marchandises dont je vous parle ne sont pas embarrassantes, ce sont quelques paquets de perles et un ou deux ballots de *plata pigna;* dès que la nuit sera noire, nous les transporterons chez vous sans être aperçus; à nous trois, il ne nous faudra qu'un voyage.

— Soit, puisqu'il le faut, dit le corregidor d'un air désolé.

— Ne vous effrayez pas pour si peu, don Cristoval, après-demain même, aussitôt mon arrivée en ville, je vous reprendrai ces marchandises; vous les chargerez sur une mule, et, lorsque je passerai devant votre maison, cette mule sera mêlée aux miennes ; nul n'y verra goutte.

— A la bonne heure ainsi ; je ne demande pas mieux que de vous servir.

— Oui, à la condition de faire de gros bénéfices et de ne pas avoir de risques à courir, fit le capitaine avec mépris.

— Dame ! reprit candidement le corregidor, je suis un magistrat, moi ; ma position me met fort en vue ; je dois, avant tout, ménager l'opinion et conserver l'estime du public ; ne suis-je pas le premier magistrat de la ville ?

— Oui, oui, grommela le capitaine avec un rire railleur, et, Cuerpo de Cristo ! voilà une ville heureuse ! Car si la justice n'y est pas toujours bien rendue, au moins l'est-elle lestement, ce qui est une compensation : témoins ces pauvres diables d'Indiens que vous avez fait pendre si rondement.

Le corregidor se leva blême d'indignation.

Mais don Jesus s'interposa une fois encore.

— Allons ! allons ! s'écria-t-il, la paix, señores ! Voici le moment d'agir, hâtons-nous de faire disparaître tout cela.

Don Cristoval mordit ses lèvres minces lança un regard de vipère au marin, qui haussa les épaules d'un air de mépris et se tut.

Les trois hommes se chargèrent des paquets de perles placés sur la table et sortirent du cabinet.

On les entendit pendant quelque temps aller et venir dans les appartements, puis, finalement, au bout d'un quart d'heure au plus, ils quittèrent la maison.

Il faisait nuit noire.

— Eh bien ! demanda le guide au jeune homme tout en allumant une bougie, qu'en pensez-vous ?

— Pardieu ! je pense que ce sont des fieffés coquins et que ce corregidor, avec sa mine béate et ses manières doucereuses, est le plus hideux des trois.

— Le capitaine me plaît, à moi, dit Michel.

— J'ai appris d'ailleurs plusieurs choses qui ont pour nous une grande importance, reprit Laurent : l'arrivée de la caravelle ; les projets du digne don Jesus sur moi, projets dont j'espère faire mon profit ; de plus j'ai acquis la certitude que personne ne connaît les mystères de cette maison.

— Maintenant que nous sommes les maîtres ici, et que nous ne craignons plus les importuns, voulez-vous, capitaine, que je vous les fasse connaître en détail, moi, ces secrets ?

— Certes, José, et à l'instant, s'il vous plaît : nous n'avons rien à faire cette nuit, ce sera du temps de gagné.

La visite projetée commença aussitôt, elle fut minutieuse et dura plusieurs heures ; il était près de minuit lorsqu'elle fut enfin terminée et que les trois hommes se livrèrent au repos.

Les aventuriers détalèrent avec une telle rapidité que les cavaliers sentaient l'air leur manquer.

VIII

COMMENT LE COMTE DE CASTEL MORENO S'INSTALLA DANS SA NOUVELLE DEMEURE

Le lendemain, un peu avant huit heures du matin, don Fernan et sa suite, composée de Michel le Basque et du guide indien José, qui avaient quitté la

Casa Florida au lever du soleil, entrèrent dans la ville de Panama par la porte opposée à celle près de laquelle était située la maison louée à don Jesus Ordoñez.

Le jeune homme avait exigé qu'il en fût ainsi, afin que la nouvelle de son arrivée fût promptement connue et se répandît dans la ville.

Ce qui ne manqua pas, grâce aux indiscrétions calculées de José, à qui la leçon avait été faite, et qui répondait avec la plus gracieuse complaisance aux questions qu'à chaque pas lui adressaient avec empressement les curieux.

Don Fernan s'arrêta sur le port et entra dans la Douane, dont il demanda le directeur en déclinant son nom et ses titres.

Le directeur, gros petit homme à la face bouffie, se hâta d'arriver et s'excusa avec la politesse la plus exagérée d'avoir fait attendre Son Excellence.

Le jeune homme coupa court à ses offres de service en le priant de lui faire expédier le jour même les ballots arrivés pour lui sur la caravelle la *Santissima Trinidad*, et déposés à la Douane, ce à quoi le directeur s'engagea en se confondant en excuses au moins inutiles, puis le comte prit congé de lui et se retira.

Après avoir traversé la Plaza Mayor, la calle de Mercadères, celle de Plateros, la petite troupe tourna dans celle de San-Francisco, à l'extrémité de laquelle s'élevait la Casa Florida.

Le corregidor, assisté de deux alguazils, se tenait immobile auprès de la porte.

En apercevant le comte, il le salua respectueusement en lui disant que, conformément à la loi, il venait pour assister à l'ouverture des portes de la maison et à la prise de possession par Son Excellence de la demeure qu'il avait louée, ce qui était vrai; il ajouta qu'il avait été prévenu le matin même par un péon arrivé en toute hâte de l'hacienda del Rayo et porteur des doubles clefs de la maison; que, dans son empressement à satisfaire son noble locataire, le señor don Jesus Ordoñez de Silva y Castro n'avait pas songé à lui remettre avant son départ.

Ceci était faux depuis A jusqu'à Z, don Fernan le savait pertinemment, mais il ne sourcilla pas; il remercia gracieusement le corregidor de la peine qu'il avait prise, accepta les clefs qu'il lui remettait et l'invita à entrer avec lui dans la maison.

Ce que le corregidor accepta avec empressement.

On ouvrit alors les portes, et la petite troupe, augmentée du corregidor et de ses deux acolytes, pénétra dans l'intérieur de la maison.

Cette demeure était en réalité fort belle et surtout admirablement distribuée.

L'architecte de don Gutierrez Aguirre était, de son vivant, un homme de génie; son plan était un chef-d'œuvre.

Les appartements étaient bien disposés, les pièces spacieuses, claires, fraîches, commodes; meublées, non seulement avec luxe, mais encore avec une profonde connaissance du confort, mot qui n'existait pas encore, car la chose était presque inconnue.

Les communs, placés ni trop près ni trop loin de la maison, renfermaient des corrales et des écuries bien établis.

La huerta, plantée de grands arbres et d'immenses bouquets de ces végétaux des tropiques, qui, en quelques mois, poussent à quinze et vingt mètres de hauteur, grande, bien dessinée, traversée par une petite rivière où s'ébattaient au soleil des milliers de poissons, était pleine d'ombre et de mystère.

Le comte paraissait enchanté de tout ce qu'il voyait.

— Connaissez-vous cette maison, señor corregidor? demanda-t-il d'un air dégagé au magistrat qui le suivait pas à pas.

— A peine, Excellence, répondit effrontément don Cristoval, je n'y suis entré qu'une seule fois, il y a bien longtemps de cela, lors de la mort malheureuse du premier propriétaire.

— Qui s'est noyé, je crois? dit négligemment le comte.

— Hélas! oui, monseigneur; c'était un bien digne homme, que Dieu, sans doute, a reçu dans sa gloire.

— Amen! dit le comte; j'espère, señor corregidor, que vous voudrez bien m'honorer quelquefois de votre visite.

— Certainement, señor conde, tout l'honneur sera pour moi.

En ce moment José vint prévenir Son Excellence de l'arrivée de ses bagages que le directeur de la Douane s'était empressé de lui expédier, et de celle de ses domestiques amenés par le capitaine de la corvette la *Santissima Trinidad* en personne.

— Vous m'excuserez de vous laisser, cher señor, dit le comte avec courtoisie : vous le voyez, en ce moment, je ne m'appartiens pas.

— Faites, faites, Excellence, je serais désespéré de vous gêner en rien.

— D'ailleurs, ajouta le jeune homme, j'espère vous revoir bientôt.

— Comment cela, Excellence?

— Je compte aujourd'hui même avoir l'honneur de me présenter à S. Exc. don Ramon de la Crux, votre gouverneur, auprès duquel, ajouta-t-il avec un sourire, je suis chaudement recommandé.

— Me permettez-vous d'annoncer votre prochaine visite à don Ramon de la Crux, monseigneur?

— Mais comment donc! avec le plus grand plaisir, señor.

Là-dessus ils se séparèrent et don Cristoval se retira la joie dans le cœur.

— Don Jesus avait raison, disait-il à part lui, tout en regagnant sa demeure; ce jeune homme est réellement charmant; je crois que nous réussirons.

Lorsque Fernan eut regagné la maison, il trouva tous les ballots déjà entrés et les peones congédiés par les soins de Michel le Basque.

Les domestiques, grands gaillards bien découplés, aux traits anguleux et à la physionomie expressive, au nombre d'une douzaine environ, tous revêtus d'une livrée magnifique, s'occupaient à éventrer les susdits ballots et à mettre à part tout ce qu'ils renfermaient.

Ces ballots, timbrés au chiffre et aux armes du comte de Castel Moreno, n'avaient pas été ouverts à la Douane, c'eût été faire une grave injure au noble comte, neveu du vice-roi de la Nouvelle-Espagne. Le directeur de la

Douane connaissait trop son devoir pour commettre un tel crime de lèse-courtoisie envers un aussi grand personnage.

Cela avait été heureux pour celui-ci, et don Cristoval Bribon y Mosquito, l'honnête et pieux corrégidor que l'on connaît, aurait sans doute fait une singulière mine à l'exhibition des différents objets retirés tour à tour de ces mystérieux ballots.

Ils renfermaient d'abord soixante Gelin et Bracchie, fusils de boucaniers remarquables par leur longueur et la justesse de leur tir, fabriqués exclusivement à Nantes et à Dieppe par les deux armuriers dont ils portaient le nom.

Ces fusils étaient empaquetés avec soin et démontés ; puis on retira des sabres, des poignards, des coutelas, de la poudre, des balles, que sais-je encore !

Il fallait posséder l'audace de ces hardis aventuriers pour oser expédier de telles choses dans un port espagnol, bien que sous le couvert d'un des plus grands noms de la péninsule, car le hasard le plus fortuit les pouvait faire découvrir ; mais les boucaniers n'y songèrent seulement pas.

D'ailleurs, ils comptaient sur l'orgueil castillan et sur la bassesse des employés du gouvernement ; ils avaient calculé juste.

Mieux vaut dire tout de suite, afin de ne plus avoir à y revenir, que l'équipage de la caravelle et les domestiques composant la maison du soi-disant comte de Castel Moreno étaient tous des boucaniers, choisis avec un soin extrême parmi les plus hardis Frères de la Côte de la Tortue, de Léogane, du Port-de-Paix et de Port-Margot.

Au fur et à mesure que les étranges objets dont nous avons parlé étaient retirés des ballots, on les transportait dans une chambre secrète.

Ces ballots étaient au nombre de vingt, deux seulement contenaient des habits, du linge et des bijoux à l'usage de don Fernan.

Après avoir jeté un coup d'œil sur la façon dont opéraient Michel le Basque et ses camarades et leur avoir serré la main à tous, le jeune homme entra dans son cabinet où le capitaine de la caravelle l'attendait.

— Bonjour, Vent-en-Panne.

— Bonjour, Laurent, sécrièrent à la fois les deux hommes en tombant dans les bras l'un de l'autre.

— Nous voici donc réunis enfin ! s'écria le jeune homme avec effusion.

— Ce n'est pas malheureux ! ajouta Vent-en-Panne.

— Fumons une pipe et buvons un coup en causant de nos vieux camarades.

— C'est cela ! l'idée est excellente ; ces diables de Gavachos mangent si poivré qu'il fait toujours soif dans ce gredin de pays.

— Ce n'est pas déjà si mauvais, il me semble, répondit-il en riant.

— Je ne me plains pas.

Les pipes furent allumées, les verres remplis.

— Maintenant causons, dit Laurent, et d'abord, à ta santé.

— Merci ! à la tienne. Causons, je veux bien.

— A propos, tu sais que dix de nos camarades sont en prison ici, et qu'on parle de les pendre ?

— Pardieu ! si je le sais ! répondit Vent-en-Panne avec un gros rire, c'est un coup que j'ai monté.
— Toi !
— Moi-même, en personne naturelle.
— Pourquoi ? dans quel but ? est-ce qu'il y a eu révolte à bord ?
— Révolte à bord d'un navire commandé par Vent-en-Panne ! allons donc ! frère, tu veux rire.
— Aussi, cela me semblait si extraordinaire...
— Si je ne t'explique pas la chose, du diable si tu la devineras.
— Aussi, je préfère te laisser parler, frère.
— C'est le bon moyen ; à ta santé.
— A la tienne ! va, file ton loch.
— Sois calme, matelot, m'y voilà : figure-toi qu'arrivé en vue des côtes, je me suis aperçu que pour une caravelle de commerce j'avais un équipage beaucoup plus nombreux que ne le comportait la prudence : sans compter les domestiques, nous étions vingt-cinq à bord.
— C'était trop.
— N'est-ce pas ? et cela pouvait éveiller les soupçons ; alors je fis part de ma réflexion à Barthélemy, mon second.
— C'est Barthélemy qui est ton second ?
— Il l'était.
— Comment, il l'était ? il ne l'est donc plus ?
— Eh non, écoute donc, sang-dieu !
— C'est juste, à ta santé !
— A la tienne ! Barthélemy trouva mon observation juste. « Faut parer à cela, matelot, me dit-il. — Comment faire ? lui répondis-je, je ne puis pas jeter mon monde à la mer. » Tu connais Barthélemy ; il se mit à rire. « A la rigueur, il y aurait encore ce moyen-là, reprit-il, mais je crois que j'en ai trouvé un autre : avec neuf hommes, moi dixième, je descends une pirogue, je mets le cap sur la côte, je suis amariné par les Espagnols et fait prisonnier; on nous conduit à Panama... — Et on vous pend, ajoutai-je. Joli moyen que tu as trouvé là ! — Allons donc ! fit-il avec un gros rire, est-ce que toi, Laurent et Michel le Basque, sans compter les autres, vous ne serez pas là pour me sauver ? »
— Brave cœur !
— C'était vrai ! Nous étions là ; je n'insistai pas et je dis : « Fais ce que tu voudras, matelot. » Alors il siffla l'équipage sur le pont, puis, quand ils furent tous réunis, il leur conta la chose ; tu sais comme il sait les conter quand il le veut bien; de sorte que tous voulaient le suivre et que, le diable m'emporte ! j'ai vu le moment où je serais resté seul à bord ; mais Barthélemy est un gaillard futé ; il leur fit comprendre que ça ne pouvait pas se passer ainsi et dit qu'il allait tirer au sort. On accepta ; il choisit les premiers venus et ils s'embarquèrent en chantant. Je leur souhaitai bonne chance et je piquai dans le vent ; je tirai ainsi des bordées jusqu'à quatre heures du soir ; puis je laissai arriver en plein sur le port, dans lequel je mouillai au coucher du soleil. Voilà, matelot ; es-tu content ?

— Je le crois bien.
— Tu sais, il faut les sauver.
— Pardieu ? penses-tu que je t'ai attendu pour m'occuper de cela ?
— Non, je te connais, Laurent ; je sais que tu es un vrai Frère de la Côte.
— Merci, à ta santé !
— A la tienne ! A propos, tu as besoin d'un page, tous les gentilshommes un peu relevés ont des pages.
— Après ?
— Je t'en ai amené un.
— Qui cela ?
— Fil-de-Soie.
— Vrai !
— Parole d'honneur !
— Tu ne pouvais me faire une plus agréable surprise.
— Eh ! Fil-de-Soie, accoste en double ! cria Vent-en-Panne d'une voix de tonnerre.

La porte s'ouvrit et un jeune homme de quinze à seize ans, à la mine éveillée, mince, fluet, agile et déluré, parut sur le seuil, vêtu d'un charmant costume de page.

— Tu sais que tu es aux ordres de M. le comte, dit Vent-en-Panne avec dignité ; veille au grain, moussaillon, et plus vite que cela.

— Je connais le capitaine Laurent, et il me connaît, capitaine, répondit l'enfant avec un malin sourire.

— Je te connais et je t'aime, Fil-de-Soie, et je suis heureux de t'avoir près de moi.

— Pas plus heureux que je le suis moi-même, capitaine Laurent, répondit-il avec émotion.

— Ce failli gamin-là a des mots, je ne sais pas où il va les chercher, ma parole d'honneur, dit Vent-en-Panne.

— Oh ! pas bien loin, capitaine, dans mon cœur.

— Diable d'enfant, va ! ce ne sera pas de ma faute si je n'en fais pas un vrai matelot.

— Fil-de-Soie, mon enfant, fais apporter quelques bouteilles, et appelle nos camarades ; ils doivent avoir terminé leur besogne, dit le capitaine Laurent.

— Tu as raison, frère, faut parler à nos gars, ça les chagrine de passer pour des domestiques ; je comprends ça, et toi ?

Laurent sourit.

— Moi aussi, dit-il, mais n'aie pas peur, tu vas les voir dans un instant changer de note.

La porte s'ouvrit, tous les flibustiers entrèrent. Fil-de-Soie posa un panier de vins et de liqueurs auprès de la table.

Laurent se leva, ôta son chapeau et salua courtoisement les assistants.

Le capitaine Laurent était d'une beauté hors ligne, sa taille élevée, svelte et bien prise, avait une grâce et une majesté extraordinaires ; il y avait dans toute sa personne quelque chose qu'on ne pouvait analyser, de doux, d'efféminé même, qui était essentiellement sympathique; d'un courage de lion, d'une volonté de fer, et d'une vigueur extraordinaire, il avait dompté toutes ces natures primitives et grossières, mais foncièrement bonnes, dont il était l'idole et qui l'avaient surnommé le beau Laurent.

Ce qu'on racontait de ce terrible aventurier dépassait de très loin toutes les limites du possible; bien que très jeune encore, il avait accompli des actions d'une témérité telles qu'elles semblaient extraordinaires, même à ses compagnons; du reste, l'expédition dans laquelle il était en ce moment engagé était une des plus folles qui puissent traverser l'esprit d'un homme; le lecteur en jugera bientôt.

— Soyez les bienvenus, frères, dit-il; je suis heureux de vous sentir près de moi et de pouvoir m'appuyer sur vos braves cœurs. Dès aujourd'hui la lutte commence; lutte qui doit inévitablement se terminer par la défaite de nos adversaires; mais souvenez-vous de notre devise : tous pour un, un pour tous. Si vous la mettez en oubli, nous sommes perdus. Chacun a son rôle dans cette comédie terrible, remplissez les vôtres comme je remplirai le mien, sans hésitation comme sans défaillance, et, sur ma foi de Frère de la Côte! je vous garantis le succès; est-ce convenu?

— Pardieu! frère, dit Tributor, espèce de géant aux traits un peu effacés, mais au regard énergique, si nous sommes ici, c'est que tu es avec nous, et que nous avons confiance en toi.

— Bien parlé, mon brave Hercule! maintenant, frères, à votre santé, puis chacun à sa besogne! Qui est parmi vous mon valet de chambre?

— C'est moi, je suppose; je voudrais voir qu'un autre voulût me chiper mon emploi! dit Michel en riant.

— C'est juste; prépare une toilette complète; lorsque José aura amené les chevaux, on en sellera six, un pour moi, un autre pour toi, et les autres pour quatre domestiques; Fil-de-Soie m'accompagnera aussi.

— Alors on sellera sept chevaux?

— Tu as raison. Allez, frères, et n'oubliez pas que le succès de l'expédition dépend encore plus de vous que de moi.

Les boucaniers vidèrent leurs verres et se retirèrent, non sans avoir serré la main du capitaine.

— Eh bien! qu'en penses-tu maintenant?

— Je pense que tu es un démon, répondit Vent-en-Panne, et qu'après ce que tu viens de leur dire, ils se feront tous tuer pour toi.

— Je le pense aussi. Ah çà! voilà trois jours que tu es arrivé?

— Trois jours, oui.

— Bon! Alors dis-moi ce que tu as vu.

— Hum! frère, ce que j'ai vu n'est guère rassurant.

— Bah! raconte-moi donc cela.

— Tu plaisantes et tu as tort, Laurent.

— Je ne plaisante pas; je te demande des renseignements, voilà tout.

— Très bien. La population de la ville, sans parler des pueblos environnants, est de soixante mille âmes.

— Cela ne m'étonne pas, le commerce est immense ici. Après?

— La ville est fermée de murailles et entourée d'un fossé large et profond.
— Je sais cela, je l'ai vu.
— Fort bien. As-tu vu aussi les deux cents pièces de canon braquées sur les remparts?
— J'ai vu des canons, mais je ne les ai pas comptés.
— Je les ai comptés, moi.
— Je m'en rapporte à toi, continue.
— L'entrée de la rade est défendue par quatre forts armés d'une façon formidable.
— Que nous importe cela?
— Il ne faut rien négliger.
— Bon? après? tu ne m'as pas parlé de la garnison, il doit y en avoir une cependant.
— Il y en a une, oui, frère.
— J'en étais sûr; et de combien d'hommes se compose-t-elle, quinze ou vingt mille, probablement?

Vent-en-Panne regarda son compagnon avec une surprise tellement naïve, que l'autre se mit à rire.

— Vingt-cinq mille, alors, hein! est-ce cela?
— Non, frère, répondit Vent-en-Panne, la garnison est de douze mille hommes, et je trouve que c'est déjà bien assez comme cela.
— Peuh! des Gavachos!
— Des Gavachos, oui, c'est vrai, mais qui ont fait la guerre des Flandres sous les ordres du marquis de Fuentès, de braves soldats, aguerris et qui se battront comme des démons.
— Tant mieux, nous aurons plus d'honneur à les vaincre.
— Tu ne doutes de rien.
— Et toi tu doutes de tout.
— Tu as tort de me parler ainsi, Laurent, je suis le matelot de Montbars; Michel le Basque et moi, nous ne l'avons jamais quitté, il sait ce que nous valons.
— Et moi aussi je le sais. Cordieu, frère, ta présence ici ne dément-elle pas mes paroles? excuse-moi, j'ai eu tort, mon vieux camarade.
— Oh! c'est trop, Laurent, c'est trop.
— Non, je suis un enfant mal élevé, orgueilleux, et je me laisse emporter à insulter des hommes qui valent mieux que moi; mais tu sais combien je t'aime, frère, et tu me pardonnes, n'est-ce pas?
— Peux-tu en douter?

Ils échangèrent une chaleureuse poignée de main.

— Que faisait-on là-bas quand tu es parti? reprit Laurent.
— On préparait l'expédition, mais il n'y avait rien d'arrêté encore. J'ai fait nommer l'amiral.
— Ah! ah! et quel est-il?
— Figure-toi qu'on voulait nommer Morgan; je déteste les Anglais, moi, et toi?
— Moi aussi; ils sont froids, cruels, voleurs et égoïstes.

— Capitaine, s'écria-t-il avec colère, de telles insultes...

— Je me suis opposé de toutes mes forces à cette nomination; j'ai dit que la pensée première de l'expédition appartenait à un Français, car tu es Français, Laurent?

— Je suis Frère de la Côte; qu'importe le reste?

— C'est juste, la nationalité ne signifie rien parmi nous, le cœur est tout, reprit Vent-en-Panne sans remarquer qu'il se donnait un démenti à lui-même:

donc, j'ai soutenu que l'escadre devait être commandée par un Français ; que le pavillon tricolore était le seul que nous voulions suivre, et que les amiraux en sous-ordre, Anglais ou autres, n'auraient droit qu'à guidon au mât de misaine, le pavillon de la flibuste devant seul être hissé à la corne : avais-je tort ?

— Cordieu ! tu avais cent fois raison, frère, le pavillon de la flibuste est notre pavillon national à nous autres.

— Monsieur d'Ogeron a été de ton avis et du mien, il m'a chaudement apupyé.

— Je reconnais là le bon et grand cœur de M. d'Ogeron ; en somme, quel amiral a-t-on nommé ?

— Montbars, et comme capitaine de pavillon Ourson Tête-de-Fer.

— Montbars et Ourson ! vive Dieu ! frère, c'est un coup du ciel ; avec ces deux hommes, nous prendrions toute l'Amérique, si nous voulions.

— Comme tu y vas, frère !

— Et quel est le vice-amiral ?

— Morgan.

— Allons, tout va bien ! le choix est heureux ; Morgan est brave, intelligent, instruit ; il est surtout homme de détail, qualité qui nous sera précieuse.

— Ainsi, tu es content ?

— C'est-à-dire que je suis enchanté.

— Ah ! à propos, j'oubliais.

— Quoi donc ?

— Tu sais que la flotte des galions du Pacifique se réunit ici, à Panama ?

— Oui, eh bien ?

— Elle arrivera dans quinze jours au plus tard.

— Comment, malheureux ! s'écria Laurent en bondissant, tu oubliais de me dire cela !

— Ma foi ! oui, je l'avais complètement oublié.

— Mais c'est la meilleure nouvelle que tu pouvais me donner.

— Comment cela ?

— Comprends donc : lorsque nos frères sauront la présence ici des galions, rien ne pourra leur résister ; ils passeront, s'il le faut, au travers du feu, pour s'en emparer.

— Cordieu ! tu as raison, je n'y avais pas songé.

En ce moment Michel entra.

— Il faut vous habiller, dit-il.

— Les chevaux sont là ?

— Oui.

— Bien ! je suis à toi.

— Je te laisse, dit Vent-en-Panne.

— Tu dînes avec moi.

— Pardieu !

— Bon ! j'ai quelqu'un à te présenter.

— Qui donc ?

— Mon guide indien, un homme précieux.

— Comme tu voudras, à ce soir.
— A ce soir.
— N'oublie pas Barthélemy.
— Sois tranquille.
Les trois boucaniers se serrèrent la main. Vent-en-Panne sortit.

Le capitaine Laurent employa la journée entière à faire des visites d'apparat ; partout il fut reçu de la façon la plus distinguée ; le nom qu'il portait, le titre dont il s'était affublé et, plus que tout, ses manières aristocratiques sans masque trompeur étaient des passeports qui lui ouvrirent les portes toutes grandes. A l'accueil qui partout lui fut fait, il reconnut facilement que sa position était excellente et qu'il pouvait tout oser.

Le gouverneur surtout, don Ramon de la Crux, fut parfait pour lui ; il voulut absolument lui présenter sa femme et sa fille, charmante enfant de quinze ans, belle de cette excentrique beauté que possèdent seules les créoles espagnoles, et dont les regards le transpercèrent comme deux traits de flamme.

Don Ramon de la Crux ne consentit à laisser partir le comte de Castel Moreno que lorsque celui-ci se fut engagé formellement à dîner le lendemain au palais du gouvernement, en compagnie de toute la haute société de la ville.

Rentré chez lui vers six heures du soir, le capitaine Laurent trouva Vent-en-Panne qui l'attendait.

Selon sa promesse, il lui présenta José, que le flibustier jugea du premier coup d'œil, et pour lequel il se prit d'une belle amitié tout aussitôt.

Laurent, Vent-en-Panne, Michel et José dînèrent ensemble, servis avec le plus grand décorum et le plus profond respect par les flibustiers.

Les braves Frères de la Côte avaient pris leurs rôles au sérieux, s'en acquittaient en conscience.

A la fin du repas, Laurent se pencha vers José.
— Avez-vous songé à nos camarades ? lui demanda-t-il.
— J'ai déjà entamé des négociations, je compte sur une réussite prochaine.
— Quand doit-on les juger ?
— Dans cinq jours.
— Il nous reste bien peu de temps.
— Je ne vous demande que quarante-huit heures. Est-ce trop ?
— Non, si vous les sauvez.
— Ne vous l'ai-je pas promis ?
— C'est vrai, merci !
Presque aussitôt José se leva et sortit.

Les trois boucaniers, tout en buvant et fumant, causèrent alors de leur expédition, et cela si longuement que Vent-en-Panne et Michel le Basque finirent par rouler ivres-morts sous la table.

Le capitaine Laurent appuya alors les coudes sur la table, cacha sa tête dans ses mains et se plongea dans de profondes réflexions.

Il pensait à doña Flor.

IX

CHAPITRE DANS LEQUEL CERTAINS LECTEURS RETROUVERONT QUELQUES-UNES DE LEURS ANCIENNES CONNAISSANCES

Maître Kornick, le propriétaire du *Saumon couronné*, la taverne la plus riche et la mieux achalandée de toute la ville de Port-de-Paix, se dorlotait douillettement couché dans son grand lit à baldaquins aux côtés de demoiselle Kornick, sa chaste épouse, grosse commère aux appas formidables, à la mine réjouie et à l'œil émerillonné, âgée de trente-cinq ans à peine, et qui deux ans auparavant avait traversé la mer jolie, pour venir donner sa main au susdit maître Kornick, enfant comme elle du bourg de Batz ; son promis depuis vingt ans en arrière.

Maître Kornick, jeté comme une épave sur le rivage de Saint-Dominique, misérable et mourant de faim, avait fait tous les métiers pour vivre ; il avait même été un peu pendu par les Espagnols, auxquels, pour ce fait peu courtois, il conservait une de ces bonnes rancunes bretonnes qui ne finissent qu'avec la vie.

Les Bretons sont rusés et surtout raisonneurs ; celui-ci ne laissait rien à désirer sous ces deux points de vue ; il avait compris tout de suite que si l'on gagne beaucoup d'or, l'épée ou la hache au poing, en prenant des galions espagnols, on risquait gros jeu à ce trafic, très lucratif à la vérité, mais extraordinairement dangereux.

Or, le Breton avait un profond respect pour sa peau ; il réfléchit que l'or gagné par des coups de main héroïques, des expéditions hasardeuses, coulait comme de l'eau entre les doigts des boucaniers ; et que ceux-ci n'avaient point de plus grand bonheur que celui de le faire fondre en orgies gigantesques.

Son plan fut immédiatement tracé : au lieu de prendre directement l'or qu'il convoitait à ses ennemis les Espagnols, au risque de se faire tuer ou estropier, il le prendrait de seconde main dans les poches percées, au physique comme au moral, de ses amis les flibustiers, et cela tranquillement, sans courir le moindre danger ; ce qui était préférable sous tous les rapports.

En conséquence de ce raisonnement qui témoignait d'une certaine intelligence, le Breton avait fondé la taverne du *Saumon couronné*.

Misérable échoppe d'abord, mal installée et plus mal fournie, mais qui, telle qu'elle était, n'en rendit pas moins des services réels aux Frères de la Côte ; parce qu'elle était la seule de la ville, elle fut immédiatement adoptée par toute la flibuste, qui en fit un lieu de rendez-vous et un centre commun.

L'auberge prospéra, l'aubergiste arrondit sa pelote et devint bientôt un des plus riches bourgeois de la ville ; il fut considéré, eut des flatteurs et des parasites ; rien ne manquait plus à son bonheur ; si, je me trompe.

Yvonne manquait au bonheur du Breton. Devenu riche, Kornick pensa à sa payse, qui l'attendait toujours depuis vingt ans dans les landes de Bretagne, avec cette foi robuste que les filles de ce pays primitif ont dans leur cœur pour les promesses de leur fiancé. Kornick fit venir Yvonne et l'épousa.

Le digne homme fut récompensé de sa bonne action en faisant une bonne affaire : Yvonne était une maîtresse femme qui tint d'une main si ferme les rênes du gouvernement assez difficile de la maison, que, bien que d'autres tavernes se fussent fondées à Port-de-Paix, car une bonne idée trouve toujours des imitateurs, le *Saumon couronné* n'en demeura pas moins l'auberge la plus achalandée de la ville, et loin de décroître, vit sa prospérité augmenter dans des proportions magnifiques.

Maître Kornick se dorlotait donc auprès de sa chaste épouse en faisant des rêves d'or, lorsque tout à coup des coups violents frappés à la porte de la taverne le réveillèrent en sursaut et lui firent ouvrir des yeux effarés.

— Qu'est-ce que c'est que cela ? s'écria-t-il en regardant autour de lui.

Le jour commençait à poindre ; l'aube blanchissait les vitres ; la chambre était presque obscure ; il n'était pas encore quatre heures du matin.

— Pardi ! dit Yvonne, ce sont des gens qui frappent.

— Je l'entends bien, et qui frappent fort, même, quels poignets !

— C'est qu'ils sont pressés d'entrer, sans doute.

— Bah ! qu'ils attendent qu'il fasse jour ; ils peuvent frapper à leur aise, les portes et la devanture sont solides.

— Lève-toi, mon homme, et va ouvrir.

— Ouvrir à cette heure, y penses-tu, Yvonne ? regarde donc : il fait presque nuit.

— J'y pense si bien, mon homme, que si tu ne te lèves pas je me lèverai, moi. Pour qu'ils fassent ce vacarme à ta porte, il faut que ces gens s'en croient le droit, et que leurs poches soient bien fournies de doublons et d'onces espagnoles.

— Tu as raison, s'écria l'aubergiste en se jetant à bas de son lit et en commençant à s'habiller en toute hâte.

— A la bonne heure ! dépêche-toi de voir ce qu'on te veut. Pendant ce temps-là je me lèverai, moi aussi, et j'éveillerai les garçons.

— C'est ça, ma femme, répondit l'aubergiste avec un gros rire.

Il embrassa femme sur les deux joues et descendit l'escalier en courant.

On frappait toujours à la porte.

Maître Kornick se hâta de l'ouvrir, sans même demander qui était là ; il connaissait ses pratiques.

Quatre ou cinq hommes entrèrent.

L'aubergiste ôta son bonnet et salua respectueusement en esquissant son plus gracieux sourire, qui était une affreuse grimace.

— Est-elle futée, cette Yvonne ! murmura-t-il à part lui ; elle les avait devinés.

Les nouveaux venus s'installèrent devant une table.

— De l'eau-de-vie, des pipes et du tabac, pour que nous puissions prendre patience en attendant le déjeuner que tu vas nous préparer et que tu nous serviras dans la chambre bleue, dit un d'eux.

— Pourquoi pas ici, mon cher Montbars? demanda un autre.

— Parce que, monsieur d'Ogeron, répondit le célèbre flibustier, nous avons à nous entretenir d'affaires sérieuses et que, dans une heure, cette salle sera remplie de buveurs.

— Vous avez raison, mon cher capitaine.

— Tu entends, Kornick, un bon déjeuner pour cinq personnes; donne-nous ce que tu voudras, mais prends bien garde que tout soit excellent.

— C'est Yvonne en personne qui fera le déjeuner du capitaine.

— Oh! alors, si c'est Yvonne, reprit Montbars en riant, me voilà tranquille.

En ce moment on entendit plusieurs grognements au dehors.

— Eh! reprit le capitaine, voici un sixième convive qui nous arrive; je l'avais oublié. Allons, apporte d'abord ce que je t'ai demandé, et ensuite le déjeuner pour six, tu entends.

— Je vous demande une heure, capitaine.

— C'est entendu, va.

Le nouveau convive annoncé par Montbars parut presque aussitôt. C'était un homme jeune encore, dont les traits mâles et énergiques étaient beaux et sympathiques; une longue barbe brune tombait jusqu'au milieu de sa large poitrine sur laquelle elle s'étalait en éventail, sa taille était haute, bien prise, ses muscles saillants comme des cordes dénotaient une vigueur peu commune.

Il était magnifiquement vêtu, avait l'épée suspendue au flanc par un large ceinturon brodé d'or, de perles et de pierreries, un chapeau empanaché sur la tête, et tenait un gelin à la main gauche.

Trois rastreros et trois marcassins, sa suite ordinaire, le suivaient, marchant lorsqu'il marchait, s'arrêtant lorsqu'il s'arrêtait et les yeux sans cesse fixés sur lui.

— Bonjour, Ourson, mon vieux camarade, s'écrièrent les boucaniers d'une seule voix.

Et cinq mains se tendirent spontanément vers lui.

— Bonjour, frères, répondit-il avec son charmant sourire et tendant aussitôt les deux mains ; bonjour, monsieur d'Ogeron, bonjour, Montbars, bonjour, Poletais, bonjour, Pitrians, bonjour, Pierre Legrand.

— Soyez le bienvenu, capitaine, ajouta M. d'Ogeron.

— Serais-je en retard, frères?

— Nous arrivons à peine.

— Tant mieux! figurez-vous que je suis venu en me promenant, de sorte que je me suis un peu oublié le long du rivage.

— En pensant à ta femme, dit Montbars en riant.

— Je ne le cache pas, je l'aime tant, la bonne et sainte créature, est-ce que tu ne trouves pas cela singulier, Montbars?

— Non, je le trouve, au contraire, fort naturel, cher ami, car moi aussi je suis fou de la mienne.

— Tu me fais plaisir de me parler ainsi, je craignais vos railleries, elles m'auraient fort peiné; voilà pourquoi j'ai voulu expliquer franchement la cause de mon retard involontaire.

Une protestation unanime s'éleva aussitôt.

— Votre retard n'en est pas un, mon cher Ourson, reprit M. d'Ogeron, puisque nous vous avons précédé ici de cinq minutes à peine.

Ourson prit place à côté de ses amis; ses chiens et ses sangliers se couchèrent à ses pieds.

— A votre santé! dit-il en se versant de l'eau dans un gobelet.

En l'apercevant, maître Kornick avait apporté une carafe; le capitaine Ourson Tête-de-Fer ne buvait jamais que de l'eau.

Les boucaniers trinquèrent gaiement avec le capitaine, mais leurs gobelets étaient remplis de rhum jusqu'au bord.

Un rayon de soleil pénétra dans la salle comme une flèche d'or.

Au même instant on entendit résonner au dehors des fifres et des tambours, mêlés aux piétinements d'une grande foule qui riait, criait et chantait.

— Vos ordres s'exécutent, Montbars, dit en souriant le gouverneur.

— Non seulement ici, mais encore à Port-Margot, à Leogane, à la Tortue, partout enfin; n'est-ce pas, Ourson?

— J'ai moi-même, afin d'éviter les malentendus, porté tes ordres dans toutes les localités.

— Quelle foule! s'écria Pierre Legrand en regardant dans la rue.

— Il nous faut du monde, dit Ourson en hochant la tête.

— Oui, l'affaire sera rude.

— Mais nous porterons un coup mortel au commerce espagnol.

— Il lui faudra des années pour se relever.

— Avez-vous reçu des nouvelles du beau Laurent? demanda le gouverneur.

— Aucunes.

— Hum!

— Cela n'a rien d'extraordinaire, reprit Montbars; avant de tenter son débarquement à l'isthme, Laurent devait remonter jusqu'aux environs du cap Horn, où Vent-en-Panne se trouvait en croisière, afin de s'aboucher avec lui, de lui expliquer le plan que nous avons formé, puis ensuite revenir sur ses pas. Le trajet n'est pas mince. Remarquez qu'il a appareillé le 2 janvier de Port-de-Paix. Il est vrai que c'est la saison d'été dans ces parages et que nous ne sommes qu'au 10 mars.

— C'est vrai, cependant...

— Laurent, lui-même, avait si bien prévu les retards et les difficultés de la navigation qu'il entreprenait, qu'il nous avait fixé le 10 mars pour l'enrôlement, si nous n'avions pas de nouvelles de lui; et vous le savez, monsieur le gouverneur, pour nous, les bonnes nouvelles, en pareil cas, sont celles que nous ne recevons pas. Si Laurent avait échoué, nous l'aurions revu depuis longtemps déjà.

— C'est mon opinion, j'ai la conviction qu'il a réussi, dit Ourson; Laurent n'est pas un homme ordinaire; ses entreprises les plus folles en apparence sont en réalité calculées avec un soin minutieux; il n'oublie rien et ne laisse au hasard que la plus petite part possible.

— Oui, je sais tout cela, mais je sais aussi que de toutes les expéditions tentées par vous jusqu'à ce jour, celle-ci est la plus folle, je dirai même la plus insensée; sa témérité m'épouvante; et cependant je ne suis pas homme à m'effrayer facilement, vous le reconnaissez, messieurs.

— Nous rendons à votre courage l'honneur qui lui est dû, monsieur, répondit le Poletais; mais vous oubliez que nous sommes les Frères de la Côte, c'est-à-dire des hommes pour qui le mot impossible n'existe pas, que le danger attire, et pour lesquels une expédition a d'autant plus de charmes que les difficultés à vaincre pour la faire réussir semblent insurmontables.

— Soit, je n'insiste pas; d'ailleurs je vous ai permis de tenter ce hardi coup de main, et ce n'est pas aujourd'hui que je songerais à revenir sur l'autorisation que je vous ai donnée.

— Il serait un peu tard pour cela, dit Pitrians; vous savez que je suis arrivé il y a trois jours de la Jamaïque.

— Non, je l'ignorais. Eh bien! avez-vous réussi?

— Complètement. J'ai sur moi l'acceptation de Morgan, signée de lui; il consent à faire partie de l'expédition, avec parts égales dans les prises; le titre de vice-amiral, sous les ordres immédiats de Montbars; et il se déclare prêt à signer la charte-partie aussitôt qu'il aura mouillé, avec son escadre, devant Port-de-Paix.

— Avec combien de bâtiments se joindra-t-il à nous?

— Sept : cinq corvettes, une frégate et un aviso, montés par neuf cents hommes dont il répond corps pour corps.

— Vous le voyez, monsieur le gouverneur, dit Ourson, nos forces se dessinent.

— J'en conviens, mais vous resterez toujours dans une proportion d'un contre dix contre les ennemis que vous vous préparez à combattre.

— Peuh! des Gavoches! qu'importe cela? fit le Poletais avec dédain.

— De plus, ajouta Pitrians, comme je ne connaissais pas les décisions qui seraient ultérieurement prises par le conseil, j'ai averti Morgan que probablement la flotte serait divisée en trois escadres, et aurait deux vice-amiraux.

— Tu as bien fait, matelot, s'écria joyeusement Montbars; et qu'a-t-il dit?

— Lui? il a trouvé cela fort naturel et n'a pas fait d'objections.

— Bien manœuvré, mon gars! tu es un gaillard qui ira loin.

— Si je ne suis pas pendu, ajouta Pitrians en riant, ma mère me l'a prédit quand j'étais tout jeune; merci, Montbars.

Les aventuriers se mirent à rire de cette boutade de Pitrians, mais comme la salle commençait à se remplir de consommateurs de toutes sortes, ils jugèrent prudent de changer de conversation et de causer de choses indifférentes.

C'était l'heure où les habitants, les engagés, les ouvriers, les artisans, avant d'ouvrir leurs boutiques ou de se livrer à leurs travaux journaliers venaient les uns à la file des autres boire leur coup du matin en causant de la

La visite commença aussitôt, elle dura plusieurs heures.

colonie ou des cancans du voisinage; mais tous, lorsqu'ils passaient devant la table occupée par les six aventuriers qu'ils connaissaient bien, se découvraient et les saluaient avec une nuance de respect et de bonhomie familière qui témoignait de la haute opinion qu'ils avaient de ces héros modestes, auxquels ils devaient pour la plupart l'aisance et le bien-être dont ils jouissaient.

Les aventuriers, et M. d'Ogeron lui-même, répondaient par quelques paroles amicales, des sourires et des poignées de mains, à toutes ces salutations.

Cependant maître Kornick vint les avertir que le déjeuner les attendait, et il les conduisit dans une chambre du premier étage, où devant une porte-fenêtre ouverte sur un balcon donnant sur la mer, une table était abondamment servie de mets appétisants, et complètement garnie de bouteilles de toutes dimensions.

— A table, messieurs! dit gaiement M. d'Ogeron, c'est moi qui, avec votre permission, veux être aujourd'hui votre amphitryon; j'espère que vous ferez honneur au modeste déjeuner que je vous offre.

— De grand cœur, et merci, monsieur, répondit Montbars au nom de tous.

On prit place et le déjeuner commença avec cet entrain que mettent les hommes d'action à satisfaire leurs besoins physiques.

Les verres se choquaient et les bouteilles se vidaient avec une rapidité qui faisait plaisir.

Seul Ourson Tête-de-Fer buvait de l'eau selon sa coutume; mais il n'en était pas moins gai pour cela, et il partageait fraternellement avec ses amis à quatre pattes, couchés modestement à ses pieds, les mets qu'il plaçait tour à tour sur son assiette.

Les aventuriers, aussi habitués à voir leur ami Ourson avec ses chiens et ses sangliers qui ne le quittaient jamais qu'à voir leurs rastreros marcher sans sabots, le laissaient agir à sa guise, et sans prêter la moindre attention à ce qu'il faisait; tout cela leur semblait naturel de sa part; d'ailleurs tous l'aimaient et le respectaient; ils savaient combien il avait été malheureux jadis, avec quel courage et quelle grandeur il avait souffert l'adversité, et ils se seraient gardés de lui causer la moindre peine; les manies du célèbre aventurier, — le mot *toquade* n'était pas encore inventé à cette époque, — étaient sacrées, non seulement pour eux, mais encore pour tous les Frères de la Côte.

De la table où ils étaient assis, les flibustiers jouissaient d'un coup d'œil enchanteur : devant eux, le port; au loin, jusqu'aux dernières limites de l'horizon et se confondant avec lui, la mer; à droite, apparaissait comme un point noir la roche du Requin, si célèbre dans les annales de la flibuste ; à gauche, les côtes montagneuses et boisées de la petite île de la Tortue, berceau de la redoutable association des flibustiers.

La brise du matin ridait légèrement la mer, dont le soleil faisait étinceler le sommet des lames comme des écrins de pierreries.

Une foule de navires de toutes sortes et de toutes grandeurs, ancrés dans le port ou amarrés bord à quai, larguaient leurs voiles en bannières pour les faire sécher, ridaient leurs haubans, dressaient leurs vergues, calfataient leurs carène, enfin se livraient à toutes les occupations journalières de la vie maritime, réglant leurs manœuvres avec le sifflet des contremaîtres, ou les chants cadencés et mélancolique des matelots.

L'atmosphère était parfumée de cette senteur âcre et pénétrante qu'on ne sent que dans les ports, et qui donne la nostalgie aux marins, lorsque, pendant longtemps, ils habitent les villes de l'intérieur et ne peuvent plus la respirer à pleins poumons.

Donc la journée était magnifique; partout le soleil, la vie et le mouvement; aussi les convives de M. d'Ogeron se laissaient-ils aller à ce bien-être augmenté encore pour eux par un excellent et copieux repas, arrosé de vins de choix, et se sentaient-ils de plus en plus disposés à tout voir en beau.

Lorsque le café fut versé, car il est bon de constater en passant que le café, à peine connu en France, était depuis longtemps d'un usage très commun à la Côte; lorsque, dis-je, le café fut versé, les liqueurs sur la table et les pipes allumées, la conversation qui, jusque-là, avait été assez frivole, prit sans transition une tournure éminemment sérieuse.

Ce fut le gouverneur qui ouvrit le feu.

— Voyons, messieurs, dit-il en se renversant nonchalamment sur le dossier de son siège, maintenant, si vous y consentez, nous causerons un peu de nos affaires; je ne sais rien de préférable à une bonne causerie ou à une discussion sérieuse, faite en savourant l'arome d'un excellent café coupé par de la vieille liqueur des îles avec accompagnement de pipes.

— Vous n'êtes pas dégoûté, monsieur, c'est en effet, ce qu'il y a de meilleur, excepté une belle bataille contre les Gavachos, dit Pitrians en passant sa langue sur ses lèvres avec une expression de sensualité voluptueuse.

— Raffiné, va! dit en riant le Poletais.

— Je suis comme cela, je ne m'en cache pas.

— Mettez-nous un peu au courant, mon cher Montbars, reprit le gouverneur, qu'avez-vous fait et que comptez-vous faire?

— Je ne vous cacherai rien, monsieur, répondit le flibustier, car je serais heureux de recevoir vos avis et vos bons conseils, si, ce qui est probable, j'ai commis quelques erreurs.

— Quant à moi, dit galamment M. d'Ogeron, je ne l'admets pas, mon cher capitaine; mais c'est égal, allez toujours, nous vous écoutons.

— Vous avez dit fort bien, monsieur, que l'expédition que nous préparons aujourd'hui était la plus folle et la plus téméraire que nous ayons jamais tentée : celle de la Grenade, celle de Maracaïbo même, n'étaient que des jeux d'enfant auprès d'elle.

— Diable! fit le gouverneur.

— Vous voyez que je ne marchande pas mes expressions, et que je vous fais la partie belle.

— L'expédition de Macaraïbo est un beau fait d'armes.

— A la réussite duquel vous ne vouliez pas croire non plus, dit Montbars, avec une légère pointe de raillerie, et cependant...

— Vous avez été vainqueur, je le reconnais; d'ailleurs, j'ai fait amende honorable de mon erreur.

— Après la victoire, monsieur; il en sera de même cette fois.

— Je l'espère; tenez, Montbars, ne parlons plus de cela, je préfère m'avouer tout de suite vaincu, je renonce à lutter plus longtemps contre vous: vous êtes un trop rude jouteur pour moi.

— Bravo ! s'écrièrent en riant les boucaniers.

— Que voulez-vous, messieurs, reprit M. d'Ogeron avec bonhommie, j'ai une longue expérience des choses de ce monde ; je sais ou crois savoir ce que contient d'énergie, de courage, d'entêtement et de patience, le cœur d'un homme, doué de facultés même extraordinaires ; eh bien ! avec vous, je veux que le ciel me confonde si tous mes calculs ne sont pas en déroute ; voilà douze ans que Sa Majesté Louis XIV, notre souverain bien-aimé que Dieu conserve, m'a nommé votre gouverneur, n'est-ce pas ?

— Oui, monsieur, et nous remercions bien sincèrement le roi du magnifique présent qu'il nous a fait en vous mettant à la tête de notre colonie.

— A la tête ! Hum ! enfin, soit ! et merci pour le compliment. Eh bien ! messieurs, voulez-vous que je vous fasse un aveu sincère et très humiliant pour ma perspicacité et mon expérience ?

— Nous vous écoutons, monsieur.

— Eh bien ! là, franchement, sur l'honneur, je ne vous connais pas plus que le premier jour ; à chaque instant vous me causez des surprises et des éblouissements qui me confondent ; vous êtes des êtres à part, des natures incompréhensibles ; si quelque jour il vous passait par la cervelle d'aller décrocher la lune, le diable m'emporte ! si je ne suis pas convaincu que vous réussiriez !

A cette singulière boutade, à laquelle ils étaient si loin de s'attendre, et que le gouverneur avait prononcée avec cette bonhomie qui était le côté saillant de cet esprit si fin et si observateur, les aventuriers furent pris d'un rire homérique.

— Riez, riez, messieurs ; j'ai dit ce que j'ai dit, je n'en démordrai pas ; je vous crois capables de tout, dans le bien comme dans le mal ; je vous aime comme mes enfants ; je vous admire comme de grands et nobles cœurs ; et maintenant faites à votre guise, je ne m'en mêle plus, et je plains les Espagnols.

Les rires recommencèrent de plus belle et ils se prolongèrent pendant assez longtemps, enfin le calme se rétablit.

— Vous pouvez continuer, mon cher Montbars, reprit le gouverneur, j'ai soulagé ma conscience, je suis tranquille.

— Voici donc ce que j'ai fait, monsieur, répondit en souriant le célèbre aventurier ; d'abord j'ai fait réunir tous les navires en état de prendre la mer, grands, moyens et petits, leur nombre s'élève à soixante-cinq.

— C'est un beau chiffre.

— N'est-ce pas ? Ces soixante-cinq navires, en établissant entre eux une moyenne de vingt canons, et je suis au-dessous de la vérité, représentent un effectif de...

— Treize cents bouches à feu, interrompit le gouverneur, ce qui est considérable.

— De plus, continua Montbars toujours souriant, vous voudrez bien remarquer, monsieur, que je ne compte pas ici les sept bâtiments de notre confédéré Morgan, qui doivent en moyenne porter cent cinquante pièces de canon.

— Je commence à croire que, comme toujours, j'avais mal envisagé la question.

— Attendez, reprit doucement Montbars ; nous sommes, vous le savez, à la meilleure époque de l'année, la plus favorable, enfin, pour la course; aucune expédition n'a été tentée depuis six mois, donc tous les Frères de la Côte sont à terre.

— Et passablement à la côte, entre parenthèse, dit Pitrians en riant: ils meurent à peu près de faim, et, le cas échéant, se battront comme des démons.

— J'allais ajouter cela, reprit Montbars ; aujourd'hui des bans d'enrôlement sont, par mes ordres, publiés dans tous les ports et toutes les localités de la Côte; aujourd'hui même les engagements commenceront, nous aurons plus de matelots qu'il ne nous en faudra.

— Oh ! quant à cela...

— Vous verrez, monsieur, nous serons contraints de faire un choix parmi eux. Nous disons donc soixante-cinq navires d'une part, sept de l'autre, total soixante-douze, qui, à quatre-vingt-dix hommes en moyenne par équipage, ce qui cette fois encore est au-dessous du chiffre réel, nous donne six mille quatre cent quatre-vingts matelots; mettons sept mille, chiffre rond, compris les équipages du bâtiment de Vent-en-Panne et de celui de Laurent, que nous n'avons pas comptés.

— Soit, nous disons sept mille hommes, ce qui est un chiffre magnifique, mais...

— Je vais au-devant de votre objection, monsieur; sur ces sept mille hommes, la moitié pourra être débarquée, les autres étant contraints de demeurer à bord pour garder les navires.

— C'est cela ; vous avez d'abord à vous emparer du port, où vous prendrez terre, afin de vous assurer un bon mouillage et une retraite en cas d'échec, et même après le succès; ensuite vous avez vingt lieues à faire à travers terre, dans un pays inconnu, où chaque pas sera un combat; combien calculez-vous que vous serez en arrivant devant la place que vous voulez enlever?

— Deux mille cinq cents, monsieur; je porte la perte en hommes tués, malades ou laissés en arrière, à mille hommes: cela vous semble-t-il suffisant?

— Je crois le chiffre exagéré; mais quelques centaines de plus ou de moins ne signifient pas grand'chose. Avez-vous des renseignements sur cette ville?

— Aucuns, je l'avoue, mais Laurent m'en donnera.

— Je vais d'abord vous en donner, moi.

— Vous en avez donc?

— De très exacts que j'ai fait prendre à votre intention.

— Que de remerciements !

— Allons donc ! j'ai voulu vous être utile à vous et à vos compagnons, voilà tout.

— J'écoute, monsieur, ou plutôt nous écoutons.

— Commençons par Chagrès.

— Soit.

— Chagrès est bien fortifié, son entrée est étroite; la ville est bâtie à l'embouchure d'une rivière, défendue par une citadelle bien et solidement établie, renfermant une garnison de mille hommes qui se défendront bien.

— Ils feront leur devoir, répondit nonchalamment Montbars.

— C'est juste; passons. Panama est avec le Calao, port du Pérou, l'entrepôt des richesses du gouvernement espagnol dans la mer du Sud; vous le savez, n'est-ce pas?

— Oui, monsieur, et c'est à cause de cela que nous voulons nous en emparer.

— Fort bien; je ne discute pas cette question, qui est résolue entre nous, Montbars s'inclina.

— La ville est défendue par terre et par mer : par terre par une muraille bastionnée garnie d'un fossé; par mer par deux forts dont les feux se croisent et peuvent au besoin incendier la ville qu'ils commandent de tous les côtés.

— Ceci est de peu d'importance pour nous, monsieur.

— Peut-être, mais ce qui est pour vous de la plus haute importance, c'est que Panama possède une population de soixante mille habitants.

— Oh! on a grossi le chiffre, monsieur, soyez-en sûr, ces Espagnols sont si vantards!

— Vous croyez? Je le veux bien; mettons quarante mille, si vous voulez.

— Soit quarante.

— Ce qui est déjà un assez beau chiffre, il me semble.

— Oui, mais il faut défalquer les femmes, les enfants, les vieillards, les prêtres, les moines, que sais-je encore! c'est-à-dire les trois quarts de cette population.

— Je l'admets : reste donc dix mille, ce qui est encore assez joli.

— Oui, ce serait beaucoup, s'ils se battaient; mais ce sont des bourgeois poltrons et criards qui, pour la plupart, trembleront pour leurs richesses, pour leurs maisons, leurs femmes, leurs enfants, que sais-je encore! et qui, au premier coup de feu, s'enfuiront dans tous les trous, comme des rats, ou se réfugieront dans les couvents et les églises. A la rigueur, supposons, et cette supposition est toute gratuite de ma part, croyez-le bien, supposons, dis-je, que deux ou trois mille peut-être se trouveront avoir du courage et voudront combattre, ce qui sera un malheur pour eux et leurs amis.

— Comment cela?

— Parce que ces dignes bourgeois, ignorants des choses de la guerre, ne sachant même pas se servir des armes qu'ils tiendront, ahuris par la fumée, seront incapables de quoi que ce soit; et leur bonne volonté même nuira aux manœuvres des troupes réglées, entravera leurs mouvements et jettera le désordre parmi elles, vous le verrez; c'est-à-dire, pardon! vous ne le verrez pas, mais nous le verrons, nous, et nous vous le raconterons à notre retour; les seuls ennemis avec lesquels nous devions compter sont les soldats, c'est-à-dire la garnison.

— Très bien! en connaissez-vous le chiffre, de cette garnison?

— Ma foi! non, je vous l'avoue.

— Elle se monte à douze mille hommes.

— Pas davantage? je la supposais plus forte; c'est bien imprudent aux

Espagnols, vous en conviendrez, monsieur, de mettre une si petite garnison dans une place aussi importante.

Ceci fut dit d'une voix si douce, d'un ton si placide, que M. d'Ogeron, bien qu'habitué avec de pareils hommes à ne s'étonner de rien, en fut complètement *déferré*, ainsi que dit ce bon Tallemant des Réaux.

— Enfin, reprit le gouverneur au bout d'un instant, encore faut-il que vous sachiez quels sont les hommes qui composent cette garnison.

— Des soldats, je suppose.

— Oui, mais ces soldats sont les restes de ces vieilles bandes espagnoles réputées, pendant les guerres de Flandres, comme étant la meilleure infanterie de l'Europe; ils ne fuiront pas, ceux-là, il faudra les tuer jusqu'au dernier pour en avoir raison.

— On les tuera, monsieur, n'ayez crainte ! Pardieu ! je vous remercie bien sincèrement, cette dernière nouvelle est excellente; nous trouverons enfin à qui parler; cela me charme; merci encore une fois, monsieur.

Au même instant, et comme pour ponctuer cette phrase singulière, une effroyable détonation éclata comme un coup de tonnerre, suivie presque aussitôt de plusieurs autres.

— Qu'est cela? s'écria le gouverneur avec surprise.

Les aventuriers s'élancèrent au balcon et regardèrent.

Plusieurs bâtiments, dont le premier portait guidon au grand mât, entraient dans le port et saluaient la ville en allant prendre leur mouillage, à l'abri du fort, qui répondait à leur salut par une salve de toutes ses pièces.

— C'est Morgan ! s'écrièrent les aventuriers en battant joyeusement des mains.

X

OU L'ON VOIT APPAREILLER LA FLOTTE FLIBUSTIÈRE

C'était, en effet, Morgan qui arrivait.

Fidèle à l'engagement pris avec Pitrians, il venait joindre sa flotte à celle des aventuriers.

Il entrait en ce moment dans le Port-de-Paix avec sept bâtiments parfaitement équipés.

C'était un spectacle saisissant que celui de cette escadre manœuvrant avec un ensemble extraordinaire, qui évoluait avec grâce et précision pour prendre son mouillage sous les feux du fort.

L'enthousiasme était à son comble à Port-de-Paix; toute la population s'était portée en masse sur le port et saluait les nouveaux venus avec des cris et des trépignements de joie.

Aussitôt que les navires anglais eurent laissé tomber leurs ancres et cargué leurs voiles, une embarcation déborda du vaisseau amiral et se dirigea vers la terre.

Cette embarcation contenait Morgan et les principaux officiers de son état major.

Lorsque l'embarcation accosta le débarcadère, Morgan et ses officiers furent reçus en mettant pied à terre par M. d'Ogeron, Montbars et les autres chefs de la flibuste; et après s'être cordialement souhaité la bienvenue, ils se dirigèrent de compagnie vers l'hôtel du gouvernement, suivis et précédés par la foule, qui les accompagnait avec de joyeuses acclamations.

Morgan avait à cette époque trente-huit ans, il était grand et bien fait de sa personne; ses traits étaient beaux, énergiques; mais l'habitude du commandement avait donné à sa physionomie une expression de hauteur froide, farouche et implacable.

Natif du pays de Galles et fils de pauvres paysans, il s'était tout jeune enfui de la maison paternelle et était passé à la Barbade, où il avait presque aussitôt commencé la vie de corsaire qu'il ne devait plus abandonner. Son audace, sa ténacité, son intelligence et le bonheur qui accompagnait toutes ses entreprises l'avaient bientôt rendu célèbre.

Sa réputation balançait et égalait presque celles de Montbars, du beau Laurent et de deux ou trois autres des plus renommés chefs de la flibuste.

La liste de ses hardis coups de main contre les Espagnols était longue; aussi son nom leur inspirait-il une terreur affreuse; sa cruauté et sa rapacité étaient proverbiales.

C'était un corsaire doublé d'un bandit; du reste, il ne s'en cachait pas le moins du monde; même dans ses moments de bonne humeur il faisait parade des sanglants sévices exercés par lui de sang-froid sur de malheureux prisonniers sans défense. Ni l'âge ni le sexe ne trouvaient grâce devant lui; il avait le cœur d'un écorcheur sous les dehors et le parler efféminé d'un gentilhomme.

Maracaïbo, Sainte-Catherine, Carthagène, Porto-Bello, Natal, avaient successivement été pris, brûlés et pillés par lui; il avait même essayé de surprendre Panama, mais il avait été repoussé après avoir éprouvé des pertes immenses.

L'espoir d'une revanche éclatante lui avait fait accepter avec joie la proposition de Montbars, bien qu'il ne dût jouer qu'un rôle secondaire en cette circonstance et obéir au lieu de commander l'expédition.

Mais l'implacable Anglais se réservait de s'emparer un jour, et pour son propre compte, de cette ville, dont il convoitait ardemment les immenses richesses.

Projet que, du reste, il exécuta deux ans plus tard, c'est-à-dire en 1670. S'il consentait à servir cette fois sous les ordres de Montbars, la raison était tout simplement que les renseignements qu'il se proposait d'obtenir pendant le cours de la campagne lui seraient fort utiles, lorsque plus tard il reviendrait seul recommencer ce hardi coup de main.

Du reste, quels que fussent les projets ultérieurs du célèbre aventurier, il ne pouvait arriver à Saint-Domingue dans des circonstances plus favorables.

L'enrôlement devait commencer le jour même à midi précis, et, selon toutes probabilités, le départ de la flotte aurait lieu quelques jours après.

Fil-de-Soie posa un panier de vins et de liqueurs auprès de la table.

Dix heures sonnaient au moment où les Frères de la Côte entrèrent dans l'hôtel du gouverneur.

M. d'Ogeron les reçut avec cette bienveillante et gracieuse hospitalité dont il possédait le secret; par son ordre, des rafraîchissements furent servis avec l'accompagnement obligé de pipes et de tabac; puis, après les premiers compliments échangés de part et d'autre, on attaqua la question sérieuse.

Afin de ne pas répéter ce qui a déjà été dit, je résumerai en quelques mots les résolutions qui furent prises et définitivement arrêtées dans cette réunion qui, en réalité, ne fut autre chose qu'un conseil de guerre.

La flotte composée de soixante-douze bâtiments fut divisée en trois escadres fortes de vingt-quatre navires chacune :

La première, placée sous les ordres du vice-amiral Ourson Tête-de-Fer, ayant Pitrians pour capitaine de pavillon ;

La deuxième, sous les ordres du vice-amiral Morgan, avec le capitaine Drack comme capitaine de pavillon ;

La troisième enfin sous les ordres du vice-amiral Pierre Legrand, avec Philippe d'Ogeron pour capitaine de pavillon.

Six contre-amiraux furent choisis, deux pour chaque escadre.

Voici leurs noms par escadres :

Première : Le Poletais, David.

Deuxième : Louis Scott, Rock le Brésilien.

Troisième : Pierre Franc, Alexandre.

Montbars, amiral de la flotte, avait choisi pour aides de camp : le beau Laurent, l'Olonnais, Barthélemy, Vent-en-Panne et Michel le Basque, alors en expédition, mais qui devaient rejoindre aussitôt qu'on atteindrait la terre ferme.

Tous les bâtiments français arboreraient le pavillon de la flibuste aux trois couleurs bleu, blanc et rouge.

Morgan porterait le pavillon anglais ; les guidons étaient : rouges pour l'amiral, blanc pour les vices-amiraux, bleu pour les contre-amiraux.

Le conseil suprême de l'expédition était composé de l'amiral président, des vice-amiraux, des contre-amiraux et des aides de camp de l'amiral qui, tous ayant commandé de grandes expéditions en chef, avaient le grade de contre-amiraux.

Les déterminations prises et arrêtées par le conseil suprême étaient sans appel.

La peine de mort de mort était édictée contre tout contrevenant, quel que fût son grade sur la flotte.

Voilà les résolutions qui furent d'un commun accord arrêtées à ce sujet dans le conseil de guerre tenu chez M. d'Ogeron.

Cette charte-partie singulière des chefs de cette étrange expédition fut écrite par Olivier Oexmelin, secrétaire du gouverneur, qui, plus tard, devait se faire l'historien des aventuriers de l'île de la Tortue.

Après lecture, cet acte fut signé par tous les chefs présents, en leur nom et en celui de ceux qui étaient absents, et la minute déposée, revêtue du sceau de M. d'Ogeron, dans les archives du gouvernement ; un double fut remis à l'amiral.

Il était près de midi lorsque le conseil leva enfin sa séance ; ses membres se dirigèrent immédiatement vers la taverne du *Saumon couronné*, où les Frères de la Côte étaient convoqués pour l'enrôlement.

On voit, par ce qui a été dit plus haut, que jamais expédition flibustière n'avait jusqu'alors réuni d'aussi grands noms. Tous les Frères de la Côte les plus célèbres en faisaient partie.

Une large estrade avait été dressée dans le fond de la grande salle de la taverne; sur cette estrade, recouverte d'un tapis, étaient disposés des sièges pour le gouverneur et les chefs principaux de l'expédition; à droite et à gauche, au pied de l'estrade, deux tables derrière lesquels étaient assis des secrétaires, chargés de faire signer les volontaires.

Les portes et les fenêtres de l'auberge étaient ouvertes, de sorte que la foule pressée au dehors et qui n'avait pu trouver place à l'intérieur, non seulement voyait tout ce qui se passait, mais encore ne perdait pas un mot de ce qui se disait.

Montbars, M. d'Ogeron, Morgan et les autres flibustiers prirent place sur l'estrade.

Midi sonna.

Les deux secrétaires frappèrent avec le manche de leur poignard deux coups secs sur les tables placées devant eux.

Aussitôt toute cette foule hurlante, grouillante, tumultueuse, qui ondulait avec des froissements étranges, devint immobile et se calma subitement, comme les flots irrités de la mer au *Quos ego!* prononcé par Neptune en courroux.

Un silence de mort plana sur cette multitude.

Montbars se leva, salua gracieusement l'assistance et prononça un long discours.

Ce discours, qu'il est inutile de rapporter, mais qui touchait les intérêts les plus chers des aventuriers, les passionna.

Puis on lut la charte-partie générale, et celle qui contenait les nominations faites par les membres du conseil de guerre.

— Avez-vous des réclamations à élever contre la charte-partie générale? demanda Montbars.

— Non! cria la foule.

— Vous êtes prêts à la signer?

— Oui! oui! reprirent d'une seule voix les aventuriers.

— Vous jurez de vous y soumettre?

— Nous le jurons! Vive Montbars! Vive Morgan!

— C'est bien. Approuvez-vous la charte-partie particulière?

— Oui!

— Acceptez-vous les chefs qui ont été élus par le conseil suprême de l'expédition?

— Oui!

— Vous jurez de leur obéir en tout ce qu'ils vous ordonneront pour le bien de l'expédition?

— Nous le jurons! nous le jurons!

— Pardon, amiral, dit respectueusement un aventurier, me permettez-vous de vous adresser une question?

— Parle, frère, tu es libre encore d'interroger, je suis ton égal tant que tu n'as pas signé ton engagement.

— Vous ne nous avez pas fait connaître le but de l'expédition.

— Ce but ne peut et ne doit être révélé ici; les Espagnols entretiennent trop d'espions parmi nous, pour que nous leur donnions ainsi l'éveil sur nos projets.

— Je comprends, fit l'aventurier en hochant affirmativement la tête.

— Tout ce qu'il m'est permis de vous révéler, mes frères, continua Montbars, c'est qu'après la victoire, le plus pauvre de nous sera presque millionnaire; cela vous suffit-il, frères?

— Oui! oui! Vive Montbars! crièrent les aventuriers.

— Et toi, frère, as-tu à ajouter quelque chose?

— Oui, amiral, j'ai à ajouter ceci, que je vous prie de m'excuser d'avoir osé vous adresser une sotte question et que je vous remercie d'avoir daigné y répondre.

Puis il salua respectueusement et fit un pas en arrière.

— Personne n'a plus rien à dire? demanda Montbarts.

Chacun se tut.

— Les engagements sont ouverts.

L'enrôlement commença aussitôt.

Il dura trois jours.

Montbars ne s'était pas trompé lorsqu'il avait dit à M. d'Ogeron qu'il aurait plus de monde qu'il n'en voudrait.

Lorsque cinq jours après le ban publié les feuilles d'engagement arrivèrent à Port-de-Paix, il se trouva que tout compte fait, les volontaires ayant été minutieusement choisis par les commissaires spécialement chargés de les enrôler, quinze cents hommes avaient été engagés en sus du chiffre désigné, sans qu'il se fût trouvé de motifs plausibles pour les refuser.

Lorsqu'on soumit les feuilles à M. d'Ogeron, il n'y voulut pas croire; huit mille hommes trouvés en cinq jours sur une population dont ils formaient presque le tiers, cela lui semblait passer toutes les limites du possible; et encore trouvés, l'expression était impropre, ils s'étaient présentés d'eux-mêmes sans y être poussés, de leur propre mouvement; si les commissaires, qui avaient des instructions excessivement sévères, n'avaient pas été aussi difficiles, on aurait facilement atteint le chiffre énorme relativement d'au moins douze mille hommes, car ceux qu'ils avaient écartés étaient tous valides, aguerris et capables d'un excellent service.

— Qu'en dites-vous? demanda Montbars au gouverneur, avec son charmant sourire toujours empreint d'une fine pointe d'ironie.

— Que voulez-vous que j'en dise! répondit le gouverneur complètement ahuri par ce résultat inespéré; c'est à n'y pas croire!

« Pardieu! ajouta-t-il en souriant, qu'on vienne me dire, après cela, que mes colons sont essentiellement cultivateurs, pour le coup j'ai la preuve en main, et je saurai que répondre. Vive Dieu! amiral, vous en conviendrez avec moi, c'est une singulière colonie agricole que la nôtre!

— Bah! répondit doucement Montbars, qui sait? Laissez-nous jeter notre gourme; peut-être avant vingt ans d'ici détesterons-nous la guerre autant que nous l'aimons aujourd'hui.

— Hélas! mon cher Montbars, dit le gouverneur avec un désespoir comique, je le désire sans oser l'espérer ! ni vous ni moi nous ne verrons ce résultat, qui est ce que je désire le plus au monde.

— Je vous avoue franchement, mon cher monsieur d'Ogeron, que quant à moi, je ne tiens nullement à voir ce résultat dont vous parlez.

— Vous, je comprends cela, dit-il avec un soupir à faire tourner les ailes d'un moulin, vous êtes un batailleur, tandis que moi !

Montbars se mit à rire, et la conversation en resta là.

Ces deux hommes, qui s'aimaient et s'estimaient comme s'ils eussent été frères, doués tous deux d'une intelligence d'élite, étaient engagés chacun dans une voie si diamétralement opposée, que, placés sur un certain terrain, il était radicalement impossible qu'ils arrivassent jamais à s'entendre : aussi avaient-ils franchement renoncé à entamer toute discussion l'un contre l'autre.

Cependant le Port-de-Paix s'encombrait de navires ; les bâtiments arrivaient de Leogane et de Port-Margot, les uns après les autres, et cela si bien et si rapidement, que huit jours à peine après l'enrôlement terminé, toute la flotte flibustière se trouva réunie à Port-de-Paix.

La rade présentait un des spectacles les plus saisissants et les plus pittoresques qui se puissent imaginer.

Il régnait dans la ville une activité incroyable.

On embarquait les vivres, l'eau et les munitions de guerre ; sans cesse des canots sillonnaient la rade dans tous les sens.

Montbars était partout, voyait tout, et surveillait tout.

Lorsque toute la flotte fut réunie, il voulut la passer en revue.

Les officiers regagnèrent aussitôt leurs bords, et les équipages furent mis au complet.

L'armée était forte de huit mille cinq cents hommes, au lieu de sept mille sur lesquels on avait compté ; ce qui augmentait les troupes de débarquement de quinze cents hommes, car le chiffre établi d'abord par Montbars pour demeurer à bord des navires fut maintenu.

Chaque enrôlé était astreint à se fournir de ses armes et de deux livres de poudre et de balles, et en sus de vivres pour huit jours.

Ceci était de règle à bord de tous les bâtiments flibustiers.

Cette loi avait le grand avantage, surtout dans une expédition comme celle qui se préparait, de diminuer considérablement les dépenses.

La revue que voulait passer Montbars était donc celle des armes, des munitions et des vivres ; quant aux navires eux-mêmes, il les connaissait de longue date, et savait qu'ils était bien gréés, et parfaitement en état de faire un excellent service à la mer.

La revue eut lieu ; elle fut minutieuse, taquine et sévère au plus haut degré, et cependant, Montbars redescendit à terre le cœur plein de joie ; il n'avait pas eu un reproche à adresser, une réprimande à faire.

S'il connaissait les boucaniers, ceux-ci le connaissaient bien aussi, ils savaient combien il était sévère pour toutes ces choses de détails futiles en apparence et dont, cependant, dépend si souvent le succès d'une expédition ; aussi s'étaient-ils mis en mesure de le satisfaire sur tous les points.

Le 18 mars, le conseil suprême fut convoqué par l'amiral, à l'hôtel du gouvernement.

Le moment d'appareiller était arivé ; tout était prêt ; il ne fallait pas perdre de temps sur rade, surtout avec des équipages qui, ayant devant les yeux la terre qu'ils aimaient, éprouvaient à chaque instant, malgré eux, des velléités d'indépendance, et qui ne seraient réellement disciplinés que lorsqu'ils auraient quelques jours de mer.

De plus, l'amiral voulait soumettre au conseil le plan de l'expédition, plan qu'il désirait discuter avec ses officiers, avant de le mettre définitivement à exécution.

A midi précis une salve de vingt et un coups de canon, tirée par le fort, annonça l'ouverture du conseil.

La flotte répondit par une décharge générale de toutes ses pièces.

Rien ne saurait rendre l'effroyable fracas produit par ces quinze cents canons tonnant tous ensemble.

Le bruit, répercuté par les échos, gagna de loin en loin et alla se perdre au fond des mornes de la montagne Noire, où il gronda longtemps avec les roulements sinistres de la foudre.

Un canot se détacha de chaque navire amiral et fit force de rames vers le débarcadère, où tous les officiers supérieurs débarquèrent presque ensemble.

Un détachement de marins, qui les attendait pour leur servir de garde d'honneur, forma aussitôt ses rangs et escorta les officiers jusqu'à l'hôtel du gouvernement, à la porte duquel se tenaient Montbars, M. d'Ogeron et son neveu Philippe.

M. d'Ogeron fit les honneurs de son hôtel ainsi qu'il avait coutume de les faire, c'est-à-dire grandement et noblement ; après que les officiers eurent accepté quelques rafraîchissements pour la forme, car le temps pressait, ils passèrent dans la salle du conseil où tout était préparé pour les recevoir.

Ces Frères de la Côte, si insoucieux de l'avenir, dont la vie, lorsqu'ils étaient à terre sans engagement, était une suite d'orgies formidables, de caprices inouïs et de folies qu'aucune plume ne saurait décrire, aussitôt qu'ils avaient conçu un projet quelconque, que ce projet était en voie d'exécution, devenaient subitement et sans transition d'autres hommes ; une métamorphose s'opérait en eux complète et radicale ; à l'ivrognerie, à la licence, à la paresse, à tous les vices enfin qui se disputaient ces singulières natures, succédaient tout à coup la sobriété, l'obéissance, l'activité fébrile, et toutes les autres qualités qui font à un moment donné, sinon les grands hommes, du moins les héros.

Là peut-être était le secret de leurs innombrables et éclatants succès dans tout ce qu'ils entreprenaient.

Revêtus d'uniformes magnifiques et ruisselants d'or et de diamants, la forme de leurs chapeaux entourée de lourdes « fanfaronnes », les officiers supérieurs de la flotte flibustière laissaient bien loin derrière eux le luxe, toujours un peu étriqué, des plus brillants seigneurs de la cour de Louis XIV, et un étranger qui se fût à l'improviste trouvé au milieu d'eux aurait cru voir une réunion de princes.

Les Frères de la Côte, sales, débraillés, à peine vêtus de quelques loques sordides tachées de graisse et de goudron et constellées de trous, aimaient voir leurs chefs richement vêtus; le luxe qu'ils méprisaient pour eux-mêmes, ils l'imposaient pour ainsi dire à leurs supérieurs; ils étaient orgueilleux de leurs chefs et leur obéissaient avec plus d'entrain, de dévouement et de respect. Ceux-ci le savaient; aussi ne se faisaient-ils pas faute de les satisfaire.

Mais cette différence de costume n'était qu'une distinction purement fictive entre l'officier et le matelot; à terre ils ne se faisaient pas faute de s'en aller bras dessus bras dessous s'enivrer ensemble, jouer, perdre ou gagner des sommes folles dans les plus infimes tavernes.

Toute distinction cessait à terre; seulement, à bord, la discipline régnait; mais là elle était toute-puissante, dure et implacable : un mot, un regard, un geste étaient compris et obéis avec l'obéissance passive la plus complète; une ligne de démarcation immense, infranchissable, séparait l'officier du matelot, dont une heure auparavant il avait fait son compagnon d'orgie; celui-ci le savait, il ne s'en offensait pas et trouvait, au contraire, toute naturelle cette distance établie entre lui et son chef; car, matelot aujourd'hui, demain il pouvait commander à son tour et avoir sous ses ordres celui auquel il obéissait avec une si grande docilité et une si respectueuse déférence.

Les officiers prirent des sièges préparés à l'avance devant une grande table recouverte d'un tapis vert, et le conseil commença.

Montbars expliqua avec netteté et concision le plan qu'il avait conçu.

Ce plan était un chef-d'œuvre d'adresse, d'audace et d'intelligence.

Les flibustiers écoutèrent l'amiral avec la plus profonde attention, sans l'interrompre une seule fois.

Lorsque Montbars se tut, tous s'inclinèrent.

— Vous n'avez pas d'observation à me soumettre, messieurs? demanda le flibustier.

— Aucune, amiral, répondirent-ils.

— Donc, maintenant nous passerons, si vous le voulez bien, à l'exécution; entendons-nous, je ne prétends parler ici que des mouvements que nous devons opérer avant d'atteindre la terre ferme; car notre expédition se divise en deux parties, bien distinctes : la première, qui est essentiellement maritime, et la seconde, au contraire, pendant laquelle nous nous changeons en soldats, traversons de longs espaces de terre, et oublions complètement notre métier de matelots, excepté pour la rapidité de nos attaques et la célérité de nos marches à travers bois à la poursuite de ceux que nous voulons surprendre.

— C'est juste, dit Morgan.

— Nous ne nous occuperons donc ici que de la première partie de notre expédition, dit Montbars, puisque c'est la seule qui soit en cause en ce moment. Notre flotte est nombreuse, les Espagnols, mis en éveil par nos immenses préparatifs et instruits par leurs espions, nous surveillent d'autant plus qu'ils ignorent sur quel point doivent porter nos efforts et quelle est celle de leurs colonies que nous voulons attaquer; il faut, autant que possible, les maintenir dans cette ignorance, et augmenter encore leur inquiétude en leur donnant le change. Pour cela, voilà, je crois, ce qu'il est bon de faire.

Les officiers se rapprochèrent et redoublèrent d'attention.

L'amiral reprit, après un instant de silence :

— Nous quitterons Port-de-Paix tous ensemble ; à dix lieues en mer, sur un signal arboré au grand mât du vaisseau amiral, la flotte se scindera en trois, de la manière suivante : l'amiral Morgan, qui déjà s'est une fois emparé de Porto-Bello, fera voile directement sur ce point, qu'il enlèvera et dans lequel il préparera, après s'y être solidement établi, tous les moyens de débarquement ; les bêtes de somme et les engins de transport qu'il pourra se procurer. L'amiral Pierre Legrand se dirigera, lui, vers l'île Sainte-Catherine qu'il occupera. Cette île est riche, bien fournie en vivres et munitions de toutes sortes, elle sert à la fois d'entrepôt et d'arsenal aux flottes espagnoles ; Pierre Legrand préparera le plus rapidement possible tout ce qui sera nécessaire pour le ravitaillement de la flotte ; il laissera une garnison suffisante à Sainte-Catherine, et six navires pour surveiller les atterrissages de l'île, car c'est là que nous évacuerons nos malades et nos blessés et que sera établi le rendez-vous général au retour de l'expédition ; puis, son escadre chargée des ravitaillements qu'il aura réunis, il ralliera la flotte au port de Brujas, en ayant soin de faire prévenir par une mouche Morgan de son arrivée, afin que celui-ci le puisse rejoindre. Ourson Tête de Fer piquera droit dans le vent avec la dernière escadre, de façon à mouiller à l'entrée du rio San-Juan, à quelques lieues à peine de Chagrès, point sur lequel s'exécutera le débarquement général. En agissant ainsi, je crois que nous parviendrons à maintenir les Espagnols dans leur erreur et à leur donner le change sur nos projets ; car, tandis qu'ils s'acharneront à surveiller les mouvements de Morgan et de Pierre Legrand et à s'opposer à leur descente sur l'île Sainte-Catherine et à Porto-Bello, l'escadre d'Ourson Tête de Fer passera inaperçue et ira sans être inquiétée mouiller droit où nous voulons débarquer. De plus, solidement établis à Sainte-Catherine et à Porto-Bello, nous sommes à la fois maîtres de la mer et de l'isthme et à peu près libres, par conséquent, d'agir contre Panama sans craindre d'être sérieusement inquiétés par des forces considérables, venant d'autres colonies de la côte ferme au secours de la ville dont nous prétendons nous emparer. Voilà, messieurs, le plan que j'ai conçu pour l'exécution de la première partie de nos projets ; veuillez réfléchir sérieusement à ce que vous venez d'entendre et faites-moi l'honneur de me soumettre vos observations, que j'écouterai avec toute la déférence que je dois à des hommes comme vous, si au fait des choses de la guerre.

En entendant cet exposé si clair et si lucide du plan que l'amiral avait conçu, les officiers ne purent retenir l'expression non de leur surprise, mais de leur admiration. En effet, tout était prévu et déduit avec une habileté singulière ; il n'y avait rien, non pas à changer, mais seulement à modifier ; comme toujours en pareille circonstance, Montbars avait tranché la difficulté d'un seul coup ; M. d'Ogeron lui-même, le sceptique par excellence, fut convaincu devant de telles dispositions : il crut au succès de l'expédition et le dit hautement, tout en félicitant Montbars de la sûreté et de l'excellence des dispositions si simples, cependant, qu'il avait imaginées.

Trois rastreros et trois marcassins, sa suite ordinaire, le suivaient...

— Amiral, dit Morgan au nom de tous avec un charmant sourire, c'est pure courtoisie de votre part de nous convoquer en conseil; vous n'avez nullement besoin de nous; il ne nous reste qu'à obéir aux ordres qu'il vous plaira de nous donner.

— Ainsi, messieurs, ce plan vous semble non seulement possible, mais encore exécutable ?

— Il serait impossible, amiral, d'en faire un meilleur, et nous nous y rallions tous de grand cœur et sans arrière-pensée.

— Je vous remercie, messieurs, nous l'exécuterons donc ; avec votre aide, j'ai bon espoir dans la réussite.

— Avec un chef tel que vous, amiral, reprit Morgan, la réussite des plans même les plus audacieux est toujours certaine ; nous tâcherons de nous montrer dignes de vous ; en toutes circonstances l'obéissance est un devoir, ici c'est un plaisir et un honneur.

Tous les officiers pressèrent la main de Montbars et l'assurèrent, avec effusion, de leur dévouement absolu.

— Quand partez-vous, amiral ? demanda M. d'Ogeron.

— Aujourd'hui même, monsieur, avec votre permission, et se tournant vers ses officiers, il ajouta :

« Nous sommes le 20 mars, messieurs, dit-il, le rendez-vous général est fixé au 10 avril, au rio San-Juan.

— Nous y serons ! répondirent-ils d'une seule voix.

Deux heures plus tard, la flotte flibustière appareillait par escadres, et s'éloignait en haute mer aux acclamations frénétiques de la foule pressée sur le rivage.

Jamais danger plus terrible n'avait menacé les possessions espagnoles de terre ferme.

La flotte manœuvrait avec un ensemble et une adresse admirables dans ce port si resserré ; on n'eut pas à signaler le plus léger accident. Bientôt les bâtiments, poussés par une bonne brise, s'effacèrent les uns après les autres et ne tardèrent pas à disparaître dans les lointains bleuâtres de l'horizon.

L'expédition était commencée.

M. d'Ogeron, qui avait voulu assister à l'appareillage, et qui était demeuré jusqu'au dernier moment debout à l'extrémité de l'embarcadère, se retira alors, et tout pensif il regagna l'hôtel du gouvernement.

XI

COMMENT LE CAPITAINE DE SANDOVAL INVITA DON FERNANDO A DÉJEUNER A BORD DE LA CORVETTE « LA PERLE »

Un matin, vers dix heures, au moment où le comte de Castel-Moreno se décidait enfin à quitter la couche moelleuse sur laquelle il était étendu, à passer sa robe de chambre et chausser ses pantoufles, sa porte s'ouvrit doucement, son valet de chambre de confiance, Michel le Basque, entra dans la chambre à coucher et annonça à son maître que le señor don Pablo de Sandoval, capitaine, commandant la corvette *La Perle*, réclamait, pour affaire urgente et qui n'admettait pas de délai, la faveur d'être immédiatement introduit en sa présence.

Le maître et le valet échangèrent un sourire d'une expression singulière, et sur un signe du comte le capitaine entra.

Après les premiers compliments et les excuses réitérées de don Pablo de Sandoval sur l'heure peut-être un peu trop matinale de sa visite, Laurent, que toutes ces paroles oiseuses fatiguaient, résolut d'y couper court; il avança un fauteuil au capitaine, en prit un pour lui-même et avec son plus charmant sourire :

— Je n'accepte vos excuses qu'à une seule condition, mon cher don Pablo, lui dit-il.

— Quelle est cette condition, señor conde?

— C'est que vous accepterez franchement de déjeuner avec moi.

— Je ne vois pas qui m'empêcherait de déjeuner avec vous, comte.

— Très bien ! Alors c'est convenu.

— Je ne dis pas cela, comte.

— Hein ! Que dites-vous donc, alors?

— Votre valet de chambre ne vous a-t-il pas annoncé que je venais pour affaire grave?

— Certes, mais je ne suppose pas que cette affaire grave soit, par exemple, de me payer les cent cinquante onces d'or que vous avez perdues hier contre moi, sur parole, au bal du gouverneur.

— Pas précisément, bien qu'il y ait un peu de cela; les dettes de jeu se paient dans les vingt-quatre heures, ajouta-t-il en empilant sur une table la somme énoncée.

— Quelle folie de vous déranger si matin pour une pareille misère!

— J'ai un autre motif encore.

— C'est juste, je l'avais oublié.

— Tel que vous me voyez, mon cher comte, je suis envoyé vers vous en ambassadeur.

— Quelle que soit la mission dont vous êtes chargé, aucun ambassadeur ne saurait m'être plus agréable.

— Merci ! comte. Voici la chose en deux mots.

— Je vous écoute.

— A propos, s'écria le capitaine en s'interrompant tout à coup, vous savez la nouvelle ?

— Moi; je ne sais rien, je sors du lit.

— C'est vrai; eh bien! du reste, elle est toute fraîche de cette nuit; eh bien ! dis-je, cette nouvelle, la voici : les ladrones se sont échappés.

— Quels ladrones? pardon ! je ne suis pas bien au courant encore.

— Comment ! vous ne vous rappelez pas ces dix ladrones français dont je m'étais emparé...

— Attendez donc! dans une pirogue, je crois?...

— C'est cela même.

— J'y suis maintenant, eh bien?

— Eh bien ! ils se sont échappés.

— Comment échappés?

— Comme on s'échappe, pardieu ! Figurez-vous qu'ils étaient renfermés dans la prison, où ils atttendaient le moment d'être pendus ; il paraît que mes gaillards n'avaient qu'une médiocre vocation pour ce genre de mort.

— Je comprends cela.

— Moi aussi.

— De sorte qu'ils sont partis ?

— Tout ce qu'il y a de plus partis ; ils ont décampé cette nuit même, sans tambour ni trompette, après avoir un peu égorgé leurs geôliers.

— Alors, bon voyage !

— Comme vous y allez, comte ! on voit bien que vous arrivez d'Espagne et que vous ne connaissez pas ces drôles ; ce sont de véritables démons.

— Soit, mais dix hommes, fussent-ils des Samson, le massacreur de Philistins, ou bien des Hercule, fils de Jupiter et vainqueur de l'Hydre de Lerne, ne peuvent que médiocrement vous inquiéter, je suppose.

— Vous vous trompez, comte, ces bandits sont très redoutables.

— Craignez-vous donc qu'ils s'emparent de la ville ? fit le jeune homme avec un singulier sourire.

— Je ne dis pas cela, bien que je les croie capables de tout !

— Même de s'emparer à eux dix de la ville de Panama ? fit en riant le comte.

— Peuh ! tout au moins peuvent-ils, si l'on ne parvient pas à remettre la main dessus, nous causer bien des ennuis ; aussi le gouverneur est furieux : il s'en prend à tout le monde de sa suite ; il dit qu'il y a eu trahison. Je vous avoue entre nous que je partage cette opinion : il est matériellement impossible que ces misérables fussent parvenus à exécuter leur hardi coup de main, s'ils n'avaient pas été aidés du dehors par des complices ou du moins des gens gagnés.

— Ils avaient donc de l'or ?

— Pas un maravédis, et voilà ce qui m'étonne ; bref, don Ramon de la Cruz les fait poursuivre dans toutes les directions.

— Oh ! alors je suis tranquille, on sera bientôt sur leurs traces.

— Voilà le plus extraordinaire, c'est qu'ils n'ont laissé derrière eux aucune trace, aucun indice, qui puisse guider les recherches. On dirait, Dieu me pardonne ! qu'ils se sont envolés ou que la terre les a tout à coup engloutis ; ils n'ont été ni vus ni entendus par âme qui vive ! Les portes de la ville étaient fermées, les chaînes du port tendues ; où sont-ils passés ?

— Je vous le demande, c'est extraordinaire, en effet. Et ils n'ont rien laissé ?

— Si, pardon ! j'oubliais.

— Vous voyez bien !

— Bon ! vous allez juger si cela peut aider à retrouver la piste ; ils ont laissé écrit, en lettres d'un pied de haut, sur le mur de leur prison, ces trois mots : *Hasta luego, Gavachos !* — A bientôt, Gavachos !

— Je trouve la plaisanterie médiocre.

— Le gouverneur la trouve exécrable, car ces trois mots sont une menace.

— Ou une fanfaronnade ; que diable ! ces dix hommes ont assez à faire d'essayer d'échapper à ceux qui les poursuivent.

— Cela leur sera difficile, j'en conviens; mais laissons cela et revenons à ce que je vous disais d'abord.

— C'est cela; car en somme les coquins ne m'intéressent guère.

— Hier, pendant le bal, il paraît que plusieurs dames ont comploté de venir ce matin faire une visite à bord de ma corvette avec quelques-uns de leurs parents et de leurs amis, invités, bien entendu, par ces dames; je vous citerai entre autres doña Linda, fille de don Ramon de la Cruz, le gouverneur, et doña Flor, fille de don Jesus; j'ai été averti il y a une demi-heure à peine; après avoir donné les ordres pour qu'un déjeuner somptueux fût préparé, je suis venu en toute hâte vous prier, mon cher comte, de m'aider à faire à ces dames les honneurs de mon bâtiment.

— Votre proposition est charmante, capitaine, je l'accepte avec le plus grand plaisir.

— A la bonne heure ! vous voyez que rien ne nous empêchait de déjeuner ensemble. Maintenant que ma mission est remplie, je me sauve; le rendez-vous est fixé à onze heures et demie : à bientôt! comme écrivent si bien les ladrones.

Les deux jeunes gens se mirent à rire, échangèrent une dernière poignée de mains, et le capitaine sortit.

Derrière lui Michel rentra.

— Eh bien ! lui dit Laurent, l'affaire a été bien menée à ce qu'il paraît?

— Mais oui, pas mal, répondit le boucanier avec un sourire narquois. Vous avez eu des nouvelles?

— Oui, et des plus fraîches. Au dire du señor don Pablo, le gouverneur serait furieux du tour qu'on lui a joué, et il aurait lancé dans toutes les directions de nombreux détachements à la poursuite de nos pauvres camarades.

— Bon ! Qu'ils courent, cela leur fera prendre de l'exercice, à défaut de ceux qu'ils poursuivent, et sur lesquels ils ne mettront pas la main, j'en réponds...

— Où sont-ils ? ici ?

— N'était-ce pas convenu ?

— Certes ; seulement ils feront bien de se tenir cois.

— Bah ! pourquoi faire? José est depuis ce matin occupé à les grimer et à les déguiser de telle sorte, que s'ils se regardaient dans une glace, ils ne se reconnaîtraient pas eux-mêmes ; ce diable d'homme possède un talent remarquable pour opérer ces métamorphoses, c'est à n'y pas croire.

— C'est égal, il est bon d'être prudent.

— José affirme que le meilleur moyen de se cacher, c'est de se montrer hardiment.

— Il y a du vrai dans ce paradoxe, cependant il ne faudrait pas le pousser trop loin.

— On ignore le nombre de vos domestiques; quelques-uns de plus ou de moins, adroitement disséminés dans la maison, le jardin et les écuries, ne seront pas remarqués; vous verrez quelle belle collection de valets on vous confectionne, monsieur le comte; vous en aurez de toutes sortes et de toutes nuances. Barthélemy, entre autres, votre maître d'hôtel, il en a fait le plus magnifique hidalgo qui se puisse imaginer ; c'est à mourir de rire ; sur ma parole, nous n'osons pas nous regarder en face.

— Vous êtes des fous, reprit Laurent, mais je vous le répète, soyez prudents.

— Puisque José répond de tout !

— Ah çà ! tu n'as que ton José à la bouche depuis quelque temps ; d'où te vient cet engouement extraordinaire pour cet homme ?

— José n'est pas ce qu'il paraît.

— Alors il est déguisé aussi.

— Pardieu ! nous le sommes tous, c'est charmant.

— Quelle singulière comédie nous jouons !

— Oui, et qui ne tardera pas à tourner à la tragédie. Je ne me cache pas, du reste, de ma prédilection pour José ; vous savez, monsieur le comte, que je ne suis pas homme à m'infatuer d'un individu à la légère.

— C'est une justice que je me plais à te rendre.

— Eh bien ! j'éprouve pour cet homme, quel qu'il soit, une affection réelle : il est brave, loyal et dévoué, j'en suis convaincu.

— Montbars, qui s'y connaît, m'en a fait un grand éloge, et me l'a fort recommandé.

— Alors, nous pouvons être tranquilles.

Tout en causant ainsi Laurent s'était habillé avec l'aide de Michel et avait revêtu un magnifique costume ; la Toison-d'Or, ordre réservé aux princes et qui, à cette époque, ne s'obtenait que très difficilement, brillait sur sa poitrine.

Michel sourit en voyant Laurent s'en parer avec nonchalance.

— De quoi ris-tu, démon ? lui dit-il ; n'ai-je pas le droit de porter cet ordre ?

— Dieu me garde d'élever le moindre doute à ce sujet, monsieur le comte ! répondit vivement le boucanier ; il est incontestable que plus que personne vous en avez le droit ; seulement, je ris parce que cela me semble singulier de voir briller l'ordre de la Toison-d'Or sur la poitrine de l'un des principaux chefs des Frères de la Côte, les ennemis acharnés de l'Espagne.

— Oui, en effet ; aussi, pour toi et pour moi, ce contraste est-il des plus piquants. As-tu mis de l'or dans mes poches ?

— Oui, monsieur le comte.

— Bien ; mes bijoux maintenant.

— Vous accompagnerai-je ?

— Non pas, diable ! je me rends à bord de la *Perla ;* tu t'es pris d'un si grand amour pour ce charmant navire, que si je te menais avec moi, tu serais capable de me faire quelque esclandre ; je te connais, compagnon ; aussi je me tiens sur mes gardes. Sérieusement, Michel, plus nous approchons du dénouement, plus nous devons jouer serré et redoubler de prudence.

— Vous m'avez promis la *Perla*.

— Tu l'auras, gourmand, mais pas avant quelques jours ; ainsi, prends patience jusque-là.

— C'est bon, répondit-il en grondant comme un molosse auquel on retire un os ; c'est bon, j'attendrai ; cependant, vous ne pouvez pas aller seul là-bas.

— Fil-de-Soie m'accompagnera.

— Voilà un moussaillon qui a de la chance! il n'y en a que pour lui.
— Jaloux! dit en riant le jeune homme. Les chevaux sont-ils prêts?
— Ils vous attendent.
— Alors je pars; ne m'attends pas avant quelques heures; je ne sais pas combien de temps je demeurerai à bord.
— C'est bien.

Ils sortirent.

Dans la cour, Fil-de-Soie ou plutôt Julien, car tel était son nom, prévoyant qu'il accompagnerait son maître, était déjà en selle, revêtu d'un splendide costume de page.

Le comte monta à cheval, fit un dernier signe d'adieu à Michel et quitta sa demeure, suivi à distance par Julien et un domestique en grande livrée chargé de ramener les chevaux.

Les Hispano-Américains ne connaissent qu'un mode de locomotion, le cheval.

Jamais on ne les rencontre à pied; pour les plus petites courses comme pour les plus grandes, pour traverser une rue comme pour faire cent lieues, ils montent à cheval; on peut dire qu'ils vivent sur le dos de leurs montures.

Après avoir traversé à petits pas une partie de la ville, où son passage excitait l'admiration générale, le comte atteignit le port; il mit alors pied à terre, fit signe à son page de le suivre, et après avoir confié ses chevaux à son domestique qui les emmena aussitôt, il fit signe à l'un des nombreux bateliers dont les embarcations stationnaient le long du quai à la disposition des promeneurs, et il se fit conduire à bord de la corvette *La Perla*.

La corvette *La Perla* était un magnifique bâtiment, fin, élancé, ras sur l'eau, élégant, dont la coquette mâture un peu haute et crânement penchée en arrière avait son gréement tenu avec le plus grand soin. *La Perla* portait vingt-quatre canons et sortait des chantiers du Ferrol; c'était un des navires les mieux espalmés et les plus soigneusement entretenus de toute la marine espagnole, qui cependant était encore à cette époque, après la marine hollandaise, la plus belle du monde.

Le capitaine don Pablo de Sandoval, malgré ses fanfaronnades un peu trop andalouses, était, en réalité, un excellent marin, d'une bravoure à toute épreuve; il aimait sa corvette comme on aime une maîtresse chérie et s'ingéniait sans cesse pour la rendre plus élégante et plus coquette.

L'embarcation aborda à tribord. Don Pablo attendait le comte au bas de l'escalier d'honneur, appliqué au flanc du navire; en apercevant l'ordre de la Toison-d'Or qui brillait sur la poitrine du comte, il poussa un cri de surprise et d'admiration.

Don Fernan sourit en remarquant cette émotion involontaire.

— J'ai voulu vous faire honneur, lui dit-il en lui tendant la main.

Ils montèrent à bord, où le comte fut reçu avec tous les honneurs dus à son rang.

— Suis-je en retard, mon cher capitaine? demanda négligemment le comte.

— Non pas, personne n'est arrivé encore, Excellence.
— Mon cher don Pablo, faites-moi donc un plaisir.
— Je suis aux ordres de Votre Excellence.
— Eh bien ! une fois pour toutes, abstenez-vous de me donner à tout bout de champ le titre d'Excellence ou de comte; nous sommes trop liés ensemble pour que nous continuions à user l'un envers l'autre de telles cérémonies.
— Mais alors comment nommerai-je Votre Excellence, monsieur le comte?
— Encore ! vous êtes incorrigible, sur ma parole ! reprit-il en riant.
— C'est que je ne sais comment faire?
— Eh, pardieu ! appelez-moi don Fernan, comme je vous nomme don Pablo, c'est bien simple, il me semble.
— Si vous l'exigez...
— Je n'ai le droit de rien exiger de vous, capitaine; je ne puis que vous prier, et c'est ce que je fais.
— Soit ! je vous obéirai.
— Merci ! don Pablo, vous me faites réellement plaisir; vous ne vous imaginez pas combien toutes ces cérémonies me pèsent; je suis un homme tout franc, moi.
— Je le vois, et j'en suis heureux, señor.
— Ceci est mieux, mon cher don Pablo, je vois que vous vous habituerez.
— Désirez-vous vous rafraîchir?
— Je n'ai besoin de rien quant à présent, merci ! et tenez, si nous profitions de notre solitude temporaire pour visiter votre charmant navire?

Aucune proposition ne pouvait flatter davantage l'amour-propre du capitaine; aussi l'accepta-t-il avec empressement.

Le comte et le capitaine commencèrent leur visite; Julien fut laissé sur le pont où il lia aussitôt connaissance avec l'équipage.

L'intérieur du navire ne démentait pas ce que promettait son extérieur : partout régnaient un luxe et une propreté remarquables ; le capitaine avait dépensé un argent fou, pour meubler et installer, non-seulement son appartement particulier, mais encore les chambres destinées aux officiers composant son état-major : aussi avait-il réussi à faire de l'arrière de son bâtiment le plus délicieux et le plus coquet retrait qui se puisse imaginer.

Le comte, tout en feignant d'être assez peu versé sur ce qui se rapportait aux choses de la mer, visita la corvette avec une sérieuse attention, ne laissant échapper aucun détail important et questionnant avec une feinte nonchalance le capitaine sur des choses qui auraient pu éveiller son attention, si don Pablo n'avait pas été aussi enorgueilli de recevoir un visiteur de cette qualité, et n'eût pas éprouvé un aussi grand plaisir à faire ressortir toutes les qualités de son charmant navire.

L'équipage de la *Perla*, fort considérable pour un aussi léger bâtiment, avait été renforcé depuis quelques jours et montait à cent soixante-dix hommes, tous excellents matelots, braves et surtout accoutumés à la discipline, qui, contrairement à ce qui se passait à peu près sur tous les autres bâtiments, était sur celui-ci fort sévère.

Les aventuriers s'élancèrent au balcon et regardèrent plusieurs bâtiments entrant dans le port.

Les officiers, au nombre de quatre, était de vieux marins énergiques et dévoués à leur chef qu'ils adoraient.

Le comte apprit de plus que la *Perla*, excellente marcheuse, manœuvrait avec une facilité singulière par tous les temps, et que son allure favorite était le plus près ; ce que, rien qu'à l'inspection extérieure du navire et à la disposition de sa mâture, le comte, au reste, avait de suite compris.

Dans la chambre du conseil, une table surchargée d'une magnifique argenterie, et encombrée de mets de toutes sortes, froids naturellement, attendait les convives du capitaine.

Mais, à l'agitation extraordinaire qui régnait à l'avant, dans la cuisine, il était facile de comprendre que ces mets froids ne formeraient, le moment venu de se mettre à table, que la partie la plus minime du déjeuner..

Après avoir tout vu, tout visité, tout admiré, le comte remonta sur le pont en compagnie de son complaisant cicerone.

—Pardieu! disait à part lui le flibustier tout souriant au capitaine, j'ai définitivement bien fait de ne pas consentir à ce que ce démon de Michel m'accompagnât à bord de cette *Perla*, la bien nommée; la vue de tant de richesses l'eût rendu fou, et alors Dieu sait ce qui serait arrivé.

En ce moment, plusieurs canots furent signalés se dirigeant vers la corvette.

Le plus rapproché de tous portait le pavillon espagnol à l'arrière.

Ce canot était celui du gouverneur.

Quatre personnes étaient assises dans la chambre d'arrière : deux hommes et deux dames.

Ces quatre personnes étaient le gouverneur lui-même, don Ramon de la Cruz, revêtu de son grand uniforme, tout chargé d'or et de broderies, don Jesus Ordoñez de Silva y Castro, plus modestement habillé, bien qu'avec un certain luxe de bon goût, doña Linda de la Cruz, fille du gouverneur, ravissante jeune fille à peu près du même âge que la fille de don Jesus, pour laquelle elle professait une profonde amitié, et doña Flor Ordoñez, que le lecteur connaît depuis longtemps déjà, et sur la beauté et la grâce de laquelle il est inutile de s'appesantir de nouveau.

Les embarcations suivantes, au nombre de trois, semblaient maintenir avec intention une distance assez considérable entre elles et le canot du gouverneur, témoignage de respect sans doute de la part des personnes qui montaient ces embarcations.

A peine le canot du gouverneur eut-il été signalé que, sur un geste muet du capitaine Sandoval, le branle-bas de combat fut fait à bord de la corvette.

Cette manœuvre, si simple en apparence pour les gens qui ne sont pas du métier, est en réalité une des plus difficiles et des plus compliquées de la stratégie navale.

Le branle-bas de combat ne doit pas, en moyenne, durer plus de cinq minutes pour être complètement exécuté ; il rompt brutalement toutes les habitudes de la vie maritime.

En cinq minutes, les cloisons intermédiaires sont enlevées, les cuisines éteintes, les soutes ouvertes, les armes montées sur le pont et distribuées à l'équipage ; les pièces de canon mises en batteries, les bailles de combat remplies d'eau, les mèches allumées ; un va-et-vient installé au grand panneau pour descendre les blessés que dans l'entrepont recevront le chirurgien et ses aides, leurs outils préparés sur une table ; les manœuvres courantes sont bossées, les vergues assurées par des faux-bras ; les soldats de marine rangés en bataille, les chefs de pièces à leurs canons, les gabiers dans les hunes, les pompes à incendie installées, les grappins d'abordage préparés à l'extrémité des vergues; les filets tendus; le passage des poudres organisé; chacun a son poste, en un mot, depuis le capitaine commandant le bâtiment jusqu'au dernier mousse chargé de transporter les gargousses; et nous ne parlons ici ni des armuriers, ni des calfats, ni des charpentiers, ni des timoniers, qui doivent chacun, selon que leur impose leur état, pourvoir à la sûreté du navire; nous passons de plus sous silence une infinité de détails importants, mais qui ne seraient pas compris de la grande majorité des lecteurs.

Et toutes ces opérations multiples et complètement opposées les unes aux autres, bien que convergeant toutes vers le même but, doivent expressément être terminées, nous le répétons, en moins de cinq minutes, c'est-à-dire à peine le temps strictement nécessaire pour réciter le *Pater* et le *Credo*.

Aussi les équipages des bâtiments de guerre ont-ils besoin d'être exercés continuellement pendant plusieurs mois consécutifs à cette manœuvre avant de parvenir à l'exécuter à peu près correctement.

Le comte, appuyé sur le bastingage, suivait du coin de l'œil ce qui se passait autour de lui, bien que sans paraître y attacher l'importance que secrètement cela avait pour ses projets ultérieurs.

Il fut émerveillé de la façon dont fut exécuté le branle-bas de combat à bord de la corvette. En quatre minutes à peine, ce qui dépassait presque les limites du possible, chacun fut à son poste et tout fut prêt pour le combat.

— Hum! murmura-t-il à part lui, tout en mâchonnant sa moustache, voilà un rude équipage et qui, si nous n'y prenons garde, nous donnera diablement de fil à retordre; quels gaillards! Je voudrais que Michel fût ici, cela lui donnerait fort à réfléchir, je suppose.

Cependant le canot du gouverneur approchait rapidement. Bientôt il accosta.

Le capitaine et le comte étaient descendus pour recevoir au bas de l'escalier Son Excellence don Ramon de la Cruz; don Pablo offrit son bras à doña Linda; don Fernan s'empara de celui de doña Flor, puis ils montèrent à bord.

A peine le gouverneur eut-il posé le pied sur le pont qu'une salve éclata, le pavillon espagnol fut hissé au grand mât, don Ramon fut salué d'une salve de onze coups de canon, et les troupes rangées sur son passage lui présentèrent les armes, tandis que les tambours battaient aux champs.

Ces honneurs étaient exagérés; don Ramon de la Cruz n'avait en réalité, en sa double qualité de brigadier et de gouverneur, droit qu'à un simple salut de sept coups de canon, sans branle-bas de combat ni batterie de tambours; bien moins encore au pavillon national hissé au grand mât; mais le capitaine don Pablo de Sandoval tenait à bien faire les choses et surtout à flatter l'orgueil du gouverneur, avec lequel il avait mille raisons d'entretenir d'excellentes relations; du reste, il atteignit complètement son but.

Son Excellence don Ramon de la Cruz, gouverneur pour le roi des Espagnes et des Indes, de la ville de Panama, était littéralement enthousiasmé des honneurs extraordinaires qu'on lui rendait; il ne savait comment manifester sa satisfaction au capitaine de la *Perla*, qui, lui, avec une feinte modestie, s'excusait de n'avoir pu faire davantage.

XII

POUR QUELS MOTIFS DON FERNAN AVAIT ACCEPTÉ L'INVITATION DU CAPITAINE SANDOVAL

Les trois autres embarcations dont nous avons parlé, et qui par respect étaient demeurées un peu en arrière afin de laisser au gouverneur l'honneur d'accoster le premier la corvette, arrivèrent à leur tour, de sorte que bientôt tous les convives du capitaine se trouvèrent réunis sur le pont de son navire, au nombre d'une quinzaine environ.

Tous ils appartenaient aux premières ou aux plus riches familles de la ville.

Chaque cavalier offrit le poing à une dame, et on suivit le gouverneur, qui avait témoigné le désir de visiter le bâtiment pendant que l'équipage demeurerait à ses postes de combat, ce qui lui fournirait l'occasion de passer une double revue, celle de la corvette et celle des hommes qui la montaient.

Don Fernan et doña Flor, peu curieux de ce spectacle, le jeune homme parce que sans doute, marin lui-même, il n'y avait plus rien d'imprévu pour lui, et la jeune fille peut-être par timidité féminine, ou tous les deux pour des motifs qui leur étaient particuliers et connus d'eux seuls, laissèrent tout doucement passer devant eux leurs compagnons, demeurèrent un peu en arrière, et, profitant aussitôt de leur isolement au milieu de cette foule dont un vif attrait de curiosité attirait l'attention d'un autre côté, ils entamèrent à voix basse une conversation qui, à en juger par le jeu de leur physionomie et l'éclat de leurs regards, devait être très animée, mais encore très intéressante.

Plusieurs fois déjà, don Fernan avait eu l'occasion de se rencontrer ainsi seul avec doña Flor; nous disons seul, parce que les amoureux, gens les plus égoïstes qui soient au monde, rapportent tout à eux, ne voient qu'eux et ont pour coutume de ne rien remarquer de ce qui n'intéresse pas directement leur amour.

Doña Flor, dont les yeux, la première fois qu'elle avait vu don Fernan, lui avaient si clairement laissé comprendre ce que son cœur éprouvait, n'avait pas jugé à propos de revenir sur cet aveu tacite, lorsque le jeune homme lui avait déclaré son amour avec cette hypocrisie que possèdent tous les amants; hypocrisie qui ressemble tant à de la déloyauté, car, lorsqu'ils risquent un aveu, c'est qu'ils ont au fond du cœur la certitude que cet aveu sera écouté sans colère, don Fernan avait ajouté :

— Et vous, doña Flor, m'aimez-vous?

La jeune fille, toute rougissante et toute frémissante, avait fixé sur lui ses beaux yeux au clair et limpide regard, et avait laissé doucement tomber sa main dans la sienne en ne lui répondant que ce seul mot :

— Oui.

Lorsqu'on soumit les feuilles à M. d'Ogeron, il n'y voulut pas croire; huit mille hommes trouvés en cinq jours.

Mot bien court, bien usé en apparence, mais qui avait rendu don Fernan presque fou de joie et de bonheur.

Depuis lors, les deux jeunes gens s'étaient, chaque fois que le hasard le leur avait permis, livrés à d'interminables causeries sur ce charmant sujet toujours le même depuis l'apparition de l'homme et de la femme sur la terre, et cependant inépuisable, et qui se résume par ces trois mots qui sont toute l'existence de la jeunesse, ce printemps de la vie : aimer, être aimé.

Le plus grand bonheur des amoureux est de se raconter indéfiniment l'histoire de leur amour, comment il a commencé; les sensations que leur a fait éprouver la vue soudaine de l'objet aimé; le choc électrique qui tout à coup a frappé leur cœur, fait tressaillir tout leur être, et leur a révélé qu'ils avaient enfin trouvé celui ou celle pour lequel ou pour laquelle ils doivent vivre désormais; toutes ces divagations inspirées par la passion ont un charme étrange; l'âme se noie dans un océan de voluptés inouïes et incomprises jusqu'alors; un mot, un regard, un serrement de main furtif, font vivre un siècle de bonheur en une seconde.

Mais les amoureux sont insatiables; plus ils obtiennent, plus ils veulent obtenir; l'absence est pour eux le plus grand des maux; se voir, se parler est pour eux la joie suprême; il est si joli, ce verbe aimer, qui sous toutes les latitudes et dans toutes les langues, se conjugue éternellement et cependant n'a qu'un mode unique : j'aime! douce maladie de l'âme, expression si pure, si simple et si compliquée à la fois, de ce rayon divin que Dieu a caché au fond du cœur de toutes ses créatures.

Don Fernan et doña Flor s'aimaient de toute la puissance de leur âme; ils le savaient, se l'étaient dit cent fois peut-être, et ils se le redisaient encore et sans cesse, avec les mêmes tressaillements de joie, les mêmes frissons de bonheur.

Don Fernan voyait doña Flor chez son père, dans les tertulias, où toujours il était invité, à la messe, à la promenade, partout enfin, et pourtant il trouvait que ce n'était pas assez encore; peut-être au fond du cœur doña Flor était-elle de son avis; car la jeune fille aimait à la fois avec la fougueuse énergie d'un cœur qui s'est franchement donné et la naïve candeur d'une âme fière et immaculée.

Tout en parcourant le navire et jetant autour de lui des regards distraits qui ne voyaient rien en dehors de doña Flor, le jeune homme se plaignait de cette contrainte douloureuse qu'il était obligé d'imposer à son amour.

Doña Flor boudait, don Fernan était dépité et ne savait à quoi attribuer ce qu'il nommait un caprice de la jeune fille.

Et ces deux cœurs qui se comprenaient si bien, ces deux natures d'élite qui s'aimaient si sincèrement avaient presque une querelle pendant cette monotone et fastidieuse promenade autour de la corvette.

— Mais enfin, señorita, dit subitement le jeune homme, avec un secret dépit, pourquoi cette inconcevable obstination?

— Ce n'est pas de l'obstination don Fernan, répondit doucement la jeune fille.

— Qu'est-ce donc, alors? Vous ne me répondez que par ce seul mot : impossible.

— Parce que malheureusement c'est impossible.

— Voyons, raisonnons, voulez-vous?

— Raisonnons, soit, je le veux bien.

— Vous m'aimez, doña Flor?

— En doutez-vous?

— Non, Dieu m'en garde! je le crois, j'en ai la conviction profonde.

— Eh bien?
— Eh bien! mon amour peut et doit, il me semble, marcher tête levée, puisqu'il n'a rien que de noble; pourquoi ne voulez-vous consentir à ce que je demande officiellement votre main à votre père?

La jeune fille eut un fugitif et mélancolique sourire.

— Non, dit-elle, il n'est pas temps encore.

— Pas temps encore! pourquoi craignez-vous donc? avez-vous des raisons de supposer que cette démarche ne sera pas favorablement accueillie?

— Aucune, don Fernan.

— Croyez-vous que votre père, engagé antérieurement, je le sais, avec don Pablo de Sandoval...

— Je n'aime pas don Pablo de Sandoval, vous le savez, don Fernan; mon père ne m'a jusqu'ici que très vaguement parlé de cette union projetée avec le capitaine.

— Mais votre père peut vouloir vous contraindre à l'épouser?

— Lorsque j'aurai dit à mon père que je n'aime pas celui qu'il veut me donner pour époux, je suis sûre qu'il retirera sa parole et n'essaiera pas de forcer ma volonté.

— Alors les difficultés, à ce qu'il semble, viendraient de mon côté?

— Peut-être, fit-elle en hochant la tête.

— Sans doute votre père ne me trouve ni assez noble, ni assez riche pour m'accorder votre main mignonne, chère doña Flor, dit-il avec une nuance de dépit.

— Vous vous trompez, don Fernan; mon père serait au contraire au comble de la joie, s'il se doutait que vous me faites la cour et que vous recherchez ma main.

— Alors je m'y perds : d'où viendront donc ces obstacles qui s'opposent à notre bonheur?

— De vous peut-être, de vous seul, don Fernan, répondit-elle avec tristesse.

— De moi? oh! vous vous obstinez comme à plaisir à me torturer le cœur, doña Flor.

— Oh! don Fernan!

— Pardon! doña Flor, pardon, je ne sais ce que je dis; ayez pitié de moi, je suis fou; un mot, un seul, je vous en supplie; un mot qui m'apprenne ce que je dois craindre ou espérer.

— Hélas! don Fernan, ce mot qui me brûle le cœur, qui est sur mes lèvres, ce mot...

— Eh bien?

— Je ne puis le prononcer.

— Encore des réticences !

— Hélas!

— Oh! mon Dieu! que faire?

— Je vous l'ai dit, ami : attendre.

— Attendre encore!

— Il le faut!

— Et le puis-je?

— Oh ! Fernan ! est-ce donc moi, une femme ! qui dois vous donner l'exemple du courage ?

— Eh ! ce n'est pas le courage qui me manque ! s'écria-t-il avec une violence qui éclata malgré lui.

— Non, c'est la foi ! murmura-t-elle douloureusement.

Cette parole le rappela à lui-même.

— Ah ! Flor, ma Flor bien-aimée, dit-il avec un accent de doux reproche, que vous ai-je donc fait pour que vous me disiez de telles choses ?

— Je souffre, Fernan, je souffre de votre ingratitude, de votre aveuglement ; vous semblez prendre plaisir à me rendre plus malheureuse que je ne le suis.

— Vous malheureuse, Flor !

— Brisons là, mon ami ; il n'est pas encore temps de vous laisser voir la plaie profonde de mon cœur, de ce cœur qui est tout à vous, hélas !

— Ne puis-je donc réclamer une part de vos douleurs ?

— Non ; il y a au fond de toutes ces choses des abîmes qu'il ne vous est pas permis de sonder ; des secrets qui n'appartiennent pas à moi seule.

— Je crois comprendre...

— Mon ami, interrompit-elle vivement, vous ne comprenez pas, croyez-le.

Il y eut un court silence.

La compagnie, toujours précédée du capitaine donnant le poing à doña Linda, et du gouverneur, remontait en ce moment sur le pont du navire, dont elle avait achevé de visiter l'intérieur.

Doña Flor reprit la parole :

— Écoutez, Fernan, dit-elle avec une agitation fébrile qui faisait malgré elle trembler sa voix, il ne nous reste plus que quelques minutes à peine à causer sans être remarqués ; laissez-moi en profiter pour vous adresser une prière.

— Toute prière de vous est un ordre, señorita.

— Bien vrai ?

— Sur l'honneur !

— Je retiens votre parole.

— Soit ; maintenant, parlez.

— Fernan, je vous demande trois jours.

— Trois jours ?

— Oui ; est-ce trop ?

— Pourquoi ces trois jours, querida Flor ?

— Pour tout vous dire.

— Vous me le promettez ?

— A mon tour, je vous le jure, Fernan.

— Merci ! doña Flor, vous me rendez la vie.

— Ainsi, vous acceptez ?

— Oh ! avec joie.

— Voici ma main.

Don Fernan baisa avec délice cette main mignonne qu'il serra longtemps dans les siennes, sans que la jeune fille essayât de la retirer.

Le gouverneur est furieux ; il s'en prend à tout le monde de sa suite.

— Maintenant plus un mot, nous ne sommes plus seuls, ajouta-t-elle avec un sourire charmant.
— Mais comment pourrai-je vous voir?
— Que cela ne vous inquiète pas, je me charge de vous faire prévenir.
En ce moment doña Linda les rejoignit; la conversation se trouva forcément interrompue.

Les femmes, qu'elles aiment ou qu'elles haïssent, possèdent une espèce de prescience qui leur fait deviner, avec un tact extraordinaire, le moment précis où il est nécessaire de venir en aide à une amie, ou de frapper un coup décisif contre une rivale.

Don Fernan et doña Flor, tout à leur amour, complètement isolés et concentrés en eux-mêmes au milieu des personnes qui les entouraient, continuaient cette conversation si intéressante pour eux, dont nous avons rapporté quelques bribes, sans songer une seconde, sans même remarquer que l'attention de tous ces indifférents, si longtemps captivée par les merveilles que leur faisait admirer avec emphase le commandant de la corvette, cette attention, maintenant sans but, ne tarderait pas, par désœuvrement, à se tourner sur eux. Mais heureusement doña Linda veillait de loin sur son amie. Elle quitta le capitaine don Pablo de Sandoval sans même songer à s'excuser auprès de lui de cette fuite un peu brusque, et elle vint en riant se placer entre don Fernan et doña Flor.

— C'est charmant, dit-elle de sa voix au timbre argentin; ce bâtiment est réellement tenu d'une admirable façon; qu'en pensez-vous, monsieur le comte?

— Señorita, répondit don Fernan en la saluant respectueusement et mentant avec un aplomb superbe, c'est précisément ce que doña Flor me faisait l'honneur de me dire à l'instant même.

— Voyez-vous cela! reprit la folle jeune fille en riant de plus belle, est-ce vrai, mignonne?

— Oui, en vérité, querida, répondit doña Flor en lui serrant doucement le bras.

— Bon! me voilà fixée, s'écria-t-elle en riant plus fort; du reste, je vous examinais tout à l'heure et vous sembliez tous deux très intéressés, en effet.

— Méchante! murmura doña Flor, qui rougit.

— Mais je vous jure, señorita...

— A quoi bon des serments entre nous, monsieur le comte? interrompit-elle vivement; réservez-les pour une meilleure occasion. Votre première affirmation me suffit.

— Vous êtes un ange, répondit-il en s'inclinant.

— En êtes-vous bien sûr? Qui sait, peut-être suis-je un démon?

— Peut-être tenez-vous des deux, señorita.

— Comment expliquez-vous cela, voyons?

— C'est facile, señorita; vous tenez évidemmment de l'ange par le cœur et par la beauté.

— Bon! et je tiens du démon?

— Par l'esprit.

— Voilà une explication admirable et dont je vous sais un gré infini, señor don Fernan; aussi vous en prouverai-je bientôt ma reconnaissance.

— Señorita!

— Pourquoi non? je m'intéresse beaucoup aux amoureux, moi, continua-t-elle en baissant la voix; il y a en eux quelque chose de si naïf que cela me touche le cœur; aussi je vous ai tous deux pris sous ma protection.

— Je ne sais comment reconnaître tant de bonté, mais...

— Ne niez pas, c'est inutile, monsieur le comte, Flor m'a tout dit; elle n'a pas de secrets pour moi.

— Et en avez-vous pour elle, señorita?

— Oh! moi, je n'ai pas de secrets, señor don Fernan; les seuls secrets des femmes sont ceux de leur cœur, et moi je n'aime personne.

— Vous n'aimez personne?

— Excepté vous, peut-être, lui dit-elle nettement avec un dédain superbe, qui pourrais-je aimer ici! et vous, vous aimez mon amie; je sais bien que par cela même, ajouta-t-elle en riant, vous avez pour moi l'attrait du fruit défendu, mais je ne suis ni envieuse, ni curieuse; et si je m'étais trouvée dans le paradis terrestre, au lieu de notre première aïeule, je vous jure que je n'aurais pas mangé la pomme.

— Ce qui eût été un irréparable malheur pour l'humanité tout entière, señorita.

— Comment cela?

— Parce que nous aurions ignoré l'amour.

— Bien répondu; mais l'amour est-il un bien, d'abord?

— Peut-être est-ce autant un bien qu'un mal; mais en somme, c'est une passion noble, généreuse, qui révèle au cœur toute la puissance des forces vives renfermées dans son âme et le rend capable, par l'entraînement même de cette passion, des actes d'héroïsme les plus grands.

— Ou des crimes les plus horribles, reprit-elle avec un rire railleur, cela est-il vrai, oui ou non?

— Vous me permettrez, señorita, après l'aveu que vous avez daigné me faire il n'y a qu'un instant, de ne pas discuter plus longtemps cette question avec vous; nous ne pourrions nous entendre.

— Je le crois; sans rancune, monsieur le comte; et tenez, voici le señor don Pablo de Sandoval, un noble gentilhomme dont le père était boucher à Puerto-Santa-Maria, qui se décide enfin à passer dans la salle à manger; servez-nous, je vous prie, de cavalier servant; pour vous récompenser de cet acte de galanterie, nous vous permettrons de vous placer entre nous à table. Si le côté droit vous ennuie, vous aurez le côté gauche, celui du cœur, pour vous aider à prendre votre mal en patience.

— Oh! que je t'aimerais, méchante, si tu n'étais pas aussi taquine, lui dit doña Flora en souriant.

— Plains-toi, je te le conseille, mignonne; je me fais bénévolement ta protectrice, ton égide, et tu te fâches? tiens, ajouta-t-elle en riant, tu n'es qu'une ingrate.

La revue et l'inspection terminées, le gouverneur avait adressé quelques mots à l'équipage pour le féliciter sur sa bonne tenue et son excellente discipline; puis, ce qui avait surtout fait plaisir aux matelots, il avait déposé une somme assez considérable entre les mains du maître de manœuvre pour être distribuée entre les gens de l'équipage.

Cette munificence avait été accueillie par les cris assourdissants de: « Vive le gouverneur! » cris qui avaient doucement chatouillé l'oreille du digne fonctionnaire et l'avaient fait tressaillir d'aise.

Sur un signe du capitaine, le lieutenant avait fait cesser le branle-bas de combat, et presque immédiatement tout était rentré dans son état normal à bord.

Don Pablo de Sandoval avait alors invité ses visiteurs à passer dans la salle à manger, où le déjeuner les attendait.

Cette invitation hospitalière avait causé une joie générale et réuni la plus touchante unanimité.

Il était midi passé; tout le monde avait grand'faim.

Les deux jeunes filles manœuvrèrent si adroitement, qu'elles réussirent, ainsi que doña Linda en avait fait la promesse à don Fernan, à le faire asseoir entre elles, au déplaisir secret de don Pablo, qui avait arrêté dans son esprit de placer le gouverneur à sa droite et le comte à sa gauche; mais cette fois encore la volonté féminine l'emporta, et il fut contraint, à son grand regret, de se contenter d'avoir pour voisin don Jesus Ordoñez.

Il n'entrait pas un grain de jalousie dans la mauvaise humeur secrète du capitaine. D'abord il ignorait complètement que le comte fût son rival; ensuite il n'éprouvait pour sa charmante fiancée qu'une affection excessivement modérée; son mariage n'était pour lui qu'une affaire : son beau-père futur était très riche; il donnait une dot magnifique à doña Flor : don Pablo n'en demandait pas davantage; la jeune fille était belle, ce qui flattait beaucoup son amour-propre, mais voilà tout; elle eût été laide que cela n'eût en rien modifié ses intentions sur le mariage projeté.

La conversation fut d'abord assez languissante, les convives dévoraient; mais lorsque le premier appétit fut à peu près calmé, on commença à causer et bientôt la conversation devint générale.

— Monsieur le gouverneur, demanda un gros homme bouffi, à face apoplectique, qui suait comme un bœuf et mangeait comme un éléphant, que dit-on des galions, s'il vous plaît?

— Mon cher don Leandro, répondit le gouverneur, — le gros homme se nommait Leandro, le hasard a de ces ironies, — mon cher don Leandro, la flotte réunie au Callao a dû appareiller, il y a dix jours, après avoir rallié les navires chiliens, mexicains et autres. On la dit superbe.

— Bonne nouvelle, monsieur le gouverneur, répondit le gros Leandro.

— Oui, et s'il plaît à Dieu, ainsi que disent les marins, nous la verrons avant dix jours mouiller dans notre port.

— Que le Seigneur la protège! dit d'une voix nasillarde don Cristoval Bribon y Mosquito, qui tenait le nez dans son assiette.

— Et les ladrones, en a-t-on des nouvelles fraîches? demanda une autre personne.

— Non, grâce à Dieu! depuis quelque temps ils ne font pas parler d'eux, répondit le gouverneur.

— Est-ce vrai que ces ladrones sont hérétiques? demanda une dame sur le retour, et qui affectait de grands airs d'ingénue.

— Tout ce qu'il y a de plus hérétiques, señora doña Lucinda, dit le capitaine avec un sourire aimable.

— Ainsi ils ne croient ni à Dieu ni au diable?

— A Dieu, non ; au diable, oui.

— *Valgame Dios !* ponctua don Cristoval.

— Amen ! Mais à propos de ladrones, señor don Ramon, dit à son tour don Fernan, est-ce que ceux que vous reteniez ici prisonniers se sont évadés, ainsi qu'on me l'a dit ?

— Ce n'est que trop vrai, monsieur le comte.

— Mais on les reprendra sans doute ?

— Ceci est fort problématique.

— Vous me surprenez.

— Monsieur le comte, depuis l'évasion incroyable de ces bandits, j'ai mis toute la police de la ville à leurs trousses ; j'ai même fait battre la campagne dans tous les sens par de nombreux détachements de soldats.

— Eh bien ?

— Eh bien ! monsieur le comte, j'ai la douleur de vous avouer, et croyez que j'en suis marri plus que personne, vu ma qualité de gouverneur de la ville, je suis contraint d'avouer, dis-je, que la police et les soldats sont sur les dents, qu'ils n'ont rien trouvé, ni découvert le plus léger indice du passage de ces bribones dans un endroit quelconque à cinq lieues à la ronde,

— Voilà qui est extraordinaire ! dit le comte.

— Ils ont littéralement disparu, reprit don Ramon.

— Le diable, leur patron, les aura enlevés, insinua don Cristoval.

— Mais voilà qui est fort inquiétant, minauda doña Lucinda. On dit ces ladrones très audacieux avec les dames.

— Alors gare à vous ! s'ils vous attrapent, doña Lucinda, dit le gros Leandro en ricanant.

— Taisez-vous, vilain éléphant ! s'écria la duègne d'une voix aigre.

Cette repartie excita un rire général.

— Je suis très contrarié de ce que vous m'annoncez, repartit don Fernan.

— Pourquoi donc cela ?

— Mon Dieu ! parce que j'attends à Chagrès une goélette de la Vera-Cruz chargée d'objets assez précieux, et je crains qu'en traversant l'isthme ces objets ne soient pillés par ces ladrones si malencontreusement évadés.

— Qu'à cela ne tienne, monsieur le comte, répondit majestueusement le gouverneur, je vous fournirai une escorte ; je vous donnerai même une *cinquantaine*, si vous le désirez.

— Je ne vous cache pas, mon cher don Ramon, que votre offre obligeante me comble de joie, et que je suis tout disposé à l'accepter.

— Acceptez-la, monsieur le comte ; pour ma part, je serai charmé de vous être agréable en cette circonstance, comme en toute autre qui se présentera.

— Mille grâces !

— Quand attendez-vous cette goélette, monsieur le comte ? demanda don Jesus.

— D'un moment à l'autre, cher señor, elle devrait même être arrivée déjà.

— Alors elle ne tardera pas, dit spirituellement le gros don Leandro.

— C'est probable, fit le jeune homme en riant.

Et comme mille conversations particulières se croisaient avec la conversation générale, et que le moment était arrivé où, dans un bon repas, chacun commence à ne plus songer qu'à soi, don Fernan reprit sa causerie à voix basse avec ses deux charmantes voisines, sans cependant pour cela perdre un mot de ce qui se disait autour de lui.

Deux motifs impérieux l'avaient conduit à bord de la corvette : le premier, l'intérêt de son amour pour doña Flor; le second, beaucoup plus important encore, l'intérêt de l'expédition qu'il se préparait à tenter si audacieusement contre la ville; peut-être en avait-il un troisième, mais celui-là était un mystère que seul il connaissait, il le croyait du moins; de plus, il avait visité la corvette, chose très importante pour lui.

La matinée avait été bonne pour le jeune homme: il avait eu une longue conversation avec sa bien-aimée, et de plus il avait obtenu des renseignements précieux; il était donc d'une humeur charmante; ce dont ses voisines eurent le loisir de s'apercevoir, car le repas se prolongea jusqu'à une heure assez avancée et les convives bien repus songèrent à regagner la terre.

Don Fernan ne se sépara pas de doña Flor sans lui rappeler plusieurs fois encore la promesse qu'elle lui avait faite.

LES TITANS DE LA MER

I

OU REPARAIT CASCABEL, QUE LE LECTEUR A SANS DOUTE OUBLIÉ

Don Ramon de la Cruz, gouverneur de Panama, insista, lorsque le moment fut venu de quitter la corvette, où le capitaine de Sandoval avait offert une si plantureuse hospitalité à ses invités, pour que don Fernan lui tînt compagnie dans son canot; le jeune homme accepta cette gracieuse invitation avec un empressement d'autant plus vif, qu'il pouvait ainsi demeurer quelques instants de plus auprès de doña Flor, échanger quelques mots avec elle et s'enivrer de ses regards.

Malheureusement le trajet ne dura que quelques minutes; en descendant à terre, il fallut définitivement se séparer.

Don Fernan salua respectueusement les dames, serra la main de don Jesus et prit congé du gouverneur qui lui renouvela ses offres de service, puis il s'éloigna; auprès de la douane un domestique l'attendait avec des chevaux.

Le jeune homme se mit en selle et regagna à petits pas sa demeure, tout en récapitulant mentalement ce qui lui était arrivé d'heureux pendant cette charmante matinée, qu'avec son égoïsme d'amoureux il n'aurait jamais voulu voir finir.

Don Fernan n'était plus qu'à quelques pas à peine de sa demeure, lorsque le passage lui fut brusquement coupé par un rassemblement considérable de peones, d'Indiens, de soldats, de mendiants, enfin de tous ces désœuvrés qui pullulent dans une grande ville.

Ce rassemblement prenait toute la largeur de la rue et se trouvait arrêté presque en face de la grille qui donnait entrée dans la Casa Florida.

Force fut donc au jeune homme de s'arrêter.

Il se haussa sur ses étriers et regarda.

Grâce à la position élevée qu'il occupait sur son cheval, il lui fut possible de voir ce qui se passait.

Ce rassemblement, qui s'accroissait d'instants en instants, était causé par un Indien métis, moucheté par tout le corps de taches verdâtres bizarrement occellées et ressemblant à s'y méprendre à celles d'un tigre.

Un souvenir traversa comme un trait de feu la mémoire du jeune homme.

Il lui sembla que ce n'était pas la première fois qu'il avait vu cet homme singulier, que déjà il l'avait rencontré ; mais où ? dans quelles circonstances ? voilà ce qu'il ne pouvait se rappeler.

Il fit un signe à Julien.

Le jeune homme s'approcha aussitôt.

— Connais-tu cet homme ? lui demanda-t-il.

— Lequel, monsieur le comte ? demanda respectueusement le page.

— Celui qui pérore là au milieu de ce groupe ; cet Indien hideux et tigré comme une bête fauve.

— Oh ! il est bien connu, monsieur le comte, c'est Cascabel.

— Cascabel ? quel est ce nom ?

— C'est le nom ou plutôt le surnom de l'homme que vous voyez là.

— Mais Cascabel signifie serpent à sonnettes ?

— C'est cela même, monsieur le comte.

— Comment c'est cela ? explique-toi.

— Oui, cet Indien est charmeur de serpents, il jongle surtout avec les serpents à sonnettes : alors vous comprenez, monsieur le comte...

— On lui a donné le nom de son acteur le plus redoutable ?

— Voilà !

— Je comprends. Écoute, lorsque nous serons rentrés, tu appelleras cet homme et tu l'introduiras dans la cour ; est-il adroit ?

— Oh ! monseigneur, il fait des choses miraculeuses ; il est effrayant à voir opérer.

— Très bien, puisqu'il est tel que tu le dis, je ne serai pas fâché de juger par moi-même du talent de cet être singulier. Tu m'as entendu ?

— Oui, monsieur le comte.

La foule s'ouvrit tout en grognant un peu devant les chevaux ; le comte et ses gens la traversèrent avec précaution, afin de ne blesser personne, et don Fernan rentra chez lui.

Dès qu'il eut mis pied à terre, il ordonna à Michel, qui était accouru à sa rencontre, de faire préparer quelques sièges sous la véranda, puis il entra dans son appartement et il changea son brillant costume contre un autre beaucoup plus simple, mais dont cependant la coupe était d'une élégance exquise.

A peine achevait-il de s'habiller lorsque Julien entra et lui annonça que ses ordres étaient exécutés et que Cascabel attendait son bon plaisir dans la cour.

Don Fernan se rendit sous la véranda, où il s'assit au milieu des gens de sa maison, groupés autour de lui.

Pendant deux ou trois minutes, les yeux du jeune homme demeurèrent opiniâtrément fixés sur l'Indien, qui, debout, les bras croisés sur la poitrine, près de sa mule maigre et pelée, chargée de paniers de formes étranges, se tenait la tête baissée, mais le regard toujours en mouvement, à dix pas de la véranda.

Un travail se fit sans doute dans l'esprit de don Fernan, car il sourit, et d'un signe ordonna à l'Indien de s'approcher.

Il avait reconnu l'homme qu'il avait rencontré dans le patio de l'hacienda

La compagnie, précédée par le capitaine, remontait en ce moment sur le pont du navire.

del Rayo, et pour lequel José, le guide Indien, semblait avoir une implacable haine.

Le hideux personnage s'approcha et salua gauchement en tortillant entre ses doigts crasseux un soupçon informe de ce qui jadis avait peut-être été un chapeau et qui cependant lui servait de couvre-chef.

— Qui es-tu, drôle? lui demanda brusquement le comte.

— Monseigneur, avec votre permission, je suis un pauvre Indien.

— Ce n'est pas cela que je te demande ; je le vois de reste.

— Je suis, sauf votre bon plaisir, un bien honnête homme, avantageusement connu...

— Dans les presidios de Ceuta et autres, interrompit rudement le comte.

— Monseigneur, répondit obséquieusement le misérable, le monde est bien méchant ; chacun a ses ennemis ; on peut avoir ramé sur les galères de Sa Très Sainte Majesté le roi Philippe IV, et ne pas être pour cela un voleur ni un assassin.

Don Fernan ne savait pas un mot de l'histoire de ce misérable. Sa mine patibulaire avait seule, sans arrière-pensée, poussé le jeune homme à citer le presidio de Ceuta. Voyant qu'il avait réussi, encouragé par ce succès inespéré et qu'il ne cherchait pas, il se sentit intéressé malgré lui et résolut de continuer ce singulier interrogatoire.

— Il y a d'autres crimes que le vol et l'assassinat, dit-il, crimes qui ne méritent pas moins un châtiment exemplaire.

— Un esclave n'est maître ni de sa volonté ni de ses actions, monseigneur, il doit obéir à celui à qui il appartient.

— Peut-être, reprit sévèrement le jeune homme, ce pouvoir a des limites qu'il ne peut outrepasser sans honte et ne va pas jusqu'à être libre d'ordonner....

— Un rapt ! Car voilà mon crime ; mais que pouvais-je faire, moi, chétif et misérable esclave ? Mon maître était lui-même l'agent d'un homme dont le pouvoir ne connaissait pas de bornes ; la jeune fille fut enlevée, c'est vrai.....

— A Puerto Santa-Maria, dit le jeune homme d'une voix sourde, avec sa mère.

L'Indien se redressa avec épouvante.

— Ah ! vous savez tout, monseigneur ! s'écria-t-il d'une voix étranglée.

— Oh ! je sais bien d'autres choses encore ; que sont devenues ces deux femmes ?

L'Indien baissa la tête et garda le silence.

— Répondras-tu, misérable ?

— Je l'ignore, répondit-il avec hésitation ; aussitôt après l'enlèvement je fus arrêté et transporté à Ceuta.

— Dont tu t'es échappé ?

— Pardonnez-moi, monseigneur ; un ami inconnu me facilita les moyens de quitter le bagne et de passer en Amérique, dès que, après deux ans de souffrances et de misères, le gouverneur de Ceuta, qui m'avait fait appeler, m'eut déclaré que j'étais libre d'aller me faire pendre où il me plairait.

— Et tu n'as jamais su le nom de l'homme généreux qui t'avait sauvé ?

— J'ai toujours pensé que c'était mon ancien maître qui, ayant épousé la jeune fille que j'avais aidé à enlever, et par conséquent, ne redoutant plus rien de mes révélations, avait enfin eu pitié de moi.

— C'est possible, bien que ce ne soit pas probable. Comment se nommait ton maître ?

— Je l'ai toujours ignoré, monseigneur ; et puis vous savez ce nom aussi bien que je pourrais le savoir.

— Je tiens à m'assurer que tu n'as pas menti.

— Monseigneur, il y a vingt ans que ces faits se sont passés ; depuis j'ai essayé de faire oublier, par une conduite exemplaire, les fautes de ma jeunesse et de les oublier moi-même ; ma mémoire est mauvaise, mon intelligence faible ; je ne me souviens de rien, il est donc inutile de m'interroger davantage à ce sujet.

Ces paroles furent prononcées d'un ton de basse humilité et de sournoise ironie, qui donna fort à penser au jeune homme ; cependant il jugea à propos de ne rien laisser paraître.

— Et toi, sais-tu ton nom ? reprit-il.

— Je sais au moins mon surnom, monseigneur ; tout le monde ici me nomme Cascabel.

— Que sais-tu faire ?

— Monseigneur désire voir une preuve de mon talent ?

— Oui ; on m'en a beaucoup parlé, et puisque le hasard t'a conduit ici, je veux en juger par moi-même.

— Chaque homme vit de son métier, monseigneur.

— Ce qui veut dire ?

— Oh ! monseigneur est trop généreux pour que j'insiste.

— Très bien, voilà pour toi.

Et il lui jeta une once que l'Indien attrapa au vol et fit disparaître dans sa poche avec un sourire de satisfaction digne d'un orang-outang.

— Monseigneur sera satisfait de moi, dit-il avec un salut respectueux à l'adresse du jeune homme.

L'Indien enleva les paniers placés sur la mule, les posa à terre, et faisant un geste de la main pour agrandir le cercle que les domestiques curieux avaient formé autour de lui :

— Reculez-vous, señores, dit-il ; laissez-moi l'espace libre, il y a danger de mort pour quiconque serait placé trop près de moi dans un instant.

Cet avertissement, donné avec cet accent railleur particulier à ce singulier personnage, obtint le résultat qu'il en attendait sans doute : chacun se hâta immédiatement de se mettre à une distance respectueuse.

Une grimace de satisfaction narquoise éclaira pendant une seconde les traits hideux de l'Indien, en voyant avec quelle promptitude il avait été obéi.

Puis il se baissa, ouvrit un des paniers, en retira d'abord un tambour en terre cuite au soleil, ressemblant par la forme à un chaudron sur l'orifice duquel on aurait tendu une peau d'onagre, puis un long flageolet en bambou, mais percé seulement de trois trous ; enfin il retira du panier, avec effort, une large boîte ronde, cerclée de fer, et percée dessus et tout autour d'une infinité de trous.

Ces préparatifs préliminaires achevés, l'Indien se tourna de nouveau vers l'assistance.

— Señores, dit-il, mais cette fois avec un accent sérieux qui témoignait de l'importance qu'il attachait à cette recommandation, sur votre vie, sur la confiance que vous avez dans la bonté divine, je vous en conjure, si vous ne voulez pas qu'il arrive un épouvantable malheur, pendant tout le temps que dureront mes exercices, demeurez muets et immobiles ; le moindre mot, le geste le plus léger, un mouvement involontaire même, vous perdraient.

— Va, va, bavard, dit en riant don Fernan, ne t'inquiète de rien, on fera ce que tu désires.

— Ah ! vous riez de tout, vous autres grands seigneurs, fit-il avec amertume.

— Veux-tu commencer, oui ou non ?

— M'y voilà, monseigneur ; silence maintenant, s'il vous plaît, pour moi, si ce n'est pour vous ; car je suis, moi, le plus exposé de tous.

Chacun se tut.

L'Indien retira alors de sa bouche baveuse la *chique* de *coca* que tous les naturels de l'Amérique ont l'habitude de mâcher continuellement, et il la serra précieusement dans sa ceinture.

La coca est la feuille d'une espèce de liane particulière à l'Amérique du Sud. On laisse sécher cette feuille, puis lorsqu'on veut s'en servir, on prend un peu de chaux vive, un petit morceau de pierre ponce, on roule le tout ensemble en forme de boule, et on se le met dans la bouche.

Les Indiens prétendent que la *coca* leur fait oublier le sommeil, la faim, la soif et même la fatigue, et que moyennant une chique de coca, ils peuvent demeurer trois, quatre et même cinq jours sans boire, manger, dormir et même sans éprouver la moindre fatigue.

Pendant mon séjour au Pérou, j'ai voulu m'assurer de la vérité de ce fait qui me semblait un peu trop merveilleux pour être vrai, et je n'ai pas hésité à expérimenter moi-même, à plusieurs reprises, les propriétés soi-disant admirables de la *coca*.

Le résultat de mes expériences m'a convaincu de ceci, dont, au reste, je me doutais déjà, que la coca, comme le bétel et le tabac à chiquer de nos matelots et de nos soldats, n'est et ne saurait être qu'un palliatif ; une distraction nécessaire, indispensable même, lors d'un long travail de force, ou d'une attente trop prolongée ; et cela, par le mouvement continu et machinal de mastication et, en sus, la fraîcheur et la salivation qui en résultent, mais voilà tout ; un homme peut attendre une journée tout entière sans boire ni manger, ni même dormir, en chiquant de la *coca*, du bétel ou du tabac, mais au bout de ces douze heures, cet homme, si vigoureux qu'il soit, n'y peut tenir plus longtemps.

Certains savants ou soi-disant tels, qui souvent parlent à tort et à travers de choses qu'ils ne connaissent que par ouï-dire, attribuent de bonne foi à la coca les qualités merveilleuses que lui reconnaissent les Indiens. Il n'y a qu'une chose à répondre à ces braves gens, beaucoup trop naïfs : Essayez l'expérience sur vous-mêmes, puis vous nous ferez part du résultat.

C'est toujours et avant tout l'histoire du poisson à introduire dans un baquet plein d'eau, sans qu'il s'en renverse une goutte. L'Académie à qui ce fait fut soumis, et qui ne siégeait pas à Tombouctou, discuta pendant huit jours sur la faculté étrange que possédaient les poissons de ne pas augmenter le volume de l'eau en y entrant, mais au contraire de diminuer par l'absorption ledit volume.

Dieu sait combien de mois encore aurait duré cette intéressante discussion, si un plaisant ne s'était avisé d'introduire un poisson dans le baquet en présence de tous les académiciens effarés ; l'eau passa immédiatement par-dessus les bords du baquet ; les académiciens reconnurent qu'on s'était moqué d'eux, se retirèrent tout penauds, et tout fut dit.

Il en est de même de la *coca*.

Mieux vaut, je crois, revenir à Cascabel.

L'Indien alla se placer à une dizaine de pas de la boîte dont nous avons parlé, en ayant soin de se mettre derrière elle ; il s'assit sur le sable, les jambes croisées à la façon des Turcs, puis il emboucha son flageolet, dont il tira coup sur coup deux notes très douces.

Le couvercle de la boîte sembla légèrement osciller à ce premier appel, puis il redevint immobile.

Cascabel modula alors deux notes plus graves et plus sonores sans obtenir encore aucun résultat.

L'Indien posa son tambour devant lui, saisit sa baguette, et en même temps qu'il tirait de nouveau deux notes de son flageolet, il frappa un coup retentissant sur le tambour. Aussitôt, le couvercle de la boîte vola dans l'espace, et un énorme serpent surgit et se dressa au milieu de la boîte comme poussé par un ressort.

Le hideux reptile, jaune, marbré de taches brunes, le haut du corps jeté en arrière, le cou recourbé ou plutôt arrondi comme celui d'un cygne, balançait dans la direction de l'Indien, qui avançait son poing armé de la baguette vers lui et le retirait alternativement, balançait, dis-je, par un mouvement lent et cadencé, sa tête plate et triangulaire, assez semblable à un fer de lance.

Ce monstre était le trigonocéphale ; il avait près de sept pieds de long et son corps, vers le milieu, avait la grosseur du bras d'un homme de haute stature et solidement charpenté ; ce serpent, pour le dire en passant, est au moins aussi redoutable que le cascabel ou serpent à sonnettes.

L'Indien se plut pendant quelques instants à faire osciller ainsi, presque à toucher son visage, la tête plate du reptile, qui se tenait toujours dressée et comme debout sur la partie inférieure de son corps.

Les assistants, si braves qu'ils fussent, n'avaient pas besoin en ce moment qu'on leur recommandât le silence et l'immobilité : cet effroyable spectacle les avait frappés de stupeur et rendus muets d'épouvante.

L'Indien baissa subitement vers la terre sa main armée de la baguette : au même instant, le serpent retomba comme une masse au fond de la boîte, son corps roulé ou plutôt *lové* sur lui-même et sa tête hideuse dressée seule au milieu du rond, ses yeux jaunes fixés sur son maître.

L'Indien retira alors quelques feuilles sèches de sa poche, les sema sur le sol devant lui, et frappant avec sa baguette un coup sec sur le tambour :

— José, vilain esclave, dit-il au serpent, viens nettoyer cette place au plus vite.

Le reptile s'allongea aussitôt hors de la boîte, déroula ses longs anneaux, rampa jusqu'à l'endroit où les feuilles étaient jetées, se tordit de nouveau et, d'un mouvement précipité de sa queue il fit voler à droite et à gauche les feuilles, qui, bientôt, eurent toutes disparu.

— Tu es un *buen muchacho*, — bon garçon, — et un excellent serviteur, José, je suis content de toi, reprit l'Indien; viens embrasser ton maître, mon gentil camarade.

Il tendit son bras droit entièrement nu vers le reptile; celui-ci se redressa, fit entendre un sifflement doux et modulé, glissa lentement autour du cou de l'Indien, leva sa tête plate, et de sa langue fourchue lui lécha le visage.

Cette effroyable caresse se continua pendant deux ou trois minutes, au grand effroi des spectateurs, que cette scène étrange terrifiait; enfin, l'Indien prit doucement la tête du serpent dans sa main, délia lentement et avec précaution les nombreux tours dont son cou était enveloppé, et il posa le reptile à terre devant lui; le serpent demeura étendu, immobile, épuisé sans doute par l'exercice auquel il s'était livré.

Cascabel prit alors l'animal par le cou, le releva et porta dans sa boîte, où il le roula avec soin lui-même, le serpent qu'il tenait à bras tendu et dont la tête surpassait la sienne, tandis que sa queue balayait le sol; l'Indien remit le couvercle qu'il assujettit solidement.

Puis l'Indien fit quelques pas; se rapprochant ainsi de don Fernan, et, s'arrêtant en face du jeune homme à une distance de un mètre, il écarta les plis de sa blouse et retira un petit sac pendu à son cou par une forte tresse de cuir.

— Avec votre permission, monseigneur, dit-il, je vais vous montrer un petit animal assez curieux.

— Quel est cet animal? demanda don Fernan.

— Simplement un serpent corail.

— Ah! ah! Et ce serpent est redoutable? reprit le jeune homme avec une feinte indifférence.

— Eh! fit l'Indien en ricanant, la morsure du corail tue en moins de deux heures.

— Bon! il doit y avoir un remède, alors?

— Ce remède existe, sans doute, monseigneur, mais on ne l'a pas encore trouvé.

— Tu as probablement enlevé les crochets de celui-ci pour l'empêcher de nuire?

— Vous en jugerez vous-même tout à l'heure; le voulez-vous voir, monseigneur?

— Pourquoi non? aurais-tu l'intention de m'effrayer, drôle, avec tes histoires?

— Oh! monseigneur, vous ne pouvez croire que j'aie une telle prétention.

— Alors, montre-nous ton reptile sans plus de hâbleries; tiens, voici une autre once.

Et il la lui jeta. L'Indien la reçut aussi adroitement que la première, et la fit aussi prestement disparaître.

— Que Dieu vous bénisse, monseigneur, dit-il; voilà ma petite bête, mais ne m'approchez pas.

Il ouvrit alors le sac, y plongea la main, et retira un serpent qu'il tenait par le bout de la queue.

Ce serpent avait environ quinze pouces de long; son corps, d'un rose pâle, était marbré de taches violettes.

C'était bien réellement un corail.

A peine apparut-il au jour, qu'il se redressa avec un sifflement furieux et rejeta la tête en arrière comme s'il eût voulu s'élancer sur l'Indien qui le tenait.

Celui-ci, loin de paraître effrayé de cette démonstration menaçante, siffla d'une certaine façon, approcha le serpent de son visage et tous ses traits, se contractant à la fois, prirent une expression effrayante, tandis que ses yeux se rivaient obstinément sur ceux du reptile.

Il y eut une minute entière de lutte entre l'homme et l'animal; ce fut le reptile qui s'avoua vaincu: dompté, fasciné par ce regard fixe et clair qui pesait sur lui, il s'affaissa lentement sur lui-même et cacha sa tête dans ses anneaux.

L'Indien fit entendre un ricanement de triomphe, puis, tout en continuant à tenir le serpent par la queue, il l'approcha lentement de sa bouche, où il finit par le faire entrer.

Il le conserva ainsi pendant près d'une minute, enfin il le retira; mais le reptile n'était plus le même, il paraissait être mort et pendait inerte de la main de l'Indien.

— Maintenant, monseigneur, dit Cascabel avec son éternel ricanement, qui, en ce moment surtout, avait quelque chose de sinistre, vous allez voir si ce corail est aussi inoffensif qu'il le semble, et si tout le monde pourrait jouer aussi facilement avec lui que je le fais. Regardez bien, monseigneur, cela en vaut la peine, je vous jure.

Il donna alors trois ou quatre chiquenaudes légères sur la gorge du reptile; celui-ci se redressa subitement, ouvrit la gueule dont les deux mâchoires se renversèrent en arrière, et il laissa voir ses crochets à venin dressés comme deux pointes menaçantes; ces crochets sont mobiles et percés d'un tube capillaire dont l'extrémité inférieure correspond aux vésicules de poison et que fait dresser perpendiculairement aux gencives la constriction des nerfs maxillaires, lorsque le corail ouvre la gueule pour mordre un ennemi.

— Qu'en pensez-vous, monseigneur, reprit Cascabel, trouvez-vous toujours ce charmant animal aussi inoffensif que vous le supposiez d'abord?

— Ma foi! non, j'avoue mon tort; mais comment fais-tu pour dompter ces animaux?

— Ceci est mon secret, monseigneur; il serait inutile d'insister à ce sujet, je ne pourrais satisfaire votre curiosité.

Tout en parlant ainsi, l'Indien avait de nouveau renfermé le corail dans le sac, et replacé celui-ci à son cou, sous sa blouse.

— Eh, eh! ajouta-t-il avec un accent de raillerie indéfinissable, ce tour-ci est un des mieux réussis, monseigneur, voilà tout ce que j'ai à vous montrer, quant à présent; Votre Excellence est-elle satisfaite?

— Je suis si satisfait, reprit don Fernan avec intention, que peut-être chercherai-je à te revoir. Au cas où j'aurais ce caprice, où te trouverai-je ?

— Partout, monseigneur.

— Ce qui veut dire nulle part ; te moques-tu de moi, drôle ?

— En aucune façon, monseigneur ; je rôde continuellement par la ville et les environs ; d'ailleurs tout le monde me connaît, et je n'ai aucun motif pour me cacher.

— Soit ; peut-être te reverrai-je.

— Je me tiendrai humblement à vos ordres, monseigneur.

L'Indien replaça alors ses paniers sur sa mule, salua l'assistance d'un air goguenard, et sortit lentement de la cour.

— Il faut surveiller avec soin cet homme, dit Fernan à l'oreille de Michel, il a une face d'espion qui m'inquiète.

— On le surveillera, soyez tranquille, monsieur le comte, répondit le boucanier avec un geste significatif.

— Non, fit vivement le jeune homme ; je ne veux pas qu'il meure ; j'ai besoin de lui.

— Bon ! Alors on se contentera de le mettre dans l'impossibilité de nuire.

— C'est cela.

Mais Cascabel, qui prétendait qu'on le rencontrait partout, disparut si bien que, malgré les plus actives recherches, il fut impossible de le retrouver.

Contretemps dont Michel enragea, et qui donna fort à penser à don Fernan.

II

COMMENT S'Y PRIT PIERRE LEGRAND POUR S'EMPARER DE L'ILE SAINTE-CATHERINE

Nous reviendrons maintenant à la flotte flibustière que nous avons laissée après son brillant appareillage de Port-de-Paix, s'élever en haute mer et finalement disparaître à l'horizon.

Vers cinq heures du soir on perdit la terre de vue ; cependant, jusqu'au coucher du soleil, on continua à naviguer de conserve.

Deux caravelles espagnoles, expédiées selon toutes probabilités pour surveiller les mouvements des Frères de la Côte, s'étant imprudemment avancées, avaient été amarinées.

C'étaient de petits navires côtiers, portant chacun quatre pierriers et montés par une dizaine d'hommes d'équipage ; en tout vingt.

Deux escouades de Frères de la Côte avaient été mises à bord de ces caravelles qui avaient reçu l'ordre de suivre la flotte.

Ces bâtiments légers et d'un très faible tirant d'eau étaient précieux pour les reconnaissances.

Les Espagnols étaient passés sur le vaisseau amiral ; à un signe de Montbars, on les pendit en chapelet au bout des vergues, à la grande joie des

Le hideux reptile balançait, par un mouvement cadencé, sa tête plate et triangulaire.

boucaniers; joie médiocrement partagée, selon toutes probabilités, par les pauvres diables chargés de jouer un rôle dans cette lugubre comédie.

Telle était la façon dont les flibustiers et les Espagnols se faisaient la guerre; des deux côtés les procédés étaient les mêmes; aussitôt pris, aussitôt pendus. Ce sinistre proverbe était vrai dans toute la rigueur du fait.

D'ailleurs Montbars n'était pas pour rien surnommé l'Exterminateur; sa haine contre les Espagnols était si vive et si implacable, que ceux que leur mauvaise étoile jetait entre ses mains étaient irrévocablement perdus ; jamais il n'avait fait grâce à un seul prisonnier ; au retour de chaque croisière, il rentrait à Port-Margot ou à Port-de-Paix avec des guirlandes de cadavres ennemis pendus à toutes les vergues.

Un peu avant le coucher du soleil, un signal fut hissé à bord du vaisseau amiral ; ce signal voulait dire : Liberté de manœuvre. Aussitôt la flotte se disloqua, et chaque escadre mit le cap sur le point qu'elle avait primitivement reçu l'ordre d'atteindre.

L'amiral continua sa route pour le rio San-Juan.

Morgan, avec la deuxième escadre, se dirigea vers Porto-Bello.

Enfin, la troisième escadre, sous les ordres de Pierre Legrand, orienta au plus près du vent et mit le cap sur l'île Sainte-Catherine, dont ce vice-amiral avait l'ordre de s'emparer.

Nous nous attacherons aux pas de cette troisième escadre, chargée, sinon de la mission la plus périlleuse, mais tout au moins de la plus importante.

L'île Sainte-Catherine, qu'il ne faut pas confondre avec celle qui est située sur la côte du Brésil, paraît être ignorée de nos savants géographes : aucun d'eux n'en fait mention. Cette île est située sur la côte de *Costa-Rica*, à environ trente lieues de la rivière de Chagrès, par 12° 30′ de latitude septentrionale.

Montbars avait choisi cette île comme point de ravitaillement pour sa flotte, à cause de la proximité du point qu'il voulait occuper ; nul choix ne pouvait, sous aucun rapport, être plus judicieux et plus sage que celui-là.

Mais il fallait s'en emparer, et cela ne semblait pas chose facile.

A l'époque dont nous parlons, Sainte-Catherine était défendue par quatre forts bien armés, bâtis à chaux et à ciment, et par plusieurs batteries solidement établies ; de plus, elle n'avait que trois points accessibles.

Près de l'île Sainte-Catherine se trouvait une île plus petite, reliée à la grande par un pont, facile à détruire ; de sorte que cette île formait une cinquième citadelle d'autant plus redoutable que ses feux commandaient la rade et la ville, et que, de plus, elle ne craignait pas d'être prise par la famine, cette petite île fournissant abondamment tout ce qui est nécessaire à la vie.

Les Espagnols, qui connaissaient parfaitement l'importance pour leur commerce et la sécurité de leurs colonies du centre Amérique, de la possession de Sainte-Catherine, l'avaient armée d'une manière formidable, garnie d'une garnison résolue, et en avaient fait l'entrepôt général et le point de ravitaillements de toutes leurs flottes ; de plus, ils y avaient établi un présidio, dans lequel étaient transportés tous les criminels condamnés par les tribunaux américains.

Ces criminels étaient chargés de la construction des forts, du chargement et du déchargement des navires, de l'entretien des routes ; en cas d'attaque, on leur distribuait des armes et ils concouraient à la défense générale.

Voilà quelle était et en quel état se trouvait l'île dont Pierre Legrand avait reçu l'ordre de s'emparer.

Il n'y avait que les flibustiers pour oser donner de pareils ordres et pour les exécuter avec les faibles moyens dont ils disposaient.

Pierre Legrand, ni aucun des Frères de la Côte placés sous ses ordres, ne doutèrent une seconde du succès de l'entreprise.

D'ailleurs, quoi qu'il pût survenir, dès qu'une expédition était en voie d'exécution, ces démons n'hésitaient jamais.

Après dix jours d'une navigation assez tourmentée et ralentie par la nécessité de marcher de conserve, les flibustiers virent se profiler à l'horizon, comme des nuages grisâtres, les hauts pics de la terre ferme ; ils n'étaient plus qu'à une courte distance de l'île qu'ils voulaient atteindre.

Il était six heures et demie du soir ; Pierre Legrand fit mettre l'escadre sur le mât et ordonna aux contre-amiraux de se rendre à son bord en même temps qu'il expédiait une de ses embarcations à la découverte.

Une demi-heure plus tard, Pierre Legrand, Philippe d'Ogeron, son capitaine de pavillon, et les deux contre-amiraux Pierre Franc et Alexandre, se trouvèrent réunis dans la chambre du conseil du bâtiment amiral, autour d'une table chargée de rhum, d'eau-de-vie, de pipes et de tabac.

— Frères, dit Pierre Legrand pour ouvrir la séance, nous voici enfin devant cette île Sainte-Catherine, dont nous sommes chargés de nous emparer ; je ne discute pas la possibilité de la prise, il est évident que nous réussirons.

— Parbleu ! s'écrièrent les flibustiers d'une seule voix, cela ne fait pas un doute, frère.

— En effet. Ce point acquis, il nous reste à discuter comment nous nous y prendrons pour enlever cela en double et genopper un peu raide ces Gavachos endiablés.

— N'avez-vous pas un plan, amiral ? demanda Alexandre.

— Peut-être en ai-je un, mais, à mon sens, quatre avis valent mieux qu'un, et je vous ai réunis, mes chers collègues, afin de connaître les vôtres.

Les deux contre-amiraux s'inclinèrent.

— A vous à parler le premier, Philippe, comme étant le plus jeune et le moins avancé en grade.

— Amiral, répondit le jeune homme, trois points de cette île sont accessibles. Je partagerais l'escadre en quatre parties et j'attaquerais simultanément ces trois points en même temps que j'entrerais à toutes voiles dans la rade.

— A vous à parler, Pierre Franc, reprit l'amiral.

— Tout en reconnaissant, dit Pierre Franc, que le plan de notre ami et frère Philippe d'Ogeron ne manque pas d'une certaine allure audacieuse qui, à la rigueur, pourrait offrir des chances de succès, je le crois cependant trop risqué. Diviser nos forces, c'est nous affaiblir et risquer ainsi de nous faire battre en détail ; les feux de la petite île commandent tous les forts et toutes les batteries de la grande. Je m'emparerais d'abord de cette île, puis je sommerais la grande de se rendre, ce qu'elle serait inévitablement contrainte de faire, afin d'éviter une destruction totale.

— A vous, Alexandre, dit froidement l'amiral.

— Quant à moi, amiral, répondit nettement Alexandre, je n'irais pas par quatre chemins, je laisserais arriver en grand dans la rade, je m'embosserais à portée de pistolet du quai, et, mèches allumées, je sommerais le gouverneur de me rendre l'île ; sur son refus, je bombarderais la ville ; voilà.

Il y eut un instant de silence.

Pierre Legrand remplit à la ronde les gobelets de ses associés, trinqua avec eux, puis il vida lentement son gobelet et le reposa sur la table avec un hum! de satisfaction.

— Compagnons, dit-il enfin, vos plans pris dans leur ensemble ont tous du bon, mais examinés séparément, à mon avis du moins, ils ne nous conviennent pas ; nous n'avons pas de temps à perdre, il ne faut pas laisser aux Gavachos la latitude de réfléchir et de nous compter ; nous devons fondre sur eux comme un vol de vautours ; mon projet à moi résume tous les vôtres ; vous allez en juger : d'abord, retenez bien ceci, nous avons affaire à des Espagnols, c'est-à-dire à des hommes dont l'incurie est notoire, la paresse proverbiale et la nonchalance extrême ; les Espagnols ne savent pas un mot de notre expédition, donc ils ne nous attendent pas.

« Leurs forts, si bien construits, si formidables, ne sont pas armés, ou, s'ils le sont, ils le sont mal ; leurs soldats sont disséminés par la ville et la campagne ; les canons ne sont même pas, peut-être, seulement en batterie, et les munitions sont certainement renfermées dans des magasins particuliers. Les Espagnols, ne vous y trompez pas, comptent surtout, pour la défense de l'île, sur la réputation d'inexpugnabilité qu'ils lui ont faite. Demain nous saurons à quoi nous en tenir à ce sujet ; donc voici ce que je compte faire : pendant toute cette nuit, nous louvoierons bord sur bord devant l'île ; il n'y a pas de lune, on ne nous apercevra pas ; demain, au point du jour, nous laisserons arriver dans la rade, nous nous embosserons et nous ferons un feu d'enfer, en même temps que huit cents hommes, descendus dans des embarcations, débarqueront sous l'abri de notre feu ; Pierre Franc, avec deux cents hommes, se glissera dans la petite île et s'en emparera par surprise, un peu avant le lever du soleil ; mais pas de sommation, des boulets ; c'est un coup de main que nous tentons, et puis, à quoi bon sommer les Gavachos pour leur donner le temps de se mettre en défense ? Ce serait stupide de notre part : des boulets, des balles et des coups de sabre, il n'y a rien de tel pour en finir promptement. Je suis convaincu que si nous manœuvrons rondement, en moins d'une heure peut-être nous serons maîtres de la ville et établis solidement dans l'île. Voilà mon plan, compagnons, qu'en pensez-vous ?

— Nous pensons qu'il nous semble d'une simplicité biblique, dit Philippe en souriant.

— Et qu'il doit inévitablement réussir, ajouta Pierre Franc.

— Alors vous l'acceptez ?

— Complètement, répondirent-ils en s'inclinant.

— Eh bien ! c'est convenu alors ; retournez sur vos navires, compagnons, et préparez-vous ; il ne nous faut que de l'audace et de l'ensemble dans nos manœuvres ; je réponds du succès.

— Nous en répondons aussi.

— Bon! adieu et à demain !

Les flibustiers trinquèrent une dernière fois, les deux contre-amiraux regagnèrent leurs navires et l'escade remit le cap en route.

En ce moment l'embarcation détachée par l'amiral en reconnaissance accosta le bord.

Elle avait capturé un pêcheur.

Pierre Legrand voulut interroger cet homme, séance tenante; il le fit conduire dans la chambre du conseil.

Les prévisions du flibustier se réalisèrent de point en point; cet homme adroitement interrogé et surtout grassement payé, ne fit aucune difficulté pour répondre aux questions que lui adressait l'amiral, d'autant plus que, connaissant les flibustiers de longue date, il savait que s'ils se montraient généreux jusqu'à la folie pour ceux qui leur rendaient service, ils étaient implacables et d'une effroyable cruauté envers ceux qui les trompaient sciemment. D'ailleurs, cet homme était un ancien forçat libéré et n'avait aucune considération d'honneur ou de patriotisme à conserver; l'or que le flibustier faisait miroiter devant ses yeux le fascinait, et, pour le posséder, il se serait au besoin vendu lui-même.

Ainsi que l'amiral l'avait supposé, les Espagnols n'avaient aucunes nouvelles, ils ignoraient complètement qu'une expédition flibustière était organisée ; les affaires de l'île se trouvaient dans un désarroi complet ; les forts n'étaient pas en état de défense; la garnison, diminuée de plus de moitié, par suite de vacances nombreuses, ne faisait aucun service; les magasins regorgeaient à la vérité d'approvisionnements et de munitions de toutes sortes; mais ces magasins avait été construits en dehors de la ville, afin de les mettre à l'abri de l'incendie ; par cela même, dans une circonstance pressée, ils devenaient inutiles à cause de la difficulté des transports et de la longueur des trajets.

D'ailleurs les Espagnols étaient convaincus, avec leur orgueil et leur jactance ordinaires, que jamais les flibustiers n'oseraient s'attaquer à une place aussi forte.

Donc l'amiral ne s'était pas trompé d'un iota; tout était réellement comme il l'avait annoncé dans le conseil.

Une telle incurie serait incroyable et passerait tout ce qui a été dit touchant la décadence rapide de ce malheureux peuple espagnol, si digne cependant, à tant d'égards, non seulement de la pitié, mais encore de la sympathie des hommes intelligents; mais l'histoire est là; elle ne discute pas, elle affirme: on est contraint de s'incliner devant cette affirmation péremptoire, lorsqu'on rapporte un fait malheureusement trop vrai; car ce que nous racontons ici s'est réellement passé tel que nous le disons; et, au lieu d'embellir, ou, si l'on veut, d'exalter les faits, nous les atténuons, au contraire, tant nous sommes attristés par le sinistre tableau que nous sommes, malgré nous, contraint de placer sous les yeux du lecteur: de lui montrer enfin la grandeur factice de cette monarchie qui, un instant, a fait trembler le monde, mais qui, décimée par l'ignorance, le fanatisme et l'orgueil, reposait sur des bases d'argile, et est aujourd'hui réduite à néant.

Pauvre et infortuné peuple, si intelligent, si audacieux, que les moines, le despotisme et le fisc, c'est-à-dire la soif du lucre et de l'or, ont rejeté si bas qu'un cataclysme horrible, qu'on n'ose même pas prévoir, ne réussira peut-être pas à le faire remonter au niveau des autres peuples, tant on a pris soin d'user en lui les bons instincts, pour ne laisser place qu'aux passions honteuses, à l'aide desquelles on le gouverne et on le courbe sous le joug contre lequel, comme un Titan vaincu, il essaie en vain de se débattre!

La décadence de l'Espagne, quoi qu'on en dise, a commencé sous le despotisme implacable de ce tyran fauve, de ce monstre à face humaine, nommé Philippe II, ce roi couard, dévot, superbe, cruel et faux, qui avait tous les instincts mauvais de la brute, sans posséder une seule des plus infimes qualités qui font l'homme.

Cette décadence ne s'est plus arrêtée depuis; l'Espagne a perdu les deux tiers de sa population; l'autre tiers, à part quelques rares esprits d'élite, croupit dans l'ignorance et la barbarie la plus abjecte; ce pays si beau, si fertile, livré aux moines et à l'obscurantisme énervant, est-il donc condamné, à cause du droit divin, à devenir un désert?

Ceci est le secret de Dieu.

Nous, dont toutes les sympathies sont depuis longtemps acquises à l'Espagne, que nous aimons comme si nous étions un de ses fils, nous espérons qu'une réaction se fera, que, nouveau Lazare, ce beau pays sortira enfin du sépulcre où le fanatisme et l'erreur le tiennent depuis si longtemps enchaîné; nous l'espérons, hélas! sans oser y croire.

Après un long interrogatoire, l'amiral, satisfait des réponses franches du pêcheur, lui donna une quinzaine d'onces d'or, somme qui était une fortune pour ce misérable, et il le confia à Philippe d'Ogeron, avec injonction de veiller attentivement sur lui et de ne lui donner la liberté que lorsque l'île serait au pouvoir des Frères de la Côte.

Mais le pêcheur n'avait aucunement l'intention de s'évader, il préférait au contraire que tout fût fini et bien fini avant de descendre à terre; il craignait avec raison les suppositions auxquelles pourraient donner lieu sa longue absence et son retour imprévu. Il se coucha sans se faire prier à la place qu'on lui désigna, et après avoir précieusement serré dans sa ceinture l'or que lui avait donné l'amiral, il s'endormit du sommeil du juste.

L'or n'est-il pas le meilleur viatique pour les consciences timorées?

L'escadre avait louvoyé pendant la nuit tout entière en vue de l'île dont chaque heure bordée la rapprochait insensiblement pour ainsi dire; de manière que, une heure avant le lever du soleil, les Frères de la Côte se trouvaient à une demi-portée de canon à peine de la grande et belle rade de Sainte-Catherine, dans laquelle ils se préparaient à entrer d'une si audacieuse façon.

Branle-bas de combat fut fait en sourdine sur chaque bâtiment, puis, selon la coutume des boucaniers, chaque fois qu'ils se préparaient à livrer un combat acharné, la prière fut lue sur le pont de tous les navires par les capitaines eux-mêmes et répétée religieusement par les équipages.

Ce devoir accompli, on accorda dix minutes aux matelots pour déjeuner; la nuit était sombre encore, il était à peine trois heures du matin.

On procéda aux dernières mesures qui devaient précéder l'attaque. Les embarcations furent amenées, chacune reçut son équipage de débarquement, et, au fur et à mesure, elles allèrent s'amarrer à l'arrière des navires auxquels elles appartenaient, et qui devaient les remorquer jusque dans l'intérieur de la rade.

Deux légères pirogues se détachèrent des flancs du navire amiral et allèrent silencieusement s'assurer si la chaîne qui fermait l'entrée du port était tendue.

Au même instant, dix embarcations bourrées de monde et dont les avirons et les tolets étaient garnis d'étoupe au portage, débordèrent de la division de Pierre Franc et firent force de rames dans la direction de la petite île.

Ces embarcations portaient deux cents hommes; elles allaient en surprendre seize cents !

Si ce que nous entreprenons de raconter n'était pas affirmé de la façon la plus péremptoire par tous les historiens, nous hésiterions et peut-être nous renoncerions à l'écrire, tant ce hardi coup de main fut exécuté audacieusement et compliqué de faits extraordinaires, qui montrent jusqu'à quel point incroyable peut atteindre l'incurie de certains gouvernements.

Les deux pirogues atteignirent l'entrée du goulet assez étroit qui donne entrée dans la rade; la nuit était si sombre, la marche des embarcations tellement silencieuse, et de plus la surveillance si absolument nulle, que les flibustiers purent s'échouer à droite et à gauche du goulet, atteindre le petit quai sur lequel des deux côtés reposait la chaîne, la décrocher des deux bouts à la fois, et après avoir frappé un grelin dessus, la filer doucement à la mer sans produire le moindre bruit.

Mais alors une pensée nouvelle surgit dans l'esprit des Frères de la Côte. Ils s'étaient aperçus par hasard que les deux petites portes percées au bas des forts qui commandaient le goulet n'étaient même pas fermées.

Les pirogues se hâtèrent de regagner le navire-amiral, rendirent compte de l'exécution de leur mission et firent part à Pierre Legrand de leur découverte.

L'amiral résolut aussitôt de profiter de cette occasion qui lui était offerte de surprendre les deux forts.

Dix embarcations bien armées et commandées par Philippe d'Ogeron et Pierre Legrand lui-même, se dirigèrent sur le goulet, se partagèrent en deux bandes d'une centaine d'hommes et s'introduisirent en même temps dans les deux forts.

La surprise réussit mieux que les flibustiers eux-mêmes n'osaient l'espérer : la sécurité des Espagnols était si grande que les forts étaient pour ainsi dire abandonnés; ils ne contenaient tout au plus chacun qu'une centaine d'hommes qui furent surpris pendant leur sommeil et enlevés en un tour de main; le reste de ces deux garnisons courait la ville; il n'y eut pas un coup de fusil tiré.

Les Espagnols pris furent tous pendus; les flibustiers ne voulaient pas s'encombrer de prisonniers; tentant une entreprise désespérée, ils voulaient, par des mesures vigoureuses, inspirer du premier coup une terreur salutaire aux ennemis qu'ils combattaient.

Une garnison fut laissée dans les forts; les canons braqués sur la ville; les cadavres des malheureux Espagnols, attachés en chapelet en dehors des murs, de façon à être bien en vue, puis l'amiral et son capitaine de pavillon retournèrent à leur bord.

Sur quatre forts qui défendaient la grande île, deux étaient déjà au pouvoir des flibustiers; la citadelle de la petite île ne tarderait pas, sans doute, à être enlevée par les hommes de Pierre Franc : il ne resterait donc plus que deux forts, une dizaine de batteries, et la ville à prendre; peu de chose en vérité, pour ces hommes que nul péril n'effrayait, nul obstacle ne pouvait arrêter.

L'expédition débutait bien, mais il n'y avait pas un instant à perdre, l'horizon commençait à se nuancer de grandes bandes d'opale qui s'irisaient de teintes rougeâtres; le ciel, dans les profondeurs duquel les étoiles s'éteignaient les unes après les autres, devenait de seconde en seconde moins sombre; le soleil allait apparaître et dissiper les ténèbres.

L'amiral fit le signal de combat.

L'escadre laissa arriver en grand dans le goulet et envahit la rade; puis les navires se rangèrent sur une seule ligne et s'embossèrent.

En même temps les embarcations coupèrent les amarres qui les retenaient à l'arrière des bâtiments et firent force de rames vers la ville. Ces embarcations portaient avec elle douze cents hommes de débarquement.

Tout à coup, au moment où le soleil apparaissait majestueusement au-dessus de l'horizon, une effroyable détonation éclata et se prolongea avec un bruit ressemblant au roulement du tonnerre, et une grêle de boulets s'abattit sur la ville.

Un rugissement féroce poussé par douze cents poitrines répondit comme un écho sinistre à la voix du canon, et les flibustiers se ruèrent à travers la ville, de tous les côtés à la fois, par petites troupes de quarante ou cinquante hommes.

Les deux forts du goulet joignirent presque aussitôt leurs feux à celui de l'escadre, et la citadelle de la petite île, s'associant au bombardement général, couvrit Sainte-Catherine de boulets.

Le combat prit bientôt des proportions effroyables.

Nulle description ne saurait rendre l'effroi et la stupeur des Espagnols en se voyant ainsi, à leur réveil, attaqués à l'improviste par des forces considérables, et presque au pouvoir déjà de ces redoutables et implacables ennemis, les flibustiers.

Il y eut d'abord une confusion et un désordre affreux, une panique effroyable; chacun cherchait son salut dans la fuite; mais où et comment fuir?

Les flibustiers étaient partout, incendiant les maisons et massacrant sans pitié les malheureux habitants à peine éveillés qui s'échappaient à demi vêtus de leurs demeures en feu. Femmes, enfants, vieillards, tous étaient impitoyablement sacrifiés à la rage aveugle des Frères de la Côte.

Cependant, une réaction s'opéra promptement dans cette population aux abois.

Quelques hommes énergiques se jetèrent résolument en avant et organisèrent la défense, préférant se faire bravement tuer à se laisser lâchement égorger par des hommes qui ne faisaient pas de grâce.

L'Indien replaça ses paniers sur sa mule, salua l'assistance d'un air goguenard et sortit lentement de la cour.

Le gouverneur don Sebastian Coronel, vieux soldat d'une bravoure à toute épreuve, aidé par quelques officiers dévoués, rassembla la garnison, réunit les soldats épars, s'adjoignit les bourgeois de bonne volonté; et cette troupe d'élite, mettant au milieu d'elle les femmes, les enfants, les prêtres, les religieuses, enfin tout ce qui composait la population hors d'état de se défendre, commença, sous le feu même des flibustiers, qui, malgré eux, se sentaient saisis d'admiration, une lente et fière retraite.

Don Sebastian, au prix de sacrifices immenses, abandonnant à chaque pas des monceaux de cadavres, mais sans jamais se laisser entamer par les flibustiers, dont la rage impuissante se brisait contre la froide et héroïque résistance des Espagnols; don Sebastian réussit, après deux heures d'une lutte affreuse, à faire entrer saine et sauve, dans les deux forts qui tenaient encore, la plus grande partie de la population de la ville; il s'y enferma, lui aussi, avec ses soldats, reconnaissant l'impossibilité de tenir plus longtemps en rase campagne, mais résolu à se défendre lui et les siens jusqu'à la dernière extrémité et à n'accepter que des conditions honorables.

En Espagne, l'homme pris individuellement est toujours le même : brave jusqu'à la témérité, intelligent, énergique; ce sont les institutions qui sont mauvaises; que ces institutions changent, l'Espagne sera sauvée : les hommes ne lui manqueront pas, l'histoire est là pour le prouver.

Les flibustiers, bons juges en fait d'héroïsme, accordèrent au gouverneur plus qu'il n'aurait osé espérer.

Il fut autorisé à passer en terre ferme avec les soldats qu'il commandait et ceux des habitants de la ville qui le voudraient suivre; les autres eurent la vie sauve; leurs biens mêmes furent respectés, moyennant, bien entendu, une énorme contribution de guerre.

Les Frères de la Côte étaient au comble de la joie; le succès dépassait toutes leurs espérances; ils avaient conquis presque sans coup férir des richesses incalculables; car l'attaque avait été si vigoureusement menée, la surprise si complète, qu'ils avaient à peine perdu une trentaine d'hommes, et cela pendant la retraite léonine opérée par don Sebastian Coronel.

Le soir du même jour, le gouverneur et les soldats espagnols s'embarquaient sur quelques vieux navires et se retiraient en terre ferme; les habitants rentraient dans leurs demeures saccagées, et un peu de calme était enfin rétabli dans la ville.

Sans perdre un instant, Pierre Legrand s'occupa de la seconde partie de sa mission; il visita les arsenaux et les magasins qui regorgeaient de provisions et de matériaux de toutes sortes, et il se mit avec ardeur à préparer les ravitaillements nécessaires à la flotte.

Au bout de deux ou trois jours, l'aspect de la ville était totalement changé; les flibustiers, qui, du reste, vivaient en bonne intelligence avec les habitants, avaient imprimé une activité fébrile à ce coin de terre qui semblait, sous leur irrésistible impulsion, s'être subitement éveillé d'un long et pesant sommeil.

III

OU DON JESUS ORDOÑEZ ET DON PABLO DE SANDOVAL CROIENT CONCLURE UNE EXCELLENTE AFFAIRE

Pendant que la flotte flibustière préludait ainsi par de hardis coups de main à sa grande expédition contre le comptoir le plus important des Espagnols dans l'Amérique, il se passait à Panama certains événements qu'il est de notre devoir de rapporter.

Le comte don Fernan de Castel-Moreno, auquel nous restituerons le nom sous lequel il était connu parmi les Frères de la Côte, afin d'éviter à l'avenir toute amphibologie, achevait de déjeuner avec Vent-en-Panne, Michel le Basque, Barthélemy et quelques autres flibustiers; le repas avait été des plus gais; on avait très fêté la dive bouteille, et les braves compagnons commençaient à causer tous à la fois et presque à ne plus s'entendre, lorsque la porte de la salle à manger s'ouvrit et Fil-de-Soie parut.

Le page s'approcha du beau Laurent, auquel il dit quelques mots à voix basse; le visage du jeune homme changea aussitôt, il se leva de table, et s'adressant à ses amis:

— Buvez et fumez tout à votre aise, camarades, dit-il; seulement ne faites pas trop de bruit; on m'annonce une visite d'importance; je vous laisse.

— Bon, sois tranquille, répondit Vent-en-Panne au nom de tous; pourvu que tes visiteurs ne s'approchent pas trop de cette salle, je te réponds que nul ne se doutera de notre présence ici.

— C'est entendu, reprit le beau Laurent.

Et quittant aussitôt la salle à manger, il se rendit au grand salon.

Deux personnes attendaient.

Ces deux personnes étaient don Jesus Ordoñez et le capitaine Sandoval.

— Des rafraîchissements! dit Laurent à son page; et il salua gracieusement ses visiteurs.

Julien ou Fil-de-Soie rentra presque immédiatement suivi d'un valet portant sur un plateau des rafraîchissements de toutes sortes qu'il déposa sur une table.

Puis, sur un signe de leur maître, le page et le valet se retirèrent.

— Señores, dit le jeune homme de l'air le plus courtois, voici, sur cette table, du tabac, des puros, des feuilles de papier et de maïs; du feu dans un brasero; dans ces bouteilles, du vieux rhum et de l'aguardiente; dans ces vases, des sorbets et des glaces: veuillez vous servir, je vous prie.

— Je suis réellement confus, señor conde, commença don Jesus.

— Servez-vous, servez-vous, don Jesus, interrompit vivement le beau Laurent; je n'écouterai rien avant que vous ayez fait honneur aux rafraîchissements que j'ai fait apporter à votre intention.

— C'est mille fois trop de bonté, observa le capitaine.

— Pourquoi donc, caballeros ? N'est-ce pas notre vieil usage castillan? Je le trouve fort bon, moi, en ce sens qu'il met tout de suite chacun à son aise, et donne ainsi plus de liberté à la conversation ; lorsqu'on a bu et fumé de compagnie, la froide étiquette fait place à la confiance et on cause plus franchement.

Les deux hommes s'inclinèrent comme s'ils reconnaissaient la justesse de l'argument émis par leur hôte, et sans plus de cérémonie ils se servirent chacun une glace et allumèrent des puros, véritables régalias. Le beau Laurent les imita, puis au bout d'un instant il reprit :

— Et maintenant, caballeros, s'il vous plaît de me faire part du motif qui me procure votre gracieuse visite, je suis prêt à vous entendre.

— Hum ! fit don Jesus avec un sourire, ce motif, bien qu'il soit, en réalité, très sérieux, est, je vous l'avoue, señor conde, assez difficile à vous faire connaître.

— Bah ! reprit en riant le jeune homme, la langue espagnole est, grâce à Dieu, une des plus riches, des nombreuses langues de notre vieille Europe ; en sachant bien s'en servir, avec son aide, on peut tout dire.

— Le croyez-vous ?

— C'est ma conviction.

— Avant tout, señor conde, dit le capitaine, me permettez-vous de vous adresser une question

— Pardieu ! capitaine, dix, si cela vous plaît.

— Non, une seule, mais à la condition que vous y répondrez franchement.

— C'est mon habitude, señor ; en toute affaire, je hais les détours.

— Alors voilà qui va bien. Que pensez-vous de la contrebande, señor conde ?

— Vous désirez, n'est-ce pas, que je vous donne sincèrement mon avis ?

— Sincèrement, oui.

— Nous serons charmés d'avoir l'opinion d'un homme aussi éclairé que vous sur un sujet aussi grave, señor conde, ajouta don Jesus.

— Sujet grave à la vérité, caballeros. Si nous n'étions pas Espagnols et si nous nous trouvions en tout autre pays que celui-ci, en France, en Angleterre ou en Allemagne, par exemple, je vous répondrais que je considère la contrebande presque comme un crime ; car c'est un vol fait à l'État, sans bénéfice réel pour les particuliers qui croient, en frustrant le fisc, acheter très bon marché des marchandises qu'ils supposent bonnes et qui, la plupart du temps, sont mauvaises, avariées, de rebut même, et qu'ils paient bien au-dessus de leur valeur véritable.

— Oui, señor conde, vous nous répondriez cela, dit don Jesus, si nous étions en France, en Angleterre ou en Hollande, mais je vous ferai remarquer que nous sommes Espagnols et que nous nous trouvons en Amérique.

— Aussi, reprit le jeune homme avec un sourire, ma réponse sera-t-elle toute différente.

— Ah ! ah ! voyons cela, firent les deux hommes en se rapprochant avec intérêt.

— L'Amérique espagnole, reprit le jeune homme, possède d'incalculables richesses; malheureusement le gouvernement a monopolisé à son profit le commerce de ses colonies, dont il exclut tous les pays étrangers, sous les peines les plus sévères; cette interdiction impolitique qui, en réalité, tue le commerce, puisque celui-ci ne peut et ne doit vivre que par des échanges rendus faciles entre les peuples, réduit les colonies à un état de marasme qui, à un moment donné, les plongera dans une misère dont elles ne pourront jamais se relever.

— C'est évident, ponctua le capitaine Sandoval.

— Le commerce, continua le beau Laurent, ne s'étend et ne prospère que par la concurrence, sans concurrence il meurt; les colonies sont contraintes d'écouler leurs produits dans la mère patrie, qui leur fait payer des impôts exorbitants, et profite seule des richesses qu'elle acquiert ainsi pour rien, aux dépens des populations que son avarice et son avidité ruinent et accablent sans pitié.

— Tout cela est rigoureusement exact, dit encore le capitaine.

— Un marchand qui n'a qu'un seul acheteur qui lui est imposé, est obligé d'accepter quelles qu'elles soient les conditions de cet acheteur, sous peine de voir ses marchandises se pourrir entre ses mains, et il se ruine; ce fait est malheureusement indiscutable.

— Hélas! murmura don Jesus.

— Ce n'est que trop vrai, ajouta le capitaine, et vous concluez, señor conde?

— Mon Dieu! caballeros, la conclusion est simple, la déduction de ce fait facile à établir : d'un côté, la ruine, à cause d'impôts excessifs, et de l'obligation abusive sous tous les rapports, et tyrannique au premier chef, de ne vendre qu'au profit de l'État; et de l'autre la contrebande, la contrebande qui, dans les conditions exceptionnelles où nous sommes fatalement placés, non seulement n'est plus un crime, mais encore est un bienfait pour le commerce, puisque cette contrebande, faite sur une grande échelle, rétablit l'équilibre, soulage les populations, crée la concurrence, et dans certaines limites remplace la misère par l'abondance, en soustrayant les colonies aux dilapidations énormes exercées contre elles par le gouvernement.

— Ainsi, vous ne condamnez pas la contrebande, señor conde? dit don Jesus.

— Dame! il me semble que vous m'avez entendu, señor?

— Oui, ajouta le capitaine, nous vous avons entendu, señor conde, et votre langage a été des plus clairs.

— Je vous ai répondu franchement, ainsi que vous m'en avez prié.

— Et nous vous remercions sincèrement de cette franchise, señor conde.

— Mon Dieu! reprit le jeune homme avec un charmant laisser-aller et tout en souriant de la plus gracieuse façon, qui sait? peut-être en parlant ainsi que je l'ai fait, étais-je avocat dans ma propre cause?

— Oh! oh! fit curieusement don Jesus, que voulez-vous dire?

— Rien, cher seigneur, mettez que je n'ai rien dit!

— Mais encore?

— Rien, vous dis-je, j'ai eu tort; ma langue a trahi ma pensée.

Les deux hommes échangèrent un regard significatif.

Le beau Laurent les examinait du coin de l'œil, tout en buvant un verre d'excellent rhum à petites gorgées.

— Ma foi! señor conde, s'écria tout à coup don Jesus avec une feinte franchise, la situation est trop belle pour ne pas en profiter ; voulez-vous jouer cartes sur table?

— Je vous ferai observer, señores, répondit Laurent d'un air piqué, que je ne joue jamais autrement; mais je ne vous comprends pas.

— Pardon! interrompit vivement don Jesus, ce n'est pas avec un homme de votre sorte qu'on s'amuse à faire des cachotteries ; mieux vaut être franc avec vous, comme vous l'avez été avec nous.

— Ce qui veut dire?

— Que pour parler net, dit le capitaine, mon ami don Jesus Ordoñez et moi, nous faisons de la contrebande.

— Bon! répondit le jeune homme en souriant, croyez-vous donc me l'apprendre, señores?

— Vous le saviez? s'écria l'haciendero avec stupeur.

— Non pas, reprit le beau Laurent, mais je l'ai deviné.

— Deviné?

— Dame! il y a une nuance, à mon avis; l'agencement seul de cette maison, à défaut de tout autre renseignement, m'aurait plus que suffi, vous devez le supposer, pour savoir à quoi m'en tenir à ce sujet.

— Hum! fit don Jesus qui cherchait sa salive; et vous pensez?

— Morbleu! fit-il de l'air le plus aimable, je pense ce que tout à l'heure je pensais, cher seigneur. Pardieu! qui ne fait pas la contrebande en ce pays béni du ciel?

— Eh! mais tous ceux qui s'en abstiennent, il me semble, répondit naïvement don Jesus.

— Citez m'en trois seulement à Panama, et je passe condamnation.

— Vous d'abord, señor conde.

— Permettez, je ne suis pas en cause, moi.

— Pourquoi donc?

— Dame! parce que je n'habite Panama qu'accidentellement d'abord, et ensuite...

— Ensuite?

— Pardieu! je fais comme vous!

— Vous faites la contrebande?

— Que diable voulez-vous qu'on fasse dans ce pays? Le gouverneur lui-même, don Ramon de la Crux, malgré qu'il en dise, ne se gêne pas, il me semble.

— C'est vrai.

— Ne vous ai-je pas dit que je suis presque pauvre?

— En effet, señor conde.

— Eh bien, j'essaie de rétablir l'équilibre, voilà tout; seulement j'ai sur vous un immense avantage.

— Ah! et lequel, s'il vous plaît?

— Celui-ci : c'est qu'étant neveu du vice-roi du Mexique, je ne crains rien ; et que, supposant qu'on me prît, comme on dit vulgairement, la main dans le sac, je me sortirais blanc comme neige de cette affaire ; ma caravelle a passé Dieu sait combien de contrebande ; toutes les marchandises étrangères qui pullulent en ce moment en cette ville ont été débarquées par elle ; le bâtiment que j'attends à Chagrès est chargé à couler de contrebande ; voilà pourquoi je suis si inquiet et pour quel motif j'ai demandé une escorte.

— Eh là ! señor conde, ce que vous nous faites l'honneur de nous dire change singulièrement la thèse, fit don Jesus.

— En quel sens ?

— Tout simplement en ceci, que nous avons une proposition à vous faire.

— Voyons la proposition, cher seigneur ; si elle est seulement acceptable, j'y souscrirai avec plaisir.

— Voulez-vous vous associer avec nous ?

— Non, j'ai l'habitude d'opérer seul.

— Ah !

— Oui ; seulement je puis faire une chose.

— Laquelle ?

— Vous aider.

— Bon !

— A une condition.

— Hum !

— Oh ! bien simple. Vous me donnerez six pour cent sur vos marchandises, que je les débarque ou que je les embarque.

— Diable ! señor conde, vous entendez les affaires, à ce que je vois.

— Il faut savoir un peu de tout. Mon marché vous convient-il ?

— Parfaitement, mais...

— Pas de mais ; c'est oui ou non.

— Soit ! alors.

— Vous acceptez ?

— Oui.

— Payable sur livraison.

— C'est entendu.

— Ma caravelle doit mettre sous voiles dans sept ou huit jours. Avez-vous des marchandises ?

— J'en ai, et de très précieuses même.

— Tant mieux ! je gagnerai davantage, fit-il en riant. De quoi s'agit-il ?

— De combien de tonneaux est votre caravelle ?

— Deux cent cinquante.

— Je puis la fréter tout entière.

— Soit. Voyons le chargement ?

— Perles, or en lingots, plata piña, le tout pour Londres.

— Parfait ; attendez.

Il sonna ; le page entra aussitôt.

— Le capitaine don Melchior, tout de suite ! dit-il.

Le page sortit.

— Don Melchior est le capitaine de la caravelle, ajouta le beau Laurent.
— Ah ! très bien.
Vent-en-Panne entra.
— Señores, j'ai l'honneur de vous présenter le capitaine don Melchior; capitaine, don Jesus Ordoñez de Sylva y Castro, don Pablo de Sandoval, commandant la corvette la *Perla*. Asseyez-vous, mon cher capitaine, et veuillez, je vous prie, accepter un verre de rhum et un cigare.
— Mille grâces, señor conde, répondit Vent-en-Panne en s'asseyant.
— Dites-moi, capitaine, votre navire jauge, je crois, 250 tonneaux?
— En effet, señor conde; mais à la rigueur, il en peut contenir 50 et même 60 de plus; tout dépend de la façon dont est fait l'arrimage.
— Fort bien; combien les marchandises que vous avez embarquées hier et aujourd'hui pour mon compte font-elles de tonneaux?
— Tout au plus dix-sept, señor conde; j'étais même venu ici tout exprès pour m'entendre avec vous à ce sujet.
— Très bien, parlez.
— Vous comprenez, señor conde, que dix-sept tonneaux de marchandises ne sont rien pour moi; les bénéfices ne compenseraient pas les pertes; je ne puis partir ainsi.
— Vous avez raison, mon cher don Melchior, mais heureusement que je puis compléter votre chargement.
— Que Dieu bénisse Votre Seigneurie, señor conde; où sont les marchandises? Puis-je les embarquer aujourd'hui même?
— Vous êtes bien pressé, capitaine?
— Excusez-moi, señor conde, vous n'êtes pas marin, vous, et par conséquent vous ignorez les exigences du métier.
— J'en conviens.
— Je suis obligé de doubler le cap Horn pour entrer dans l'Atlantique, puisqu'il me faut aller en Angleterre et en Hollande.
— Bon, après?
— Après? Eh bien! señor conde, nous sommes aujourd'hui mardi, n'est-ce pas?
— Oui.
— Eh bien! je voudrais partir samedi au plus tard.
Laurent se tourna vers don Jesus et son ami.
— Qu'en pensez-vous? dit-il.
— C'est impossible, répondirent-ils d'une seule voix.
— Les marchandises sont à l'hacienda del Rayo, ajouta don Jesus; il faut un jour au moins pour y aller, trois jours pour revenir, c'est-à-dire quatre, sans compter les pertes de temps.
— De plus, je dois, moi, pousser jusqu'à Chagrès, ce qui nous retardera encore : capitaine, vous ne pouvez pas partir avant d'aujourd'hui en huit.
— Hum! c'est bien long, señor conde.
— C'est le temps strictement nécessaire.
— Je vous garantis 250 tonneaux au moins, dit vivement don Jesus.

En ce moment l'embarcation détachée par l'amiral en reconnaissance, accosta le bord.

— Et je m'engage à vous convoyer jusque par le travers des îles Chiloé, ajouta le capitaine.
— Ah! ah! attendez donc, ceci change singulièrement la question, dit Vent-en-Panne d'un air bénin, c'est que j'ai une frayeur affreuse des ladrones, moi, surtout lorsque j'ai un riche chargement à bord.
— Celui-ci le sera de reste, dit don Jesus.

— Tant mieux pour vous et pour moi, señor! vous et moi auront de gros bénéfices; me donnez-vous votre parole de me convoyer jusque par le travers des îles Chiloé, capitaine?

— Foi de gentilhomme!

— Alors, c'est convenu; touchez là, señor.

Et Vent-en-Panne avança gravement l'épaule de mouton qui lui servait de main et dans laquelle don Jesus ne se fit aucun scrupule de frapper.

— Bon! reprit Vent-en-Panne, pour où suis-je frété?

— Angleterre et Hollande, capitaine. D'ailleurs, je vous donnerai vos lettres de consignation.

— C'est entendu. Maintenant vous savez, señor, les affaires sont les affaires : tant qu'il n'y a pas d'arrhes de données, rien n'est fait.

— Allons, dit gaiement Jesus, je vois que vous êtes un vrai contrebandier et que vous entendez les affaires.

— Je tâche, señor; il faut bien vivre.

Don Jesus retira sa longue bourse de sa poche, versa une certaine quantité d'onces d'or dans sa main et en forma plusieurs piles sur la table.

— Voilà cinquante onces d'or comme arrhes de notre marché. Veuillez compter, mon cher capitaine, dit-il.

Vent-en-Panne compta posément les onces.

— Le compte est exact, dit-il.

— Êtes-vous satisfait?

— Oui, señor.

— Alors, notre marché est conclu?

— Archi-conclu; c'est-à-dire qu'il n'y a plus à y revenir; seulement vous vous arrangerez de façon à ce que tout soit embarqué lundi soir, sans cela rien de fait, et vous perdez vos arrhes.

— C'est juste; mais où déposerai-je mes marchandises?

— Cela vous regarde, señor, je les prendrai, moi, où vous me le direz.

— C'est bien simple, dit le beau Laurent, les marchandises seront déposées ici, où nul n'osera venir voir.

— Pardieu! señor conde, il faut avouer que vous faites bien les choses!

— Ne vous ai-je pas promis de vous aider? quoi de plus naturel?

— Mille grâces, je ne sais comment vous remercier.

— Bah! attendez la fin, señor, dit-il avec un sourire d'une expression singulière.

— Il est bien entendu, n'est-ce pas, señor, reprit Vent-en-Panne, que lundi je prendrai les ballots ici, et que mes lettres de consignation seront prêtes?

— C'est entendu.

— Parfait, señor capitaine, nous appareillerons mardi matin.

— C'est-à-dire, vous, capitaine, répondit don Pablo; j'ai certaines mesures de prudence à prendre, moi; je ne mettrai sous voiles qu'à deux heures de l'après-dîner; il ne faut pas que nous sortions du port ensemble.

— Faites mieux, et cela sera plus prudent, capitaine : appareillez lundi, cela rendra tous les soupçons impossibles.

— Au fait, vous avez raison ; cela est préférable, en effet ; je partirai lundi au coucher du soleil.

Vent-en-Panne se leva.

— Vous n'avez pas d'autres ordres à me donner, señor conde ? dit-il.

— Non, mon cher capitaine.

— Permettez-moi alors de prendre congé de vous : il faut que je retourne à mon bord.

— Faites, de vous gênez pas, mon cher capitaine.

— Señores, j'ai l'honneur de vous présenter mes hommages, je suis votre serviteur.

Les deux hommes lui rendirent son salut.

Vent-en-Panne sortit.

— Voilà un gaillard qui a l'air de bien entendre son affaire, dit don Jesus.

— C'est un vrai loup de mer, répondit le beau Laurent avec un sourire ; il n'est heureux qu'à bord de son navire.

— Je comprends cela, dit don Pablo.

— Ah çà ! reprit le beau Laurent, nous avons maintenant à nous entendre.

— C'est juste, dit don José, car le temps presse.

— Quand partons-nous ?

— Demain, si vous voulez.

— Demain, soit, mais à quelle heure ?

— A neuf heures du matin, est-ce trop tôt ?

— Non ; à neuf heures, soit.

— Je vous prendrai ici en passant.

— Je serai prêt ; nous accompagnerez-vous, capitaine ?

— Non, je suis obligé de rester à Panama.

— Ainsi, nous ferons la route tous deux seuls ?

— Pardon ! ma fille nous accompagnera.

— Doña Flor ! dit le jeune homme qui tressaillit involontairement.

— Oui, la ville l'ennuie, elle désire retourner à l'hacienda ; mais ne craignez rien, señor conde, ma fille est bonne écuyère ; elle ne nous retardera pas ; notre voyage s'accomplira rapidement.

— C'est pour moi, señor, une satisfaction très grande de voyager avec doña Flor.

— Je vous recommande ma fiancée, dit en riant le capitaine, seulement je vous avertis qu'elle est un peu capricieuse.

— Bah ! fit en riant le beau Laurent, vous avez tort de vous plaindre, capitaine ; ce défaut que vous reprochez à doña For est, au contraire, une qualité chez une femme.

— Et surtout chez une enfant gâtée comme ma fille, fit don Jesus en riant d'un air bonhomme.

Là-dessus les deux Espagnols se levèrent et prirent congé de leur hôte qui les accompagna jusqu'à la cour.

Le beau Laurent se dirigea, après avoir vu sortir ses deux visiteurs de la maison, vers la salle à manger.

Les Frères de la Côte y étaient encore.

— Eh bien! lui demanda Vent-en-Panne dès qu'il entra, comment trouves-tu que je me suis tiré d'affaire?

— D'une façon tellement admirable que j'en suis ébahi, répondit le beau Laurent en riant; je t'aurais fait la leçon que tu n'aurais pas mieux répondu.

— Et cela grâce à moi, dit Michel le Basque avec un gros rire.

— Comment cela?

— Eh, dame! comme je voyais que votre conversation se prolongeait, je suis allé vous écouter un peu.

— Pardieu! tu as eu là une triomphante idée; je ne savais trop comment me sortir de l'imbroglio dans lequel je m'étais fourré; je craignais que Vent-en-Panne ne pût me donner la réplique.

— Oui, mais moi, pas bête, je l'avais averti.

— Ah çà! c'est donc une affaire? demanda Vent-en-Panne.

— Magnifique, splendide, plus de quatre cent mille piastres!

— Bah! le digne homme! dit Vent-en-Panne d'un air paterne.

— Oui, fit Michel, il peut se flatter d'avoir de la chance; c'est égal, voilà, sur ma foi! une affaire bien emmanchée, pourvu que l'autre réussisse aussi bien!

— Je suis sur des épines, dit le beau Laurent, nous devrions avoir déjà reçu des nouvelles.

— Calme-toi, dit Vent-en-Panne, il n'y a pas de temps de perdu, d'autant plus qu'ils avaient fort à faire.

— C'est vrai, cependant mon inquiétude est grande.

— N'as-tu donc envoyé personne?

— Si j'ai expédié José à Chagrès il y a quatre jours.

— Alors, soyez tranquille, monsieur le comte, dit Michel le Basque. Si José n'est pas mort, nous le verrons bientôt arriver, car il est fidèle et intrépide.

En ce moment la porte s'ouvrit et un homme parut. Cet homme était José.

— Merci! Michel, dit-il.

— Ah! mon brave José! s'écria le beau Laurent, c'est vous enfin; soyez le bienvenu.

Et il lui avança un siège sur lequel l'Indien se laissa tomber plutôt qu'il ne s'assit; il était accablé de fatigue.

— Je vous demande dix minutes pour prendre haleine, dit-il avec un sourire triste; puis je vous rendrai compte de la mission que vous m'avez confiée.

Chacun s'empressa autour de l'Indien; tous les Frères de la Côte aimaient cet homme, si simple, si digne et qui, depuis leur arrivée à Panama, leur avait rendu tant de services importants.

IV

OU JOSÉ, LE GUIDE INDIEN, SE DESSINE

L'état de prostration dans lequel était plongé le guide inquiétait vivement le beau Laurent.

Il avait été plusieurs fois à même d'apprécier tout ce qu'il y avait d'énergique, de dévoué dans cette généreuse nature; il avait vu accomplir à cet homme des prodiges de force et d'audace tels que, dans son for intérieur, il ne pouvait admettre que la fatigue seule eût réussi à annihiler ainsi toutes ses facultés; une grande douleur, un immense déchirement devaient être les seules causes de cet affaissement général.

Le beau Laurent, bien que son œil fût clair et dilaté, son front pur, sa bouche souriante, avait enduré de trop cruelles douleurs, râlé trop souvent dans les angoisses du désespoir, pour se tromper à ces symptômes.

D'un geste, il ordonna aux flibustiers de se retirer.

Ceux-ci obéirent aussitôt.

Il ne demeura dans la salle à manger que Vent-en-Panne, Michel le Basque et Barthélemy; mais ceux-là étaient les fidèles du beau Laurent, une partie de lui-même; pour eux, il n'avait pas de secrets.

Cependant l'Indien, soit par l'effet du repos, soit à cause des cordiaux qui lui avaient été administrés, avait repris un peu de force, il s'était redressé sur sa chaise, son regard avait perdu sa fixité froide, il brillait de nouveau d'un rayon d'intelligence.

José semblait se réveiller d'un profond sommeil, ou d'un évanouissement moral, s'il est permis d'employer une pareille expression pour exprimer une suspension momentanée des facultés de l'esprit, bien que la matière conserve en apparence toute son action mécanique.

— Vous devez bien me mépriser, señores? dit l'Indien avec amertume.

— Pourquoi cela, José? demanda doucement le beau Laurent.

— Parce que l'homme que vous supposiez si fort, est là, devant vous, faible comme une femme.

— Nous vous plaignons, mon ami, parce qu'il a fallu une douleur bien affreuse pour accabler ainsi une puissante nature comme la vôtre.

— Ah! fit-il, qui vous fait supposer cela, señor?

— Je le vois, mon ami; je le sens; nous vous aimons tous ici; nous souffrons de votre douleur; mais vos secrets sont à vous seul; nous n'avons pas le droit de chercher à les pénétrer.

— C'est un mauvais ami, dit Barthélemy, celui qui essaie de forcer la volonté de ceux qu'il aime et d'entrer de vive force dans leurs secrets.

José laissa tomber sa tête sur sa poitrine en poussant un profond soupir.

Mais presque aussitôt il se redressa, un éclair traversa son regard.

— Señores, dit-il d'une voix ferme, le moment est venu où je ne dois plus avoir de secrets pour vous.

— Peut-être, dit le beau Laurent, vaudrait-il mieux, mon brave José, remettre cette confidence à un autre moment; vous êtes bien faible encore.

— Détrompez-vous, señor, je suis fort, au contraire, j'ai dompté ma douleur; maintenant je suis redevenu un homme; d'ailleurs, le temps presse, et j'ai un service à vous demander.

— Alors, parlez, José, nous vous écoutons.

— Pas ici, dans votre cabinet secret.

— Venez donc, mon ami, et quant à ce service que vous réclamez de moi, c'est chose faite.

— Merci ! capitaine. Allons ! messieurs.

Laurent fit jouer un panneau secret, une porte s'ouvrit et se referma aussitôt derrière eux.

Ils se trouvaient alors dans une chambre assez grande et, comme le reste de la maison, confortablement meublée.

Chacun s'assit.

— Maintenant, José, reprit le beau Laurent, parlez, mon ami, nous vous écoutons.

— Un instant encore, capitaine; vos affaires doivent passer avant les miennes; j'ai des nouvelles à vous donner.

— Des nouvelles importantes ? s'écrièrent les flibustiers.

— Vous en jugerez, señores. Sachez seulement que j'ai tout abandonné, tout oublié pour vous les apprendre plus vite; je suis parti cette nuit, à minuit, de Chagrès; c'est-à-dire que, malgré des difficultés immenses, j'ai traversé l'isthme; en dix heures, je suis arrivé. Le courrier le plus rapide n'arrivera pas avant ce soir, et encore, s'il arrive, ajouta-t-il avec un sourire étrange.

— Oh ! oh ! compagnon, vous piquez singulièrement notre curiosité, dit Vent-en-Panne.

— Parlez, nous vous écoutons, reprirent vivement les autres.

— Écoutez-moi donc, señores. La ville de Porto-Bello a été attaquée, il y a trois jours, par une escadre flibustière composée de vingt-quatre bâtiments; la ville et les forts, surpris à l'improviste, ont été, malgré une vigoureuse résistance, enlevés en moins de quatre heures.

— Vous êtes sûr de ce que vous annoncez là, José ? s'écria vivement le beau Laurent ?

— J'ai tout vu, répondit simplement l'Indien.

— Alors il n'y a pas de doute à avoir, dit Vent-en-Panne.

— Qui commande cette escadre ? demanda Barthélemy.

— Morgan.

— Morgan ! s'écrièrent joyeusement les flibustiers.

— Lui-même. Après la prise de la ville, je me suis présenté à lui; Morgan, qui me connaît, et auquel du reste j'étais recommandé, m'a très bien reçu; puis il m'a congédié en me remettant deux lettres pour vous, capitaine Laurent.

— Deux lettres ?

— Oui : une de Montbars, la seconde de lui.

— Et ces lettres?

— Les voilà, dit l'Indien en arrachant un sachet en cuir qui pendait sur sa poitrine et le remettant au capitaine.

Laurent ouvrit le sachet. Effectivement, deux lettres y étaient renfermées.

— Lisez, dit l'Indien.

— Un moment, reprit le capitaine : si important que puisse être le contenu de ces lettres, je m'engage, en mon nom et en celui de mes amis présents ou absents, quelle que soit la récompense que vous exigerez de nous, José, de vous l'accorder immédiatement, sans hésitation comme sans détours ou délais, et je vous jure que je tiendrai cette promesse à mes risques et périls.

— Nous faisons le même serment! s'écrièrent les flibustiers.

— Je vous remercie, señores, répondit l'Indien, dont le visage semblait s'illuminer; je retiens votre parole.

— Maintenant, écoutez tous, mes compagnons, reprit le beau Laurent.

Il ouvrit une des deux lettres dont il lut la signature.

— Celle-ci est de Morgan, dit-il, et il commença :

« Mon cher et bien-aimé Laurent,

« Au moment où je désespérais presque de vous donner de mes nouvelles, bien qu'il fût pour moi urgent de le faire, le hasard ou plutôt ma bonne étoile m'a fait rencontrer notre ami José, en qui nous pouvons avoir confiance; je dis m'a fait rencontrer, je me trompe : c'est lui qui m'a cherché. En deux mots, voici les faits : Porto-Bello est à nous; je m'y établis solidement pour en faire un point de retraite en cas de non réussite de notre grand projet; un abri pour nos navires et un lieu de ravitaillement.

« Tenez-vous donc sur vos gardes afin d'être en mesure quand votre tour d'agir sera arrivé; quant à présent, je ne vous demande que de veiller à une seule chose, mais elle est pour nous de la plus haute importance; il s'agit de supprimer tous les courriers que les Espagnols expédieront sans doute à Panama pour y annoncer leur défaite et réclamer des secours.

« Vous comprenez, mon cher Laurent, combien il est urgent que notre heureux coup de main demeure secret.

« Je vous écris ce griffonnage à la hâte, José me presse d'en finir, et il a raison, une minute perdue en ce moment peut causer un désastre; pour plus amples détails rapportez-vous à la lettre de Montbars que José vous remettra avec celle-ci.

« Bon espoir, mon cher Laurent! les Gavachos, cette fois, sont bien pris, le filet est tendu de telle sorte qu'ils ne pourront s'échapper entre les mailles. Serrez bien amicalement de ma part la main de nos amis Vent-en-Panne, Barthélemy, Michel le Basque et tous les autres. La danse est commencée, les Gavachos paieront les violons. Excusez mon radotage, mais je suis comme fou de joie.

« A vous maintenant et toujours,

MORGAN.

« Porto-Bello, avril 1666. »

— Oh! oh! voilà une rude nouvelle! s'écria Vent-en-Panne.
— Ce brave Morgan! dit Michel le Basque.
— Mais il a raison, ajouta Barthélemy; il faut veiller sur les courriers.
— Oui, reprit le beau Laurent, mais comment faire?
— Que cela ne vous inquiète pas, señores, dit José avec son fin sourire, j'y ai pourvu; pas un courrier ne passera; ce que vous ne pouviez faire, vous isolés et ignorant le pays, il m'était, à moi, facile de le faire, et je l'ai fait.
— Mais comment?
— Que cela ne vous inquiète pas, je vous le répète, señores, quant à présent contentez-vous de ma parole, bientôt vous saurez tout.
— Soit, José.
— Venez au plus pressé, c'est-à-dire à la lettre de Montbars.
— C'est juste. Ecoutez donc, frères, reprit le beau Laurent.
Il ouvrit la lettre de Montbars et en commença aussitôt la lecture :
Cette lettre était conçue ainsi qu'il suit :

« Mon cher matelot,

« Quand tu receveras cette lettre, Porto-Bello sera en notre pouvoir.

« Morgan te donnera donc tous les détails qui te seront nécessaires sur la prise de cette ville; quant à moi, j'ai à t'entretenir d'autres choses de non moins grande importance, c'est-à-dire à te faire part du plan que nous avons arrêté d'exécuter; ce plan, le voici... (Montbars entrait ici dans les plus minutieux détails du plan qui avait été discuté, et définitivement accepté à Port-de-Paix; il rendait compte au beau Laurent du nombre des navires composant la flotte, de la façon dont ces navires avaient été distribués, du nombre d'hommes composant les troupes de débarquement, du rôle assigné à chaque escadre, puis du rendez-vous général donné à toute la flotte, et il continuait ainsi :)

« Ces différentes missions accomplies, Porto-Bello et Sainte-Catherine pris, Chagrès bloqué et la flotte réunie au rio San-Juan, alors ton rôle commence, matelot; c'est à ce moment que José, ton guide indien, te devient précieux, non seulement à cause de son intelligence et de son dévouement sans bornes à notre service, mais encore et surtout à cause de l'influence dont jouit cet homme parmi ses compatriotes. Cette influence est immense. S'il ne t'a rien dit encore, il me permettra de te dévoiler son secret que seul je possède, car l'heure de la révélation est venue.... »

Laurent s'arrêta et se retournant vers le guide:
— Faut-il continuer, ami? lui demanda-t-il, ou faut-il passer ces lignes qui, je suppose, se rapportent à vous seul?
— Mon capitaine, répondit José avec un sourire, ce que vous écrit Montbars, j'allais moi-même vous le dire: lisez donc, cela nous fera gagner un temps précieux en m'évitant un long récit.
— Soit, ami, je continue.
Le capitaine Laurent reprit alors la lecture de la lettre:

Don Sébastian, hors d'état de se défendre, commença, sous le feu des flibustiers, une lente et fière retraite.

« Je connais José depuis quinze ans, disait Montbars; à notre première rencontre il m'a sauvé la vie. José se nommait alors Tush-y-Dur-Amh; c'était le fils d'un puissant cacique, chef de la nombreuse et redoutable tribu des Indiens Walla-Wahoès, que les Espagnols n'ont jamais réussi à dompter et qui de toutes les nations indigènes du Centre-Amérique ont seuls réussi à conserver leur indépendance; Tush-y-Dur-Amh était métis par sa mère, créole espagnole enlevée enfant dans je ne sais quelle expédition, élevée dans la tribu, et que plus tard son père épousa.

« Après un séjour de près d'une année chez les Walla-Wahoès, dont je n'eus jamais qu'à me louer, une occasion s'offrit enfin à moi de retourner à la Tortue, et j'en profitai ; seulement je ne me séparai pas de mon ami indien sans échanger avec lui les plus sincères caresses et sans lui jurer une éternelle amitié. Quinze ans s'étaient écoulés ; depuis cette époque, je n'avais reçu qu'à de longs intervalles des nouvelles de mon ami, que j'avais toutes espèces de raisons de supposer heureux, lorsque tout à coup, il y a cinq mois, à mon retour d'une expédition, la première personne que je rencontrai à Léogane, où mon navire avait jeté l'ancre, ce fut lui. Je le reconnus au premier coup d'œil ; je l'emmenai chez moi et j'essayai de lui rendre à Léogane l'hospitalité que j'avais reçue de lui dans sa tribu.... »

— Montbars est un cœur grand comme le monde, interrompit l'Indien avec émotion : il n'oublie rien.

— Nous sommes ses frères, répondit Laurent, et ce qu'il promet, nous le tenons ; l'ami de Montbars est notre ami et notre frère à tous.

— Je le sais et je vous remercie encore ; mais continuez, je vous prie ; le temps nous presse.

Laurent reprit sa lecture :

« .... Bien des choses s'étaient passées ; mon ami était malheureux, il avait besoin de mon aide. Son père était mort ; un Indien ennemi de Tush-y-Dur-Amh, par suite d'une rivalité d'amour, avait ameuté contre lui tous les mauvais sujets de la nation ; et il avait réussi, non seulement à s'opposer à ce qu'il fût nommé chef suprême, sous prétexte qu'il était métis et avait du sang espagnol dans les veines, mais encore à le faire exiler, lui, sa femme et sa fille, charmante enfant que je n'ai fait qu'entrevoir, mais qui m'a laissé un doux et profond souvenir. Quoiqu'il fût exilé, mon ami avait conservé de nombreux amis dans sa tribu, il m'assura qu'avec mon aide il lui serait facile de chasser celui qui avait usurpé sa place et de reconquérir sa position ; les Walla-Wahoès n'attendaient qu'une occasion pour se dévouer à lui et se soulever en sa faveur.

« Mais que pouvais-je faire ? J'étais furieux de mon impuissance, et dans mon désir de servir à tout prix mon ami, peut-être allais-je commettre quelque irréparable sottise, lorsque, comme le *deus ex machinâ* antique, tu vins subitement me fournir le moyen que je cherchais vainement de secourir mon pauvre ami, en me proposant notre fameuse expédition de Panama, si heureusement commencée aujourd'hui ; tu sais le reste. Maintenant le moment d'agir vigoureusement est venu ; il faut t'entendre avec José pour soulever en notre faveur les Walla-Wahoès, qui seront pour nous des auxiliaires excessivement précieux, à cause de leur incontestable bravoure et de leur connaissance exacte du pays dans lequel nous devons opérer.

« Je m'en rapporte parfaitement à José et à toi pour les mesures à prendre ; ce que vous ferez sera bien fait ; seulement il faudra établir entre toi et mon quartier général des correspondances suivies, afin que nous soyons mutuellement instruits de nos mouvements et que nous puissions agir de concert, ce qui seul peut nous donner la victoire.

« Tu as carte blanche; tout ce que tu fais ou feras est d'avance approuvé par moi : marche donc en avant, sans hésiter. A propos, j'ai rallié l'Olonnais avec ton navire, il m'a annoncé ton heureux débarquement : donc, quant à présent, tout va bien et j'ai bon espoir pour l'avenir.

« Je te recommande nos vieux amis Vent-en-Panne, Michel le Basque, Barthélemy et les autres, et surtout notre ami indien.

« Aime-moi comme je t'aime, matelot.

« Montbars.

« En mer, mars 1668, a bord du vaisseau amiral. »

Le beau Laurent replia la lettre et se tourna vers le guide.
— Maintenant, Tush-y-Dur-Amh, lui dit-il en souriant, parlez, nous voici prêts à vous entendre, et à vous aider de tout notre pouvoir.
— Continuez, capitaine, à me nommer José, ce nom est celui sous lequel vous m'avez connu, et il m'est cher à cause de cela.
— Soit, dit le jeune homme en lui serrant la main. Qu'avez-vous à ajouter à cette lettre. Si explicite qu'elle soit, elle doit cependant laisser dans l'ombre certains faits, qu'il serait peut-être important que vous nous communiquiez.
— Vous avez raison, capitaine, dit le guide, je vais donc tout vous dire : cet Indien, mon ennemi, celui qui a essayé de me faire tant de mal et qui m'en a fait tant, hélas ! vous le connaissez.
— Moi ?
— C'est ce misérable Cascabel, le charmeur de serpents.
— Oh ! cet homme est hideux ! il porte bien visiblement ses mauvais instincts écrits en caractères indélébiles sur son visage.
— Il n'a pas été toujours ainsi; quelque temps après mon départ de la tribu, il fut chassé lui-même par le chef qui avait été élu à ma place; il disparut pendant plus de quatre ans sans qu'il fût possible de savoir ce qu'il était devenu, ni ce qu'il avait fait pendant ce long laps de temps; lorsqu'il reparut, il était méconnaissable, lui-même s'était défiguré ainsi que vous l'avez vu, pour des raisons connues de lui seul, mais qui doivent cacher quelque crime horrible; par une coïncidence singulière il revint en ce pays presque à la même époque que don Jesus Ordoñez y arriva lui-même : ce qui me frappa surtout, ce fut la certitude que j'acquis bientôt que ces deux hommes se connaissaient depuis longtemps; un jour Cascabel disparut de nouveau; cette seconde absence fut plus longue encore que la première; enfin, il revint, mais cette fois, il avait un métier, il s'était fait charmeur de serpents.
— Oui, il est même fort adroit; il nous a donné un effrayant spécimen de son talent.
— Je le sais.
— Mais comment l'avez-vous reconnu ?

— On peut tromper tous les yeux, capitaine, excepté ceux d'un ennemi. Je n'eus besoin que d'un coup d'œil pour le reconnaître et je le lui dis.

— Vous avez eu tort, car vous l'avez ainsi mis sur ses gardes.

— Oui, je le vois maintenant, dit-il avec un soupir, mais trop tard, comme toujours.

— Savez-vous si don Jesus et lui se sont revus?

— Souvent; ils entretiennent entre eux des relations suivies.

— C'est étrange ! Quel lien peut-il y avoir entre ces deux hommes?

— Qui sait? un crime peut-être !

— C'est possible. Continuez.

— Que vous dirai-je encore, capitaine? J'ai le cœur brisé; je viens d'être frappé du plus horrible malheur.

— Vous ? s'écria vivement le jeune homme.

— Hélas ! ma fille chérie, mon Aurora...

— Eh bien, achevez !...

— Il y a deux jours, en entrant dans ma hutte, je n'ai plus trouvé que les cadavres mutilés de mes trois serviteurs, ma fille avait disparu.

L'Indien cacha son visage dans ses mains et pleura.

— Enlevée ! et quel est le misérable?

— Cascabel.

— Lui !...

— J'en suis sûr; j'ai suivi ses traces pendant cinq heures ; deux cents hommes de ma tribu sont sur sa piste. Hélas ! me rendront-ils mon enfant?

— Espérez, frère ! Dieu doit être pour vous. Mais, hâtons-nous, ne perdons pas un instant, vive Dieu ! il faut à tous risques sauver la pauvre enfant. Parlez, que voulez-vous faire?

— Voyons, José, dit affectueusement Michel, il ne s'agit pas de pleurer ; laissez les larmes aux femmes, agissez en homme ; nous nous dévouerons tous pour vous, s'il le faut.

— Oui, vous avez raison ! s'écria-t-il en se levant avec violence, je vous remercie de m'avoir rendu à moi-même; vengeance ! Capitaine, pouvez-vous me confier quinze hommes?

— Tous ceux que j'ai avec moi, si vous le désirez, José.

— Non, quinze suffiront, et encore de ces quinze vous en rendrai-je dix avant quarante-huit heures; car bientôt vous aurez besoin de tout votre monde ici.

— Vous savez que demain je pars pour l'hacienda del Rayo en compagnie de don Jesus.

— Je l'ignorais; mais ce voyage coïncide admirablement avec nos projets, le doigt de Dieu est là ! je sens l'espoir rentrer dans mon cœur ; en servant mes projets vous servez les vôtres.

— Comment cela?

— Les Walla-Wahoès n'attendent que ma présence parmi eux pour se eplacer sous mes ordres ; le chef lui-même, qui avait été élu à ma place, n'avait accepté que pour me faciliter les moyens de revenir; c'est un de mes arents ; il m'aime.

— Ne croyez-vous donc pas votre confiance un peu aventurée? interrompit le beau Laurent.

— Non, reprit-il vivement, je suis sûr de lui; nous ne sommes pas des blancs, nous autres, pour nous trahir ainsi sans intérêts graves. C'est ce chef lui-même qui a travaillé les esprits en ma faveur, qui m'a préparé les voies, et qui, lorsqu'il a vu le succès assuré, a fait en personne les premières démarches près de moi; j'ai longtemps hésité; il a réussi à vaincre mes répugnances et à me faire consentir à reprendre le pouvoir.

— Voilà une étrange politique.

— N'est-ce pas? J'ai révélé alors, avec la plus grande prudence, toutefois, l'expédition que tentait Montbars contre les Espagnols; j'ai engagé le chef à profiter de cette occasion, qui peut-être ne se représentera plus, pour venger nos vieilles injures et assurer à jamais notre indépendance toujours menacée.. Le chef a soumis mes propositions au grand conseil de la nation.

— Eh bien!

— L'alliance est conclue; j'ai pris sur moi de débattre et d'accepter les diverses conditions; l'acte est signé : le voici.

Et il tira de son sein un morceau de cuir de daim tanné et couvert d'hiéroglyphes bizarres, espèce de signes cabalistiques qui servent d'écriture aux Indiens et qui, lorsqu'on en a la clef, sont très faciles du reste à comprendre.

José présenta le morceau de cuir au beau Laurent, qui le signa aussitôt et le fit signer par ses compagnons.

— Que faites-vous? demanda l'Indien.

— Vous le voyez bien, je signe; là, voilà qui est fait.

Et il lui rendit le papier.

— Mais les conditions?

— Puisque vous les avez acceptées, nous les accepterons aussi; d'ailleurs vous allez nous les dire.

— Voici ces conditions, je les crois bonnes.

— Et moi, j'en suis certain.

— Les Walla-Wahoès peuvent, en cas de guerre, mettre quinze cents guerriers sous les armes; dès aujourd'hui, mille guerriers vous serviront d'auxiliaires; d'après mes ordres, depuis la prise de Porto-Bello, cinq cents batteurs d'estrade Walla-Wahoès sont disséminés dans l'isthme, de manière à barrer le passage à tous les courriers espagnols, et à les empêcher d'atteindre Panama; vous pouvez être tranquille, pas un n'arrivera.

— Bien cela; cette mesure est excellente.

— Trente autres batteurs d'estrade, dont le nombre sera augmenté au besoin, formeront un cordon d'estafettes, entre le point que vous occupez et le rio San-Juan, quartier général de Montbars. Vous jugerez, en les voyant à l'œuvre, de la rapidité des communications.

— Très bien, ensuite?

— Les autres guerriers, spécialement placés sous mon commandement, se tiendront prêts à exécuter vos ordres. Êtes-vous satisfait, capitaine?

— Toutes ces dispositions sont admirablement prises, il n'y a rien à y changer.

— Tant mieux ! Maintenant, voilà ce que désire mon peuple.

— Parlez !

— Deux mille fusils, avec chacun vingt charges de poudre et de balles ; deux mille sabres et deux mille poignards.

— Accepté ! Ceci est trop juste : ainsi armés, vos compatriotes n'auront plus rien à redouter des Espagnols.

— Oui, car leurs armes sont bien peu redoutables pour les blancs ; ils ne savent pas travailler le fer, et les Espagnols se gardent bien de leur en donner ou de leur montrer le profit qu'ils en pourraient tirer.

— Je comprends cela ; est-ce tout ?

— Non, ils désirent, de plus, que quelques-uns de vos hommes viennent pendant quelques jours leur apprendre à se servir des armes à feu.

— Accepté encore, ceci est trop juste, mon ami ; demandent-ils encore quelque chose ?

— Oui, une seule encore, mais ils craignent que vous refusiez.

— Dites-la toujours ; voyons.

— Eh bien ! ils disent que vous ne pourrez pas toujours leur fournir la poudre et les balles dont ils auront besoin, et que, leurs provisions épuisées, leurs armes à feu deviendront inutiles.

— C'est parfaitement vrai ; mais, s'ils le veulent, il leur est très facile de remédier à cela.

— De quelle manière ?

— En faisant eux-mêmes leur poudre et leurs balles, pardieu !

— Eh quoi ! vous consentiriez, capitaine ?...

— A leur donner ce secret de grand cœur ! interrompit vivement le beau Laurent ; ne s'enserviront-ils pas contre nos ennemis communs, les Gavachos ? C'est pain bénit, au contraire, ajouta-t-il en riant. D'ailleurs, rien n'est plus facile que de faire de la poudre ; votre pays produit tout ce qu'il faut, c'est-à-dire du soufre, du salpêtre et du charbon ; il vous faut apprendre seulement à amalgamer ces trois produits : parties de salpêtre 12, 5 de charbon ; vous saurez cela après l'avoir vu faire une fois ou deux. Quant au plomb pour faire des balles, vous en serez quittes pour le prendre aux Espagnols. Désirez-vous encore autre chose, mon ami ?

— Non, capitaine, il ne me reste plus qu'à vous remercier sincèrement.

— Bon ! nous verrons plus tard. Quand comptez-vous partir ?

— Tout de suite, s'il est possible : plus tôt je serai parti, plus tôt je retrouverai ma fille.

— C'est juste. Barthélemy, tu choisiras quatorze de tes camarades les plus intelligents, vous partirez tous les quinze avec José.

— Faut-il les choisir à présent ?

— Certes, tu vois bien que notre ami attend.

— Ce ne sera pas long.

Et il sortit.

— Vous êtes sûr de ne pas être surpris ?

— Je réponds de tout; nous passerons par le grand souterrain.
— Alors je suis tranquille.
— J'en ai placé seize dans les écuries secrètes.
— Avez-vous des chevaux?
— Pouvez-vous prendre des mules, sans risquer d'attirer l'attention?
— Parfaitement.
— Très bien! vous allez emporter deux caisses de fusils, de sabres et de poignards, de quoi armer une centaine d'hommes enfin; et deux caisses de poudre et de balles; vous savez où tout cela se trouve?
— Oui, capitaine, vous agissez noblement.
— Je fais mon devoir, voilà tout.

Il s'assit, écrivit une lettre, et la cacheta.

— Voici un mot pour Montbars; le plus tôt possible vous le verrez; vous lui rendrez un compte exact de ce que nous avons fait et de ce que vous avez fait vous-même; il vous remettra toutes les armes qui sont stipulées dans le traité; il faut qu'avant huit jours vos guerriers soient en mesure de prendre vigoureusement part à l'expédition.
— Comptez sur moi.

Une demi-heure plus tard, José faisait ses adieux à ses amis et partait en compagnie de Barthélemy et de quatorze boucaniers bien armés.

Ils étaient tous à cheval et menaient au milieu d'eux quatre mules chargées d'armes et de munitions.

Les événements commençaient à se précipiter avec une rapidité effrayante, pour aboutir bientôt à une épouvantable catastrope.

Les Espagnols étaient toujours dans la plus complète sécurité.

V

COMMENT LE BEAU LAURENT FIT LE COUP DE FEU, AU MOMENT OU IL S'Y ATTENDAIT LE MOINS

Le beau Laurent avait, à son arrivée à Panama, monté sa maison sur un pied princier; le jeune homme connaissait trop bien l'orgueil espagnol pour commettre la maladresse d'essayer de cacher sa vie ou du moins de feindre une simplicité qui eût été vue d'un mauvais œil.

En Espagne, et dans les colonies espagnoles surtout, être, c'est paraître.

La maison du gouverneur lui-même, bien qu'il fût renommé dans toute la province pour son luxe, ne pouvait rivaliser avec la somptuosité de la Casa Florida.

Noblesse oblige. Le comte de Castel-Moreño, neveu du vice-roi de la Nouvelle-Espagne, devait porter haut le nom de ses nobles ancêtres. Il avait vingt chevaux dans ses écuries, trente domestiques : valets de pieds, laquais, huissiers, cuisiniers, jardiniers, palefreniers, que sais-je encore? galonnés sur toutes les coutures, et ressemblant plutôt à des grands seigneurs qu'à des domestiques.

Il est vrai que cette domesticité, fournie par Vent-en-Panne et qui dans le principe n'était que d'une vingtaines d'individus, s'était vue augmentée d'un tiers, lors de l'évasion des prisonniers faits par don Pablo Sandoval, et était entièrement composée de Frères de la Côte, hardis compagnons, dont la présence avait été calculée avec soin, au cas probable où leur concours deviendrait plus tard nécessaire.

Après le départ de Barthélemy et de ses compagnons, le nombre des gens se trouva réduit à une vingtaine environ.

Le beau Laurent en choisit dix pour l'accompagner dans son voyage, sous les ordres de Michel le Basque ; les dix autres, placés sous le commandement de Tributor, étaient chargés, en l'absence du capitaine, de tenir garnison dans la Casa Florida, dont l'entrée devait naturellement être refusée à tous visiteurs qui ne seraient point porteurs d'un certain signe de reconnaissance. Bien entendu, Vent-en-Panne et les hommes de son équipage étaient en dehors de cette mesure, et demeuraient libres d'aller et de venir à leur guise.

Tributor était admirablement choisi pour exécuter cette sévère consigne dans toute sa rigueur ; le digne géant appartenait à cette race de dogues fidèles contre lesquels ni menaces ni caresses ne font rien et qui, sans discuter, se renferment purement et simplement dans les ordres reçus et les exécutent quand même.

Le lendemain, au point du jour, tout était prêt pour le départ. Les chevaux tenus en bride hennissaient d'impatience dans le premier patio et les dix domestiques, bien armés, mais revêtus de livrées éclatantes, attendaient l'ordre de leur maître pour se mettre en selle.

Un charmant ambigu avait été dressé dans un salon de verdure.

Vers huit heures du matin, un peon indien de don Jesus Ordoñez accourut annoncer l'arrivée prochaine de son maître.

Michel le Basque, qui avait ses ordres, monta à cheval aussitôt, et sortit au-devant de l'haciendero.

Il était chargé d'inviter l'haciendero et sa fille à prendre quelques légers rafraîchissements avant d'entreprendre cette longue course qui devait se prolonger non seulement la journée entière, mais encore assez tard dans la soirée.

Don Jesus, monté sur un cheval magnifique, suivi de quatre serviteurs à cheval aussi, et bien armés, et de quatre peones à pied, représentait fort noblement l'aristocratie créole ; sa fille et doña Linda, la charmante fille de don Ramon de la Cruz, qui avait absolument voulu accompagner son amie, se tenaient un peu en arrière, montées sur des mules d'amble et littéralement enfouies dans des flots de mousseline ; derrière elles et sur des mules aussi venaient trois ou quatre caméristes métisses attachées particulièrement à leur service.

En somme, ce cortège était fort imposant.

Michel le Basque s'acquitta de sa mission avec les marques du plus profond respect.

— En entrant dans ma hutte, je n'ai plus trouvé que des cadavres mutilés et ma fille avait disparu.

Don Jesus hésita un instant pour la forme, mais un mot des jeunes filles, très curieuses de connaître l'intérieur de cette maison dont elles entendaient constamment vanter le luxe fastueux et princier, le décida à accepter.

Le cortège entra dans la cour de la Casa Florida.

Le beau Laurent, magnifiquement vêtu, s'avança galamment au-devant des dames, auxquelles il offrit le poing pour mettre pied à terre ; les chevaux, les mules et les domestiques de l'haciendero furent confiés à Tributor, et le capitaine conduisit ses hôtes dans le salon de verdure où l'ambigu était servi.

Le jeune homme avait été très agréablement surpris en apercevant doña Linda. Il savait qu'il pouvait parler devant elle à doña Flor, dont elle s'était faite la confidente, et il espérait que sa présence lui faciliterait les occasions de causer pendant le voyage avec celle qu'il aimait.

Les jeunes filles, charmées de la délicate attention du comte, lui surent beaucoup de gré de la galante pensée qu'il avait eue et le lui dirent avec cette franchise créole qui établit dès le premier moment une douce confiance entre personnes du même rang.

L'ambigu, servi selon les règles de la plus stricte étiquette, fut coquettement grignoté par doña Flor et son amie qui, tout au plaisir du moment présent, avaient entièrement oublié leur voyage et babillaient à qui mieux mieux, sans se soucier le moins du monde de l'heure qui s'écoulait avec rapidité. Le capitaine, aussi insoucieux que ses gentilles hôtesses, causait et riait avec elles sans songer à autre chose qu'à s'enivrer de la présence de doña Flor, dont les yeux lui disaient toutes les douces paroles que sa bouche n'osait prononcer.

Ce délicieux entretien se serait, selon toute probabilité, prolongé pendant la journée tout entière sans que le temps eût semblé long à ces jeunes cœurs, mais, heureusement ou malheureusement, suivant le point de vue où il plaira au lecteur de se placer, l'haciendero n'était pas amoureux, lui ; tout au contraire, c'était un homme sérieux sur lequel les niaiseries sentimentales du cœur avaient fort peu de prise et qui, en toutes choses, ne voyait que les affaires : or, celles qu'il faisait en ce moment ou que du moins il voulait faire étaient pour lui de la plus haute importance ; aussi, sans la plus légère pitié pour la joie des jeunes filles, il leur rappela brusquement que depuis longtemps déjà il devrait s'être remis en route, et que si elles voulaient arriver le soir même à l'hacienda au lieu de passer la nuit à la belle étoile, elles n'avaient pas un instant à perdre pour commencer enfin leur voyage.

En effet, il était près de dix heures du matin ; deux heures avaient été perdues ; l'étaient-elles, en effet ? Certes, doña Flor, le beau Laurent et doña Linda elle-même, dans leur for intérieur, n'étaient pas de cet avis ; mais ils gardèrent leur opinion pour eux seuls, et acquiescèrent à la demande de don Jesus.

Laurent siffla dans un sifflet d'or ; Michel parut.

— Que tout soit prêt dans dix minutes pour le départ, dit le capitaine.

Michel s'inclina sans répondre et se retira.

— Vos domestiques sont admirablement dressés, don Fernan, dit en souriant l'haciendero.

— Ce sont tous d'anciens serviteurs de ma famille, répondit négligemment le jeune homme, ils font de leur mieux.

— Caramba ! il serait difficile d'en rencontrer de pareils.

— Je le crois, reprit-il avec une légère teinte d'ironie.

— Et ils ont tous un air martial qui fait, sur ma foi ! plaisir à voir.

— Ce sont pour la plupart d'anciens soldats, doux comme des agneaux et terribles comme des lions à l'occasion.

— Hum! c'est bon à savoir. Et vous en emmenez quelques-uns avec vous sans doute?

— Une dizaine tout au plus; j'avais d'abord l'intention, sachant que doña Flor nous faisait l'honneur de nous accompagner, de prier Son Excellence le gouverneur de m'accorder une escorte, puis j'ai réfléchi qu'il était plus convenable que je me tirasse d'affaire tout seul.

— Mon père aurait été charmé de vous rendre ce service, señor conde, dit doña Linda en souriant.

— J'en suis convaincu, señorita; mais les soldats, quoi qu'on fasse, sont toujours gênants; j'ai préféré ne pas ennuyer votre père de ce détail.

— Vous avez parfaitement fait, don Fernan, reprit l'haciendero; pour ma part, je suis tranquille; je ne redoute nullement l'attaque des ladrones qui se sont évadés il y a quelques jours et qui sans doute battent la campagne.

— Tant que vous et votre charmante fille serez sous ma garde, vous n'aurez rien à redouter de personne, señor don Jesus.

— J'en suis convaincu et je vous remercie, señor conde.

— Alors tout le péril sera pour moi, dit gaiement doña Linda. Mon Dieu! ajouta-t-elle d'un ton tragi-comique, que deviendrai-je si les brigands nous attaquent?

— Vous et doña Flor, señorita, répondit galamment le comte, n'êtes dans ma pensée qu'une seule et même personne.

— Voilà qui me rassure un peu; cependant, comme je tiens à être rassurée tout à fait, je vous avertis, don Fernan, dit-elle avec un charmant sourire, que, pendant toute la durée du voyage, je vous laisserai le moins possible vous éloigner de nous. On ne sait pas ce qui peut arriver; qu'en penses-tu, Flor, ma mignonne?

— Je pense que c'est excessivement prudent, répondit aussitôt la jeune fille.

— Maintenant, señor conde, agissez en conséquence, si vous ne voulez pas être immédiatement rappelé à l'ordre.

— Je vous obéirai, ainsi que c'est mon devoir, señorita.

— Je vous plains, señor don Fernan, dit l'haciendero avec un gros rire. Je connais ces gentils lutins, ce qu'ils disent, ils le feront.

— Que voulez-vous, don Jesus! je me résignerai.

En ce moment Michel parut.

— Quand il plaira à monsieur le comte, dit-il, tout est prêt.

— En route, en route! s'écria l'haciendero.

On se leva de table et on sortit du salon de verdure.

Déjà les serviteurs de don Jesus et ceux de Laurent étaient en selle et n'attendaient que leurs maîtres.

Laurent aida les deux dames à monter à cheval, puis lui-même se mit en selle.

Un quart d'heure plus tard, la brillante cavalcade avait laissé la ville bien loin derrière elle, et se trouvait en rase campagne.

La cavalcade était ainsi disposée : à l'avant-garde, à portée de pistolet environ, deux serviteurs du comte, puis deux autres serviteurs du comte et les quatre serviteurs de don Jesus, sous les ordres de Michel le Basque.

Immédiatement derrière, les deux jeunes filles emmitouflées jusqu'aux yeux à cause du soleil, flanquées à droite par le beau Laurent, placé près de doña Flor, et à gauche par don Jesus.

Venaient ensuite les caméristes et les peones, qui eux trottaient à pied, selon leur habitude.

A vingt pas en arrière, enfin, six domestiques du comte formaient l'arrière-garde.

Tous les cavaliers avaient le mousquet sur la cuisse et les pistolets aux ontes.

Seuls Laurent et don Jesus ne tenaient pas leurs fusils, que Julien portait sur le cou de son cheval, à deux pas de son maître.

Tous ces fusils étaient, à la vérité, de fabrique espagnole, mais excellents malgré cela.

Les chevaux avaient pris leur allure habituelle, c'est-à-dire le galop de chasse; les chevaux hispano-américains ne connaissent que très mal le trot, qu'en général ils ont fort dur.

Aussi cette nombreuse troupe lancée ainsi au galop avançait-elle rapidement; les mules suivaient sans aucune apparence de fatigue.

— Pardon! señor don Fernan, dit tout à coup l'haciendero, mais il me semble que je ne vois pas l'Indien qui vous accompagnait lors de la visite que vous me fîtes au Rayo à votre arrivée en ce pays?

— En effet, señor don Jesus, cet homme n'est pas ici; c'était un guide indien qui s'était offert à me conduire à Panama; une fois arrivé, je l'ai congédié, et il est parti; je ne l'ai plus revu; est-ce que vous le connaissez?

— Moi?

— Oui.

— Oh! très imparfaitement, comme je connais tant d'individus de cette espèce; cet homme, c'est José, je crois, qu'on le nomme...

— José, effectivement.

— Il passe pour un assez mauvais drôle; je n'ai jamais voulu l'employer, quoiqu'il m'en ait prié souvent.

— Jouit-il, en effet, d'une mauvaise réputation?

— Je ne connais rien de particulier sur son compte, mais comme on s'accorde en général à en dire du mal, je suppose qu'il doit y avoir quelque chose de vrai dans les bruits qui courent à son sujet.

— Ce n'est pas toujours une raison, cela, señor don Jesus.

— Peut-être, don Fernan, mais dans le doute l'homme prudent s'abstient.

— Et vous vous êtes abstenu d'employer ce pauvre diable?

— Ma foi! oui.

— Ce que vous me dites m'étonne, on me l'a fort recommandé à Chagrès.

— Voyez-vous cela! Après tout, qui sait? peut-être s'est-il amendé, ce que, du reste, je lui souhaite du fond du cœur, quoique j'en doute beaucoup.

— Pourquoi donc cela, señor don Jesus?

— Dame! parce que... vous connaissez le proverbe, bien qu'il soit peut-être un peu trivial : d'un sac à charbon on ne saurait retirer de farine.

— Ce qui veut dire?

— Que les bons restent bons, et les méchants, méchants.

— Allons, allons, don Jesus, je vous trouve trop sévère pour ce pauvre diable.

— Hum! et vous n'avez pas eu à vous en plaindre pendant tout le temps qu'il est resté à votre service?

— Moi? au contraire, je n'ai eu qu'à m'en louer.

— Alors tout est pour le mieux.

La conversation prit alors un autre tour et devint générale entre les quatre voyageurs, qui bientôt causèrent avec une certaine intimité.

Cependant la journée s'avançait; il était près de six heures du soir, le soleil descendait rapidement à l'horizon; mais les voyageurs avaient marché si rapidement et par une route à la fois si directe et si commode, que don Jesus annonçait gaiement que l'on arriverait à l'hacienda dans une heure au plus tard, c'est-à-dire vers sept heures du soir, avant que la nuit fût devenue complètement noire.

Ils continuaient ainsi tout en riant et en causant, lorsque tout à coup un des cavaliers d'avant-garde piqua des deux et s'éloigona ventre à terre.

— Qu'est cela? s'écria le beau Laurent, que se passe-t-il donc là-bas?

L'haciendero pâlit.

— Je ne sais, murmura-t-il, il faudrait peut-être voir.

— C'est ce que je vais faire; Julien, mon fusil; Miguel, prends le commandement, groupe toute la troupe autour des dames et du señor don Jesus; reste ici le doigt sur la détente. Sur ta tête, tu me réponds des personnes que je confie à ta garde.

Ces paroles avaient été prononcées de ce ton bref et péremptoire qui n'admet pas de réplique.

Malgré une frayeur bien naturelle, les deux dames ne purent s'empêcher de jeter un regard d'admiration sur le visage martial du jeune homme; il semblait transfiguré.

— Monsieur le comte peut être tranquille, dit froidement Michel.

— Au nom du Ciel! ne nous abandonnez pas, don Fernan, s'écria doña Flor.

— Il le faut! dit-il d'une voix sourde.

Et, sans rien écouter de plus, il partit à toute course et à son tour ne tarda pas à disparaître.

Michel le Basque, demeuré seul et reconnaissant qu'il n'avait aucune aide à espérer de l'haciendero, qui était pâle comme un cadavre et tremblait de tous ses membres, réprima un sourire de mépris et prit résolument le commandement que le beau Laurent lui avait confié.

Il réunit tout le cortège au milieu du chemin, plaça les dames, don Jesus et les camaristes, au centre, posta ses hommes et ceux de l'haciendero tout autour de ce groupe, et se campant fièrement à quatre ou cinq pas en avant de ce cercle:

— Attention! dit-il.

Et il attendit, prêt à faire bravement face au danger, quel qu'il fût, s'il se présentait.

Le beau Laurent avait continué sa course rapide, suivi à la botte par Fil-de-Soie, qui n'avait pas voulu l'abandonner. Bientôt il aperçut celui de ses hommes dont le départ lui avait donné l'éveil se défendant contre trois ou quatre nègres marrons qui l'assaillaient de tous les côtés à la fois.

Don Fernan était seul avec Julien, car il avait ordonné au second boucanier de se replier sur le gros de la troupe. Cependant il n'hésita pas à se jeter à corps perdu dans la mêlée en criant d'une voix de tonnerre au Frère de la Côte de tenir bon.

Mais lorsque Laurent fut plus rapproché, ce qu'il n'avait fait qu'entrevoir vaguement lui apparut alors tout entier.

Ce n'étaient pas trois ou quatre nègres marrons, mais une quinzaine au moins, qui attaquaient le flibustier, et trois Indiens, qui faisaient bravement tête. Deux nègres et un Indien étaient étendus morts sur le sol.

Cette troupe de bandits était commandée par Cascabel ; une femme évanouie gisait à ses pieds.

Le beau Laurent comprit tout alors. Cette femme était doña Aurora, que le misérable métis avait enlevée, et ces Indiens qui combattaient avec tant de courage étaient, selon toute probabilité, des Walla-Wahoès, qui avaient surpris les bandits dans leur fuite, et essayaient de sauver la fille de leur chef.

— En avant, Fil-de-Soie, cordieu ! Sus sur ces misérables ! s'écria le beau Laurent en redoublant la rapidité de sa course.

Les deux hommes, car dans l'occasion Fil-de-Soie valait un homme, se ruèrent au milieu des combattants, et tombèrent à bras raccourcis sur les bandits.

Il était temps que ce secours arrivât au flibustier et aux Indiens qui se défendaient si bravement.

Le beau Laurent et Fil-de-Soie déchargèrent leurs fusils dans le plus épais des assaillants, puis ils firent feu de leurs pistolets et finalement se ruèrent le sabre haut dans la mêlée.

Les nègres, qui étaient mal armés, manquaient d'armes à feu et avaient déjà fort à faire pour tenir en échec, grâce à leur nombre, ceux qui les avaient attaqués, se sentirent perdus en voyant le secours qui arrivait ainsi à l'improviste à leurs adversaires ; ils hésitèrent, reculèrent et essayèrent de se rapprocher de leurs chevaux.

— Vive Dieu ! il était temps, capitaine, dit en riant le boucanier. Nous avions une rude besogne.

— Sois tranquille, Bosse-Debout, répondit Laurent en rechargeant son fusil et ses pistolets ; laissons souffler nos chevaux, et ces drôles verront beau jeu.

Il y avait en ce moment, comme d'un accord tacite, une trêve entre les deux partis, également épuisés ; mais cette trêve fut de courte durée.

Cascabel avait dit quelques mots à ses compagnons dans une langue inconnue, et ceux-ci presque aussitôt s'étaient élancés tous à la fois et avaient bravement recommencé le combat.

Ils furent rudement reçus, et malgré leurs efforts, contraints de faire quelques pas en arrière, mais en se serrant les uns contre les autres et en faisant face à leurs adversaires.

Le beau Laurent comprit aussitôt le motif de cette nouvelle tactique, en voyant Cascabel se baisser et prendre dans ses bras doña Aurora évanouie.

Le métis voulait profiter de la confusion causée par cette dernière et suprême attaque pour s'enfuir avec sa proie. Cascabel se releva, confia la jeune femme à un de ses affidés et sauta sur son cheval, puis il se pencha pour enlever sur sa selle la prisonnière que le nègre lui tendait en levant le bras.

Mais au même instant deux coups de feu retentirent; le beau Laurent et Julien avaient tiré à la fois; chacun avait choisi sa victime et l'avait atteinte.

Cascabel poussa un horrible hurlement de rage et de douleur et s'enfuit à toute bride; la balle de Julien lui avait cassé le bras droit auprès de l'épaule.

Quant au nègre, il avait été foudroyé par la balle du beau Laurent qui lui avait brisé le crâne, et il avait roulé sur le sol en entraînant avec lui dans sa chute la jeune fille toujours évanouie.

Le combat dégénéra alors en massacre; les bandits, traqués comme des bêtes fauves, se défendirent comme des tigres; mais réduits à cinq ou six, la plupart blessés, abandonnés par leur chef, ils commencèrent à fuir dans toutes les directions.

Le beau Laurent dédaigna de les poursuivre; à quoi bon, d'ailleurs, puisque la jeune fille était saine et sauve et libre au milieu de ses amis?

Le beau Laurent laissa Fil-de-Soie et Bosse-Debout galoper tout à leur aise à la poursuite des chevaux des fugitifs, qui couraient dans toutes les directions; il mit pied à terre et s'approcha de la jeune fille.

Mais déjà doña Aurora, secourue par les Indiens, et que la frayeur seule avait fait évanouir, commençait à reprendre ses sens.

— Dieu soit loué! murmura-t-il, je n'ai plus rien à faire ici, puisque la fille de mon ami est sauvée.

— Qui donc es-tu ? lui demanda en se redressant un des Indiens, homme d'une cinquantaine d'années, mais dont les traits avaient un indicible cachet de grandeur et de majesté.

— Me prends-tu donc pour un ennemi ? lui demanda le beau Laurent avec un sourire de bonne humeur.

— Non, car tu viens de faire pour nous plus qu'un ami dévoué n'aurait osé tenter. Nous te devons la vie, l'honneur et la liberté de la fille de notre chef bien-aimé. Dis-moi donc ton nom, afin qu'il soit révéré parmi nous comme celui d'un bienfaiteur.

— Mon nom ne t'apprendrait rien; il t'est inconnu; je suis l'ami des Walla-Wahoès et le frère de leur chef Thush-y-Dur-Amh; je suis le guerrier blanc qui a contracté une alliance avec ta nation.

— Je te connais, mon frère; les Walla-Wahoès ne sont pas ingrats; **tu verras bientôt ce dont ils sont capables quand il s'agit de défendre ceux qu'ils aiment.**

— Je t'ai déjà vu à l'œuvre, il n'y a qu'un instant ; toi et tes guerriers, vous êtes de grands braves.

L'Indien sourit avec orgueil.

— Merci ! dit-il.

— Que comptes-tu faire? reprit Laurent ; cette jeune fille revient à elle ; bientôt elle sera en état de se tenir à cheval. Veux-tu venir avec moi, ou préfères-tu la conduire à son père?

— Thush-y-Dur-Amh pleure sa fille bien-aimée ; il l'appelle avec des sanglots. Shon-Enh-y la lui conduira.

— Le chef est-il donc près d'ici?

— A deux heures de marche à peine.

— Ne crains-tu pas le retour de tes ennemis?

— Non, dit-il, avec un sourire, les Walla-Wahoès ont des chevaux maintenant, et les noirs sont à pied ; d'ailleurs, les noirs ne reviendront pas ; ils fuient épouvantés.

— C'est juste ; mieux vaut reconduire la jeune fille à son père.

Il retira alors une bague qu'il avait au doigt, et il la donna à l'Indien.

— Que Shon-Ehn-y remette cette bague au chef ; il la reconnaîtra, ajouta-t-il.

— Cela sera fait ; le guerrier pâle ne veut-il pas dire une bonne parole à la jeune fille des Walla-Wahoès?

— Non, répondit-il, le premier sourire de l'enfant appartient à son père ; je la reverrai ; mais voici les chevaux ; choisis ceux qui te conviendront.

Les deux flibustiers revenaient en effet, chassant une quinzaine de chevaux devant eux.

Shon-Enh-y fit un signe à un de ses compagnons.

Celui-ci mit cinq chevaux à part.

— A présent, reprit Laurent, tu n'as plus rien à faire ici ; mets la jeune fille sur un cheval et partez ; la troupe que je commande et qui se trouve à une lieue d'ici, en arrière, sera pour vous une escorte sûre, quoique invisible, jusqu'à l'hacienda del Rayo, où je m'arrête ; seulement, hâte-toi ; il est inutile que ceux qui m'accompagnent sachent ce qui s'est passé.

— Mon frère a bien parlé, répondit le guerrier indien, je lui obéis.

Lui et ses compagnons se mirent aussitôt en selle.

Le beau Laurent souleva dans ses bras la jeune fille, qui n'avait pas encore complètement conscience de ce qui se passait et laissait errer autour d'elle des regards voilés par la souffrance et presque égarés, et il la posa doucement sur le devant de la selle de l'Indien.

— Au revoir, et à bientôt ! dit-il aux guerriers.

— A bientôt ! répondit le chef.

Et après avoir échangé un dernier salut avec le capitaine, les cinq Indiens partirent au galop ; presque aussitôt ils disparurent derrière une courbe du chemin.

— Silence sur ce qui s'est passé, dit le beau Laurent à ses deux compagnons.

L'ambigu fut coquettement grignoté par doña Flor et son amie.

— C'est entendu, capitaine, répondirent-ils.
— Que faisons-nous des chevaux? demanda Bosse-Debout ; ce sont de belles et nobles bêtes.
— Emmenons-les, pardieu ! fit le capitaine ; tu les vendras, Bosse-Debout, don Jesus ne refusera pas de te les acheter ; tu en partageras l'argent avec tes camarades.

— Merci ! capitaine, il y a plaisir avec vous ; au moins, si on se cogne, on a du profit.

— Rejoignons nos gens, qui doivent être assez inquiets de notre longue absence.

Ils partirent au galop.

VI

COMMENT DON JESUS AVOUA AU CAPITAINE LAURENT QU'IL AVAIT PEUR DE LUI SANS SAVOIR POURQUOI

Cependant Michel le Basque, bien qu'il enrageât et se mordît désespérément la moustache, avait strictement obéi aux ordres qu'il avait reçus ; il était demeuré immobile comme un monolithe campé fièrement au milieu de la route, qu'il surveillait attentivement dans toutes les directions, de crainte de surprise.

A son exemple, les neuf autres boucaniers, la tête haute, l'œil dilaté et plein d'éclairs, le doigt sur la détente, restaient les regards fixés sur lui, prêts à obéir à son moindre geste.

Ces dix hommes, par leur pose fière et martiale sans forfanterie, par leur calme et leur discipline sévère, formaient un singulier contraste avec le reste de la troupe, qu'ils étaient chargés de protéger ; les pauvres peones indiens tremblaient de tous leurs membres, et jetaient des regards effarés autour d'eux, prêts à prendre la fuite à la plus légère alerte ; don Jesus Ordoñez, pâle comme un suaire, tremblait plus que tous, se frappait la poitrine et marmottait des prières, sans même savoir ce qu'il faisait.

Les femmes sont généralement braves lorsque le danger ne les surprend pas à l'improviste et leur laisse le temps de la réflexion ; les deux jeunes filles, remises de leur première frayeur, regardaient curieusement autour d'elles ; malgré elles, elles comparaient la mine piteuse de leurs peones avec l'air d'insouciante bravoure des serviteurs du comte, et elles comprenaient que, le cas échéant d'une attaque, elles ne devraient compter que sur le secours de ceux-ci.

Le pétillement de la fusillade, dont le bruit était parvenu jusqu'à la petite troupe, avait encore augmenté le désarroi et la terreur des peones, dont quelques-uns essayaient déjà tout doucement de tirer au large ; mais Michel qui, au bruit des coups de feu, avait tressailli comme un coursier généreux qui sent l'éperon, s'était retourné vers les poltrons, et armant un pistolet en même temps qu'il fixait sur eux un regard à l'expression duquel il était impossible de se tromper, il leur avait dit avec un accent terrible :

— Le premier qui bronche, je lui fais sauter la cervelle !

Cet avertissement avait suffi ; les peones se l'étaient tenu pour dit, et tout était rentré dans l'ordre.

Quelques instants plus tard, six ou huit nègres avaient été vus fuyant effarés, sanglants, sur les bas-côtés de la route. En apercevant ces hommes qui se sauvaient avec épouvante, les poltrons de tout à l'heure s'étaient subitement sentis braves, et ils avaient voulu faire feu sur eux.

— On ne tire pas sur les fuyards, avait encore dit Michel le Basque.

Et le généreux flibustier avait haussé les épaules avec mépris.

— Mais, mon ami, lui dit doña Flor, pourquoi donc rester davantage ici ? Peut-être votre maître court-il un grand danger : mieux vaudrait aller à son secours.

— Oui, ajouta doña Linda, pauvre comte, nous ne pouvons cependant l'abandonner ainsi; señor, poussons en avant, au nom du Ciel.

— Mes charmantes petites señoritas, répondit Michel le Basque en s'inlinant avec son sourire mielleux, si M. le comte court un danger, si sérieux que soit ce danger, c'est mon affaire ; il s'en tirera comme il pourra, cela le regarde; quant à moi, il m'a ordonné de rester ici et de veiller sur vous; je resterai et je veillerai, quand même les cinq cents diables viendraient tout à coup pour essayer de nous briser les côtes.

— Mais s'il est tué! s'écria doña Flor avec épouvante.

— Tué! lui! reprit-il en haussant les épaules avec dédain; allons donc! on voit bien que vous ne le connaissez pas, señorita ; il est bien trop adroit pour cela.

— Mais enfin, peut-être est-il blessé, ajouta doña Linda.

— Blessé lui! ce n'est pas possible. D'abord, la bataille, c'est son élément, il n'est heureux que là.

— Pourtant! reprirent les deux jeunes filles avec insistance.

— Et, tenez, qu'est-ce que je vous disais! s'écria-t-il en les interrompant sans cérémonie, le voilà qui revient, aussi gai et aussi pimpant que s'il n'avait fait qu'une simple promenade; regardez, le voyez-vous?

— Oui, oui, c'est vrai! s'écria doña Flor qui, de pâle qu'elle était, devint subitement rouge.

— C'est lui en effet, ajouta doña Linda à demi-voix. C'est singulier, ajouta-t-elle à part elle, il ne me semble plus le même: quelle fière démarche! je ne le connaissais pas encore.

Elle soupira et détourna les yeux.

— Dieu me pardonne! s'écria joyeusement Michel le Basque, monsieur le comte ramène du butin, dix chevaux magnifiques; il n'y a que lui pour faire ainsi les choses.

En effet, le beau Laurent revenait au petit galop, calme et reposé comme si rien d'extraordinaire ne s'était passé; derrière lui, Fil-de-Soie et Bosse-Debout chassaient les chevaux dont ils s'étaient emparés.

Le danger passé, don Jesus avait repris son sang-froid et son aplomb ordinaire.

Il fit quelques pas au-devant du jeune homme.

— Que s'est-il donc passé? lui demanda-t-il avec empressement.

— A peu près ce que vous aviez pensé, señor don Jesus, répondit-il négligemment, tout en saluant respectueusement les dames. En route, Miguel, hâtons-nous, il nous faut rattraper, s'il est possible, le temps perdu.

La petite troupe repartit.

Laurent avait repris sa place auprès de doña Flor.

Fil-de-Soie et Bosse-Debout, après s'être débarrassés des chevaux qu'ils avaient confiés aux peones, avaient l'un et l'autre regagné leur poste.

— Comment! señor conde, reprit l'haciendero, des ladrones?

— Ma foi! oui, répondit le jeune homme; avec l'aide d'une quinzaine de nègres, ils nous avaient organisé une très jolie embuscade, et, si un de mes hommes ne les avait pas aperçus par hasard, je crois que nous aurions passé un fort mauvais quart d'heure.

— Oh! oh! Et êtes-vous bien sûr, monsieur le comte, que ces démons sont partis?

— Tout ce qu'il y a de plus sûr, rassurez-vous, señor don Jesus; il en reste bien quelques-uns...

— Que dites-vous donc là? s'écria-t-il.

— Mais comme ils sont morts, continua le comte, je ne les crois pas très redoutables.

— A la bonne heure ainsi!

— Combien étaient-ils, señor conde? demanda doña Linda d'une voix tremblante.

— Je vous avoue, señorita, répondit-il en riant, que j'avais autre chose à faire que de les compter; peut-être une vingtaine, peut-être plus, je ne saurais vous dire exactement.

— Nous avons vu passer une dizaine de fuyards, dit doña Flor.

— Ah! ils se sont sauvés de ce côté?

— Oui, là, sur le bord du chemin.

— Eh bien! vous verrez tout à l'heure, tenez, là, de l'autre côté de cet angle que forme la route, à peu près un nombre égal de morts; ainsi je ne me trompais pas en évaluant leur nombre à une vingtaine.

— Et vous étiez, vous, reprit doña Linda, deux seulement et un enfant?

— Pardon! señorita, cet enfant est un homme, lorsqu'il s'agit de me défendre; il a vaillamment combattu, donc nous étions trois.

— Trois contre vingt! s'écria doña Flor avec admiration.

— C'était plus qu'il ne fallait, puisque nous les avons mis en fuite.

— C'est miraculeux, s'écria don Jesus avec enthousiasme; oh! ajouta-t-il avec conviction, nous autres Espagnols...

— Oui, à vos heures, répondit en souriant le capitaine.

— Mais vous êtes blessé! s'écria tout à coup doña Flor avec épouvante.

— Moi? vous vous trompez, señorita.

— Mais voyez votre pourpoint; vos chausses elles-mêmes sont tachées de sang.

— Excusez-moi, señorita, je suis réellement confus de ce qui arrive. Je vous remercie de l'intérêt que vous daignez me témoigner, mais rassurez-vous, ce sang ne m'appartient pas.

— En êtes-vous bien certain, señor don Fernan?

— Parfaitement, señorita, répondit-il en riant, c'est quelque maladroit qui m'aura éclaboussé en tombant. Le diable emporte le drôle!

— Bon! fit la jeune fille, qui ne put s'empêcher de sourire, il a été assez puni de sa maladresse, à quoi bon lui garder rancune? ce n'est pas d'un généreux ennemi.

— C'est vrai, señorita; mais, du reste, il n'a eu que ce qu'il méritait.

Doña Linda ne disait rien, elle réfléchissait.

La jeune fille éprouvait une émotion étrange, son cœur se serrait malgré elle; ses yeux se remplissaient de larmes, elle ne comprenait rien à l'état dans lequel elle se trouvait et au sentiment inconnu qui l'agitait; elle écoutait avidement les paroles du jeune homme, et parfois elle lui lançait à la dérobée, lorsqu'elle pensait ne pas être vue de lui, des regards d'une expression étrange.

En ce moment, on arriva à l'endroit où le combat avait été livré. Une douzaine de cadavres gisaient pêle-mêle, les traits horriblement contractés, étendus dans des mares de sang.

— Voilà où s'est livré la bataille, murmura doña Linda.

— Oh! señorita, une escarmouche tout au plus.

— Quelle boucherie! s'écria don Jesus avec admiration; pardieu! señor conde, vous êtes un héros!

— Vous êtes bien bon, répondit modestement le jeune homme.

— Nous vous devons la vie.

— Allons donc! señor don Jesus, pour avoir châtié ces drôles, vous ne me devez rien du tout; au contraire, c'est moi qui suis heureux d'avoir pu vous rendre ce léger service.

— Léger service!

— A propos, reprit-il afin de changer la conversation, qui tournait toujours dans le même cercle et commençait à le fatiguer, savez-vous, señor don Jesus, qui j'ai reconnu parmi ces bandits?

— Comment le saurais-je, señor conde? Je ne les connais pas, moi.

— Vous vous trompez, señor don Jesus, vous en connaissez au moins un.

— Moi! vous plaisantez sans doute!

— Pas le moins du monde, je suis au contraire très sérieux, je vous jure.

— Et vous dites que je connais un de ces misérables?

— Parfaitement.

— Voilà qui est fort, par exemple!

— Soit, c'est fort, mais c'est comme cela.

— Après tout, je connais tant de monde...

— Voulez-vous que je vous dise son nom?

— C'est-à-dire que je vous en prie, señor conde.

— C'est un Indien, charmeur de serpents de son métier, un certain...

— Cascabel! s'écria l'haciendero en pâlissant.

— C'est vous qui l'avez nommé, señor don Jesus; vous voyez bien que vous le connaissez.

— Oh! si peu! reprit l'haciendero évidemment fort embarrassé.

— Comment! mais que dites-vous donc là, mon père? s'écria doña Flor, vous le connaissez beaucoup, ce vilain homme : il ne se passe pas de semaine qu'il ne vienne deux ou trois fois à l'hacienda.

— C'est possible ! grommela l'haciendero complètement démoralisé par ce démenti qui lui était si naïvement donné par sa fille, et qui ne savait plus ce qu'il disait ; mais que signifie cela ?

— Rien absolument, dit Laurent, qui savait ce qu'il voulait savoir.

— Et serait-il mort ? demanda l'haciendero.

— Malheureusement, non.

— Mais il est blessé grièvement, sans doute ?

— Oui, très grièvement : Julien, mon page, lui a, d'un coup de fusil, cassé le bras auprès de l'épaule.

— Voyez-vous cela, le petit gaillard ! dit l'haciendero d'un air paterne ; après cela, ajouta-t-il, votre page l'aurait tué que ce n'eût pas été une bien grande perte pour la société.

— C'est aussi mon avis ; mais n'en veuillez pas trop à mon page, señor don Jesus, reprit-il en souriant, car il a fait ce qu'il a pu, et s'il ne l'a pas tué, ce n'est certes pas de sa faute.

— Lui en vouloir, moi, à ce charmant enfant, si beau et si dévoué à son maître, se récria don Jesus, vous ne le supposez pas, señor conde ; et la preuve que je ne lui en veux pas, ajouta-t-il en détachant une magnifique épingle en diamant de sa chemisette, c'est que je le prie d'accepter cette épingle en souvenir de moi pour sa belle conduite d'aujourd'hui.

Le jeune homme hésita et regarda son maître.

— Accepte, Julien, lui dit Laurent, tu mécontenterais le señor don Jesus en le refusant.

Fil-de-soie accepta alors l'épingle et remercia chaleureusement l'haciendero.

— Oui, oui, reprit celui-ci, je puis récompenser les serviteurs, mais le maître, je ne puis rien pour lui.

— Le maître, señor don Jesus, répondit sérieusement le capitaine, est de trop bonne maison pour qu'il soit avec lui question d'une récompense quelconque, surtout lorsqu'il n'a fait qu'accomplir un devoir que lui imposent sa qualité de gentilhomme et le nom qu'il a l'honneur de porter.

— Mon Dieu ! señor conde, s'écria naïvement l'haciendero, il y a bien peu de temps que j'ai l'honneur de vous connaître, et je vous ai déjà tant d'obligations de toutes sortes que j'en ignore le nombre.

— Chut ! señor don Jesus, reprit Laurent avec un regard significatif ; ne dites donc pas de ces choses-là ; attendez au moins, avant de porter un jugement définitif sur moi, que nous nous connaissions mieux l'un et l'autre.

— Oh ! grâce à Dieu ! señor conde, quant à moi, je vous connais parfaitement.

— Qui sait ? Peut-être vous trompez-vous et changerez-vous d'avis à mon égard avant qu'il soit peu.

— Cela est impossible.

— Qui sait ? vous dis-je.

— Vous êtes un homme étrange, mon cher comte, dit l'haciendero après quelques secondes de réflexion.

— Je ne vous comprends pas, señor don Jesus, répondit-il avec une imperceptible nuance de hauteur.

— C'est que ce que j'ai sur le bout des lèvres est, je l'avoue, assez difficile à dire.

— Vous piquez singulièrement ma curiosité par ces précautions oratoires, señor don Jesus.

— M'excuserez-vous si je vous parle franchement ?

— Vous êtes excusé d'avance, señor, ainsi parlez hardiment.

— Eh bien, señor conde, je ne sais pourquoi, mais j'éprouve parfois auprès de vous une émotion dont je ne me rends pas compte ; je ressens pour vous la sympathie la plus vive ; je vous ai une foule d'obligations...

— Passons, passons.

— Cependant parfois, lorsque nous causons comme nous le faisons en ce moment, tout à coup vos traits se contractent d'une si menaçante façon, un tel éclat s'échappe de vos regards, que je demeure interdit.

— Je suis donc bien effrayant, alors ?

— Pour moi, oui.

— Merci ! señor.

— Que voulez-vous, comte ! c'est plus fort que moi, et puis votre façon de parler..

— Comment ! mon langage aussi ?

— Dame ! vous avez un accent incisif qui donne de la valeur à chaque mot que vous prononcez ; un sourire railleur se joue continuellement sur vos lèvres ; lorsque vous m'adressez un compliment, il semble que vous me faites une menace ; si vous me rendez un service, on croirait que ce service, ce qui n'est pas, doit finir par être pour moi une mortelle injure ; de sorte que dans ces moments-là...

— Dans ces moments-là ?

— Eh bien ! vous me faites peur, et malgré moi je sens mon sang se glacer dans mes veines.

— Qui sait ! señor don Jesus, répondit Laurent de l'air le plus sérieux, c'est peut-être un pressentiment, et vous le savez, les pressentiments nous sont envoyés par Dieu lui-même, donc il ne faut pas les mépriser.

— Là ! voilà que vous recommencez. Quel terrible homme vous êtes !

— Comment cela ? Je ne ris pas ; je suis fort grave.

— Voilà justement ce qui me chagrine, señor conde, c'est que je ne sais avec vous jamais à quoi m'en tenir, et si vous êtes mon ami ou mon ennemi.

— Pourquoi serai-je votre ennemi, señor don Jesus ? répondit-il en fixant, sur l'haciendero un regard si ferme que celui-ci tressaillit en baissant les yeux malgré lui.

— C'est ce que je me demande ; nous ne nous connaissons que depuis quelques jours ; jamais nous ne nous étions rencontrés auparavant. Le hasard nous a mis en présence au moment où nous nous y attendions le moins l'un et l'autre.

— Le hasard fait souvent très bien les choses.

— Aussi, cette fois, je ne me plains pas de lui, nos relations ont été dès le premier abord des plus cordiales.

— J'en conviens; que concluez-vous de cet ensemble de circonstances, señor don Jesus?

— Je ne conclus pas, señor, je cherche au contraire.

— Voulez-vous me permettre de vous donner un conseil?

— Donnez, cher comte, il sera le bienvenu, émanant de vous.

— Trop gracieux! eh bien, croyez-moi, ne cherchez pas davantage, c'est inutile.

— Ah! pourquoi donc?

— Mon Dieu, par une raison toute simple, c'est qu'on ne cherche ordinairement que les choses qui existent, et que ce que vous cherchez, vous, n'existe que dans votre imagination.

— Ce que vous me dites là me fait grand plaisir et m'enlève un lourd poids de...

— De la conscience, insinua-t-il en souriant.

— Oh! non, reprit vivement l'haciendero, ma conscience est bien tranquille.

— C'est juste, quand jamais on n'a fait de mal à personne, dit-il en ricanant.

L'haciendero le regarda de travers, puis, tout à coup, pris d'une colère soudaine, il fouetta son cheval et se lança au galop.

— Qu'a donc mon père, don Fernan? demanda doña Flor avec inquiétude.

— Je l'ignore, señorita, cela vient de lui prendre subitement; si la journée était moins avancée, je pourrais croire que c'est le soleil.

Mais don Jesus avait eu déjà le temps de réprimer sa colère, et il avait repris place auprès du jeune homme.

— Excusez-moi, don Fernan, dit-il, mon cheval a buté et j'ai cru un instant qu'il m'emportait.

— Je l'ai vu, répondit poliment le flibustier.

— Vous disiez donc?

— Moi, señor? je ne disais rien du tout, je vous assure, ou du moins je ne me rappelle pas.

— Ah! je croyais.

— Arriverons-nous bientôt à l'hacienda?

— Vous êtes fatigué?

— Je l'avoue; je ne suis pas accoutumé aux longues courses, et celle-ci, sans reproche, est d'une longueur assez respectable; je ne suis pas un homme de fer comme vous, moi, don Jesus, un rien me fatigue.

— Manque d'habitude, quand on est accoutumé à toutes ses aises...

— C'est cela, señor, je suis trop accoutumé à mes aises.

— Eh bien! rassurez-vous, don Fernan, nous approchons; lorsque nous aurons tourné ces taillis épais que vous apercevez à une centaine de pas en avant, sur la gauche, nous ne serons plus qu'à un quart de lieue à peine de l'hacienda, qui alors apparaîtra devant nous.

— Dans toute sa majestueuse splendeur, dit Laurent avec emphase.

— Vous ne pouvez donc pas être sérieux un instant?

Le beau Laurent souleva dans ses bras la jeune fille qui n'avait pas conscience
de ce qui se passait.

— Que voulez-vous? cela m'est impossible. Je suis ainsi fait, que je ris des choses les plus tristes comme des plus bouffonnes; il faut me prendre comme je suis. Cependant je vous remercie de votre renseignements, señor don Jesus, car franchement, entre nous, je ne suis pas fâché d'arriver, je suis moulu.

— Hum! je vous croyais plus de vigueur.

— Pure illusion, comme vous voyez; j'ai la volonté, mais la force me manque; et puis songez donc que je ne suis pas encore arrivé, moi.
— Comment cela?
— Dame! je vais à Chagrès.
— Je le sais, mais pas ce soir, je suppose?
— Pour cela, non; quand même ma fortune en dépendrait, je suis convaincu que je resterais en route.
— Bah! demain il n'y paraîtra plus, vous verrez.
— Que Dieu le veuille!

Tout en causant ainsi à bâtons rompus, ils approchaient rapidement de l'hacienda.

La nuit commençait à tomber, et une cinquantaine de peones armés de torches descendaient la colline et venaient en courant et en poussant de grands cris au-devant de leur seigneur.

Ces hommes courant ainsi dans l'ombre en agitant des torches allumées donnaient au paysage un aspect des plus saisissants et des plus fantastiques.

Vingt minutes plus tard, les voyageurs entraient dans l'hacienda.

L'aumônier et le mayordomo, immobiles devant la grande porte d'entrée, souhaitèrent la bienvenue aux arrivants.

Ceux-ci mirent pied à terre.

Laurent, malgré la fatigue dont il se plaignait, sauta vivement à bas de son cheval et s'empressa auprès des dames qu'il aida à descendre.

— Je vous recommande les serviteurs du señor conde don Fernan de Castel-Moreno, dit l'haciendero au mayordomo, ayez grand soin d'eux, je vous prie.

Le mayordomo s'inclina respectueusement.

Don Jesus Ordoñez entra alors dans l'intérieur de la maison suivi des deux jeunes femmes, du comte et du père Sanchez qui, selon sa coutume, en apercevant le capitaine, avait rabattu son capuchon sur son visage.

Chacun se retira dans ses appartements pour remettre un peu d'ordre dans sa toilette avant le repas: soin indispensable après une course aussi longue faite à travers champs.

Le comte fut conduit dans la chambre que précédemment il avait occupée.

Michel le Basque et le page l'y attendaient.

Laurent, dont les vêtements étaient souillés de sang et déchirés en plusieurs endroits, refit une toilette complète.

— L'escarmouche était-elle sérieuse, monsieur le comte? demanda Michel en aidant le capitaine à se vêtir.

— Une misère, répondit le jeune homme en langue basque, cet idiome qui fait le désespoir des savants, une misère : quelques nègres commandés par ce hideux Cascabel et qui enlevaient la fille de notre ami José.

— Ah! ah!

— Plusieurs Indiens s'étaient mis à leur poursuite, ils les avaient découverts, et bien que très inférieurs en nombre, ils les attaquaient bravement, lorsque heureusement pour eux nous sommes intervenus au moment où ils allaient succomber. Nous avons délivré la jeune fille et fait un grand massacre de ces misérables. Cascabel a eu un bras cassé par Julien et s'est enfui en hurlant, suivi de ses oiseaux de nuit, voilà tout.

— Pauvre José! je suis content que les choses aient tourné ainsi pour lui.

— Moi aussi; mais je me suis bien gardé d'ouvrir la bouche de cette affaire à don Jesus ou de lui en laisser soupçonner un mot. Je lui ai raconté une histoire d'embuscade dressée pour nous surprendre par les féroces ladrones qui se sont évadés de Panama; j'ai ajouté à mon récit un combat acharné, de sorte qu'il me regarde comme un héros, et qu'il a une frayeur épouvantable: c'est ce que je veux; il faut le maintenir dans ces excellentes dispositions.

— Cela ne sera pas difficile, dit Michel avec mépris; j'ai rarement vu un aussi lâche coquin; pendant tout le temps de votre absence, il n'a fait que se frapper la poitrine et marmottant des prières et tremblant comme la feuille.

— Oui, en effet; je ne le crois pas très courageux.

— Dites, monsieur le comte, que c'est un insigne poltron, et vous serez encore au-dessous de la vérité.

— Et les jeunes femmes?

— Oh! quand à elles, ce sont des luronnes; elles ne tremblaient pas, je vous assure; bien loin de là, en entendant la fusillade, elles voulaient voler à votre secours; j'avais toutes les peines du monde à les retenir; et si vous n'étiez pas arrivée, ma foi! je ne sais pas trop si je n'aurais pas été contraint de leur céder, tant elles s'obstinaient à pousser en avant.

— Braves cœurs! murmura le jeune homme avec émotion.

— Oui, braves cœurs, allez, capitaine, et qui vous sont dévoués, je vous l'affirme.

Laurent baissa la tête, soupira profondément et parut réfléchir.

— L'ange sauvera-t-il le démon? murmura-t-il en se parlant à lui-même; hélas! Dieu décidera! je ne suis, moi, que l'instrument de la fatalité.

En ce moment, le mayordomo parut et annonça que le souper était servi.

Laurent se rendit aussitôt dans la salle à manger.

L'aumônier n'attendait plus que sa présence pour prononcer le *Benedicite*.

VII

OU LE BEAU LAURENT EST SUR LE POINT DE CROIRE A LA SORCELLERIE

Après le souper, la soirée ne s'était pas prolongée.

Les dames, fatiguées du voyage, avaient à peine mangé quelques rares morceaux du bout des dents, et s'étaient retirées dans leurs appartements.

Doña Flor et son amie parties, rien ne retenait plus le capitaine; aussi, malgré les instances de l'haciendero pour le retenir encore quelques instants auprès de lui, il se montra tellement rompu et brisé par la fatigue, ses yeux se fermaient si naturellement, il avait tant de difficulté à s'empêcher de bâiller au nez de son hôte, que celui-ci ne se sentit pas le courage d'insister davantage et le laissa libre d'aller se livrer au repos.

Permission dont le jeune homme profita avec enthousiasme pour sortir aussitôt de la salle à manger, suivi de son page et de son valet de chambre.

— Ah! mon bon padre Sanchez, dit l'haciendero lorsque le jeune homme eut quitté la salle à manger, ou pour mieux dire le réfectoire, et que la porte se fut refermée derrière lui, quel homme remarquable que ce comte de Castel-Moreno!

— Vous trouvez, señor don Jesus? répondit nonchalamment le moine.

— Est-ce que vous ne partagez pas mon opinion?

— Je connais bien peu le comte, señor; à peine ai-je échangé quelques mots avec lui.

— C'est juste, il est resté si peu de temps à l'hacienda la première fois qu'il y est venu!

— Doit-il donc y faire un plus long séjour cette fois-ci?

— Je n'ose l'espérer, padre Sanchez, quoique je le désire bien vivement. Ses affaires le contraignent à se rendre à Chagrès le plus tôt possible.

— Ah!

— Oui, mais j'espère qu'à son retour il s'arrêtera de nouveau ici.

— Vous paraissez vous intéresser vivement à ce jeune homme, dit le moine en relevant la tête et en regardant fixement l'haciendero.

— Beaucoup, en effet, je ne compte plus les obligations que je lui dois; aujourd'hui encore, il y a deux heures à peine, sans lui nous aurions été tous massacrés par des bandits qui s'étaient embusqués pour nous attendre au passage.

— Ah! ah!

— Malgré mes prières, je dirai presque mes injonctions, il s'est précipité presque seul sur les bandits, dont il a fait un carnage horrible. Quel homme! quelle bravoure! Si comme moi, padre Sanchez, vous l'aviez vu au milieu du combat, vous seriez encore saisi d'admiration.

— Dios mio! l'affaire a-t-elle donc été bien grave?

— Vous ne pouvez vous en faire une idée. Nous étions entourés par plus de quarante bandits, des ladrones échappés de Panama, où ils étaient emprisonnés en attendant leur jugement.

— Je croyais que ces ladrones, ainsi que vous les nommez, n'étaient tout au plus qu'une dizaine.

— En effet, reprit l'haciendero en se mordant les lèvres, mais ils avaient recruté des Indiens et des nègres marrons ; vous savez qu'il n'en manque pas dans ces parages?

— Hélas! leurs maîtres sont si cruels que ces misérables n'ont de refuge que dans la fuite.

— Vous plaignez de tels scélérats, padre Sanchez?

— Je plains tous ceux qui souffrent, señor. Ces hommes ont été contraints de se retirer?

— Oui, mais après une résistance acharnée.

— Le Seigneur soit béni! il vous a délivré d'un grand péril; vous avez contracté une dette sacrée envers le comte.
— Dette dont je crains de ne pouvoir jamais m'acquitter, mon père, le comte n'est pas un homme comme les autres.
— C'est possible, cependant vous lui devez des remerciements, dit le moine d'une voix légèrement railleuse.
— Oh! quant à cela, je ne manquerai pas de les lui faire.
— Vous aurez raison, señor, mais le comte serait-il blessé?
— Non; pourquoi cette question, mon père?
— Mon Dieu! tout simplement parce qu'il m'a semblé fort pâle, faible même, et qu'il paraissait avoir grand besoin de repos.
— Voilà ce que je ne puis comprendre. Quant à être blessé, rassurez-vous, il ne l'est pas ; mais une chose qui m'intrigue, c'est que ce jeune homme qui est grand, admirablement proportionné, qui aujourd'hui nous a donné à tous les preuves d'une énergie et d'une force réellement prodigieuse, le combat terminé, a semblé s'affaisser pour ainsi dire sur lui-même, s'est plaint de la fatigue, de la chaleur, que sais-je? et enfin est devenu presque subitement faible comme une femme. Vous l'avez vu vous-même il n'y a qu'un instant. Que penser d'une organisation aussi singulière?

Le père Sanchez regarda un instant l'haciendero en fixant sur lui des yeux qui semblaient vouloir lire jusqu'au fond de son cœur, puis il se leva, et après l'avoir salué :

— Ceci prouve, señor don Jesus, dit-il d'une voix profonde, qu'il ne faut jamais se fier aux apparences, parce qu'elles nous trompent presque toujours. Bonne nuit, señor don Jesus, que votre ange gardien veille à votre chevet et vous donne un bon sommeil!

Puis il sortit à pas lents de la salle.

— Que veut dire ce vieux moine? murmura l'haciendero lorsqu'il fut seul ; cet homme s'exprime toujours de façon à ce que je ne puisse le comprendre! Ah! s'il m'était possible de me délivrer une bonne fois de sa compagnie !... Mais, patience, ajouta-t-il en fronçant le sourcil, peut-être... Il s'arrêta et reprit au bout d'un instant : — A quoi bon m'inquiéter de ce qui se passe dans la cervelle détraquée d'un moine plus qu'à moitié fou, et essayer de deviner des énigmes!... Puisque tous mes convives m'ont abandonné, eh bien! je veux dormir, cela vaudra mieux que me mettre martel en tête pour des chimères et des folies qui n'ont ni queue ni tête... Ah! ajouta-t-il avec un sourire de dédain, je ne suis pas aussi facile à effrayer qu'on le suppose! nous verrons!

Il fit quelques pas de long en large dans la salle, puis enfin il se décida à sortir et à gagner son appartement.

Dix minutes plus tard don Jesus était couché et dormait. L'hacienda était plongée dans le silence et les ténèbres, tous ses habitants semblaient se livrer au repos, et cependant, si un œil indiscret fût parvenu à voir à travers les murs de ces chambres si hermétiquement fermées, il eût vite reconnu qu'il n'en était nullement ainsi, bien au contraire.

Nous laisserons don Jesus, qui peut-être était le seul de tous les habitants de l'hacienda qui dormit ou essayât de le faire, et nous rentrerons dans la chambre occupée par les trois Frères de la Côte. Les flibustiers ne songeaient nullement à dormir. Assis autour d'une table, ils buvaient et causaient entre eux à voix basse ; jamais ils n'avaient semblé plus éveillés; toutes traces de fatigue avaient disparu du martial visage de Laurent; la discussion était vive et surtout très intéressante.

Les trois hommes se creusaient en ce moment la cervelle pour en faire jaillir une idée raisonnable, mais l'inspiration était rebelle et ils se dépitaient de si mal réussir.

Laurent avait quitté Panama, non pas pour se rendre à Chagrès, où il n'avait rien à faire, mais pour atteindre l'embouchure du rio San-Juan et essayer de s'aboucher avec Montbars ou, à son défaut, avec Ourson Tête-de-Fer, qui commandait sous lui, afin de s'entendre sur les mesures qu'il convenait de prendre pour enlever Chagrès, s'emparer du fort Saint-Laurent qui défendait la ville, et de là marcher sur Panama, à travers l'isthme.

Malheureusement, il fallait avant tout que Laurent et ses compagnons parvinssent à atteindre le rio San-Juan, dont aucun d'eux ne connaissait la position exacte. A la vérité, cette rivière ne devait pas être très éloignée du lieu où ils se trouvaient; mais avant tout il était de la plus haute importance de ne pas se tromper en la confondant avec une autre, ce qui amènerait d'abord une perte de temps considérable et peut-être la ruine de l'expédition.

Les trois hommes étaient fort perplexes et ne savaient à quel projet s'arrêter. Tenter seuls d'atteindre la rivière, ce moyen était impraticable ; trouver un guide était plus difficile encore.

Quel prétexte lui donner pour l'obliger à les conduire au rio San-Juan au lieu d'aller tout droit à Chagrès?

— Je ne vois qu'un moyen, dit enfin Michel le Basque d'un air triomphant, il est simple et infaillible.

— Parle donc, bavard, au lieu de te vanter ainsi mal à propos, répondit Laurent avec impatience.

— Voici mon moyen : demain matin, nous prenons un guide, le premier venu, je n'ai pas de préférence.

— C'est heureux, dit Laurent d'un air goguenard.

— Nous faisons marché avec lui pour nous conduire à Chagrès.

— Mais...

— Patience; en route nous lui disons que nous avons changé d'avis et qu'avant de nous rendre à Chagrès nous désirons visiter le rio San-Juan à son embouchure. S'il consent à faire ce que nous lui demandons, c'est bon; s'il refuse, nous le faisons marcher le pistolet sur la gorge; dans tous les cas, le résultat final est toujours le même pour lui. Arrivés à l'endroit où la flotte est mouillée, nous garrottons notre gaillard et nous avons le choix sur la façon dont nous nous mettrons à l'abri de ses indiscrétions; nous serons maîtres soit de le jeter à l'eau une pierre au cou, soit de le livrer à nos compagnons, qui le garderont prisonnier à bord, et qui peut-être pourront plus tard, eux aussi, l'utiliser pour guide. Voilà mon moyen; qu'en pensez-vous, monsieur le comte?

— Il a beaucoup de bon, et surtout il est d'une exécution très simple; faute de mieux, je crois bien que nous serons contraints de l'employer; il nous faut partir demain au lever du soleil : on nous attend sans doute là-bas avec impatience ; tout retard serait mortel ! Ah ! pourquoi José n'est-il pas ici, ainsi qu'il me l'avait promis ?

— J'y suis, capitaine, répondit une voix douce.

Les trois flibustiers, surpris ainsi à l'improviste, tressaillirent, malgré leur courage à toute épreuve, et se retournèrent, la main sur la crosse de leurs pistolets.

José se tenait immobile, calme et souriant, à deux pas d'eux.

— Ah çà ! vous avez donc passé à travers la muraille, cher ami ? dit gaîment Michel, nous n'avons pas entendu le moindre bruit.

— Qu'importe par où j'ai passé, puisque me voilà ?

— C'est juste.

— Quand m'avez-vous vu manquer à ma parole, capitaine ?

— Jamais, José, je me plais à le reconnaître : pardonnez-moi donc d'avoir douté, non pas de vous, Dieu m'en garde ! mais de la possibilité que vous aviez d'entrer ici.

L'Indien sourit doucement.

Ce n'était plus le même homme ; tout était changé en lui, visage et costume ; il portait les vêtements des Indiens de sa nation. Le haut du corps était recouvert par une blouse blanche de fine toile ouverte sur la poitrine, descendant jusqu'aux genoux et serrée aux hanches par un large ceinturon de cuir fauve, qui retenait aussi un caleçon de même étoffe qui descendait à peine jusqu'aux genoux ; au ceinturon pendaient d'un côté un sabre court à lame droite, de l'autre une hache au tranchant acéré, se terminant en pointe par derrière, comme les haches d'abordage, et dont le manche avait un pied et demi de long ; un sac à balles et une corne de bœuf pleine de poudre étaient attachés près du sabre ; des mocksens en peau de daim garnis de brillants étaient retenus à ses pieds par des bandelettes de couleur pourpre qui se croisaient à l'infini sur ses jambes nerveuses et s'attachaient au-dessous des genoux ; ses longs cheveux noirs partagés en deux parties sur le front et serrés par un cercle d'or dans lequel était fichée une plume d'aigle, tombaient en désordre sur ses épaules ; un large manteau en poil de lama bariolé de couleurs, retenu au cou par une agrafe d'or, tombait jusqu'à terre.

Ainsi vêtu et tenant son fusil à la main, cet homme avait quelque chose de sauvage et de majestueux à la fois, qui inspirait le respect.

Michel lui avança un siège ; José s'assit et, après avoir trempé ses lèvres dans le verre rempli à son intention :

— Voici votre bague, capitaine, dit-il avec émotion.

— Déjà ! s'écria le jeune homme.

— Les Walla Wahoës ont des ailes quand il s'agit de servir le chef qu'ils aiment : avant le coucher du soleil ma fille était près de moi, grâce à vous, capitaine. Mais ce n'est pas avec des paroles que l'on s'acquitte de tels services, c'est avec des faits ; j'espère ne pas demeurer longtemps votre débiteur.

— J'espère bien le contraire, moi, chef, répondit Laurent en lui serrant la main. Mais, comment diable avez-vous fait pour vous introduire ici sans être vu, ni aperçu, ni entendu?

— Je connais de longue date tous les secrets de cette maison, capitaine, rien ne m'a été plus facile.

— Cependant, lors de ma première visite...

— Nous ne nous connaissions pas encore, capitaine, interrompit l'Indien : je devais parler ainsi que je l'ai fait; d'ailleurs, qu'étais-je pour vous alors? un pauvre peon, peut-être un peu moins abruti que les autres, voilà tout.

— J'ai tort, n'en parlons plus, mon ami, et revenons, si vous le voulez bien, à nos affaires.

— Je suis à vos ordres.

— Qu'avez-vous fait?

— Tout ce dont nous étions convenus; le capitaine Barthélemy et ses compagnons instruisent mes guerriers dans le maniement des armes; les femmes, les enfants, récoltent le soufre et le salpêtre; les vieillards brûlent des arbres entiers pour faire du charbon; bientôt nous serons en état de vous fournir de poudre, si vous en manquez, ajouta-t-il en souriant.

— Eh! mais, reprit Laurent sur le même ton, on ne sait pas ce qui peut arriver!

— Ce matin, j'ai vu Montbars; presque toute la flotte est réunie au rio San-Juan; on n'attend plus pour agir que l'arrivée de sept ou huit navires de l'escadre de Pierre Legrand et de celle de Morgan.

— Très bien! fit le jeune homme en se frottant joyeusement les mains, voilà de bonnes nouvelles!

— Ce n'est pas tout, dit José,

— Voyons le reste.

— Le gouverneur de Porto-Bello avait, avant l'attaque de Morgan, expédié cinq courriers, par cinq routes différentes, à Panama, pour réclamer des secours.

— Et...

— Et les cinq courriers ont été surpris par mes batteurs d'estrade et pendus.

— Bonne besogne. Ainsi, on continue à ne rien savoir?

— Ignorance complète.

— Bah! dit philosophiquement Michel le Basque, tant mieux pour ces pauvres Gavachos! laissons-les jouir de leur reste; ils auront un réveil déjà assez désagréable.

Cette boutade, prononcée du ton semi-goguenard, semi-bonhomme que savait si bien affecter quand il le voulait le célèbre flibustier, fit beaucoup rire ses auditeurs.

— Est-ce que vous n'avez pas causé avec Montbars? demanda Laurent.

— Pardonnez-moi, nous avons beaucoup causé, au contraire, et nous nous sommes fort entretenus de vous.

— Brave matelot! dit Laurent, je brûle de le voir.

— J'ai promis à l'amiral que demain, à neuf heures du matin, vous et vos deux compagnons vous seriez à bord de son navire.

Une cinquantaine de peones armés de torches descendaient la colline.

— Ah! ah! il nous faudra partir de très bonne heure alors!
— Pourquoi donc cela, capitaine? reprit-il en souriant, nous n'avons que trois lieues à faire tout au plus; en partant à huit heures, nous aurons plus de temps qu'il ne nous en faudra; l'amiral nous a invités à déjeuner, je vous en avertis.
— Cordieu! s'écria vivement Michel le Basque, quand je devrais passer

sur le ventre d'une centaine de Gavachos pour arriver, je ne manquerai pas un tel rendez-vous.

— Un si grand massacre ne sera pas nécessaire.

— Tant pis ! ce serait autant de moins.

— J'y songe, dit Laurent en se frappant le front.

— A quoi, capitaine? demanda José.

— Si la flotte est en effet mouillée aussi près d'ici que vous le dites, il faut nous tenir sur nos gardes; ce don Jésus, bien que poltron comme une mouette, est un fin renard : si le hasard lui faisait découvrir ce qui se passe si près de sa demeure?

— Le cas est prévu.

— Tant mieux ! expliquez-moi cela, mon cher José, cela me rassurera; je vous avoue que je suis inquiet.

— Je comprends cette inquiétude, mais je vous répète que vous ne devez en conserver aucune.

— C'est égal, dites toujours.

— Vous le voulez?

— Oui; ce n'est pas que je doute des mesures que vous avez prises, vous comprenez; mais, enfin, peut-être avez-vous oublié quelque chose.

— Soit ! écoutez donc, ce ne sera pas long. J'ai tout simplement fait établir autour de l'hacienda un cordon sanitaire.

— C'est-à-dire?

— C'est-à-dire que depuis le coucher du soleil cinq cents guerriers sont aux aguets à deux lieues autour de l'hacienda; tout individu qui essaiera de passer sera immédiatement pris et pendu.

— Je vois que c'est toujours votre même système.

— Puisqu'il est bon, pourquoi ne pas l'employer?

— D'autant plus qu'il est des plus simples.

— C'est cela. Quant à l'hacienda, depuis une heure environ, elle a reçu, sans s'en douter, une assez jolie garnison.

— Une garnison, ici !

— Mon Dieu ! oui, ici même; je puis en parler savamment, ajouta-t-il en souriant, c'est moi-même qui lui ai servi de guide, l'ai fait entrer, et finalement l'ai installée assez commodément, je vous assure.

— C'est prodigieux ! s'écria Laurent, et quelle est la force de cette garnison?

— Devinez, capitaine.

— Que sais-je, moi? Vous me mettez sur des épines.

— Quel homme impatient vous êtes, allez ! on ne peut rien vous dire.

— Pardonnez-moi, mon ami, mais vous comprenez...

— Je comprends et je m'exécute. Combien de Frères de la Côte êtes-vous à l'hacienda del Rayo?

— Mais nous sommes treize; je le suppose du moins, car je ne sais vraiment plus si je dors ou si je veille avec vous.

— Merci ! dites que je suis sorcier et n'en parlons plus.

— Dame ! il y a un peu de cela.

— Heureusement que la très sainte Inquisition ne peut rien contre moi, dit-il en riant, sans cela vous me feriez bel et bien brûler, mon cher capitaine !

— Sur ma foi ! vous le mériteriez presque, pour me tenir aussi longtemps le bec dans l'eau, comme on dit.

— Eh bien ! mon cher capitaine, vous êtes dans l'erreur.

— Comment ! je suis dans l'erreur.

— Oui, votre calcul est faux.

— Quel calcul ?

— Celui que vous avez fait, pardieu ! Vous n'êtes pas treize Frères de la Côte actuellement dans l'hacienda del Rayo, mais si je compte bien, et je maintiens l'exactitude de mon chiffre, votre nombre se monte à trois cent quatorze.

— Trois cent quatorze ! Sang et tonnerre ! que signifie cette plaisanterie, José ?

— Je ne plaisante jamais lorsqu'il s'agit d'intérêts aussi sérieux que ceux que nous discutons en ce moment ; il y a maintenant une heure et demie à peu près, tandis que vous soupiez tranquillement dans le réfectoire avec tous les habitants de l'hacienda, j'ai introduit, moi, dans cette maison même où nous sommes, trois cents Frères de la Côte, commandés par un de vos amis les plus chers, qui se réjouit fort de vous voir et de vous serrer la main.

— De qui parlez-vous, José ?

— De l'Olonnais.

— L'Olonnais est ici ! s'écria Michel le Basque. Oh ! oh ! cela va chauffer alors ; je connais le pèlerin, il n'aime pas à rester à ne rien faire.

— Pourquoi diable Montbars envoie-t-il l'Olonnais ici ? car il est envoyé par Montbars, n'est-ce pas ?

— Par Montbars lui-même, oui ; il se réserve, m'a-t-il dit, de vous expliquer demain ses projets.

— Et vous ne savez rien ?

— Rien absolument ; mais comme les suppositions ne sont pas défendues, j'ai supposé...

— Qu'avez-vous supposé, voyons ?

— Montbars est votre matelot ?

— Oui, depuis six ans ; tout est commun entre nous.

— Donc il vous considère comme étant le chef réel de l'expédition, puisque c'est à vous que l'on en doit la première pensée.

— C'est possible ; d'autant plus que Montbars possède trop de véritable grandeur pour essayer de tenir un compagnon dans l'ombre.

— Surtout quand ce compagnon est son matelot, c'est-à-dire son ami choisi entre tous.

— Ce raisonnement me semble très logique.

— Maintenant, supposons, — remarquez, capitaine, que je n'affirme pas, je suppose, voilà tout.

— Bon, bon ! allez toujours, mon ami.

— Supposons, dis-je, que Montbars, jaloux de vous faire une large part de gloire dans l'expédition conçue par vous, bien que par dévouement vous ayez consenti à vous effacer temporairement, ait formé la résolution de vous donner la direction et le commandement d'un de ces audacieux coups de main, comme quelques-uns de vous autres sont seuls capables d'en concevoir ; que ce coup de main consiste, par exemple, à s'emparer du fort Saint-Laurent qui défend Chagrès et qui est réputé imprenable ; Alexandre Rock, Morgan lui-même, l'ont attaqué tour à tour, pendant ces dernières années : aucun d'eux n'a réussi à le prendre.

— Je le prendrai, moi, vive Dieu ! s'écria le bouillant jeune homme.

— Si tel est le projet de Montbars, ce que j'ignore, il doit croire aussi à votre réussite ; parmi les chefs qui l'entourent, l'amiral en a un entre autres qui lui est particulièrement dévoué, qui vous aime, et auquel en débarquant, il y a quelques jours, vous avez confié votre bâtiment.

— L'Olonnais, pardieu ! mon vieil et brave camarade.

— Peut-être l'amiral, à qui rien n'échappe, a-t-il choisi l'Olonnais de préférence à tout autre, parce qu'il a l'intime conviction que l'entente la plus complète régnera entre vous.

— Oh ! quant à cela, il peut y compter. Je suis sûr de l'Olonnais comme de moi-même.

— Je vous fais remarquer que je ne vous ai rien dit de positif ; l'amiral ne m'a rien confié ; seulement...

— Seulement ?

— Il m'a semblé très inquiet de la force du fort Saint-Laurent qui, par sa position, domine non seulement la ville et la mer, mais encore la rivière et la campagne.

— Hum ! et il est bien armé ?

— Il a deux cent cinquante pièces de canon en batterie et une garnison de trois mille hommes, tous vieux soldats aguerris, commandés par le général Santiago Valdès, dont la réputation est universelle.

— Diable ! trois mille hommes ; dix contre un ! et derrière de bonnes murailles ?

— Excellentes, faites en chaux et en ciment, douze pieds d'épaisseur au sommet et vingt-cinq à la base ; je connais le fort comme si j'y étais né.

— Pardieu ! si telle est la pensée de Montbars, je le remercierai pour avoir songé à moi ; ce sera le plus audacieux et le plus brillant coup de main de toute l'expédition.

— Permettez, capitaine, je n'affirme rien, je suppose, voilà tout.

— Eh ! qu'importe cela, cher ami ! si Montbarts n'a pas eu cette idée, je la lui soufflerai ; je ne voudrais pas, pour toutes mes parts de prises, qu'un autre, fût-ce mon meilleur ami, Montbars toujours excepté, bien entendu, m'enlevât l'honneur de cette affaire.

— Vous n'êtes pas dégoûté.

— Pardieu ! Tenez, José, ajouta-t-il en riant, vous êtes, sur mon honneur, le plus charmant compagnon que je connaisse.

— Savez-vous ce que je ferai, si vous êtes chargé de cette attaque ?

— Je le crois bien que je le sais, vous viendrez avec moi, vive Dieu ! n'est-ce pas, mon ami ?

— Ma foi! oui.
— Touchez là, frère, c'est convenu; et il lui tendit la main.
— A présent, voulez-vous causer avec l'Olonnais? je vous l'ai dit, il est impatient de vous voir.
— Oui, je le veux, et tout de suite, s'il est possible.
— Ah çà! dit Michel en grognant, j'espère bien qu'on ne nous laissera pas là à croquer le marmot, nous autres.
— Non pas, dit José, seulement fermez la porte de façon à ce qu'on ne puisse pas l'ouvrir, car votre absence se prolongera sans doute une partie de la nuit.

Fil-de-Soie ferma la porte et passa un morceau de fer dans la gâche.
— C'est fait, dit-il.
— Alors, suivez-moi.

Il s'approcha alors de la muraille, posa le doigt sur un bouton invisible, un panneau glissa silencieusement, ouvrant un large passage.

José prit une lanterne qu'il avait déposée en arrivant, l'alluma, puis il referma le panneau.

Les quatre hommes se trouvèrent alors dans un corridor assez étroit, mais où ils pouvaient marcher sur deux de front.

VIII

A QUOI L'ON PEUT OCCUPER SA NUIT, QUAND ON N'A PAS ENVIE DE DORMIR

Le chef indien, qui semblait être destiné à servir indéfiniment de guide aux Frères de la Côte, s'acquittait de ce devoir, il faut en convenir, avec une adresse et une habileté remarquables.

Il conduisait ses compagnons par des corridors que d'autres coupaient incessamment et qui s'enchevêtraient les uns dans les autres comme une pelote de fil emmêlée par la patte d'un chat; il montait, descendait, revenait sur ses pas, tournait à droite, tournait à gauche, ouvrait et refermait des portes qu'il découvrait avec une dextérité admirable; et cela, sans hésiter, sans s'arrêter une seconde, sans même ralentir son pas.

Les trois flibustiers étaient émerveillés d'une si remarquable sûreté de mémoire, à travers le dédale inextricable d'une maison immense qui non seulement était double mais triple.

Après avoir marché ainsi pendant au moins trois quarts d'heure, sans échanger une parole avec ceux qu'il guidait ainsi, José s'arrêta enfin; ses compagnons l'imitèrent.

Le guide se tourna alors vers Laurent.
— Nous sommes arrivés, dit-il.
— Cela se voit de reste, répondit le jeune homme.
— Que voulez-vous dire, capitaine?

— Je me suis trompé, cela s'entend, voulais-je dire, nos compagnons mènent assez grand bruit.

— Ils se divertissent, voilà tout.

— Peste! je les connais, et je sais par cœur leurs divertissements; mais ne craignez-vous pas que cet infernal tapage ne parvienne aux oreilles de ceux qui dorment là-haut?

— D'abord, mon cher capitaine, je vous ferai observer que nous sommes ici à vingt-cinq pieds au-dessous de l'horizon de l'hacienda, dans des caves dont, par parenthèse, l'existence n'est même pas soupçonnée par le propriétaire actuel qui, ainsi que vous avez dû le remarquer déjà, est assez peu au fait de la distribution intérieure des maisons qu'il possède et ne les connaît même que très imparfaitement.

— Je ne compends rien, sur ma foi! à une semblable ignorance.

— Qui est cependant bien facile à expliquer; excepté cette hacienda et la maison que vous habitez, bâties toutes deux par des hommes qui, sans doute, avaient des raisons particulières pour les construire ainsi, dans toute l'Amérique peut-être, il n'y a pas une seule maison faite sur cave; don Jesus n'avait aucun motif pour supposer que les deux maisons qu'il achetait sortaient de la règle générale, et il a cru, comme logiquement il devait le croire, qu'elles se terminaient à quelques pieds du sol seulement, à cause des fondations.

— Je n'avais pas songé à cette raison, qui cependant est bien simple.

— Je reprends donc mon explication : les caves ont douze pieds de hauteur; on y descend par trente-cinq marches, ce qui donne une moyenne de quinze pieds; or quinze, douze et vingt-cinq nous donnent un total de cinquante-deux pieds; une batterie de cinquante pièces de canon tonnant à cette profondeur ne serait pas entendue au niveau du sol, surtout avec les vides qui, ainsi que vous le savez, empêchent la projection du son.

— Votre explication est excellente, me voilà complètement rassuré; vous pouvez donc ouvrir au plus tôt, cher ami; j'ai hâte de voir mes amis.

José poussa un ressort, et une porte s'ouvrit.

Un spectacle étrange et qui ne manquait pas d'une certaine grandeur sinistre s'offrit subitement aux regards étonnés des trois Frères de la Côte.

Dans une immense salle voûtée, éclairée par des torches de résine, plantées dans des mains de fer, qui sortaient de distance en distance de la muraille, s'agitait ou plutôt grouillait une fourmilière humaine, composée d'individus aux mines farouches, aux regards d'oiseaux de proie, armés jusques aux dents et drapés dans des loques sordides, qui avaient plus de trous que d'étoffe.

Ces individus n'étaient autres que les boucaniers de l'Olonnais. Les uns jouaient aux dés sur des tonneaux placés debout, d'autres buvaient, quelques-uns fourbissaient leurs armes, d'autres, enfin, en assez grand nombre, étendus sur le sol, dormaient à poings fermés sans s'occuper du tapage infernal que faisaient leurs camarades en riant et en se disputant entre eux.

L'Olonnais, revêtu d'un costume magnifique, était assis près d'une table sur laquelle se trouvaient un pot et un gobelet d'étain; le dos appuyé contre le dossier de la chaise, les jambes étendues, les bras croisés sur la poitrine et la pipe à la bouche, le célèbre aventurier assistait calme et digne à cette orgie.

Au-dessus des têtes de cette foule bigarrée, la fumée des torches léchait la voûte et roulait ses vagues noirâtres teintées d'un rouge fauve.

C'était un dessin de Callot éclairé par Albert Dürer ; jamais ces deux artistes de génie, s'ils avaient vécu à cette époque, ne seraient parvenus à fixer cette scène étrange et saisissante sur le cuivre ou sur la toile, et de dépit ils auraient brisé burins, crayons et pinceaux ; Salvator Rosa lui-même n'a jamais rien rêvé de semblable.

Après avoir pendant quelques instants contemplé cette scène étrange avec un intérêt dont il ne se rendait pas compte lui-même, le flibustier entra dans la salle et, se glissant ainsi que ses compagnons à travers la foule des joueurs et des buveurs, trop passionnés par leur propres affaires pour remarquer ce qui se passait autour d'eux, Laurent arriva auprès de l'Olonnais sans être aperçu par le boucanier, occupé à considérer attentivement les spirales que formait la fumée en s'échappant de sa pipe et montant vers la voûte.

Laurent lui posa doucement la main sur l'épaule.

Cet attouchement, si léger cependant, suffit pour éveiller en sursaut le sombre rêveur.

Il bondit sur lui-même avec la rapidité d'un jaguar et se trouva subitement debout un pistolet à chaque main.

— Et là ! là ! calme-toi, frère, dit Laurent, à qui diable en as-tu ?

— Sang et tonnerre ! C'est toi, frère ! s'écria l'Olonnais avec un grand rire. Pardieu ! je suis enchanté de te voir ; justement je pensais à toi.

— Bonjour, l'Olonnais.

— Tiens ! c'est toi, Michel, mon vieux camarade ; sois le bienvenu, frère, et Fil-de-Soie aussi, et José ! Cornes du diable ! la fête est complète. Asseyez-vous, causons, fumons et buvons ; j'ai certaines choses à te dire.

— Et moi de même, fit Laurent avec un sourire.

— Allons, du vin, des gobelets rondement, grêle et tonnerre !

Un engagé, pauvre diable, aux traits maladifs, au teint plombé, et qui n'avait que la peau sur les os, se hâta d'obéir et disposa sur la table les objets demandés.

— Tiens, bois un coup, face de carême, cela te fera du bien, dit l'Olonnais en lui tendant un gobelet plein à déborder.

L'engagé grimaça un sourire de remerciement et avala d'un trait le contenu du gobelet, puis il se retira en s'essuyant la bouche avec le dos de la main.

— Voilà un pauvre diable qui ne me paraît pas destiné à faire de vieux os, dit Laurent d'un air de pitié.

— Ne m'en parle pas, répondit l'Olonnais en haussant les épaules, il est à moitié mort. Il paraît qu'il appartient à une famille riche de la Gascogne ; il a été enlevé par des racoleurs et embarqué de force pour la Côte ; il est taillé pour être boucanier comme moi pour être pape ; il est fort comme une poule. De plus, la première chance qu'il a eue en débarquant a été d'attraper les fièvres, dont il ne peut parvenir à se guérir ; avec cela, doux, rangé comme une fille et dévoué comme un chien ; de plus, il est d'une bravoure extraordinaire.

— Dans son état il ne doit pas craindre la mort, qui sera pour lui un soulagement.

— Il y a un peu de cela, et puis c'est une espèce de gentilhomme, il se nomme de Marsin ou quelque chose comme cela.

— Pourquoi l'as-tu acheté, le voyant si malade ?

— Par bonté d'âme, j'en ai eu pitié : quand le pauvre enfant a été mis en vente avec les autres, j'ai vu que Belle-Tête le lorgnait ; tu sais qu'il n'a pas la réputation d'être tendre pour ses engagés. J'ai voulu sauver celui-là, il l'aurait tué en quinze jours.

— Tu as bien fait, l'Olonnais, je te reconnais là.

— Dame ! que veux-tu ? j'ai été engagé, moi aussi, et je m'en souviens.

— Pardieu ! tu as été l'engagé de Montbars.

— C'est cela même.

— Mais tu n'aurais pas dû emmener cet enfant avec toi, faible comme il est.

— Je te trouve charmant, toi, on voit bien que tu ne le connais pas, il n'a pas voulu me quitter ; et puis il m'a dit une chose qui m'a touché parce qu'elle est vraie.

— Laquelle ?

— Laissez-moi descendre avec vous, maître, m'a-t-il dit, peut-être aurai-je la chance d'attraper une balle, j'aime mieux cela que de mourir de la fièvre.

— Et tu as consenti ?

— Qu'est-ce que tu aurais fait, toi ?

— Absolument la même chose, pauvre petit diable !

— Alors, à ta santé ! et n'en parlons plus.

— A ta santé ! frère.

— C'est égal, c'est bon tout de même de se revoir, quand on s'est séparé sans savoir si on aurait jamais plus ce plaisir.

— Mon vieux camarade, ma joie est aussi grande que la tienne.

— Je le sais bien, et c'est ce qui double mon plaisir. Mais on ne s'entend pas, avec leur vacarme ; attends un peu, je vais mettre ordre à cela, ce ne sera pas long.

Il prit un sifflet d'or pendu à son cou par une chaîne du même métal et en tira un son aigu et prolongé.

Presque instantanément le calme se rétablit et un silence de mort plana dans la salle.

— Attrape à dormir en double ! cria l'Olonnais d'une voix de stentor ; il est tard, demain il fera jour et le branle-bas se fera de bonne heure ; d'ailleurs j'ai à causer avec le beau Laurent et Michel le Basque, et je ne veux pas être interrompu. Marsin, dis la prière.

Les Frères de la Côte s'agenouillèrent aussitôt et répétèrent respectueusement la prière après l'engagé, puis, lorsqu'elle fut dite, ils se couchèrent pêle-mêle, et cinq minutes plus tard ils ronflaient comme des bassons.

L'Olonais, revêtu d'un costume magnifique, était assis près d'une table.

— Nous en voilà débarrassés, dit l'Olonnais en reprenant sa place ; causons.
— Je ne demande pas mieux.
— Je dois d'abord t'avertir, cher ami, que Montbars m'a placé sous tes ordres ; je suis ton lieutenant.
— Montbars ne pouvait me faire un plus grand plaisir, demain je le remercierai ; de quoi s'agit-il ?

— De cela, je ne sais pas un mot; l'amiral ne veut le dire qu'à toi seul, et c'est justice, puisque tu commandes notre expédition; mais sois tranquille, j'ai le pressentiment que ce sera chaud.

— Qui te fait penser cela?

— Dame! tu sais, je connais Montbars, puisque j'ai été son engagé: il a beau faire, j'ai deviné tous ses tics, et lorsqu'il me dit quelque chose, je sais tout de suite à quoi m'en tenir; ainsi, lorsqu'il se ronge les ongles on peut être tranquille, c'est que l'affaire sera rude et que cela chauffera à blanc.

— Et pendant qu'il te parlait il se rongeait les ongles?

— Tout le temps; il n'a pas arrêté une seconde. Aussi je me suis tenu pour averti. Bon! ai-je dit en moi-même, il paraît que nous allons danser un rigodon un peu carabiné.

— Puisses-tu dire vrai!

— Et puis, j'ai réfléchi que Montbars ne s'amuserait pas à te déranger pour rien de tes petites affaires; la vie est-elle douce dans ces parages?

— Mais, oui, je n'ai pas à me plaindre; je passe une existence charmante.

— Voyez-vous cela! musqué, va! Tant mieux, mille Gavachos du diable! je voudrais déjà être là-bas. Et Vent-en-Panne, qu'en fais-tu?

— Pas grand'chose en ce moment.

— C'est pas l'embarras, il doit s'ennuyer comme une poulie de guindresse en magasin; la terre c'est pas son affaire, à lui, il a trop le pied marin pour cela. Ainsi, c'est entendu, demain tu verras l'amiral.

— Demain, à neuf heures du matin, oui; aussitôt que je serai de retour je te dirai ce qui se sera passé entre nous.

— C'est cela.

— Il se peut que je reçoive l'ordre de marcher immédiatement en avant.

— Je serai prêt, sois tranquille.

— D'ailleurs, tu aurais toujours le temps de te retourner, car sous aucun prétexte, je ne voudrais faire quitter cet abri à nos hommes avant la nuit close.

— Cela est préférable, de cette manière nous marcherons sûrement, et sans craindre d'être découverts et compromis dans une échauffourée ridicule.

— Dites-moi, José, dans quelle direction se trouve la sortie du souterrain?

— Il en a plusieurs, capitaine: celle par laquelle nous nous sommes introduits, par exemple, et qui aboutit presque au rio San-Juan; deux autres en sus, dont l'une débouche à cinquante pas à peine de la route de Chagrès à Panama.

— Oh! oh! si mes pressentiments ne me trompent pas, je crois que c'est par celle-là que nous sortirons.

— Et moi aussi, dit l'Olonnais en se frottant joyeusement les mains.

— Señores, reprit José, permettez-moi de vous faire observer que la nuit est avancée et qu'il est temps de vous livrer au repos.

— Ce diable de José, dit en riant l'Olonnais, il nous soigne comme si nous étions des jeunes filles timides; il nous envoie coucher, Dieu me pardonne!

— Au point du jour, le capitaine Laurent doit se mettre en route.

— Au fait, c'est vrai, un dernier coup et bonsoir. C'est que nous allons bien nous ennuyer, moi et mes hommes, pendant cette mortelle journée de demain.

— Me permettez-vous de vous donner un conseil, capitaine?

— Je le crois bien, José, mon ami, car vos conseils sont excellents, en général.

— Eh bien! vous avez remarqué sans doute, lorsque nous sommes entrés ici, ces longues piles de bois qui se trouvent tout au plus à une vingtaine de pas de la sortie du souterrain?

— Certainement je les ai remarquées. Mais à quoi bon?.

— Écoutez-moi. Faites tailler et appointer, pendant la journée de demain, quinze pieux de la grosseur du bras et longs de dix pieds, par chacun de vos hommes, cela vous fournira une quantité de quatre mille cinq cents pieux, qui, à un moment donné, vous seront très nécessaires.

— Je comprends votre pensée et je la trouve très bonne; mais ces quinze pieux, croyez-vous par hasard que mes hommes les porteront sur leur dos?

— Je ne dis pas cela. D'abord ils ne le pourraient pas; mais ce que les hommes ne peuvent pas faire, les animaux le feront; demain soir une vingtaine de mules viendront chercher les pieux et les porteront dans l'endroit que vous indiquerez.

— S'il en est ainsi, ne vous inquiétez pas; les pieux seront faits. Ce n'est pas la mer à boire, après tout, et ainsi mes drôles auront de l'occupation.

Il remplit les gobelets à la ronde, prit le sien et l'élevant à la hauteur de sa bouche :

— A la réussite de notre expédition et du coup de main que nous allons tenter! dit-il.

Les autres répétèrent ce toast, ainsi qu'on dit aujourd'hui, les gobelets furent choqués et vidés rubis sur l'ongle.

— Bonsoir, frères, et à demain, ajouta l'Olonnais en tendant sa main à Laurent, à Michel le Basque et à José.

— Bonsoir et à demain! frère, répondirent les trois Frères de la Côte.

— Ah çà! dit encore l'Olonnais, il faut cependant que je pose quelques sentinelles.

— Ne prenez pas ce soin, capitaine, répondit l'Indien avec un sourire de bonne humeur, les sentinelles ont été posées par moi.

— Alors je vais dormir.

On échangea encore quelques paroles, puis l'Olonnais s'enveloppa dans son manteau, et s'étendit sur une botte de paille pendant que le beau Laurent et ses compagnons sortaient de la salle à la suite de leur guide.

Ils n'avaient pas encore fermé la porte derrière eux, que déjà l'Olonnais ronflait à tout rompre.

Ils reprirent le chemin qu'ils avaient suivi pour venir, et après maints détours, faits cette fois en sens inverse, ils regagnèrent les étages supérieurs de l'hacienda.

Ils atteignirent enfin l'appartement qu'ils avaient quitté près de trois heures auparavant.

Tout était dans l'état où ils l'avaient laissé ; personne n'avait cherché à s'introduire dans la chambre.

— Me permettez-vous d'entrer un instant avec vous ? demanda José ; je vous avoue que je ne serais pas fâché de me reposer un peu.

— Entrez, entrez, mon ami ; je ne me sens aucune disposition au sommeil ; nous causerons, si vous le voulez.

— C'est convenu, j'entre.

Il s'assit et laissa le panneau entr'ouvert.

— Que fais-tu ? demanda Laurent à Michel, qui s'asseyait, lui aussi.

— Je m'asseois, en attendant qu'il vous plaise de vous coucher, sang Dieu !

— Allons donc, tu es fou, mon vieux camarade ; je n'ai pas besoin de toi ; d'ailleurs tes yeux se ferment.

— Le fait est que je tombe de sommeil ; je n'y mets pas de coquetterie, moi, je l'avoue carrément.

— Eh bien ! va te reposer, mon vieux ; il faut que demain tu sois dispos et frais comme une rose.

— Vous ne m'en voudrez pas ?

— Es-tu fou ? va, te dis-je et emmène cet enfant qui dort tout debout, comme un héron sur une patte.

— C'est égal, vous avez un corps de fer, sang Dieu ! rien n'a prise sur vous.

— Allons donc, tu plaisantes ! j'ai quinze ans de moins que toi, voilà toute l'affaire ; allons, va te reposer, mon vieux ; dors bien surtout, et bonsoir !

— Ma foi, oui, tant pis ! puisque vous me le permettez, j'y vais. Viens, petit.

Et il emmena l'enfant, qui marchait d'un pas de somnambule, dans le cabinet attenant à la grande chambre où deux lits avaient été préparés pour eux.

Au bout de quelques minutes, un ronflement sonore avertit Laurent que ses deux compagnons voguaient à pleines voiles dans le charmant et fleuri pays des chimères.

Alors il se tourna vers l'Indien.

— A présent, me voici tout à vous, José, lui dit-il en souriant. Parlez, je suis prêt à entendre ce que vous avez à me dire.

— Comment savez-vous que j'ai quelque chose à vous dire, capitaine ?

— Parce que, mon cher José, je suis un trop fin renard pour qu'on m'en donne à garder ; un homme comme vous ne fait rien sans raison, et lorsqu'il est contraint de chercher un prétexte, il invente toujours le plus invraisemblable.

— Ainsi, vous ne croyez donc pas à ma fatigue, bien naturelle, cependant ?

— Je n'y crois pas plus qu'à la mienne, mon ami. Michel l'a dit et il s'y connaît : nous sommes, vous et moi, des corps de fer ; rien n'a prise sur nous.

— Allons, je vois qu'il est impossible de vous rien cacher.

— Il est heureux pour moi que vous vous en aperceviez enfin, cela nous évitera plus tard des malentendus. Voyons, que me voulez-vous?
— Vous emmener avec moi.
— Bien loin?
— A quelques pas à peine.
— Dans cette maison même, alors?
— Sur le même étage que celui où vous êtes.
— Chez qui, s'il vous plaît?
— J'ai promis de ne pas vous le dire.
— Diable! du mystère?
— Vous voyez.
— Pouvez-vous me dire au moins si c'est chez un homme ou chez une dame?
— Je crois que vous rencontrerez une dame, bien que ce soit chez un homme que je vous conduise.
— Hum! vous piquez singulièrement ma curiosité; pouvez-vous me faire connaître les motifs de cette visite, faite à minuit?
— Cela m'est impossible.
— Oh! pourquoi cela, mon ami?
— Parce que je les ignore.
— Vous avez bien fait quelques suppositions? dit-il avec un fin sourire.
— Aucune, capitaine.
— Ce n'est pas possible.
— C'est comme cela.
— Et vous ne savez rien?
— Rien absolument, capitaine, je vous en donne ma parole d'honneur.
— Je vous crois, mon ami ; mais enfin, que s'est-il passé?
— Rien que de très simple; la personne en question m'a prié de vous conduire chez elle; cette personne est du petit nombre de celles auxquelles je ne puis rien refuser; j'ai donc promis, voilà tout.
— C'est singulier.
— Je dois ajouter que dès que je vous aurai introduit près de cette personne, j'ai l'ordre de me retirer et de vous attendre au dehors, dans le corridor secret.
— Je ne comprends rien à tout cela.
— Ni moi non plus; je puis vous affirmer une seule chose.
— Laquelle?
— C'est que vous ne courez aucun danger.
— Ah çà! José, pensez-vous que je puisse supposer un seul instant que vous me tendiez un piège, par hasard?
— Je ne dis pas cela, capitaine.
— Que dites-vous donc, alors?
— Je dis que je me suis assuré que cette personne n'a aucun mauvais dessein contre vous.
— Et quand le contraire serait vrai, que me ferait cela? dit-il en relevant fièrement la tête; ne suis-je pas en état de me défendre?

— La prudence est toujours une bonne conseillère. Je méprise la mort tout autant que vous la méprisez vous-même, mon cher capitaine, mais lorsqu'il s'agit de faire le sacrifice de sa vie, encore faut-il que ce sacrifice ait une valeur et serve mes projets; bien que je ne sois qu'un pauvre Indien ignorant, eh bien! croyez que je serais désespéré de mourir bêtement, d'être tué au coin d'un buisson comme un chien enragé, ou dans un guet-apens ignoble.

— Votre raisonnement est parfaitement juste, mon ami, je suis tout à fait de votre opinion, rien n'est absurde comme une sotte mort.

— Ainsi vous consentez à me suivre dans la chambre de cette personne?

— Il le faut bien, sang Dieu! puisque vous avez engagé votre parole.

— Je vous remercie, capitaine.

— Cependant, je ne vous cache pas que ce mystère me chagrine, je ne sais pourquoi.

— S'il en est ainsi, ne venez pas; j'en serai quitte pour dire que vous avez refusé de me suivre.

— C'est cela, et vous passerez pour un hâbleur, pour un homme qui engage sa parole sans être certain de la tenir; je ne veux pas cela, mon ami. Allons!

— Vous avez bien réfléchi?

— Je ne réfléchis jamais, mon cher José; j'accepte ou je refuse une proposition, purement et simplement; j'ai accepté, je suis prêt; marchez, je vous suis.

— Venez donc, alors.

Ils partirent, mais cette fois l'Indien referma le panneau mobile.

Ils suivirent le corridor pendant environ un quart d'heure, puis ils tournèrent à droite, et, après avoir monté quelques marches et fait une dizaine de pas encore, José s'arrêta.

— C'est ici, dit-il.

— Le trajet n'a pas été long. Mais dites-moi : lorsque je voudrai me retirer, comment ferai-je?

— Que cela ne vous inquiète pas, on me préviendra.

— Très bien, alors, entrons.

L'Indien frappa trois coups contre la muraille, puis il fit glisser un panneau mobile.

— Passez, dit-il à voix basse.

Le capitaine entra résolument.

Le panneau se referma immédiatement derrière lui.

L'Indien, ainsi qu'il l'avait dit, était resté au dehors.

IX

UNE DOUBLE RECONNAISSANCE, A LAQUELLE LE BEAU LAURENT ÉTAIT LOIN DE S'ATTENDRE

Le capitaine Laurent demeura quelques secondes immobile sur le seuil de la porte secrète.

Il avait entendu se refermer sur lui le panneau qui lui avait livré passage; mais, prévenu par José qu'il devait entrer seul, il ne s'était pas ému de cet abandon, auquel il était préparé. Fièrement campé sur la hanche, la tête rejetée en arrière, il promenait ses regards autour de lui, afin de se rendre compte, si cela lui était possible, de l'endroit où il se trouvait.

Souvent, par l'examen attentif des lieux dans lesquels on se trouve transporté à l'improviste, on arrive à deviner à peu près à quelle sorte de gens on va avoir affaire, quels sont leurs goûts, leurs habitudes, et de déductions en déductions, on devine presque sûrement ce que l'on doit craindre ou espérer d'eux.

Ici c'était chose facile : l'examen ne présentait aucune difficulté.

Cette chambre affectait la forme d'un carré long; elle était grande, entièrement boisée en chêne noir sculpté et curieusement fouillé; une nombreuse bibliothèque tenait tout un des côtés de la pièce; elle prenait jour par quatre fenêtres en ogives, garnies de vitraux plombés et représentant des sujets religieux, comme dans une chapelle; de lourds rideaux en étoffe brune pendaient à chaque fenêtre; six grands tableaux représentant la vie de saint Augustin étaient attachés aux murs.

Ces tableaux de quelque maître inconnu, mais non sans talent, étaient d'un faire assez naïf, sombre et sec comme la plupart des peintures espagnoles de l'époque de la Renaissance.

Entre deux fenêtres, au-dessous d'un énorme crucifix entouré de tous les instruments de la Passion, se trouvait un prie-Dieu en chêne; dans un coin un modeste châlit, avec un maigre matelas, un oreiller de crin et une couverture de laine, servait de couche à l'habitant de cette chambre. Quelques chaises, tabourets et fauteuils, étaient épars, çà et là; une table massive couverte de livres et de manuscrits de toutes sortes occupait le milieu de la pièce.

Dans un angle, placée dans une niche, une Vierge, l'enfant Jésus dans les bras, une couronne de roses blanches sur la tête, et vêtue d'une ample robe de drap d'or épinglé, — la Vierge de la Soledad, — semblait le génie tutélaire de cette humble demeure; devant elle brûlaient une dizaine de petits cierges, longs comme la main, et fichés dans des pointes de fer; cette niche se pouvait fermer au moyen d'un rideau.

Une lampe d'argent à trois becs tombait du plafond jusqu'à la hauteur à peu près de deux pieds de la table, et répandait une lueur douce et mystérieuse dans cette chambre qui ressemblait, à s'y méprendre, à une cellule; en sus de l'entrée secrète, par laquelle le capitaine avait été introduit, deux portes pleines, à doubles vantaux, se faisant face, occupaient chacune un des côtés de la pièce où se trouvait en ce moment le jeune homme.

— Il paraît, murmura-t-il, que je suis chez le révérend père Sanchez, l'aumônier de l'hacienda; je ne serais pas fâché de connaître enfin ce pieux personnage dont, jusqu'à présent, il m'a été impossible de voir la figure; il y a dans le son de sa voix quelque chose qui me fait toujours tressaillir; on dirait le souvenir lointain d'une voix que j'aurais autrefois entendue. Mais quelle apparence? ajouta-t-il en hochant tristement la tête. Puis, au bout d'un instant, il reprit : Ah çà! je suis seul ici; où diable est donc le révérend aumônier?

Comme si ces paroles eussent eu le pouvoir d'évoquer un spectre, une porte s'ouvrit subitement et le père Sanchez parut sur le seuil.

Le capuchon de sa robe brune était rabattu sur son visage; ses mains, croisées à la ceinture, disparaissaient dans les larges plis de ses manches.

Il demeura un instant immobile, puis il s'approcha jusqu'auprès de la table, et, après s'être incliné devant le jeune homme :

— Soyez le bienvenu, monsieur le comte, dit-il de sa voix profonde; j'attendais, je vous l'avoue, votre visite avec une anxiété mêlée d'inquiétude.

— Pourquoi donc cela, mon père? répondit le jeune homme en lui rendant son salut.

— Parce que je craignais que vous ne voulussiez pas consentir à me faire visite à cette heure avancée de la nuit, et que j'avais un vif désir de vous entretenir.

— Je dois vous déclarer tout d'abord, mon père, répondit en souriant le jeune homme, que j'ignorais complètement où on me conduisait.

— Oui, j'avais recommandé à José de ne pas vous le dire.

— Permettez-moi de vous faire observer, mon père, que vous avez eu tort.

— Peut-être, monsieur le comte; mais en général les hommes d'épée n'ont pas une grande estime de notre robe, et je craignais...

— Je suis homme d'épée, mon père, interrompit vivement le capitaine, mais j'ai toujours respecté les gens d'Église; votre nom, qui me rappelle celui d'un homme qui m'a presque élevé et pour lequel j'ai conservé dans mon cœur un vif attachement et un souvenir impérissable de ses bontés, était le meilleur des passeports.

— Excusez-moi, monsieur le comte, répondit le père Sanchez avec une émotion qu'il essayait vainement de dissimuler; je vous remercie de vos bienveillantes paroles; voulez-vous me faire l'honneur de vous asseoir? ajouta-t-il en avançant un siège, nous causerons plus à l'aise; je vous avoue que j'ai beaucoup de choses à vous dire.

Le capitaine repoussa doucement la chaise qui lui était offerte.

— Mon père, dit-il en s'inclinant respectueusement devant le moine, je suis devant vous tête nue, à visage découvert; vous savez qui je suis; vous, je n'ai jamais vu vos traits, j'ignore même en ce moment si vous êtes réellement le révérend père sanchez, aumônier de l'hacienda del Rayo; croyez-vous que la partie soit égale entre nous? et ne me ferez-vous pas l'honneur de

L'Indien fit glisser un panneau mobile; le capitaine entra résolument.

rejeter votre capuchon sur vos épaules, afin que je m'assure que vous êtes bien la personne que vous prétendez être?

— Mon habit ne vous dit-il pas qui je suis?

— Nous avons, nous autres gentilshommes d'épée, un proverbe un peu trivial, mais vrai cependant comme tous les proverbes : il dit que l'habit ne fait pas le moine.

— Je ne discuterai pas quant à présent ce fait avec vous, monsieur le comte, je me bornerai seulement à vous répondre que bien souvent on se déguise mieux à visage découvert qu'en appliquant un masque sur sa figure.

— Que voulez-vous dire, mon Père ?

— Ce que je dis, pas autre chose, monsieur le comte ; si je vous demandais, moi, si vous êtes bien réellement le comte de Castel-Moreno, peut-être seriez-vous assez embarrassé pour me répondre.

Laurent se mordit les lèvres et rougit de dépit à cette rude attaque.

— Tout le monde me connaît sous ce nom, répondit-il évasivement.

— Tout le monde...ici... sans doute, dit le moine avec intention ; mais autre part ?

— Comment, autre part ?

— Oui, en Europe, en Espagne, à Santo-Domingo, à l'île de la Tortue, que sais-je, moi ? vous connaît-on sous ce nom ?

— Monsieur, dit-il en se redressant avec hauteur, de telles paroles prononcées sur ce ton exigent une explication immédiate.

— Quelle explication puis-je vous donner, monsieur le comte ? Vous semblez douter de moi, je doute de vous, nous sommes quittes. Je tenais simplement à vous prouver qu'il est toujours facile de faire des questions et que très souvent il est fort difficile d'y répondre.

— Pas de faux-fuyants, mon Père ; parlez net comme un homme d'honneur. Je ne suis pas allé vous trouver, moi ; c'est vous qui êtes venu vers moi et avez témoigné le désir de m'entretenir. Vous êtes donc tenu à me donner l'exemple de la franchise.

— Ceci est mieux, monsieur le comte ; il y a beaucoup de vrai dans ce que vous dites ; et si je vous donnais cet exemple, le suivriez-vous ?

— Tenez, ne perdons pas notre temps en vaines paroles ; vous me connaissez et savez parfaitement qui je suis, j'en ai la conviction intime : peut-être avez-vous découvert aussi les motifs qui m'ont conduit en ce pays ; vous voyez que je vous ai percé à jour ; de plus longues dénégations seraient inutiles.

— J'avoue que...

— Que j'ai deviné, pardieu ! excusez-moi, mon Père, je suis un soldat et j'ai la parole brève ; or, la position singulière dans laquelle je me trouve exige chez moi un redoublement de prudence ; je ne puis consentir à ruiner ainsi ou tout au moins à compromettre des intérêts très graves, de l'exécution desquels j'ai fait le but de ma vie.

— La vengeance, dit le moine d'une voix sourde.

— La vengeance, peut-être, reprit-il avec un léger tressaillement. Vous me voyez jeune et vous me supposez vain et inconséquent ; détrompez-vous, mon Père, la douleur mûrit vite le cœur de l'homme et j'ai commencé bien jeune à souffrir ; j'ai vingt-huit ans, mon cœur en a cinquante, la souffrance l'a vieilli. Je ne vous connais pas, je ne sais pas qui vous êtes ; je crois comprendre, sans en deviner les motifs, que vous me portez un intérêt sincère, mais tant que nous resterons vis-à-vis l'un de l'autre dans la position où nous sommes en ce moment, toute conversation est inutile, puisqu'il y a impossibilité d'échange de pensées; demeurons-en donc là, et laissez-moi me retirer; je suis tellement persuadé que vous ne me voulez pas de mal, que je ne vous demande même pas votre parole de garder le secret que je ne sais comment vous avez découvert. Adieu, mon Père, Dieu vous garde!

— Arrêtez! s'écria vivement le moine, nous ne pouvons nous séparer ainsi, pour ne nous revoir jamais peut-être; il y a trop longtemps que je vous attends pour consentir à vous perdre encore; puisque vous l'exigez, soyez satisfait : regardez-moi, comte, suis-je votre ennemi?

Et d'un geste rapide comme la pensée, le moine rejeta son capuchon en arrière et laissa voir en pleine lumière son calme et beau visage, pâli par l'émotion intérieure qui l'agitait.

— Ah! vous! c'est vous, vous, mon Père! s'écria Laurent avec un cri ressemblant à un rugissement; mon cœur ne m'avait pas trompé! Oh! Dieu me devait cette joie immense, après tant de douleur!

— Mon enfant bien-aimé! s'écria le moine avec des larmes dans la voix, enfin!

Il lui ouvrit ses bras dans lesquels le jeune homme se précipita.

Ils demeurèrent assez longtemps ainsi, poitrine contre poitrine, cœur contre cœur, pleurant silencieusement.

Une dame vêtue de longs crêpes de deuil, d'une pâleur mate comme celle d'un cadavre et dont les traits devaient avoir été d'une incomparable beauté, parut alors sur le seuil de la porte, et demeura les yeux fixés avec une expression de tendresse immense sur les deux hommes, sans songer à essuyer les larmes qui inondaient son visage.

Laurent se laissa tomber dans un fauteuil, le moine s'assit auprès de lui, et lui prenant la main :

— Mon cher enfant, lui dit-il avec une émotion qu'il laissait déborder de son cœur à ses lèvres, je ne puis me rassasier de te voir, de t'admirer; te voilà bien tel que le souvenir de mon cœur te représentait à moi, beau, fier et brave.

— Mon Père, pourquoi avoir si longtemps hésité à vous faire connaître, j'aurais été si heureux de vous savoir près de moi, de parler avec vous de ma mère, la pauvre sainte qui prie au ciel pour son fils, de mon grand-père, mort aussi de douleur.

— Et ton père, enfant, ne veux-tu donc pas en parler?

Le jeune homme se redressa, le front pâle, les sourcils froncés, les dents serrées, semblable à l'ange exterminateur.

— Mon père! s'écria-t-il d'une voix sifflante, est-ce que j'ai jamais eu un père, moi? allons donc! Ce monstre qui s'est froidement, par un lâche et bas calcul, fait le bourreau de toute ma famille, je le hais! Je voudrais le tenir là, renversé, pantelant à mes pieds, me demandant grâce avec des larmes de honte et de repentir, et je lui plongerais avec délices mon poignard lentement dans le cœur, afin de prolonger encore son agonie!

— Oh! mon fils! s'écria le moine avec douleur.

Mais Laurent, en proie à une de ces colères froides qui sont d'autant plus terribles qu'elles ont été longtemps contenues, reprit sans l'entendre :

— Malheureusement il est hors de la portée de mon bras ; mais si je ne puis l'atteindre, lui, j'atteindrai ceux de sa race ! Haine implacable à ces Espagnols avides et sanguinaires qui se sont faits les assassins d'une race d'hommes ! Guerre sans pitié, sans trêve et sans merci, à ces lâches bourreaux ! C'est à la lueur de l'incendie qui dévore leurs villes, aux cris de désespoir de leurs femmes et de leurs enfants, massacrés sans pitié, que j'écrirai en lettres de sang et de flammes cette vengeance terrible que je prétends tirer d'un peuple tout entier, qui s'est fait le complice complaisant du misérable qui m'a renié, moi ! moi, son fils !...

L'état d'exaspération dans lequel se trouvait le jeune homme prenait des proportions telles qu'il semblait tenir de la folie. En ce moment, cette âme ardente débordait tout entière, la passion avait brisé toutes les digues posées par la prudence ; le fier capitaine n'était plus un homme, mais un énergumène, presque un démon.

— Oh ! mon Dieu ! murmura le moine avec le découragement de l'impuissance, que faire ? comment le rappeler à lui ?

Mais tout à coup le jeune homme passa sa main sur son front moite de sueur, un sourire navrant crispa ses lèvres pâlies, et d'une voix douce, presque enfantine, et qui formait un saisissant contraste avec son exaspération terrible :

— Pardonnez-moi, mon Père, j'ai eu tort de me laisser emporter ainsi, dit-il, mais je n'ai pu me contenir ; je vous en supplie, ne me parlez plus de ce monstre que vous nommez mon père ; ne m'en parlez jamais, si vous ne voulez me rendre fou. Je n'ai plus que deux sentiments au cœur, sentiments affreux qui sans cesse le rongent : la haine et la vengeance.

Il sentit une main qui s'appuyait sur son épaule, et une voix douce murmura à son oreille :

— Et l'amour !

Laurent tressaillit comme s'il avait reçu une commotion électrique, il se retourna vivement.

La femme dont nous avons parlé plus haut se tenait pâle et souriante devant lui.

— Mon Dieu ! murmura-t-il en cachant sa tête dans ses mains, est-ce un rêve ? suis-je fou ? cette ressemblance ?

— Tu ne t'abuses qu'à moitié, enfant, reprit tendrement la dame en l'obligeant à baisser ses mains et à la regarder en face, je suis la sœur de ta mère !

— Vous ! s'écria-t-il, vous, vivante ! oh !

Mais la secousse était trop violente, trop d'émotions l'avaient coup sur coup brisé ; le jeune homme vacilla un instant comme s'il eût été ivre, il étendit machinalement les bras pour se retenir, et, tout à coup, il tomba à la renverse comme un chêne déraciné par la fureur de l'ouragan.

Il était évanoui.

Lorsqu'il reprit connaissance, il était étendu sur le châlit du père Sanchez ; trois personnes l'entouraient, guettant avec anxiété le moment où il ouvrirait les yeux.

Ainsi que cela arrive souvent dans des situations pareilles, d'abord le capitaine ne se souvint de rien.

— Sang et tonnerre! murmura-t-il, qu'ai-je donc pour être ainsi brisé! Aurais-je fait une chute? Hé! Michel, Fil-de-Soie, enragés dormeurs!...

Tout à coup il aperçut José.

— Ah! c'est vous, mon ami, dit-il; et faisant un effort : Oh! je me souviens! je me souviens! s'écria-t-il d'une voix déchirante en cachant sa tête dans ses mains.

Et il fondit en larmes.

Le padre Sanchez posa le doigt sur sa bouche pour lui ordonner le silence.

Près d'un quart d'heure s'écoula.

— Eh, capitaine, dit l'Indien après avoir échangé un regard d'intelligence avec le moine, vous savez que Montbars vous attend.

A ce nom un tressaillement nerveux agita tout le corps du jeune homme; par un effort violent il maîtrisa sa douleur, et se levant vivement sur son séant :

— Montbars! s'écria-t-il, me voilà, je suis prêt!

— Vous savez que nous devons nous rendre auprès de lui, reprit l'Indien.

— Oui, mon bon José, oui, allons le trouver.

Son regard tomba sur le moine et la dame agenouillés à son chevet.

— Oh! que vous m'avez fait de mal! murmura-t-il tristement; mais soyez bénis tous deux, car je n'osais espérer un aussi grand bonheur que celui que j'ai éprouvé en vous revoyant, vous, que je croyais morts, hélas!

— Dieu a eu pitié de nous, dit la dame avec un mélancolique sourire.

— Je ne me trompais donc pas? reprit Laurent, les renseignements que j'avais reçus d'une main inconnue n'étaient donc pas faux?

— Cette main inconnue, c'était la mienne, dit le moine; moi aussi, j'avais fait un serment, celui de retrouver la sœur de votre malheureuse mère, plus malheureuse qu'elle, hélas! puisqu'elle vivait, enlevée par un lâche ravisseur.

— Oh! cet homme, je le tuerai! murmura sourdement le capitaine. Restez, José, restez, mon ami, ajouta-t-il en s'adressant à l'Indien qui, par délicatesse, s'était retiré à l'écart. Je ne veux pas avoir de secrets pour vous; continuez, mon Père.

— Hélas! pauvre enfant, lorsque je parvins enfin à retrouver l'infortunée, il était trop tard pour la sauver. Son misérable ravisseur l'avait contrainte à l'épouser; elle était mère. Ne pouvant la sauver, je lui consacrai ma vie, je m'attachai à elle, je ne la quittai plus. Vainement son mari essaya de se débarrasser de moi; prières, menaces, il employa tout en vain; j'avais son secret, j'étais son maître.

— Pourquoi ne pas m'avoir averti plus tôt? dit le jeune homme d'un ton de reproche.

Le moine hocha tristement la tête.

— Savais-je ce que vous étiez devenu, mon fils? dit-il; savais-je même si vous existiez encore? Vous aviez disparu, quitté votre nom : où vous chercher? comment obtenir des renseignements sur vous?

— Vous en avez obtenu cependant, mon Père.
— Oui, dans une journée fatale.
— Que voulez-vous dire?
— Vous souvenez-vous, mon fils, du sac de Grenade?
— Si je m'en souviens! mon Père, s'écria le jeune homme dont le regard soudain étincela. Vous nommez cette journée fatale! Non, non, elle fut horriblement belle, au contraire! Ce fut moi qui m'emparai de la ville; elle fut prise d'assaut et incendiée; la garnison fut passée tout entière au fil de l'épée; le massacre et le pillage durèrent cinq jours! Ah! je pris là une splendide vengeance! mon épée, rougie jusqu'à la garde, était faussée à force de frapper ces lâches Espagnols; les quinze cents braves que je commandais firent des miracles! Vive Dieu! mon Père, le roi d'Espagne dut tressaillir de rage et de honte, lui, le grand roi, en apprenant le sac d'une de ses plus belles colonies, et son impuissance contre ces titans audacieux qu'il nomme avec mépris des ladrones.

— Hélas! mon fils, votre vengeance fut terrible, sans pitié; rien ne fut épargné, ni le sexe, ni l'âge. Je me trouvais par hasard à Grenade depuis quelques jours; j'y avais été appelé par des affaires relatives aux intérêts de mon ordre, et des intérêts plus sacrés encore pour moi, lorsque tout à coup la ville fut surprise. Au milieu du massacre et de l'incendie, rouge de sang, les regards brillants de haine, j'aperçus un démon bondissant par-dessus les cadavres et criant d'une voix rauque : « Tue! tue! » Ce démon, c'était vous, mon fils, vous le vengeur!

— Oui, mon Père, oui, vous avez bien dit : le vengeur!
— Je vous entendis nommer le Beau Laurent; voilà de quelle façon terrible je vous rencontrai, mon fils; j'eus un instant la pensée de me jeter à vos genoux, d'implorer votre pitié pour cette malheureuse population; je n'osai pas, j'eus peur.

— Écoutez, mon Père, répondit le capitaine pendant que son visage prenait l'expression d'une indomptable volonté; Dieu m'est témoin que je vous aime, vous et la sœur de ma mère, plus que qui que ce soit au monde : eh bien! je vous le jure sur mon nom et la mémoire vénérée de ma mère, si jamais, dans une circonstance semblable à celle dont vous parlez, vous osiez intercéder près de moi en faveur de ces misérables Gavachos...

— Que feriez-vous, enfant? dit doucement la dame en se penchant vers lui.
— Ce que je ferais?
— Oui.
— Je me plongerais mon épée dans le cœur, pour ne pas la rougir de votre sang! s'écria-t-il.

Ces paroles furent prononcées avec un accent de vérité si terrible et si implacable, que malgré eux le moine et la dame frissonnèrent d'épouvante.

— Oh! mon fils, murmura le moine, souvenez-vous que le Christ a pardonné, sur la croix, à ses bourreaux.
— Le Christ était Dieu, mon Père, et moi je ne suis qu'un homme; il mou-

rait volontairement pour racheter l'humanité tout entière, son sacrifice était sublime. D'ailleurs, ajouta-t-il avec une raillerie féroce, les Juifs ne tuèrent que lui, ils épargnèrent sa mère. Mais brisons là, je vous prie, mon Père; j'ai fait un serment terrible, ce serment, je le tiendrai, quoi qu'il advienne. Dieu, la suprême bonté, me jugera, j'ai confiance en sa justice; continuez votre récit, mon Père, car le temps s'écoule promptement et bientôt il me faudra vous quitter; l'aube commence à blanchir les vitraux, l'heure de notre séparation approche.

— Soit, mon fils, je terminerai donc, puisque vous le désirez. La sœur de votre mère eut le courage de vivre pour son enfant; elle accomplit jusqu'au bout la noble tâche qu'elle s'était imposée; mais lorsque sa fille parvint à l'âge de douze ans, qu'elle put à la rigueur se passer de ses soins, les forces de la pauvre femme l'abandonnèrent; elle ne put résister davantage, elle voulut mourir. J'étais son seul confident, son seul ami, elle me confia sa résolution; cette résolution, je la combattis longtemps, mais peu à peu je feignis de me laisser convaincre, et je la trompai pour l'empêcher de commettre un crime horrible en attentant à sa propre vie.

— Mon Dieu! murmura le flibustier.

— Un jour que son mari était absent, je lui présentai un verre rempli d'une boisson noirâtre, reprit le moine; elle crut que c'était du poison et le but d'un trait; lorsqu'elle se réveilla, elle était morte pour tous, excepté pour sa fille et pour moi; depuis elle a vécu dans l'ombre, cachée au fond des souterrains perdus de sa maison, n'ayant d'autre consolation que les baisers de sa fille.

— Oh! ma noble tante, s'écria le jeune homme avec émotion, quel dévouement héroïque! Achevez, mon Père.

— Je n'ai plus rien à vous dire, mon fils.

— Si, mon Père, vous avez à me dire le nom du misérable.

— Ne l'avez-vous pas deviné?

— Je crains d'avoir deviné ce nom maudit, mais tant que je l'ignore, je conserve encore l'espoir de m'être trompé.

— Mieux vaut, mon fils, que vous ignoriez toujours ce nom.

— Mon Père, c'est vous qui m'avez appelé ici, n'est-ce pas? C'est vous qui m'avez fourni les renseignements nécessaires pour assurer ma vengeance.

— Hélas! j'étais fou, pardonnez-moi, mon fils, n'exigez pas que je vous révèle ce nom.

Le capitaine secoua la tête.

— Non pas, dit-il, il n'en sera pas ainsi; j'ai répondu à votre appel, j'ai surmonté les plus terribles dangers pour arriver ici; à présent me voilà; ce nom?

— Mon Dieu!

— Ce nom, vous dis-je?

— Vous le voulez?

— Je l'exige.

— Hélas!

— Mon Père, prenez garde, si vous refusez plus longtemps de me le dire, j'irai le demander à don Jesus Ordoñez lui-même.
— Mon fils!
— Est-ce lui? répondez.
— Oui, murmura-t-il avec abattement.
— Bien!
— Que ferez-vous?
— Moi?
— Oui.
— Je le tuerai! s'écria-t-il avec un ricanement terrible.
— Et du même coup, dit doña Luz, vous tuerez celle que vous aimez.
— Oh! je suis maudit! s'écria-t-il avec rage. Debout, José, il me faut un bain de sang pour oublier cette nuit funeste.
— C'est donc vrai, mon fils, s'écria douloureusement le moine, vous songez à une nouvelle et terrible expédition?
— Mon Père, lui dit le capitaine en le regardant fixement, vous vous souvenez du sac de Grenade, n'est-ce pas?
— Hélas! mon fils.
— Eh bien! reprit-il en grinçant des dents avec un ricanement terrible, le sac de Grenade n'a rien été, comparé à ce qui se passera avant huit jours. Au revoir, mon Père, au revoir, ma tante; vous qui êtes les élus de Dieu, priez pour ceux qui bientôt seront étendus dans une couche sanglante.

D'un geste péremptoire il ordonna à José d'ouvrir la porte secrète, et il sortit, laissant le Père Sanchez et doña Luz plongés dans un sombre désespoir.

X

DE LA VISITE QUE FIT LE BEAU LAURENT A MONTBARS ET CE QUI S'ENSUIVIT

En entrant dans sa chambre, Laurent se laissa tomber accablé sur un siège.
— Quelle nuit! murmura-t-il.

Sa tête s'affaissa sur sa poitrine et il demeura ainsi sombre et pensif pendant quelques minutes. Soudain il tressaillit: il avait entendu bruire à son oreille distraite ce grondement produit par les rouages d'une horloge lorsque l'heure va sonner.
— Quelle heure est-il, José? demanda-t-il.
— La demie après quatre heures, capitaine; vous devriez prendre un peu de repos, mon ami.
— C'est ce que je vais faire; toutes ces émotions qui sans relâche ont frappé sur mon cœur m'ont brisé. A quelle heure dois-je partir?
— A huit heures, pas plus tôt.
— Bon! j'ai plus de temps qu'il ne m'en faut alors. Après deux heures de

D'un geste rapide comme la pensée, le moine rejeta son capuchon en arrière.

sommeil je serai redevenu moi; à propos, José, et vous, qu'allez-vous faire?
— Vous quitter, capitaine, afin de tout préparer pour notre courte expo-
ration.
— Mais il nous faut convenir d'un rendez-vous. Où vous retrouverai-je?
— Ne vous en préoccupez pas, j'arriverai lorsqu'il en sera temps; sou-
venez-vous seulement que pour tout le monde ici vous vous rendez à Chagrès

et que, par conséquent, il est important qu'on vous en voie prendre la route.

— Je serais fort empêché de faire autrement, mon ami, puisque j'ignore le chemin.

— Je ne sais où j'ai la tête, de vous dire cela.

— Je le sais, moi, répondit-il affectueusement : vous m'aimez, José, et ma douleur vous attriste.

— Lorsqu'un homme et surtout un homme de votre trempe pleure, capitaine, c'est à mon avis que cet homme souffre un cruel martyre, et je souffre de ne pouvoir le soulager.

Le capitaine se leva.

— Merci ! José, lui dit-il en lui tendant la main.

— A présent que je vous vois presque calme, je me retire plus tranquille.

— Oui, reprit-il avec amertume, je suis en train de tuer ma douleur.

L'Indien lui serra la main et se dirigea vers le panneau mobile de la porte secrète.

— Attendez ! dit tout à coup Laurent.

José revint aussitôt sur ses pas.

— Que voulez-vous, mon ami ? dit-il.

— Vous allez sans doute rejoindre vos batteurs d'estrade ?

— En vous quittant, oui.

— Quel motif si sérieux...

— Celui-ci : je professe, je vous l'ai dit, une profonde estime et une grande vénération pour le Père Sanchez, c'est un prêtre selon l'Évangile.

— Qu'a de commun le Père Sanchez ?...

— Vous allez me comprendre ; je l'avais excepté, lui et doña Luz, de la consigne générale qui ordonne de ne laisser sortir personne de l'hacienda pour se rendre soit à Panama, soit à Chagrès.

— Eh bien ?

— Je croyais que nous n'aurions jamais rien à redouter de leurs révélations ; mais après ce qui s'est passé entre eux et vous, j'agirais comme un fou en maintenant cette disposition qui peut amener des complications fort graves et peut-être ruiner nos projets ; je vais donc donner l'ordre que le Père Sanchez soit au contraire très attentivement surveillé, au cas où il voudrait se rendre à la ville.

Le flibustier secoua la tête.

— Ami, répondit-il avec un sourire mélancolique, ne changez rien, je vous prie, à vos premières dispositions.

— Eh quoi, vous voulez ? s'écria l'Indien avec surprise.

— Oui, cela vous étonne, n'est-ce pas, que je vous parle ainsi que je le fais et que je vous adresse cette prière ? reprit-il avec amertume.

— J'avoue, balbutia Josué, que je ne comprends rien à une si étrange détermination.

— Étrange, bien étrange, en effet. Écoutez-moi, mon ami. On donne à Montbars le surnom d'Exterminateur ; moi, je suis le Fléau de l'Amérique, c'est ainsi qu'on me désigne ; tous deux, bien que par des motifs différents, nous aboutissons au même point : une cruauté implacable contre les Espagnols; Montbars à cause de son immense pitié pour les pauvres Indiens si horriblement sacrifiés à l'avarice de leurs féroces tyrans; moi par la haine, dont vous connaissez à présent les raisons, que je porte à toute la race espagnole : eh bien ! j'ai réfléchi depuis quelques minutes; les paroles de ce saint personnage ont traversé mon cœur comme un trait de feu, je l'ai senti tressaillir dans ma poitrine; le doute est entré dans mon âme.

— Le doute !

— Oui, mon ami, je me suis demandé si j'avais bien le droit d'agir ainsi que je le faisais ; si en paraissant venger ma pauvre mère et ma famille si malheureuse par le fait d'un seul, je n'obéissais pas plutôt à des instincts sanguinaires, innés en moi; je veux savoir enfin si cette haine qui ronge mon cœur y a été mise par Dieu ou par Satan ! Si je suis réellement l'instrument de la volonté divine, rien ne pourra, quoi qu'il arrive, se lever contre moi et arrêter mon bras; si, au contraire, je ne fais à mon insu qu'obéir aux instigations du démon et céder à mes mauvais instincts, eh bien ! Dieu me frappera, je succomberai, et en tombant j'adorerai sa divine justice.

L'Indien considérait le jeune homme avec une admiration qu'il ne cherchait pas même à cacher.

— Oh ! c'est beau ! c'est sublime ! murmura-t-il.

— Non, répondit-il froidement, c'est juste et vrai. Dieu, qui m'a inspiré cette pensée, veut sans doute manifester sa volonté ; n'essayons pas d'entraver ses desseins, car il est la suprême bonté comme il est l'implacable justice; laissons à ceux que nous nous préparons à attaquer cette dernière porte de salut ouverte: si le Père Sanchez quitte l'hacienda et se rend à Panama, ne vous opposez pas à ce voyage ; laissez-le libre d'agir à sa guise ; ne lui prêtez pas votre aide, mais aussi ne lui créez pas de difficultés.

— Mais si le Père Sanchez avertit les Espagnols du danger terrible qui les menace, ils se mettront en défense ; leurs forces sont formidables, leurs soldats braves et aguerris.

— Qu'importe tout cela, mon ami ! ceux que Dieu veut perdre, il les aveugle ; ne le savez-vous pas ? Si leur perte est résolue, à quoi leur serviront leurs armes, leurs forteresses et leurs soldats ? à rien. Dieu seul est le maître; nul ne prévaut contre lui. Ferez-vous ce que je vous demande ?

— Ne suis-je pas à vous corps et âme, capitaine ? une prière de vous est un ordre pour moi; j'obéirai, je vous le jure.

— Merci ! voilà tout ce que je voulais vous dire ; et maintenant, mon ami, je vous rends votre liberté, allez.

— Reposez-vous, au moins.

— Je vous le promets, cette détermination que j'ai prise a fait rentrer un peu de calme dans mes esprits. A bientôt !

L'Indien sortit.

— A la grâce de Dieu ! murmura le capitaine.

Il se jeta sur son lit, sans même quitter ses vêtements, et ne tarda pas à s'endormir profondément.

Un peu avant huit heures du matin, les domestiques du comte étaient en selle et rangés en bel ordre dans la cour de l'hacienda.

Fil-de-Soie tenait en bride le cheval de son maître; Michel le Basque, placé devant le front de ses hommes, était immobile comme un cavalier de bronze.

Doña Flor et doña Linda montraient leurs curieux et charmants visages à une fenêtre.

Un bruit de pas et un cliquetis d'éperons se firent entendre; le capitaine parut sur le seuil de la porte; don Jesus Ordoñez l'accompagnait.

Le visage du beau Laurent ne conservait aucune des émotions terribles de la nuit; il était calme et reposé, bien qu'un peu pâle; il avait revêtu un costume magnifique et qui relevait encore sa bonne mine.

Il salua respectueusement les dames.

— Je n'osais espérer tant de bonheur, señoritas, dit-il galamment, votre présence est pour moi d'un heureux présage.

— Nous prierons pour que ce présage ne soit pas trompeur, señor conde, répondit doña Flor avec un doux sourire.

— Et pour votre prompt retour, ajouta doña Linda avec intention.

— Je vous attendrai pour retourner à Panama, señor don Fernand, dit alors l'haciendero.

— C'est convenu, señor; d'ailleurs, je ne resterai que le temps strictement nécessaire à Chagrès, quatre jours, cinq au plus.

— Il nous en restera encore trois devant nous, c'est plus qu'il ne nous en faudra.

— Seulement, soyez prêt.

— Je vous le promets.

— C'est bien, je vous quitte; au revoir, señor don Jesus.

— Je ne veux pas essayer de vous retenir davantage, car le temps vous presse; bon voyage donc, señor conde.

— Merci! don Jesus, j'espère qu'il sera bon en effet.

D'un bond, il se mit en selle et saluant les dames :

— Priez pour le voyageur, señoritas.

— Partez, señor, afin de nous revenir plus vite, dit gaiement doña Linda.

— A bientôt! murmura doña Flor, en laissant échapper son mouchoir que Laurent saisit au vol.

— Je garde précieusement ce talisman, dit-il, je vous le rendrai à mon retour.

Et après avoir salué une dernière fois, il partit au galop, suivi de ses domestiques.

— Je plains ceux auxquels viendrait la malencontreuse pensée de l'attaquer, murmura l'haciendero à part lui; quel rude cavalier!

Et sur cette judicieuse réflexion, il rentra.

Les flibustiers marchaient bon train : ils ne se sentaient pas de joie; ils allaient enfin revoir leurs vieux compagnons dont depuis si longtemps ils étaient séparés; jeter bas ces masques qui leur pesaient; boire, chanter, causer à cœur ouvert, sans craindre les regards haineux de quelque espion blotti dans les fourrés.

Michel le Basque surtout, ennemi né de la terre ferme par tempérament, et qui ne lui accordait d'autre utilité que de fournir des légumes, riait tout seul à se démettre la mâchoire, en songeant aux franches lippées qu'il allait faire.

Les uns et les autres étaient loin de compte; ce qui se préparait pour eux n'avait pas des teintes aussi rosées qu'ils se le figuraient bénévolement.

Depuis vingt minutes environ nos hommes galopaient, ils avaient perdu de vue l'hacienda et allaient s'engager dans une sente profonde, creusée entre deux collines assez hautes, lorsqu'ils aperçurent une dizaine de guerriers indiens qui galopaient à leur rencontre.

Ces guerriers étaient des Indiens Walla-Wahoes; tous étaient armés de fusils, ainsi que les flibustiers le remarquèrent avec satisfaction.

Ils avaient reconnu les fusils qu'eux-mêmes avaient donnés à José quelques jours auparavant.

José lui-même, armé comme ses compagnons et revêtu de son plus splendide costume de guerre, galopait à quelques pas en avant de sa petite troupe.

La reconnaissance fut vite faite; les deux troupes se confondirent et bientôt la confiance s'établit entre elles.

— Bonjour, José, dit Laurent; je ne vous attendais pas si tôt, mon ami.

— Nous sommes ici à l'endroit précis où il était important que notre rencontre eût lieu, répondit José après avoir rendu le salut du capitaine; en sortant de ce *cañon* (ravin), la route se bifurque en deux parties distinctes, l'une s'infléchit à droite dans la direction de Chagrès, tandis que l'autre fait un coude brusque à gauche vers le rio San-Juan, où nous nous rendons.

— Je vois que vos dispositions étaient parfaitement prises; dans combien de temps arriverons-nous?

— Nous sommes à peu près à moitié chemin, dans vingt minutes nous nous trouverons au mouillage de la flotte.

— Rien de nouveau par ici?

— Rien que je sache; on a pendu deux espions espagnols.

— Ce qui n'est pas un grand malheur. Avez-vous des nouvelles du Père Sanchez?

— Aucune, et vous?

— Je ne l'ai pas vu; il n'assistait pas à notre départ de l'hacienda.

— C'est qu'il mûrit quelque projet.

— Le pensez-vous? Je ne partage pas cet avis. Le Père Sanchez, je l'admets, peut essayer d'intercéder près de moi pour le salut de ces misérables Espagnols, si faible que soit l'espoir qu'il nourrisse de parvenir à m'attendrir en leur faveur; mais de là à aller dénoncer l'expédition au gouverneur de Panama, il y a un abîme.

— Comment arrangez-vous cela, capitaine? pour moi, je ne vous comprends pas du tout.

— C'est cependant bien simple, mon ami. Le Père Sanchez fait pour ainsi dire partie de ma famille; il a à peu près élevé ma mère et ma tante; moi, il m'a vu naître et me porte une affection sans bornes. Sa situation est donc excessivement grave, en ce sens qu'il doit se poser ce dilemme : sacrifiera-t-il le salut de la ville à son affection ou son affection au salut problématique de la ville? Car, vous le comprenez, il n'est pas même certain, en avertissant les Espagnols, de les sauver; et alors moi, qu'il aime comme son fils, il m'aura perdu sans bénéfice pour des gens auxquels, au fond du cœur, il ne porte qu'une estime très médiocre. Comprenez-vous, maintenant?

— Oui, certes, je comprends, capitaine; en effet, comme vous le dites, la difficulté n'est pas mince.

— Maintenant, ce que fera le Père Sanchez, Dieu seul le sait; quant à moi, je le laisse entièrement libre.

Les voyageurs traversaient en ce moment un bois assez touffu.

— Attention, capitaine, dit l'Indien, nous approchons; avant dix minutes nous serons arrivés.

A peine José achevait-il de parler, qu'un qui vive! nettement articulé se fit entendre à quelques pas.

— Frères de la Côte! le Beau Laurent! répondit le capitaine.

Un homme surgit du milieu des broussailles.

— C'est cordieu vrai! s'écria-t-il joyeusement, je croyais que les oreilles m'avaient corné; soyez le bienvenu, capitaine.

— Bonjour, Pitrians, mon ami, serais-tu en sentinelle, par hasard?

— Moi, allons donc! je me promène en vous attendant; et comme j'ai entendu un bruit qui m'a paru suspect, j'ai crié : Qui vive! Pardieu! j'ai une rude chance de vous avoir signalé le premier!

Là-dessus il partit en courant, faussant, sans cérémonie, compagnie au capitaine.

— Où diable va-t-il? s'écria Laurent en riant; quelle mouche le pique?

— Il va annoncer votre arrivée à ses camarades, dit José.

Cinq minutes plus tard, ils émergèrent du bois, et le capitaine poussa un cri d'admiration au spectacle grandiose qui s'offrit tout à coup à ses regards.

A portée de pistolet tout au plus de l'endroit où il se trouvait, le rio San-Juan, large et profond, déroulait son immense ruban d'argent que les rayons du soleil pailletaient de rubis et de saphirs; sur le dos des lames, semblables à ces énormes léviathans bibliques, se balançaient nonchalamment les nombreux vaisseaux de la flotte flibustière, dont la moitié environ, les plus petits, étaient amarrés à terre.

Au centre de la flotte, le vaisseau amiral, un peu à l'écart, mais reconnaissable au pavillon tricolore qui flottait sur son château d'arrière et au drapeau carré fixé à la pomme de son grand mât, était entouré d'une foule d'embarcations.

Sur le rivage même, les flibustiers avaient improvisé un camp, sans doute pour sauvegarder leurs approches, et une multitude de tentes blanchâtres semées pêle-mêle dans la plaine offrait le spectacle le plus pittoresque.

La plus grande animation régnait sur la rivière sans cesse sillonnée dans tous les sens par des pirogues, et sur le rivage où les boucaniers s'occupaient en ce moment à préparer le repas du soir.

Un groupe de Frères de la Côte, prévenus par Pitrians, attendaient l'arrivée du capitaine; au milieu d'eux celui-ci reconnut plusieurs figures de sa connaissance, entre autres le Poletais, Pitrians, Philippe d'Ogeron et beaucoup d'autres.

Le jeune homme sauta à terre et tomba littéralement dans les bras de ses amis; alors ce furent des cris de joie, des exclamations, des rires, à rendre folle de jalousie une de nos assemblées législatives actuelles; tout le monde parlait à la fois, sans se donner souci d'attendre une réponse.

Enfin, lorsque le calme fut à peu près revenu, ce qui exigea un temps considérable, tous les Frères de la Côte éprouvant du plaisir à revoir Laurent, Michel le Basque et leurs autres compagnons, Philippe réussit enfin à se faire entendre.

— Mon cher Laurent, l'amiral t'attend avec impatience, ainsi que Michel le Basque et notre ami le chef des Walla-Wahoes : te plairait-il de me suivre?

— Je ne demande pas mieux, frère, mais je voudrais auparavant veiller un peu à ce que mes braves camarades, qui m'ont servi avec tant de dévouement, ne manquent de rien.

— Ne t'occupe pas d'eux, Laurent, dit le Poletais, je me charge de leur donner ce qu'il leur faut.

— Bon! alors je suis plus inquiet que jamais, répondit-il en riant.

— Pourquoi cela, camarade ?

— Parce que je connais ton hospitalité, pardieu! Tu me les rendras ivres-morts, ce dont je ne me soucie pas en ce moment.

— Va, va, je te promets de leur donner seulement une pointe, afin de les égayer un peu; il ne s'agit plus de se griser, puisque te voilà et que probablement nous ne tarderons pas à en découdre.

Laurent serra la main du Poletais, salua ses amis, et après avoir recommandé à Fil-de-Soie de se tenir sur ses gardes et d'avertir ses compagnons de se tenir prêts à repartir au premier signal, il suivit Philippe d'Ogeron et Pitrians, en compagnie de Michel le Basque et de José.

Ils montèrent dans une pirogue qui les attendait, et en quelques coups d'avirons ils atteignirent le vaisseau amiral. Montbars reçut son matelot à la coupée.

Ils tombèrent dans les bras l'un de l'autre.

Puis, les premiers compliments échangés, ils descendirent dans l'appartement de l'amiral et passèrent dans la salle à manger où le déjeuner était servi.

Presque aussitôt ils furent rejoints par Ourson Tête-de-Fer, toujours suivi de ses chiens et de ses sangliers, Pierre Legrand, Morgan, enfin tous les officiers de la flotte, excepté ceux, bien entendu, qui avaient été détachés en missions extraordinaires.

On se mit immédiatement à table, les flibustiers n'étant pas gens à perdre leur temps en sottes cérémonies.

Montbars plaça Laurent à sa droite, José à sa gauche, puis il donna le signal de l'attaque contre les mets placés en bel ordre sur la table; le repas était excellent; on but et on mangea gaiement, en parlant de tout excepté de choses sérieuses.

Les Frères de la Côte ne s'occupaient des questions graves que lorsque le dessert était mangé, le café versé, les liqueurs, le tabac et les pipes posés à portée des convives.

Lorsque le déjeuner en fut arrivé à ce point, Montbars ordonna d'un signe aux engagés de se retirer et se tournant vers Laurent :

— Maintenant, matelot, lui dit-il, nous voilà sûrs de ne pas être dérangés, raconte-nous un peu ce que tu as fait depuis que tu nous as quittés, et de quelle façon tu as manœuvré avec les illustres hidalgos.

Laurent ne se fit pas prier ; c'était un ordre, il obéit et raconta dans les plus minutieux détails ce qui lui était arrivé depuis son départ de Port-de-Paix sur son navire commandé par l'Olonnais, jusqu'au moment où il avait quitté l'hacienda pour se rendre aux ordres de son chef.

Son récit fut long, mais on l'écouta avec une religieuse attention, et, s'il fut interrompu parfois, ce ne fut que par des cris de surprise et d'admiration.

Bien entendu que le jeune homme avait élagué soigneusement de sa narration tout ce qui lui était personnel et par conséquent ne regardait que lui.

— Voilà ce que j'ai fait, dit-il en terminant. La situation était des plus périlleuses et des plus difficiles ; j'ai essayé de m'en tirer de mon mieux et de conduire nos affaires de façon à encourir le moins de reproches possible.

— Corps Dieu ! que dis-tu donc là, matelot ? s'écria vivement Montbars ; nous n'avons au contraire que des compliments à t'adresser.

— Tu t'es conduit, frère, en homme de courage et en homme d'esprit, dit Ourson Tête-de-Fer en lui serrant la main.

— Ventre-Mahom ! dit Morgan avec un charmant sourire, si je n'aimais pas autant Laurent, je serais presque jaloux de lui.

— Tu aurais tort, Morgan, répondit gaiement le jeune homme, car, excepté Montbars, personne ici n'a fait plus que toi pour la flibuste.

— Mille millions de charretées de diables ! s'écria Pierre Legrand en frappant si rudement son verre sur la table qu'il le brisa, si après les prodiges accomplis par le Beau Laurent pour nous ouvrir les chemins, nous ne prenons pas Panama en une heure, je le dis nettement, nous sommes tous des imbéciles, et les Gavachos feront bien de nous attacher des torchons au derrière et de se moquer de nous.

A cette singulière sortie du brave Pierre Legrand, un rire homérique s'empara des convives ; mais comme en réalité, bien que sous une forme assez bizarre, le brave amiral avait exprimé le sentiment général, chacun applaudit avec enthousiasme.

— Remplissez vos verres, dit Montbars.

On obéit.

Puis l'amiral se leva, mouvement aussitôt imité par les convives.

— Frères, dit Montbars d'une voix profonde, je bois à Laurent, mon matelot, qui nous donne Panama, le plus riche entrepôt du roi d'Espagne en Amérique ! A Laurent ! cria-t-il en choquant son verre contre celui du capitaine.

— A Laurent ! répétèrent les convives d'une seule voix.

— Frères, répondit Laurent, ce que j'ai fait, chacun de nous l'eût pu faire tout aussi bien que moi. Vous avez fait vos preuves, et quelles preuves ! Mais je sais que vous m'aimez et que par conséquent vous êtes indulgents pour

Le capitaine poussa un cri d'admiration au spectacle grandiose qui s'offrit à ses regards.

moi, aussi je vous remercie du fond du cœur; vos éloges me comblent de joie, mais je ne crois pas les mériter autant qu'il vous plaît de le dire, et vous me contraignez à vous prier de m'offrir l'occasion de m'acquitter envers vous par une action qui justifie ces chaleureux et trop brillants éloges.

Montbars sourit, et fit signe à ses convives de reprendre leurs places.

— Mon matelot a raison, mes frères, dit-il gaiement, nous sommes trop faibles pour lui; en vérité, pourquoi le combler ainsi d'éloges, qu'a-t-il fait de si remarquable, en somme? rien ou presque rien; vous en êtes tous témoins, n'est-ce pas?

— Oui, oui! répondirent les Frères de la Côte.

— Mais, comme il l'a dit, nous l'aimons, appuya Ourson Tête de Fer.

— C'est un paresseux, c'est connu, dit Pierre Legrand avec un gros rire.

— Un paresseux, tu as trouvé le mot, Pierre, reprit Montbars, de plus en plus souriant; il a conçu le projet de cette grandiose expédition, dont la pensée seule effrayait les plus braves. Qu'est cela? Rien! Puis, accompagné de Michel le Basque, autre paresseux de son espère...

— Un vrai bon à rien, c'est connu, ce diable de Michel, interrompit Pierre Legrand, qui se tenait les côtes.

— Tous deux seuls, sans amis, sans appui, sans secours possible, ils ont audacieusement débarqué sur cette côte, se sont rendus à Panama et ont si maladroitement manœuvré, s'écria Montbars, que, Dieu me pardonne, je crois que nous pourrions presque entrer à Panama sans coup férir. Or, tout cela n'est rien.

— Pardieu! s'écrièrent les flibustiers qui s'amusaient comme moines en vacances, rien du tout, la moindre des choses.

— Aussi, reprit Monbars, mon matelot est honteux, voyez son air contrit, il est honteux d'être resté inactif jusqu'à présent, tandis que nous avons tout fait, nous autres; eh bien! soyons faibles, encore une fois, pour lui, frères, fournissons-lui l'occasion de se réhabiliter à nos yeux.

— Il en a grand besoin, en effet, reprit Pierre Legrand avec un sérieux si comique que chacun éclata de rire.

— Laurent, reprit Montbars lorsque le calme se fut rétabli, demain la flotte entrera au lever du soleil à Chagrès; nos frères voulant te donner non pas l'occasion de te distinguer, mais la preuve de la haute estime dans laquelle tous te tiennent, te chargent d'enlever par terre le fort Saint-Laurent, qui est réputé imprenable et que jusqu'ici aucun de nous n'a pu prendre. Es-tu content, matelot? crois-tu que nous savons dignement choisir ce qui plaît à ton indomptable courage et te récompenser comme tu le mérites?

Ces dernières paroles furent prononcées avec un tel accent de majesté et une émotion si réelle, que les flibustiers ne trouvèrent pas un mot pour manifester leur admiration.

Le jeune homme se leva; il était pâle, ses yeux avaient des lueurs étranges.

— Frères, dit-il d'une voix étranglée, demain le fort Saint-Laurent sera en notre pouvoir ou je serai mort! Merci, vos mains dans les miennes.

D'un mouvement spontané toutes les mains se tendirent vers lui.

— Je ne puis vous embrasser tous, reprit-il, j'embrasse mon matelot.

Les deux hommes tombèrent dans les bras l'un de l'autre, au milieu des applaudissements frénétiques de tous leurs compagnons.

— Maintenant, amiral, les ordres, reprit Laurent au bout d'un instant.

— Partir le plus tôt possible, répondit Montbars.

— Avant une heure je serai en route.
— Se trouver au lever du soleil au pied du fort.
— J'y serai.
— Deux cents Walla-Wahoës, l'élite des guerriers de cette valeureuse nation, sous les ordres de José, se joindront à ta troupe, ainsi que Barthélemy et les autres Frères de la Côte détachés parmi les Indiens.
— Tant mieux! avec leur concours je réponds du succès.
— Ne commencez le feu contre le fort que lorsque la bataille sera chaudement engagée du côté de la mer.
— Pour le reste?
— Carte blanche.
— Merci! dit-il, et un fier sourire illumina son visage.
— Bon, fit Montbars, tu as déjà conçu ton plan.
— Peut-être.
— Peux-tu me le communiquer?
— Si tu l'exiges, oui, mais je préférerais ne rien dire, tu me ferais sans doute des objections qui me feraient douter de la réussite; sache seulement qu'il s'agit d'une surprise.
— Hum! c'est bien difficile, avec la flotte bombardant la ville.
— C'est justement sur cela que je compte.
— Je t'ai dit carte blanche, matelot, je te le répète.
— Tâche de ne pas t'endormir pendant la bataille, dit Pierre Legrand en riant.
— J'y ferai mon possible, frère, répondit Laurent sur le même ton; maintenant, ajouta-t-il en se penchant à l'oreille de Montbars, j'ai quelques mots à te dire en particulier.
— Quand tu voudras, matelot.
— Tout de suite.
— Viens.

Et, laissant leurs compagnons continuer à boire et à fumer, ils passèrent dans une autre pièce.

XI

QUEL ÉTAIT LE PLAN QUE LE CÉLÈBRE FLIBUSTIER AVAIT CONÇU POUR S'EMPARER DU FORT SAINT-LAURENT, RÉPUTÉ IMPRENABLE

Le soir du même jour, entre huit et neuf heures, l'immense salle voûtée, dans laquelle nous avons déjà eu occasion de conduire le lecteur, présentait un spectacle plus étrange et plus extraordinaire que la première fois que nous l'y avons introduit.

Les Indiens Walla-Wahoës, en grand nombre, étaient occupés à transporter dans le souterrain d'immenses pieux confectionnés pendant la journée par les boucaniers; d'autres Indiens recevaient ces pieux qu'ils chargeaient sur des mules qui s'éloignaient aussitôt que leur charge était complète, pour faire place à d'autres.

José en personne surveillait ce travail, qu'il activait du geste et de la voix.

Dans la salle, illuminée comme pour une fête, une foule de soldats et d'officiers espagnols se prélassaient dans leurs magnifiques uniformes. Cependant, particularité singulière et digne surtout d'être remarquée, ces soldats espagnols rangeaient avec soin et pliaient avec les plus grands égards des loques sordides, graisseuses et dégoûtantes, pour lesquelles ils semblaient éprouver une sorte de vénération. De plus, ce qui était bien plus étrange encore, tous ces hommes parlaient français entre eux sans qu'un seul mot espagnol leur échappât jamais.

S'il eût été possible de soulever les larges ailes de leurs sombreros empanachés, on eût vu apparaître des visages bronzés aux traits énergiques et aux regards de flamme, qui ne pouvaient appartenir qu'aux boucaniers qui la veille grouillaient si insoucieusement dans cette salle.

Du reste, si l'on conservait le moindre doute sur l'identité de ces braves Frères de la Côte, en s'approchant d'une table ronde couverte d'un drap vert et autour de laquelle étaient assis plusieurs officiers splendidement vêtus, ce doute cessait aussitôt; ces officiers avaient tous la tête découverte, et malgré leur changement de costume, il était facile de reconnaître parmi eux le Beau Laurent, l'Olonnais, Michel le Basque, Barthélemy, Bosse-Debout, et beaucoup d'autres encore.

Maintenant, pourquoi ces déguisements, et comment tous ces flibustiers s'étaient-ils procuré tous ces uniformes ?

Vers cinq heures du soir, le Beau Laurent était arrivé au souterrain; il amenait avec lui deux cents guerriers Walla-Wahoës, commandés par José; les quinze boucaniers de Barthélemy détachés quelques jours auparavant dans la tribu, ainsi que nous l'avons dit déjà; de plus, le Beau Laurent était suivi de plusieurs mules chargées de lourds ballots.

Ces ballots renfermaient des uniformes de soldats et d'officiers espagnols, dix tambours et autant de clairons.

Le Beau Laurent avait demandé à son matelot Montbars de les lui donner; celui-ci, qui en avait un grand nombre à son bord, et qui se douta sans doute de ce que le Beau Laurent voulait en faire, bien que celui-ci ne lui eût rien dit, les lui accorda aussitôt.

Le capitaine choisit ceux qui parurent convenir le mieux à ses projets, les fit emballer, transporter à terre et charger sur des mules.

Les flibustiers, lors de leurs expéditions contre les Espagnols, avaient toujours grand soin de se fournir d'une certaine quantité de déguisements de toutes sortes, tels que soldats, moines, marchands, gentilshommes, etc., qui, à l'occasion, pouvaient leur être très utiles.

Et voilà comment les trois cent trente boucaniers, car le détachement de Barthélemy faisait monter leur nombre à ce chiffre, étaient métamorphosés en soldats espagnols.

Nous saurons bientôt dans quel but avait été imaginée cette folie de carnaval.

Sur un signe du Beau Laurent, Bosse-Debout se leva. Au bout d'un instant, il revint accompagné du chef indien.

— José, demanda Laurent, avez-vous terminé là-bas?

— Oui, capitaine, les mules sont toutes chargées et parties.

— Bon! Combien croyez-vous qu'il nous faille de temps pour nous rendre au fort Saint-Laurent?

— Capitaine, trois heures et demie au moins, quatre heures au plus.

— Tant que cela?

— Voici pourquoi, capitaine : nous sommes contraints de gagner, en coupant à travers terre, la route qui conduit directement de Chagrès à Panama. Il est important, si, comme cela est probable, quelques patrouilles sont en reconnaissance aux environs du fort, que ces patrouilles soient convaincues par leurs yeux que nous venons bien réellement de Panama à travers l'isthme.

— Oui, oui, vous avez raison, mon ami. Quelle heure est-il, Michel?

— Dix heures moins vingt, répondit aussitôt celui-ci.

— Bien. Ainsi, reprit le capitaine, en partant à dix heures?

— Nous arriverons au plus tard à deux heures du matin au pied des glacis du fort.

— C'est justement ce que je désire. Asseyez-vous là près de moi, José.

L'Indien obéit.

Le Beau Laurent fit entendre un coup de sifflet strident.

Toutes les conversations particulières s'interrompirent à l'instant, et les Frères de la Côte vinrent silencieusement se grouper autour de la table occupée par leurs chefs.

Le capitaine se leva, et après avoir laissé un instant son regard errer sur ces physionomies énergiques, sur ces yeux farouches qui tous étaient fixés sur lui avec une ardente curiosité, il salua l'assemblée et prit enfin la parole d'une voix ferme et accentuée :

— Messieurs, dit-il, le moment d'agir est enfin venu; réjouissez-vous, dans quelques heures nous serons aux prises avec nos implacables ennemis.

Un frémissement ressemblant au grondement lointain du tonnerre, et qui s'éteignit presque aussitôt, apprit au capitaine l'intérêt avec lequel les flibustiers avaient entendu cette ouverture.

— Vous allez connaître, messieurs, reprit le Beau Laurent, quelle est la mission dont nous sommes chargés et de quelle façon je prétends l'accomplir. Vous n'êtes pas de ces soldats salariés auxquels leurs chefs sont contraints de cacher les périls qui les attendent, afin de ne pas amoindrir encore leur courage chancelant. Non, vous êtes tous de braves cœurs, des Frères de la Côte, qui ne redoutent qu'une chose au monde, c'est que les périls ne soient pas à la hauteur de leur indomptable bravoure. Cette fois, du moins, j'ai lieu de croire que vous serez satisfaits : l'expédition que nous allons tenter est tellement folle, elle passe pour si irréalisable, les dangers qui nous menacent sont si grands, si terribles, que des flibustiers seuls peuvent les envisager de sang-froid et espérer un succès que les hommes les plus sensés considèrent comme positivement impossible. Vous voyez que je vous parle franchement et surtout nettement; c'est que pour vous ces demi-mesures que commanderait impérieusement la prudence envers d'autres hommes, ces mensonges officieux, enfin, seraient une insulte grave : car, pour que votre concours soit absolu et sans arrière-pensée, vous exigez de vos chefs non seulement la loyauté, mais encore la confiance tout entière. J'ai besoin cette nuit de ce concours complet, absolu, sans hésitation comme sans faiblesse; je le réclame de vous : puis-je y compter?

— Oui! oui, répondirent les flibustiers d'une seule voix.

— Nous avons l'ordre, continua le Beau Laurent, de surprendre le fort Saint-Laurent; ce fort est réputé imprenable; il a une double enceinte, est armé de deux cents pièces de canon de fort calibre, renferme une garnison de trois mille hommes d'élite, et est commandé par un des officiers les plus braves et les plus expérimentés de l'armée espagnole; cette citadelle est véritablement la clef de Panama. Tombée en notre pouvoir, nous sommes maîtres de l'isthme de Panama, l'entrepôt de toutes les richesses de l'Espagne est à nous; si nous échouons, au contraire, notre flotte ne pourra s'emparer de Chagrès, et nous serons contraints de nous rembarquer honteusement pour retourner les mains vides à Port-de-Paix, où nous saluteront à notre retour des huées générales. Que voulez-vous faire?

— Prendre le fort! s'écrièrent les flibustiers en brandissant leurs armes.

— Vous êtes bien résolus?

— Oui!

— Songez que Montbars ne nous a donné que deux heures pour l'accomplissement de cette mission; il faut qu'au lever du soleil notre pavillon flotte sur cette orgueilleuse citadelle, ou que tous nous soyons couchés morts dans ses fossés; car je ne reculerai pas, moi, je vous le jure!

— En avant! en avant! hurlèrent les Frères de la Côte.

— C'est bien! reprit froidement Laurent; qu'il en soit ainsi, partons! Une dernière recommandation, la plus essentielle de toutes, ajouta-t-il : souvenez-vous que nous sommes des soldats espagnols envoyés au secours de la place; réglez-vous là-dessus; que pas une parole française ne soit prononcée par vous avant que j'aie poussé moi-même notre glorieux cri de guerre! Partons, messieurs, et que Dieu nous aide!

Les flibustiers formèrent aussitôt leurs rangs, par compagnies et par sections, sous la surveillance immédiate de leurs chefs, et ils sortirent silencieusement du souterrain, précédés d'une bande de tambours et de trompettes dont les instruments étaient muets à la vérité, mais qui, le moment venu, sauraient exécuter des batteries et des fanfares espagnoles.

Seuls, les officiers supérieurs étaient à cheval, en tête de ce régiment si promptement improvisé; les autres marchaient en tête de leurs compagnons, l'épée sous le bras gauche.

Dix minutes plus tard, la salle était vide, et un long serpent noir déroulait ses sombres anneaux dans la campagne.

Les Indiens précédaient et flanquaient la colonne à droite et à gauche, afin de la sauvegarder contre toute surprise.

La nuit était magnifique, des millions d'étoiles brillantes, semblables à une poussière de diamants, laissaient tomber de douces et mystérieuses lueurs de la voûte céleste ; la lune nageait dans l'éther, et ses rayons blafards marbraient de teintes brusques et tranchées le paysage, donnaient des formes étranges aux arbres et aux buissons qu'ils frappaient, et imprimaient un cachet grandiose et fantastique à la fois à cette campagne déserte et silencieuse, dans les profondeurs de laquelle on voyait passer les sombres silhouettes des fauves dérangés à l'improviste dans leurs ébats nocturnes.

Déjà depuis plus de trois heures la colonne était en marche, elle n'allait pas tarder à atteindre le but de sa course ; depuis longtemps déjà les flibustiers suivaient les bords sinueux du rio Chagrès qu'ils avaient traversé sur des barques préparées à l'avance par José, l'homme de toutes les précautions.

Le Beau Laurent ordonna une halte de quelques minutes, afin de remettre en haleine ses hommes qui, peu accoutumés à de longs trajets sur terre et surtout à travers des chemins presque impraticables, commençaient à éprouver une grande fatigue ; les flibustiers se reposèrent sans rompre leurs rangs, des sentinelles furent posées, et chacun s'assit et se coucha à terre à l'endroit même où il s'était arrêté.

Tout à coup un : « Qui vive ! » retentissant se fit entendre, poussé par une sentinelle avancée.

— Espagne, répondit-on aussitôt.

Sur l'ordre de Laurent on alla reconnaître les arrivants.

Bientôt Michel, chargé de cette reconnaissance, reparut accompagné d'un officier espagnol.

Cet officier était un jeune gentilhomme de haute mine ; il portait les insignes de capitaine.

— Soyez le bienvenu, monsieur, lui dit le Beau Laurent ; qui êtes-vous et par quel hasard êtes-vous venu donner ainsi dans mes lignes ?

— Colonel, répondit l'officier en saluant respectueusement le flibustier, qui portait en effet les insignes de colonel, je me nomme don Juan de Salmarina, je suis capitaine au troisième régiment des chasseurs du roi, en garnison en ce moment au fort Saint-Laurent. A qui ai-je l'honneur de parler ?

— Je suis, capitaine de Salmarina, le colonel don Justo Bustamente de Benavidès, détaché, par ordre du señor don Ramon de la Cruz, de la garnison de Panama avec trois cent cinquante hommes du régiment de l'Infante, que j'ai l'honneur de commander, pour me porter à marches forcées au secours de la ville de Chagrès, menacée, ainsi que don Ramon de la Cruz en a été averti, par les ladrones qui se sont déjà emparés de la ville de Porto-Bello et l'ont mise à sac. J'amène enfin, comme auxiliaires, deux cents Indiens Walla-Wahoës.

— Le secours que vous nous amenez nous sera doublement précieux, colonel ; quoique très imparfaitement, je dirai presque très vaguement, nous avons été instruits par un pêcheur miraculeusement échappé de Porto-Bello et qui a réussi à traverser la flotte des ladrones, des faits regrettables dont cette malheureuse ville a été le théâtre ; les ladrones se sont, dit-on, portés à des excès inouïs, et, d'après ce qu'on rapporte, la ville ne serait plus qu'un monceau de ruines.

— Tant d'insolence et de cruauté mérite un châtiment exemplaire, répondit Laurent avec feu, et j'espère que les coupables recevront le juste châtiment de leur crime.

— Dieu le veuille ! nous sommes résolus à faire tout ce qui dépendra de nous pour qu'il en soit ainsi ; don Ramon de la Cruz a sans doute reçu les deux courriers qui lui ont été expédiés il y a cinq jours par le général Valdès.

— Sans cela, serais-je ici, capitaine? répondit Laurent, avec un aplomb magnifique ; les messages du général étaient si pressants, que don Ramon m'a donné l'ordre de me mettre immédiatement en route à marches forcées, ce que j'ai fait ; dans deux jours vous recevrez un secours plus important encore.

— Nous en avons grand besoin.

— Est-ce que la place n'est pas en état de défense?

— Malheureusement non ; elle est presque démantelée.

— Voilà qui est fâcheux ; mais le fort?

— Oh ! le fort, lui, est parfaitement en état ; d'ailleurs il n'a pas d'attaque à redouter, lui : nos ennemis, grâce à Dieu ! ne sont pas à craindre du côté de la terre.

— Heureusement pour nous.

— Le général Valdès a fait construire des épaulements et armer des batteries sur le bord de la rivière: depuis quatre jours la moitié de la garnison est employée à ces travaux qui sont exécutés très rapidement et en état déjà de faire un bon service ; en somme, nous nous trouvons en assez belle position, et à moins d'événements imprévus et impossibles à supposer, nous pouvons, sans trop de peine, tenir au moins pendant quinze jours.

— C'est plus qu'il ne faut pour donner aux secours le temps d'arriver. Mais par quel hasard, capitaine, vous rencontrai-je à cette heure de nuit si loin du fort ?

— Le général m'a donné l'ordre de pousser une reconnaissance jusqu'à deux portées de canon du fort, afin de m'assurer, s'il était possible, de l'arrivée des secours qu'il attend ; je rentrais, colonel, lorsque j'ai aperçu vos lignes.

— Allons, je suis heureux de trouver les choses en aussi bon état ; mon inquiétude était grande ; on nous avait très effrayés à Panama. Tout cela, je l'espère, finira mieux qu'on ne supposait d'abord. Partez en avant avec votre patrouille, capitaine, et annoncez, je vous prie, mon arrivée au général Valdès, auquel vous ferez mes compliments, les compliments du colonel don Justo de Bustamente de Benavidès, commandant les pistoliers de l'Infante ; vous lui direz que je suis porteur d'une lettre de Son Excellence don Ramon de la Cruz, et que le renfort que je lui amène n'est que l'avant-garde de forces plus imposantes qui ne tarderont pas à arriver.

— Je pars, colonel ; je ne pouvais porter une plus agréable nouvelle au général Valdès. Veuillez agréer mes respectueux hommages, colonel.

— Au revoir, à bientôt ! mon cher capitaine.

Le capitaine se retira et il s'éloigna au pas accéléré avec la petite troupe

Un homme en grand uniforme suivi de plusieurs officiers parut à l'angle d'un bastion.

qu'il commandait, afin d'avoir le temps nécessaire d'avertir le général Valdès du secours qui lui était expédié de Panama.

— Voilà de riches nouvelles; qu'en pensez-vous, messieurs? demanda Laurent à ses officiers.

— Des nouvelles excellentes, répondit l'Olonais en se frottant les mains.

— Il faut convenir que les Espagnols sont d'une naïveté rare, dit en riant Michel le Basque; ils sont candides comme des jeunes filles; sur ma parole, c'est pain bénit de tromper de tels imbéciles.

— Vous verrez que nous entrerons dans le fort sans brûler une amorce.

— Ne vous y fiez pas, messieurs, reprit Laurent : le général Valdès n'est pas naïf et candide, lui; c'est un vieux soldat expérimenté, méfiant à l'excès, et nous n'en sommes pas encore où nous croyons avec lui.

— Hum! murmura Barthélemy, le filet est bien tendu pourtant, il aura de la peine à passer à travers les mailles.

— Il l'essayera, soyez-en sûr; ce vieux soldats sent les ruses de guerre comme les corbeaux sentent la poudre; vous verrez.

— Eh bien, alors, bataille! s'écrièrent joyeusement les flibustiers.

— Après tout, reprit Michel le Basque, si nous entrions ainsi les mains dans nos poches dans cette redoutable citadelle, ce serait un peu trop monotone.

— J'ai le pressentiment que le général Valdès t'évitera cette monotonie, mauvais plaisant.

— J'en accepte l'augure, colonel.

— Bah! après tout, à la grâce de Dieu! remettons-nous en marche, messieurs, nous n'avons que trop perdu de temps déjà.

Les trompettes sonnèrent un appel; les flibustiers reconnus pour Espagnols et presque sous le feu du fort, n'avaient plus à dissimuler leur présence, au contraire.

Le cri de marche! se fit entendre, et la colonne se remit gaiement en route.

Les Frères de la Côte ne sentaient plus leur fatigue, le moment de la lutte approchait; ils avaient soudainement repris leur ardeur première; les ennuis d'une longue marche faite de nuit, le silence impérieusement recommandé, tout était oublié devant l'espoir d'une bataille prochaine.

Après vingt minutes de marche environ, les aventuriers aperçurent enfin, à une courte distance devant eux, au sommet d'une éminence assez escarpée, la masse sombre et menaçante de la forteresse se détachant en vigueur sur le bleu brillanté d'étoiles du ciel.

Il était juste deux heures du matin.

Les aventuriers continuèrent à avancer jusqu'à la base de l'éminence et ils s'engagèrent dans un sentier rocailleux taillé dans le roc, à peine assez large pour que deux hommes pussent y passer de front sans se toucher et montant en zigzag jusqu'aux glacis du fort.

Arrivés là, ils s'arrêtèrent; un fossé large de trente pieds et profond de près de cinquante, à demi plein d'eau, leur barra tout à coup le passage.

Le Beau Laurent fit former sa troupe en colonne serrée, et il ordonna aux trompettes de sonner un appel.

Un appel semblable répondit de l'intérieur; presque aussitôt un homme en grand uniforme, suivi de plusieurs officiers et de quelques soldats portant des torches qu'ils secouaient pour en aviver la flamme, parut à l'angle d'un bastion.

Cet homme était le général Santiago Valdès.

— Qui vive ? cria-t-il.

— Espagne ! répondit aussitôt Laurent, qui s'était avancé jusqu'à la lèvre du fossé.

— Quel régiment ? reprit le général.

— Pistoliers de l'Infante.

— Vous êtes le colonel Bustamente ?

— Oui, mon général.

— Et vous venez de Panama ?

— Directement; avec un renfort expédié par Son Excellence le señor gouverneur don Ramon de la Cruz.

Il y eut un court silence; le général réfléchissait.

— Qui me prouve que vous ne me trompez pas ? reprit-il après un instant avec une certaine hésitation.

Évidemment le général pressentait vaguement un piège.

— Comment puis-je vous tromper, général ? D'ailleurs, je suis porteur d'une lettre du gouverneur.

— Et vous dites, reprit le général sans répondre directement, que nous sommes menacés d'une attaque des ladrones ?

— Général, cette attaque est imminente.

— J'ai expédié plusieurs canots à la découverte ; j'attends leur retour.

— Cela veut-il dire que jusqu'à ce que vous ayez reçu le rapport de ces pêcheurs vous me refuserez l'entrée de la forteresse ?

— La prudence me le commande, la trahison nous entoure.

— Faites prendre ma lettre par un aide de camp, général ; lorsque vous l'aurez lue, vous saurez qui je suis.

— Attendez quelques instants encore, colonel.

— Général, une plus longue attente aggraverait encore l'injure inqualifiable faite par vous aux armes de Sa Majesté et à un officier supérieur chargé d'une mission importante ; je me retire, vous laissant seul responsable des suites de tout ceci. Allons, messieurs, ajouta-t-il en se tournant vers ses officiers et ses soldats, on nous prend pour des traîtres et des bandits, retirons-nous, nous n'avons plus rien à faire ici.

Il fit quelques pas vers la troupe.

Cependant, sur le bastion, les officiers espagnols causaient d'une façon très animée avec le général.

— Arrêtez, colonel, cria le général, on va prendre votre lettre.

— Il est trop tard, général, vous avez refusé de la recevoir ; et puis à quoi bon ? peut-être est-elle fausse.

— Colonel, de telles paroles de vous à moi ?

— J'ai tort, c'est vrai, mon général, pardonnez-moi donc d'avoir ainsi parlé, mais vous avez fait en ma personne une injure grave aux braves soldats que j'ai l'honneur de commander : est-ce donc ainsi que vous nous récompensez de nos fatigues ?

— Cette lettre, colonel.

— Mon général, cette lettre vous sera remise par moi à la tête de mes soldats dans le fort même que vous commandez ; j'exige cette réparation.

— Vous exigez ?

— Oui, mon général ; je vous laisse dix minutes pour réfléchir ; au bout de ce temps, si les portes ne sont pas ouvertes, je partirai, et, je vous le répète, vous seul demeurerez responsable de ce qui arrivera.

Le général se tut.

Les flibustiers remarquèrent au bout d'un instant qu'une grande agitation régnait sur le bastion ; on allait, on venait ; selon toute apparence, une subite inquiétude s'était emparée des officiers et du général lui-même.

Tout à coup celui-ci se pencha sur le bastion, ôta son chapeau, et, saluant avec courtoisie les officiers et les soldats, toujours immobiles et silencieux sur le glacis :

— Messieurs, leur dit-il, les portes vont être immédiatement ouvertes ; pardonnez-moi cette longue hésitation et soyez convaincus que je suis heureux de vous recevoir, car j'ai grand besoin de votre aide.

Voici ce qui s'était passé et avait causé le changement subit dans les manières du général Valdès.

Plusieurs des pêcheurs qu'il avait expédiés à la découverte étaient rentrés presque aussitôt, pâles, effarés, tremblants ; ils avaient aperçu l'immense flotte flibustière débusquant du rio San-Juan, et s'avançant en ligne de bataille du côté de Chagrès, qui semblait être son objectif.

Devant une nouvelle aussi terrible et dont l'exactitude était certifiée par des gens qui affirmaient avoir vu, les officiers du général pressèrent leur chef de prendre un parti vigoureux ; ils lui représentèrent que la prudence poussée trop loin devenait de l'incurie, et que, dans une circonstance aussi critique que celle où l'on se trouvait, il fallait éviter surtout de mécontenter les troupes et de les mal disposer en leur témoignant une méfiance que, du reste, rien ne justifiait.

Le nom du colonel don Justo Bustamente était bien connu ; il avait la réputation d'être homme de ressources, excellent soldat, hardi, entreprenant, mais fier, hautain, ne pardonnant jamais une insulte ; de plus, il jouissait d'une grande faveur à la cour d'Espagne ; il n'y avait pas à hésiter à lui donner une éclatante satisfaction.

Le général Valdès, pressé de tous les côtés et effrayé de l'immense responsabilité qu'il assumait en différant davantage, céda enfin et consentit, bien qu'à contre-cœur, à l'entrée des renforts dans la place.

Le vieux renard flairait un piège ; il en avait presque la certitude morale, et pourtant, en apparence, tout lui donnait tort ; il fut obligé de courber la tête et de se taire.

— Soit, messieurs, dit-il ; faites éveiller la garnison, et ensuite les portes seront ouvertes.

— Éveiller la garnison ? s'écria le colonel Palmero, commandant en second de la forteresse. A quoi bon perdre un temps précieux, général ? la garde suffira pour rendre les honneurs militaires à nos amis ; je vais les recevoir.

— Nous y allons tous, s'écrièrent les officiers.

— Allons donc, messieurs, et que Dieu nous protège ! murmura le général avec un soupir étouffé.

Ce fut alors que le général cria au Beau Laurent que les portes allaient être ouvertes.

En effet, presque aussitôt le pont-levis fut baissé.

Après l'échange des mots de reconnaissance, le passage fut ouvert et les flibustiers pénétrèrent en bon ordre dans le fort, tambours battant, trompettes sonnant et drapeau déployé.

Le jour commençait à se lever ; au loin, on voyait poindre sur la mer une multitude de points noirs, qui augmentaient avec une rapidité effrayante et convergeaient tous vers l'entrée du port de Chagrès ; ces points noirs étaient les navires de la flotte flibustière.

La garde, rangée sur deux lignes, rendit les honneurs militaires aux nouveaux venus, qui passèrent rapidement devant eux, dépassèrent la première enceinte, et, au moyen d'un second pont-levis, gardé par une cinquantaine d'hommes, pénétrèrent enfin dans la seconde.

Là, ils furent reçus par les chaudes acclamations d'une partie de la garnison accourue de tous les points de la forteresse pour leur faire fête. Un cliquetis d'armes mêlé de cris et de trépignements se fit entendre au dehors, mais les acclamations joyeuses des soldats, le roulement des tambours et les éclats de la trompette étouffaient ces sinistres clameurs qui s'éteignirent presque subitement, et personne ne les remarqua.

Le général Valdès, debout au pied du perron qui conduisait à ses appartements et entouré d'un nombreux état-major, attendait le colonel.

Celui-ci, après avoir fait faire halte à sa troupe, qu'il laissa sous les ordres de l'Olonnais, mit pied à terre et s'avança, suivi d'une dizaine d'officiers, vers le général.

— Ce n'est pas le colonel Bustamente, s'écria vivement le général Valdès en tirant son épée : Trahison ! trahison !

Les officiers et les soldats espagnols, sans armes pour la plupart, tressaillirent à ce cri de leur chef ; les officiers, qui avaient conservé leurs épées, dégaînèrent bravement et s'élancèrent en avant.

— En joue ! cria Laurent.

Tous les fusils s'abaissèrent à la fois.

— Messieurs, dit Laurent, toute résistance est inutile ; les ponts-levis sont à nous ; vous êtes cernés. Rendez-vous, ne tentez pas une lutte impossible.

— Aux armes ! crièrent les officiers, trahison ! trahison !

— En avant ! dit le général en brandissant son épée.

— Feu ! hurla l'Olonnais.

Une décharge effroyable éclata et un vent de mort passa sur les Espagnols.

— Hourra ! crièrent les aventuriers, flibuste ! flibuste, ville gagnée ! A sac ! à sac ! tue les Gavachos !

— Messieurs, c'est ici qu'il faut mourir ! cria le général d'une voix stridente.

— Nous mourrons ! répondirent héroïquement les officiers en se ruant tête baissée sur leurs ennemis.

Alors commença une horrible boucherie ; un combat corps à corps, sans pitié ni merci, entre les défenseurs mal armés et surpris du fort et leurs terribles adversaires.

Cependant le combat prenait des proportions gigantesques ; les soldats, éveillés en sursaut par le crépitement de la fusillade et les cris de rage et de douleur des assaillants et des assaillis, accouraient à peine vêtus, mais bien armés, et prenaient résolument part à la lutte.

Malheureusement, privés de leurs officiers, trompés par l'uniforme espagnol qu'ils voyaient partout, ils ne comprenaient rien à ce qui se passait, hésitaient et devenaient victimes de leur dévouement sans que leur secours fût efficace pour leurs amis.

Le général, au milieu d'un petit groupe d'hommes résolus, bien qu'il fût entouré de toutes parts, combattait comme un lion, décidé à se faire tuer plutôt que de rendre le tronçon d'épée qui lui restait à la main.

Laurent aurait voulu le sauver, mais le vieux soldat ne voulait rien entendre ; une décharge faite à bout portant coucha sur le carreau cette invincible poignée d'hommes ; ils moururent tous la face tournée contre l'ennemi, criant jusque dans le dernier râle de l'agonie : « Vive l'Espagne ! »

La chute du général Valdès et la mort de presque tous les officiers tombés à ses côtés, décidèrent la victoire en faveur des flibustiers.

Les soldats, horriblement décimés et reconnaissant la folie d'une plus longue résistance, jetèrent leurs armes et implorèrent la pitié du vainqueur.

Laurent les reçut provisoirement à merci. Il fallait en finir ; des intérêts de la plus haute gravité réclamaient toute l'attention du hardi flibustier.

XII

COMMENT LES ESPAGNOLS DÉFENDIRENT LA VILLE DE CHAGRÈS

Le Beau Laurent ne s'était pas trompé lorsqu'il avait dit à ses amis que le général Valdès n'était pas homme à se livrer ainsi ; si les officiers espagnols, pour ainsi dire pris de vertige, n'avaient pas violenté la volonté de leur chef, jamais les flibustiers, si grande que fût leur bravoure, ne seraient parvenus à pénétrer dans le fort ; malgré la surprise qu'ils avaient si habilement exécutée et bien que leurs ennemis fussent pris au dépourvu, ils n'avaient qu'à grand'peine réussi à s'y maintenir, et plusieurs fois ils avaient failli être rejetés en désordre dans les fossés.

Leurs pertes étaient sérieuses ; ils avaient eu soixante-cinq morts et près de quarante blessés plus ou moins gravement ; chiffre effrayant à cause du petit nombre des assaillants, mais facile à comprendre quand on réfléchit que la bataille, livrée des deux parts avec un acharnement inouï, n'avait été pour ainsi dire qu'un duel gigantesque à l'arme blanche.

Bosse-Debout et deux ou trois autres Frères de la Côte renommés avaient été tués ; l'Olonnais, le Beau Laurent et Michel le Basque avaient reçu des blessures ou plutôt des égratignures, mais qui cependant témoignaient, malgré leur peu de gravité, de l'héroïque défense des vaincus.

Les Indiens, qui ne s'étaient pas épargnés pendant le combat, avaient aussi beaucoup souffert ; ils avaient perdu une quarantaine d'hommes tant tués que blessés dangereusement.

Peu de soldats surpris dans des conditions aussi désavantageuses pour eux auraient, il fallait le reconnaître, opposé une résistance aussi acharnée que les vaillants défenseurs du fort ; si la garnison avait été au complet, les flibustiers étaient perdus ; ils en convenaient eux-mêmes franchement.

Le Beau Laurent, tout en passant la visite de la forteresse, était à la fois épouvanté et ravi de sa victoire ; maintenant qu'il voyait les ressources énormes réunies pour la défense, il osait à peine croire qu'il avait réussi.

Les vaincus, beaucoup plus nombreux que les vainqueurs, avaient été solidement garrottés et enfermés sous triple verrou dans les casemates.

Des chemins couverts faisaient communiquer le fort avec les batteries nouvellement élevées par le général Valdès, le long de la côte et sur le bord de la rivière.

Ces batteries, solidement installées, n'étaient couvertes que du côté de l'ennemi. Qu'avaient-elles à redouter du fort qui, au contraire, leur devait, au besoin, fournir les secours nécessaires en hommes et en munitions et, de plus, leur offrir un refuge ?

Le Beau Laurent prit ses dispositions en conséquence ; puis il distribua son monde sur les remparts, arma les pièces et attendit.

Il était cinq heures du matin.

Le drapeau espagnol flottait toujours aussi orgueilleusement sur la citadelle, par l'ordre exprès du Beau Laurent.

Celui-ci, après avoir fait faire une distribution de vivres à ses hommes, et mangé un morceau à la hâte, se plaça à l'angle d'un bastion en compagnie de ses principaux officiers ; et, tout en discutant avec eux, il braqua une longue-vue sur la mer, et examina attentivement les mouvements de la flotte qui, poussée par une bonne brise, se rapprochait rapidement de l'entrée de Chagrès.

Tout à coup le capitaine se tourna vers José qui se tenait près de lui.

— José, lui dit-il, pensez-vous qu'il soit possible de se procurer une barque ?

— Rien de plus facile, répondit l'Indien.

— Un homme hardi peut-il parvenir jusqu'à la flotte dans cette barque ?

— Non, la côte est garnie de batteries, la barque serait inévitablement coulée.

— Oui, c'est vrai, murmura le Beau Laurent en frappant du pied avec colère.

— Quel était votre projet ?

— A quoi bon vous le dire maintenant, puisque comme moi vous reconnaissez que son exécution est impossible ?

— Je n'ai pas dit cela.

— Comment ! vous n'avez pas dit cela ?

— Non, capitaine, j'ai dit seulement que la barque serait coulée.

— Eh bien ?

— Ce qu'une barque ne peut faire, un homme le fera, la flotte n'est qu'à deux lieues à peine. Voyez, avant que cet homme atteigne la côte, les navires ne seront plus qu'à une lieue; une lieue n'est rien pour un bon nageur.

— En effet, mais il faut le trouver, ce bon nageur, et cela me...

— Semble très facile, interrompit José; écrivez un mot à l'amiral, je l'enfermerai dans un sachet de peau de crocodile et je vous promets de le remettre en mains propres à l'amiral lui-même.

— Vous feriez cela, José?

— Tout de suite; écrivez, capitaine.

— Mais vous avez quatre-vingt-dix-neuf chances contre une pour périr en chemin.

— Eh bien! après, capitaine? Je périrai, voilà tout; ne perdez pas davantage de temps, capitaine, écrivez.

— Soit! s'écria le Beau Laurent en lui serrant la main.

Il déchira un feuillet de ses tablettes, écrivit quelques mots à la hâte et remit le feuillet à l'Indien.

Celui-ci plia le papier, le cacha dans le sachet qu'il portait au cou et, après avoir été tour à tour embrassé par tous les officiers, il s'éloigna la joie au cœur, monta sur son cheval, sortit du fort, suivi d'un seul de ses compagnons, et s'éloigna à toute bride dans la direction du rivage, après toutefois avoir traversé la rivière à gué.

Aussitôt qu'il atteignit la grève, José sauta à terre, remit son cheval à son compagnon, en lui ordonnant de retourner au fort; puis il se déshabilla, ce qui ne fut pas long, fit un paquet de ses vêtements, qu'il attacha solidement sur sa tête, et il se mit à l'eau, marchant aussi longtemps qu'il eut pied; puis il se laissa emporter par la lame et nagea vigoureusement dans la direction de la flotte, qui, ainsi qu'il l'avait prévu, n'était plus éloignée de la côte que d'une lieue tout au plus.

Ainsi qu'il en était convenu avec son matelot, le Beau Laurent, à trois heures du matin Montbars avait fait le signal d'appareillage, et la flotte était sortie du rio San-Juan.

Au lever du soleil elle était en vue de Chagrès, sur laquelle elle laissait arriver en plein.

Montbars se promenait avec agitation sur le château d'arrière du vaisseau amiral; il tenait une longue-vue à la main, et à chaque instant il s'arrêtait pour la braquer sur la ville et sur le fort Saint-Laurent, puis il hochait la tête et reprenait sa promenade, les sourcils froncés et l'air rêveur.

C'est que l'heure terrible de la lutte sérieuse allait sonner, et que de la réussite du hardi coup de main que tentait le Beau Laurent en ce moment, dépendait le succès de l'expédition, dont toute la terrible responsabilité reposait sur lui, Montbars, seul.

Plus la flotte approchait de terre, plus Montbars se rendait compte de la situation, et plus il était inquiet.

En effet, privé de cartes, se dirigeant seulement par des renseignements plus ou moins exacts, qu'il avait reçus de ses espions et de quelques transfuges, l'amiral ignorait que le fort Saint-Laurent, construit à l'embouchure du

José remit son cheval à son compagnon, en lui ordonnant de retourner au fort.

rio Chagrès, inaccessible du côté de la mer et relié à la grève par de puissantes batteries, était positivement la clef de la position; qu'il fallait l'emporter avant que de rien tenter contre la ville dont il défendait l'approche.

L'amiral se reprochait d'avoir ordonné à Laurent de ne tenter d'enlever le fort que lorsqu'il verrait la bataille engagée; cette bataille devait nécessairement commencer par la prise même du fort, ce que Montbars avait ignoré jusque-là : il croyait que cette forteresse se trouvait derrière la ville qu'elle protégeait ainsi, maintenant il avait la preuve du contraire.

Sa perplexité était extrême ; que faire ?

Tenter le bombardement du fort était une insigne folie, dont le succès était matériellement impossible, et qui pourrait amener la perte de la flotte et la ruine des projets des aventuriers ; mieux valait, puisqu'il était temps encore, virer de bord, se mettre hors la ligne de feu de la citadelle, et aviser au moyen à employer pour s'en emparer, sans risquer lui-même d'essuyer une honteuse et irréparable défaite.

Montbars en était là de ses réflexions, et, à son grand regret, il allait donner l'ordre de virer de bord, lorsque tout à coup un grand tumulte s'éleva dans le château d'avant du navire, et un homme presque nu, ruisselant d'eau, bondit sur le pont, où il fut immédiatement entouré par les flibustiers.

Cet homme essayait vainement de se dégager des mains qui le tenaient, et se réclamait à grands cris de l'amiral ; lorsque celui-ci, attiré par ce bruit et cette apparition étrange, apparut tout à coup, écarta les matelots d'un geste et ordonna à cet homme de le suivre.

Il avait reconnu José.

Celui-ci ramassa son paquet tombé devant l'amiral, et, après s'être secoué à deux ou trois reprises, il suivit l'amiral.

Lorsqu'ils furent tous deux seuls sur le château d'arrière :

— Comment ! toi ! lui dit Montbars.

— Moi-même, amiral.

— Mais, comment es-tu venu ?

— A la nage.

— Hum ! tu es un rude nageur, dit-il en souriant.

— Je suis comme tous les Indiens, amiral, à moitié homme, à moitié poisson.

— C'est vrai, mais tu n'es pas venu ici seulement pour avoir le plaisir de me serrer cette main que je te tends toujours de si bon cœur !

— Je vous l'avoue, amiral, reprit-il en répondant à la chaleureuse étreinte de Montbars.

— Qui t'amène, alors ?

— Une mission.

— Sang-Dieu ! elle doit être importante ?

— De la plus haute importance ; du moins, je le crois.

— Comment, tu le crois ?

— Dame ! amiral, je suis porteur d'une lettre, j'ignore ce qu'elle contient.

— Ah ! ah ! et de qui cette lettre ?

— De votre matelot, le Beau Laurent.

— Diable ! mais elle doit être en pâte ?

— Non ! soyez tranquille.

— Donne-la donc sans plus tarder.

— Ce serait avec plaisir, mais je suis si trempé...

— Tu as pardieu raison, attends.

L'amiral fit un geste : deux engagés s'approchèrent, et, sur l'ordre de Montbars, ils commencèrent à si bien éponger José avec des fauberts, qu'en un instant il fut complètement sec.

— Merci! dit-il.

Il ouvrit alors le sachet, en retira la lettre et la présenta à Montbars qui la prit vivement et s'empressa de la lire; elle était courte, mais sans doute que les nouvelles qu'elle contenait étaient bonnes, car le visage du célèbre boucanier rayonnait de joie.

— Vous paraissez bien content, amiral! demanda José, qui procédait tranquillement à sa toilette.

— Je t'en fais juge; voici ce que Laurent m'écrit.

— A quoi bon, amiral?

— Parce que tu dois ajouter certains commentaires.

— Alors, lisez; j'écoute.

— Voilà cette missive.

Et il lut :

« Matelot,

« En arrivant sur les lieux désignés, j'ai reconnu que les renseignements qui t'avaient été fournis étaient faux; suivre strictement les ordres que tu m'avais donnés était t'exposer, toi à une défaite certaine, moi à un échec, et la flotte, peut-être, à une destruction complète.

« J'ai pris sur moi de modifier tes instructions et d'agir immédiatement; le fort est en mon pouvoir, tu peux sans crainte donner dans la passe et entrer; je laisse le drapeau espagnol pour tromper les Gavachos et écraser plus facilement leurs batteries. José te donnera les détails les plus circonstanciés sur ce qui s'est passé; il s'est conduit admirablement, comme toujours.

« Si je suis coupable pour avoir pris sur moi de changer le plan que tu avais formé, je m'en rapporte entièrement à ta justice. Nous devons, nous les chefs de l'armée, donner l'exemple de l'obéissance et de la discipline.

« Nos pertes sont graves, mais quel triomphe!

« A toi matelot, la main et le cœur.

« LAURENT.

« Fort Saint-Laurent, cinq heures du matin. »

— Brave cœur! ne put s'empêcher de murmurer Montbars, après avoir achevé la lecture de cette lettre; il nous sauve cette fois encore. Suis-moi, José.

— Où donc, amiral?

— Dans ma chambre, sang Dieu! L'exercice a dû te donner de l'appétit, et tu me fais l'effet d'avoir pris pas mal d'exercice depuis hier.

— Ma foi oui, amiral, comme vous dites, j'en ai pris pas mal.

— Eh bien! viens, et tout en mangeant un morceau, tu me raconteras ce que vous avez fait là-bas.

Ils descendirent dans la chambre de l'amiral, où, en effet, le déjeuner fut aussitôt servi.

— Allons, à table ! dit gaîment Montbars, à ta santé, José.

— A la vôtre, amiral.

— Là ! à présent que nous sommes à table, dis-moi un peu comment vous avez joué des couteaux avec les Gavachos, et surtout n'oublie aucun détail intéressant.

— Je ne demande pas mieux, amiral.

En ce moment Ourson Tête-de-Fer entra.

— Amiral, dit-il, avant une demi-heure nous serons sous le feu du fort Saint-Laurent ; que faut-il faire, amiral ?

— Vous asseoir à cette table, déjeuner avec nous, et écouter attentivement l'histoire que va vous raconter notre ami José ; quant à présent, il n'y a rien à faire, mon cher Ourson, sur ma parole.

Ourson connaissait trop bien son ami et de trop longue date, pour supposer un instant que celui-ci eût l'intention de rire à ses dépens, ou seulement de plaisanter, dans une circonstance aussi grave que celle où il se trouvait en ce moment, à moins d'avoir pour cela d'excellentes raisons. Or, comme la première hypothèse n'était pas probable, la seconde lui sembla d'autant plus probable que la présence de José à bord et la façon tant soit peu originale dont il était arrivé le portait à croire qu'il se passait quelque chose qu'il ignorait encore, mais que son ami voulait lui apprendre.

Il s'inclina donc en souriant, fit entrer son inévitable escorte de chiens et de sangliers, s'assit à table, fit coucher ses bêtes à ses pieds, et, attirant un plat à lui, il se mit bravement à manger de façon à promptement rattraper ses deux compagnons.

Montbars lui jeta un regard en dessous, et sortant la lettre de son pourpoint, il la tendit silencieusement à Ourson.

Celui-ci la prit et la lut tout d'une haleine en donnant les marques les moins équivoques de la plus vive satisfaction.

— Corbleu ! s'écria-t-il joyeusement en rendant le papier à Montbars, quel brave cœur que ce Laurent !

— N'est-ce pas ? dit doucement l'amiral.

— Il a le diable au corps ; s'il continue ainsi, il ne nous laissera rien à faire.

— Oui, il va bien ; pauvre cher matelot, comment trouvez-vous qu'il a conduit cette affaire ?

— Il a accompli un miracle.

— Et il nous a retiré une fameuse épine du pied, dit franchement Montbars ; sans lui je ne sais trop comment nous serions sortis de ce guêpier.

— Oui, le cas était embarrassant.

— Dites donc désespéré, mon ami ; songez que nous donnions dans le plus infernal traquenard qui se puisse imaginer, la flotte tout entière y restait.

— Ou du moins elle y perdait les plus belles de ses plumes. Vive Dieu ! c'est un véritable Frère de la Côte, celui-là !

— Et un des meilleurs qui soient ; et il craint d'être réprimandé par-dessus le marché; c'est à mourir de rire, sur ma parole ! Il est à la fois brave comme un lion et candide comme un enfant.

— C'est un homme, dit Ourson Tête-de-Fer avec conviction; mais qu'en pensez-vous, amiral, si, au lieu de bavarder ainsi comme des vieilles femmes, nous laissions José nous raconter comment les choses se sont passées ?

— Oui, sang Dieu ! vous avez raison, Ourson, mon ami; il doit savoir cela sur le bout du doigt, lui ; va, José, va, mon enfant, nous t'écoutons.

José ne demandait pas mieux que de raconter son histoire. L'amitié qu'il professait pour Laurent l'excitait à parler; se voyant ainsi mis en demeure, il saisit avec empressement l'occasion qui lui était offerte de faire l'éloge de son ami, et sans pour cela perdre une bouchée, car il avait une faim de loup aiguisée encore par le violent exercice auquel il s'était livré, il entama son récit.

Les deux Frères de la Côte l'écoutèrent religieusement jusqu'à la fin sans l'interrompre une seule fois, tant ils étaient vivement intéressés par ce magnifique fait d'armes.

Lorsque le chef indien se tut, il y eut un moment de silence, éloge le plus grand que les célèbres boucaniers pouvaient faire de l'audacieuse expédition du capitaine.

— Sang Dieu ! je le répète, s'écria enfin Montbars, c'est un miracle d'audace et de génie ! Ah ! le sournois, voilà donc ce qu'il voulait faire des uniformes espagnols qu'il m'a demandés !

— C'est cela ! dit Ourson en riant ; je ne sais pas si les Gavachos ont été penauds en voyant tout à coup apparaître des loups sous ces belles toisons d'agneaux !

— Allons, allons, décidément le ciel est juste ! Ces massacreurs d'Indiens n'ont que ce qu'ils méritent.

En ce moment Philippe d'Ogeron entra.

— Que voulez-vous, capitaine ? lui demanda Montbars.

— Amiral, nous ne sommes plus qu'à deux portées de canon de la place. L'amiral Pierre Legrand, dont l'escadre tient l'avant-garde, signale que le fort Saint-Laurent paraît bourré de monde ; l'amiral demande s'il doit mettre sur le mât ou continuer à avancer.

— Signalez-lui de s'embosser avec son escadre à portée de pistolet de la citadelle.

— Amiral...

— Monsieur ?

— Pardon, amiral ; mais je crains d'avoir mal entendu.

— J'en suis fâché, monsieur, car vous le savez, je ne répète jamais un ordre, allez !

Philippe jeta un regard désespéré à Ourson, qui souriait, et sortit de la chambre en se heurtant contre les cloisons.

— Allons un peu voir ce qui se passe là-haut, dit Montbars en vidant son verre.

Les trois hommes montèrent sur le pont.

La flotte était alors excessivement rapprochée de la terre; le rivage apparaissait, sur une grande étendue, accidenté de coquettes maisons de campagne à demi enfoncées dans des fouillis de verdure, derrière la citadelle dont la masse imposante prenait maintenant des proportions gigantesques ; on apercevait à l'embouchure de la rivière la charmante petite ville de Chagrès nonchalamment couchée au bord même de l'eau et dont les jolies maisonnettes blanches s'éparpillaient en désordre sur le rivage.

Çà et là, au ras de l'eau, on apercevait de formidables batteries garnies de canons, dont les gueules menaçantes s'allongeaient vers la mer et auprès desquelles, debout et mèche allumée, se tenaient des artilleurs.

Dans l'intérieur du port, on distinguait le haut de la mâture de plusieurs navires espagnols qui, en apercevant les boucaniers, s'étaient hâtés d'aller y chercher un refuge.

Certes, ce spectacle à la fois imposant et grandiose était fait pour saisir vivement l'imagination et en même temps pour frapper de terreur les âmes timorées.

Sur une étendue de deux lieues en mer, la flotte flibustière déployait sa ligne de combat et s'avançait à force de voiles droit sur le rivage.

— Allons, grommela entre ses dents Pierre Legrand, lorsqu'il reçut de l'amiral la réponse au signal qu'il avait fait, il paraît que ce vieux caïman veut nous faire écharper ; eh bien ! grand bien lui fasse, sang et tonnerre ! je lui montrerai que je ne recule pas. Allons, enfants ! à vos pièces ! vive Dieu ! la danse va commencer et elle sera belle ! Arrive en grand, timonier ! et droit sur le fort ! Nous allons rire !

Mais alors il se passa une chose à laquelle les flibustiers étaient loin de s'attendre : la citadelle se ceignit tout à coup d'une ceinture de flammes, une effroyable détonation se fit entendre, et une grêle de boulets s'abattit sur les batteries de la côte, au milieu desquelles elle jeta le plus épouvantable désordre.

Puis le drapeau espagnol, arboré au sommet de la forteresse, fut subitement amené et remplacé par le drapeau tricolore des Frères de la Côte.

Cette première décharge fut suivie d'une seconde, puis d'une troisième, au grand ébahissement des Espagnols.

Le fort Saint-Laurent tonnait toujours contre les batteries qui bientôt ne furent plus qu'un monceau de ruines.

Alors les flibustiers comprirent ce qui se passait ; Laurent avait réussi à s'emparer du fort dont il avait tourné les canons sur la ville.

La flotte donna, sans être pour ainsi dire inquiétée, dans la rivière et vint s'embosser à demi-portée de canon de la ville sur laquelle elle fit aussitôt pleuvoir les bombes et les boulets.

Bientôt plusieurs incendies se déclarèrent ; un magasin de poudre éclata avec un fracas épouvantable.

La malheureuse cité, prise ainsi entre deux feux, agonisait sans consentir à se rendre.

Les défenseurs des batteries, chassés des postes qu'ils occupaient et où il leur était impossible de tenir, s'étaient jetés dans la ville où, aidés par les habitants, ils organisaient ou plutôt improvisaient une résistance désespérée contre leurs redoutables et féroces ennemis.

La garnison de la ville, en y comprenant les soldats détachés antérieurement par le général Valdès pour armer les batteries, était redoutable encore; son effectif se montait à près de quatre mille hommes auxquels plus de deux mille bourgeois s'étaient joints spontanément.

Les soldats étaient tous des hommes habitués au métier des armes, qui avaient depuis longtemps fait leurs preuves sur les champs de bataille de la vieille Europe, et qui brûlaient de prendre une éclatante revanche de la défaite que leur avait fait éprouver la surprise du fort Saint-Laurent.

Les bourgeois, tous marchands et riches propriétaires de la ville, combattant *pro aris et focis* et redoutant plus que tout au monde de tomber aux mains des flibustiers dont ils connaissaient trop bien la cruauté, avaient fait le serment terrible de ne pas accepter de capitulation, et de se faire tuer jusqu'au dernier plutôt que de se rendre.

L'enthousiasme de la défense était général; en moins de temps qu'il en faut pour l'écrire, la ville avait été littéralement hérissée de canons enlevés à force de bras des batteries, sous le feu incessant de la forteresse.

On avait crénelé les maisons, barricadé les rues, élevé des épaulements en terre; bref, la ville s'était subitement métamorphosée en citadelle; les femmes, les enfants, les vieillards, tout le monde travaillait avec une ardeur fébrile à la défense, rendue plus facile parce que le fort spécialement construit pour défendre la ville contre les ennemis du dehors, ne pouvait que difficilement y jeter quelques boulets dont le plus grand nombre était perdu.

Lorsque toute la flotte eut enfin franchi la barre du fleuve et que les navires eurent pris leurs postes de combat, un feu terrible commença contre la ville, feu auquel celle-ci répondit bravement.

La lutte continua ainsi à distance pendant plusieurs heures; enfin l'amiral fit le signal de débarquement, impatiemment attendu par les flibustiers fatigués d'un long combat à coups de canon, dont ils ne pouvaient pas apprécier les résultats.

A un signal donné, une foule d'embarcations déborda des navires et se dirigea à force de rames sur la ville.

Les troupes de débarquement se montaient à trois mille hommes.

Les Espagnols laissèrent les flibustiers s'engager dans le port; puis, lorsqu'ils virent leurs ennemis arrivés à demi-portée de fusil, tout à coup ils démasquèrent leurs batteries et les accueillirent par un feu épouvantable qui sema la mort au milieu d'eux et les mit dans le plus grand désordre.

Deux fois les flibustiers essayèrent d'aborder, deux fois ils furent rejetés à la mer.

Les Espagnols semblaient se multiplier; ils étaient partout et combattaient avec une frénésie qui tenait du délire.

Tout à coup une longue pirogue vint audacieusement se placer en avant de la ligne d'attaque, à cent pieds au plus du rivage.

Dans cette pirogue se tenaient debout, calmes et souriants, Montbars et Ourson Tête-de-Fer.

— Abandonnerez-vous votre amiral? cria Montbars d'une voix stridente. En avant! Frères de la Côte!

— A Montbars! à Montbars! s'écrièrent les flibustiers en faisant force de rames pour suivre la légère embarcation montée par leur chef.

Cette fois, le choc entre les Français et les Espagnols fut épouvantable; une lutte corps à corps s'engagea avec une rage inouïe.

Enfin, après un quart d'heure d'un horrible carnage, les Espagnols furent contraints de reculer pas à pas, mais combattant toujours.

En même temps que Montbars tentait cette descente désespérée sur le front même de la ligne d'attaque, Morgan, Pierre Legrand, le Poletais, Alexandre, Pierre Franc, se mettaient résolument à la tête des plus déterminés de leurs matelots et réussissaient, eux aussi, après des efforts prodigieux, à mettre enfin le pied sur la terre ferme, à droite et à gauche de la ville.

Alors les flibustiers se lancèrent en avant avec une force irrésistible, refoulant devant eux les défenseurs de la malheureuse ville.

La bataille se scinda en une infinité de combats partiels; chaque rue, chaque maison furent prises d'assaut, sans que les Espagnols exaspérés demandassent grâce.

Le massacre prit bientôt des proportions horribles.

Enfin, vers cinq heures du soir, les habitants décimés, accablés de fatigue, ayant brûlé leurs derniers grains de poudre et vu tomber les derniers soldats de la garnison qui, plutôt que de se rendre, se tuèrent entre eux, se virent contraints d'implorer la pitié du vainqueur. Une plus longue résistance était devenue impossible; le courage de ces braves gens n'avait pas faibli une seconde, mais la poudre et les balles leur manquaient et leur malheureuse cité n'était plus qu'un monceau de ruines fumantes.

XIII

OU IL EST PROUVÉ QUE SOUVENT LA PEUR EST MAUVAISE CONSEILLÈRE

A l'hacienda del Rayo l'inquiétude était grande.

Malgré les précautions prises par les flibustiers pour tenir leur expédition secrète, cependant, comme rien ne peut rester longtemps ignoré, le jour commençait à se faire et la vérité à être connue; vérité mêlée à beaucoup de mensonges, sans doute, mais rendue plus terrible encore par cela même.

Après la surprise du fort Saint-Laurent, les Indiens Walla-Wahoes avaient à peu près dégarni les alentours de l'hacienda, qu'ils jugeaient inutile de surveiller davantage.

Les jeunes filles poussèrent une exclamation de frayeur en l'apercevant.

Aussi plusieurs fuyards de Chagrès et quelques rancheros disséminés sur le rio San-Juan étaient-ils venus en toute hâte se réfugier à l'hacienda où leur présence avait semé l'épouvante.

Leurs récits étaient navrants; ils racontaient des cruautés inouïes commises par les flibustiers; ceux-ci, après s'être emparés des villes du littoral sur une étendue de trente lieues, avaient brûlé ces villes de fond en comble, torturé les habitants pour leur arracher le secret de leurs richesses, et pendu sans miséricorde tous les soldats espagnols pris les armes à la main.

Quant aux malheureux marchands et bourgeois qui avaient par miracle échappé au massacre général, femmes, enfants, vieillards, jeunes filles avaient été parqués comme des bestiaux et partagés entre leurs vainqueurs, qui s'étaient portés sur les femmes et les jeunes filles à des excès mille fois plus horribles que la mort la plus affreuse.

Rien n'avait échappé.

Et comme ces choses étaient racontées aux roulements lointains du canon tonnant contre Chagrès, comme on apercevait de loin le ciel nuancé de rouge et reflétant les flammes d'un immense incendie, chacun se signait en pâlissant et tremblait de frayeur.

Don Jesus ne savait plus que faire; l'épouvante annihilait en lui toutes ses facultés; il courait de-ci, de-là, sans but, sans projet, entassant ses richesses les unes sur les autres, formant des ballots de ses diamants, de son or et de toutes les choses précieuses qu'il possédait, afin de pouvoir, au premier signal, faire charger tout sur des mules et s'enfuir au plus vite; mais s'enfuir, où? La question était embarrassante; d'un côté, si, ainsi que le bruit commençait à en courir, les flibustiers avaient l'intention de marcher sur Panama, l'hacienda del Rayo, placée à cheval sur la route conduisant à cette ville, serait le premier endroit où ils s'arrêteraient; donc, il ne fallait pas les y attendre.

Se réfugier à Panama, dont il était évident que les ladrones s'empareraient comme ils s'étaient emparé des autres villes qu'ils avaient attaquées, le refuge était des plus précaires.

Bref, le digne haciendero, très peu belliqueux de sa nature, était de plus en plus perplexe et perdait complètement la tête au milieu de ce conflit auquel il se trouvait mêlé si à l'improviste et bien malgré lui.

Une idée lumineuse traversa son esprit, et il se dirigea vers l'appartement de sa fille.

Doña Flor et sa compagne doña Linda, très effrayées des mauvaises nouvelles qui leur parvenaient sans interruption, étaient enfermées dans un oratoire, où elles causaient avec le Révérend Père Sanchez; celui-ci essayait vainement de les consoler et de leur rendre un peu de courage, en leur disant, ce qu'il ne croyait pas lui-même, que tout n'était pas désespéré; que parmi les ladrones il devait s'en trouver de plus pitoyables que leurs compagnons; que ceux-là auraient sans doute pitié d'elles; que d'ailleurs la route de Panama était ouverte encore et que rien n'était plus facile que de s'échapper et d'aller se réfugier dans cette ville; et une foule d'autres consolations du même genre que les jeunes filles écoutaient d'un air morne et en haussant la tête d'un air incrédule.

Sur ces entrefaites, la porte s'ouvrit, et l'haciendero parut.

Il était pâle, défait, agité; ses vêtements en désordre témoignaient de l'état de son esprit.

Les jeunes filles poussèrent une exclamation de frayeur en l'apercevant.

Il se laissa tomber avec accablement sur un siège.

— Je vous fais peur, dit-il avec amertume; hélas ! que vais-je devenir à présent que les ladrones arrivent!

— Les ladrones arrivent? s'écrièrent les deux femmes avec terreur.

— C'est ce qu'on dit, et ce n'est malheureusement que trop probable. Quelques peones que j'avais envoyés à la découverte sont revenus il n'y a qu'un instant; ils assurent avoir aperçu un énorme nuage de poussière au milieu duquel brillaient des armes. Hélas ! je suis perdu. Il faut partir.

— Partir ! s'écria la jeune fille sans remarquer ce qu'il y avait d'égoïste et de personnel dans les exclamations que la terreur arrachait à son père. Partir, señor, y songez-vous?

— J'y songe si bien que j'ai donné l'ordre de charger les mules et de seller les chevaux; avant une demi-heure, je serai loin, je l'espère.

— Fuir ainsi lâchement, reprit doña Flor avec une indignation mal contenue, sans attendre l'ami auquel vous avez assigné un rendez-vous ici, et qui d'un moment à l'autre peut arriver?

— Ce qui augmenterait encore les difficultés de notre situation; non, non, ma fille, chacun pour soi en ce monde, c'est la loi naturelle.

— Parlez-vous ainsi d'un homme auquel vous avez tant d'obligations ! qui vous a sauvé la vie !

— S'il m'a sauvé la vie, tant mieux pour moi ; je lui en suis très reconnaissant, sans doute, mais puisqu'il n'est pas là pour me la sauver encore, je veux essayer de faire mes affaires tout seul et de me tirer du guêpier dans lequel je suis enfoncé jusqu'aux genoux.

— Ainsi vous n'attendrez pas le retour du comte?

— Non, pour une fortune, pas une heure, ma vie passe avant tout.

— Vous y êtes bien résolu?

— Ma détermination est irrévocable.

— Soit, monsieur, répondit la jeune fille avec un mépris glacial, partez, sauvez votre vie si précieuse; manquez à toutes les lois de l'honneur, par cette fuite honteuse ; partez, qu'attendez-vous? qui vous retient?

— Mais ne m'accompagnez-vous pas dans ma fuite? votre sûreté exige, il me semble, que vous vous éloigniez au plus vite.

— Non, monsieur, je ne pars pas, mon amie non plus.

— Je ne veux pas te quitter ! s'écria vivement doña Linda.

— Nous demeurerons ici avec le Père Sanchez qui ne nous abandonnera pas, lui.

— Oh ! jamais ! dit le moine ; ma place est auprès de vous, ma fille, et j'y resterai, quoi qu'il puisse arriver.

— Merci, mon Père, j'étais sûre à l'avance de cette généreuse résolution; nous attendrons ici tous trois le retour du comte, qui ne saurait tarder bien longtemps maintenant, puisque c'est aujourd'hui qu'il a promis de revenir.

— Mais c'est de la folie, cela!

— Peut-être, mon père ; mais c'est de la loyauté : demandez à mon amie, demandez au Père Sanchez s'ils ne partagent pas mon opinion.

— Depuis son départ, le comte ne nous a pas donné de ses nouvelles, peut-être est-il mort?

— S'il était mort, je le saurais, dit-elle avec un sourire d'une expression étrange ; non, il vit, j'en ai la conviction, et bientôt il sera près de nous.

L'haciendero se leva et se mit à marcher avec agitation dans l'oratoire.

— Folie ! murmurait-il à part lui, folie que tout cela !

Et, s'arrêtant brusquement en face de sa fille :

— Vous ne voulez pas bien décidément partir avec moi? dit-il avec une sourde colère.

— N'insistez pas davantage, mon père, ce serait inutile ; je vous répondrai ce que vous m'avez répondu vous-même il y a un instant : ma résolution est irrévocable.

— Très bien, s'écria-t-il les dents serrées, eh bien, soit ! je m'en lave les mains ; j'ai fait ce que j'ai pu pour vous convaincre ; que votre obstination retombe sur votre tête.

— J'ai foi en la bonté de Dieu, mon père ; il ne nous abandonnera pas, j'en suis certaine.

— Oui, comptez sur l'intervention divine, et grand bien vous fasse ! vous êtes un ange, vous, Dieu vous doit son secours ; mais, moi, ajouta-t-il en ricanant, je suis un grand pécheur, je n'ai foi que dans les moyens matériels pour assurer mon salut ; et je pars à l'instant même. Adieu, ma fille ; adieu, señora doña Linda ; adieu, mon Père ; priez ce Dieu auquel vous avez une si complète confiance de vous venir en aide ; quant à moi, je me sauve, adieu !

Il poussa un éclat de rire nerveux et sortit presque en courant, laissant les trois personnes épouvantées de ses paroles et de ses blasphèmes, mais soulagées par son absence même.

Don Jesus ne perdit pas un instant pour mettre son honteux projet à exécution ; peu importait à cet homme de perdre sa fille, pour laquelle, au reste, il éprouvait une secrète répulsion, pourvu qu'il se sauvât et mît ses richesses en sûreté !

En sortant de l'appartement de sa fille, il se hâta de faire ses derniers préparatifs, et, surexcité par la terreur, il sut imprimer une telle activité aux peones et aux domestiques qui travaillaient sans relâche sous ses ordres, que, comme depuis longtemps déjà il avait fait emballer ce qu'il possédait de plus précieux, que presque toutes les mules étaient chargées, en moins d'une demi-heure, il fut prêt à partir.

Trente mules chargées, escortées par une centaine de peones et de serviteurs bien armés, formaient une escorte suffisante à l'haciendero. Il jeta un regard de regret à ce qu'il était contraint d'abandonner, un regard de satisfaction à ce qu'il emportait, et monta à cheval.

Le majordomo s'approcha alors, et, saluant son maître :

— Pardon, mi amo, lui dit-il, est-ce que les dames ne sont pas prévenues ?

— Les dames ne partent pas, répondit rudement l'haciendero, elles ne veulent pas quitter la maison.

Le majordomo s'inclina et fit un pas en arrière.

— Allons, montez à cheval, no Gallego, nous n'avons pas de temps à perdre : prenez le commandement de l'escorte et en route, nous n'avons que trop tardé déjà, reprit l'haciendero avec impatience.

— Votre Excellence m'excusera, répondit froidement le majordomo, mon devoir, l'intérêt même de la fortune de Votre Excellence exigent que je ne déserte pas le poste qui m'est confié ; je reste.

— Mais, malheureux, vous voulez donc vous faire égorger? s'écria-t-il avec agitation en jetant des regards effarés autour de lui.

— La señorita doña Flor accompagne-t-elle Votre Excellence ?

— Cuerpo de Cristo! je vous ai dit que non, mille fois non ; elle ne veut pas, l'entêtée !

— Je dois donc rester près de ma maîtresse pour la protéger ou mourir en la défendant.

— Fou que vous êtes, vous ne réussirez qu'à vous faire tuer comme un chien !

— Il arrivera ce qu'il plaira à Dieu, Excellence !

— Dieu! Dieu! grommela l'haciendero avec une fureur sourde, ces brutes n'ont toutes que cette parole à la bouche. Belle protection que celle-là contre les ladrones! Et, s'adressant au majordome : Faites comme vous voudrez, imbécile, lui dit-il avec mépris ; voilà un dévouement bien placé ! vous verrez ce qu'il vous rapportera.

— Dans aucun cas on ne se repent d'avoir fait son devoir ; mi amo, Dieu vous garde !

— Oui, Dieu ou le diable! s'écria-t-il en grinçant des dents. Allons, allons, vous autres, et détalons vivement, ou, rayo de Dios ! le premier qui bronche, je lui brûle la cervelle !

Toute la caravane s'ébranla à la fois, s'engouffra comme un ouragan sous la porte de l'hacienda et s'éloigna rapidement dans la direction de Panama.

No Gallego, l'épaule nonchalamment appuyée contre la porte, et tordant une cigarette de paille de maïs entre ses doigts, suivit d'un regard ironique la caravane qui partait aussi longtemps qu'il lui fut possible de la voir ; puis, lorsqu'elle eut enfin disparu dans le lointain, au milieu des innombrables méandres de la route :

— C'est égal, murmura-t-il avec un haussement d'épaules significatif, don Jesus Ordoñez de Sylva y Castro, mon noble maître, est bien riche ; mais, pour toute la fortune qu'il possède, je ne voudrais pas, moi chétif, faire ce qu'il fait en ce moment ; sur ma foi, c'est un fier drôle, et un triste sire, d'abandonner ainsi sa fille en un si grand danger pour un peu d'or. Pouah ! fit-il avec dégoût, cela me soulève le cœur!

Il prit alors son mechero, battit le briquet et alluma sa cigarette ; puis, tout en s'enveloppant d'un nuage de fumée, il promena un regard investigateur sur la campagne.

Il était un peu plus de quatre heures du soir, les rayons de plus en plus obliques du soleil avaient perdu une grande partie de leur chaleur, une brise légère courait sur la cime feuillue des arbres, et rafraîchissait encore l'atmosphère.

La campagne offrait un spectacle enchanteur de calme et de solitude animée ; les oiseaux voletaient de branches en branches en lançant gaîment vers le ciel leurs trilles les plus mélodieux ; quelques animaux dont il était impossible de déterminer sûrement l'espèce couraient et bondissaient à travers les hautes herbes qui ondulaient sous le poids de leur course rapide ; au bord de l'eau, des caïmans vautrés dans la vase s'ébattaient joyeusement en poussant des cris stridents qui ressemblaient parfois à la voix humaine ; tout enfin respirait la quiétude et la tranquillité la plus complète.

Tout à coup le majordomo, dont les regards perçants interrogeaient sans relâche toute la ligne de l'horizon, crut voir s'élever un nuage de poussière assez épais dans la direction de la mer ; ce nuage grossit rapidement ; plusieurs éclairs s'en échappèrent ; puis bientôt le voile de poussière se déchira, et du milieu sortit une troupe assez nombreuse ; au bout de quelques instants, cette troupe, maintenant bien visible, se scinda en deux parts inégales ; la première, d'une demi-douzaine d'hommes à cheval à peu près, continua à s'avancer au galop, tandis que le reste de la troupe, entièrement composée de piétons, demeurait définitivement en arrière, agrandissant de plus en plus l'espace qui le séparait de la première.

— Qui est-ce qui nous arrive là ? murmura le majordomo ; des fuyards sans doute. Pauvre gens, si jallais à leur rencontre ! Non, reprit-il presque aussitôt, mieux vaut les laisser arriver : si c'est ici qu'ils viennent, eh bien ! nous les recevrons de notre mieux.

Sur cette réflexion philosophique et surtout bienveillante, le digne ño Gallego, au lieu de fermer la porte de l'hacienda, l'ouvrit au contraire à deux battants et, reprenant sa première position, il attendit en fumant sa cigarette ce que feraient les étrangers qui s'approchaient de plus en plus, résolu à régler sa conduite sur la leur.

Cependant les étrangers approchaient rapidement, en gens pressés d'arriver ; bientôt ils atteignirent le pied de la colline au sommet de laquelle 'hacienda était bâtie, et, sans ralentir l'allure de leurs cheveaux, ils s'engagèrent dans le sentier qui montait en pente douce, jusqu'à l'esplanade assez vaste qui s'étendait devant la maison.

Le majordomo poussa un cri de joie. Parmi les arrivants, galopant à quelques pas en avant des autres, il avait reconnu le comte don Fernan de Castel-Moreno.

Le comte n'était pas en retard, il avait promis d'être de retour le soir du troisième jour, il arrivait précisément à l'heure indiquée.

Seulement sa suite ne se composait plus que de cinq cavaliers ; leurs vêtements en désordre, déchirés et même tachés de sang en plusieurs endroits, indiquaient clairement qu'ils sortaient d'une lutte où ils avaient fait bravement leur devoir ; plusieurs de ces cavaliers et le comte lui-même étaient blessés.

No Gallego s'empressa auprès des arrivants qu'il reçut de son mieux.

— Vous êtes blessé, monsieur le comte ! s'écria-t-il.

— Une misère, reprit en riant le jeune homme, une écorchure déjà presque cicatrisée.

— L'affaire a donc été chaude ?

— Elle a été rude, dit Michel avec un grognement significatif.

— Mon cher ño Gallego, dit Laurent en mettant pied à terre, faites-moi le plaisir de monter à cheval et de courir avec quelques peones au secours des pauvres gens que vous apercevez là sur la route; il y a des femmes, des enfants, des vieillards; je les ai rencontrés en chemin; ils se sont échappés, Dieu sait comment, de Chagrès, mais ils tombent de lassitude et de besoin et ne peuvent plus se soutenir.

— J'y cours à l'instant, monsieur le comte.

— Un mot, tout va bien ici?

— Eh! eh! fit le majordomo avec un singulier clignement d'yeux.

— Il n'est pas arrivé de malheur, je l'espère?

— Non, pas encore, monsieur le comte.

— Don Jesus, doña Flor...

— Monsieur le comte, montez dans l'appartement de la señorita, vous trouverez là les personnes que vous désirez voir, et elles vous donneront tous les renseignements que vous leur demanderez.

— Vous me dites cela d'une singulière façon, ño Gallego.

— Excusez-moi, monsieur le comte, mais je ne suis qu'un pauvre homme; il ne m'est pas permis d'émettre une opinion sur ce qui se passe dans la maison de mon maître.

— C'est juste, allez, ño Gallego, occupez-vous de mes protégés, je vais, moi, me rendre sans tarder auprès de don Jesus.

Le majordomo ne répondit pas; il baissa la tête, fit la grimace et parut très occupé à aider les domestiques à conduire les chevaux au corral.

Le Beau Laurent fit signe à Michel et à Fil-de-Soie de le suivre, et il entra dans la maison, assez préoccupé des réticences du majordomo.

— Il y a quelque chose, murmura-t-il, mais quoi? je le saurai.

Cependant les dames avaient entendu le galop rapide des chevaux dans la cour de l'hacienda; doña Flor avait regardé à travers les vitres et elle avait reconnu le jeune homme.

— Le voilà, s'écria-t-elle, c'est lui! Je savais bien qu'il reviendrait ainsi qu'il l'avait promis.

La jeune fille s'était levée pour aller au-devant du comte.

Le père Sanchez et doña Linda ne lui avaient pas demandé de qui elle parlait, ils l'avaient deviné et s'étaient empressés de la suivre.

Doña Flor rencontra le jeune homme juste au moment où celui-ci posait la main sur la clef de la porte de son appartement.

— Vous voilà enfin, monsieur le comte! s'écria-t-elle avec un charmant sourire, soyez le bienvenu.

— Señorita, j'ai fait diligence afin d'être plus tôt auprès de vous, car depuis que je vous ai quittée, il s'est passé de graves événements dont il est important que j'entretienne votre père.

— Entrez, entrez, don Fernan, nous causerons plus à l'aise chez moi.

— Me permettrez-vous auparavant de remettre un peu d'ordre dans ma toilette?

— Mais au nom du ciel, que signifie cela? Sortez-vous d'une bataille?

— Je crois que oui, répondit-il en souriant.
— Vous êtes blessé, caballero ! s'écria doña Linda avec inquiétude.
Le Père Sanchez s'approcha vivement.
— Mon Dieu ! s'écria-t-il.
— Rassurez-vous, reprit gaiement le jeune homme, une piqûre d'épingle tout au plus, ce n'est rien absolument.
— Venez, don Fernan, venez ! reprit doña Flor avec agitation.
— Mais...
— Eh ! que nous importe votre toilette ! c'est de votre blessure qu'il s'agit. Elle le força à entrer.
— Allez m'attendre chez moi, dit Laurent à Michel et au page.
Ceux-ci se retirèrent.

Avant toutes choses, les jeunes filles voulurent s'assurer que la blessure du comte n'était pas grave ; elles ne respirèrent que lorsqu'elles se furent convaincues par leurs propres yeux que ce n'était en réalité qu'un coup qui avait glissé sur les chairs de l'avant-bras gauche en traçant un long sillon sanglant, mais dont la profondeur était presque nulle.

Dès que leur inquiétude fut calmée, et qu'un valet eut apporté des rafraîchissements, elles exigèrent que le jeune homme leur racontât dans les plus grands détails ce qui s'était passé à Chagrès.

Le Beau Laurent avait eu tout le temps nécessaire pour préparer une histoire où, tout en falsifiant complètement le rôle qu'il avait joué dans cette affaire, il rapporta cependant avec la plus grande fidélité les événements qui avaient eu lieu et auxquels il avait pris part.

— Ainsi, dit le Père Sanchez, les aventuriers français sont maîtres non seulement de la malheureuse ville de Chagrès, mais encore de Porto-Bello et de tout le littoral ?
— Oui, mon Père.
— Ils sont donc bien nombreux ?
— Leur nombre est considérable, oui ; cette fois ils ont voulu tenter un grand coup, ils sont près de neuf mille hommes.
— Santa Virgen ! s'écria doña Flor avec stupeur.
— Nous sommes perdues ! ajouta en tremblant doña Linda.
— Que prétendent-ils donc? reprit froidement le Père Sanchez.
— S'emparer de Panama, dit nettement le capitaine.
— Hum ! l'entreprise est difficile, dit le moine en hochant la tête avec tristesse, et, malgré les incroyables succès qu'ils ont obtenus jusqu'à présent, ils n'en sont pas encore où ils pensent ; la ville de Panama est forte, bien défendue ; les troupes sont bonnes et nombreuses.
— Je sais tout cela, mon Père, répondit un peu sèchement le jeune homme.
— Et votre opinion est ?
— Qu'ils réussiront.
— J'en doute ; mais là n'est pas la question pour nous. Quels conseils donnez-vous à ces dames ?
— Je préférerais m'entendre à ce sujet avec don Jesus lui-même.
— C'est impossible, señor conde.

Il attendit en fumant sa cigarette ce que feraient les étrangers qui s'approchaient.

— Et pourquoi donc cela, s'il vous plaît, mon Père?
— Parce que don Jesus, reprit le moine avec amertume, est parti.
— Parti sans m'attendre, sachant qu'aujourd'hui même je devais revenir!
— Oui, il a fui lâchement à Panama, en enlevant la plus grande partie de ses richesses et en abandonnant sans défense, dans cette hacienda ouverte à tous les pillards, sa fille et la fille de son ami don Ramon.

— Mais ce que vous me dites là n'est point possible, mon Père ! ce serait une infamie.

— Une infamie est plus facile à faire qu'une bonne action pour certaines gens, répondit sévèrement le moine. Don Jesus est un lâche et un avare : il a eu peur pour lui et pour sa fortune ; le reste, c'est-à-dire sa fille, ne l'intéressait que médiocrement. Il lui a proposé de le suivre ; mais comme doña Flor lui a fait observer que vous deviez revenir aujourd'hui même, et que les convenances exigeaient qu'on vous attendît, il a haussé les épaules, nous a tourné le dos et est parti ventre à terre, accompagné de la plupart de ses peones et de ses valets ; ceci s'est passé une heure à peine avant votre arrivée, monsieur le comte.

— Oh ! c'est horrible, abandonner ainsi sa fille ! Cet homme est un monstre et un misérable.

— Ne le connaissez-vous pas ? reprit ironiquement le moine.

— Eh ! sans doute. Il s'est dirigé vers Panama ?

— Oui.

— Eh bien ! avant peu il y retrouvera ces ennemis qu'il essaie de fuir avec tant de hâte, reprit le jeune homme avec un sourire terrible, et alors sans doute il aura un compte sévère à rendre à Dieu de son existence de crimes et de bassesses.

Il y eut un silence.

Les jeunes filles écoutaient en tremblant le jeune homme, elles ne comprenaient rien à ses sombres paroles, et elles échangeaient entre elles des regards d'angoisse en considérant son visage pâle et l'expression sévère de sa physionomie.

— Vous êtes souffrant, señor don Fernan ? reprit doña Flor au bout d'un instant.

— Excusez-moi, señorita, répondit-il, je suis accablé de fatigue ; quant à mes souffrances, elles sont toutes morales ; mais vous vouliez, il me semble, me demander un conseil ?

— Oui, señor, dit vivement doña Linda.

— Parlez, señorita.

— Sommes-nous en sûreté, ici ?

— Provisoirement, oui.

— Que voulez-vous dire, señor ? reprit doña Flor.

— Les ladrones, ainsi que vous les nommez, répondit-il avec amertume, ne seront pas en état de marcher sur Panama avant quatre jours au moins, je le sais de bonne source ; d'ici là vous avez tout le temps nécessaire pour prendre une détermination.

— Et vous, don Fernan, que comptez-vous faire ? demanda la jeune fille.

— Moi, señorita, si vous daignez me le permettre, demain au lever du soleil je partirai pour Panama où de graves intérêts réclament impérieusement ma présence.

— Ah ! fit la jeune fille devenant subitement rêveuse.

En ce moment un bruit assez fort se fit entendre dans la cour.

— Mon Dieu ! qu'est-ce encore ? s'écria doña Linda.

Laurent se pencha vivement vers la fenêtre.

— Ne craignez rien, señorita, ce sont de pauvres gens échappés de Chagrès ; je les ai rencontrés sur mon chemin ; il y a parmi eux des femmes et des enfants ; en les quittant je leur ai promis du secours, ils arrivent conduits par votre majordomo et quelques-uns de vos peones que j'avais envoyés à leur aide.

— Pauvres gens ! s'écria le père Sanchez. Venez, señoritas, c'est à nous d'achever l'offre de bienfaisance si bien commencée par M. le comte.

Il s'élança hors de l'appartement, suivi de doña Linda ; doña Flor voulut les accompagner, mais Laurent la retint respectueusement.

— Señorita, lui dit-il avec émotion, je n'ai qu'un mot à vous dire, mais de ce mot dépend mon bonheur et peut-être ma vie.

— Je vous écoute, répondit-elle toute palpitante.

— Señorita, reprit-il, pour revenir ici, j'ai tout bravé ; pour vous sauver, je braverai tout, je sacrifierai tout. M'aimez-vous ?

— Oui, don Fernan, je vous aime, vous le savez, répondit-elle avec noblesse.

— Il me faut de cet amour une preuve éclatante.

— Laquelle, don Fernan ?

— Il faut que vous ayez en moi la confiance la plus absolue, que, quoi qu'il arrive, quoi que vous me voyiez faire, non seulement cette confiance ne soit pas ébranlée, mais que de plus vous ne m'adressiez pas une question, vous ne me demandiez pas compte de ma conduite, qui souvent vous paraîtra étrange, parce que si vous m'interrogiez, je n'aurais pas le courage de ne pas vous répondre et je serais perdu, et vous peut-être avec moi.

— Don Fernan ! murmura-t-elle.

— Pardon ! señorita, mes paroles sont incompréhensibles pour vous, c'est vrai, mais je ne puis m'expliquer plus clairement. Seulement, doña Flor, soyez convaincue de ceci : je vous aime comme jamais femme n'a été aimée par un homme : pour un regard, pour un mot de vous, je me ferais tuer à vos pieds. Mais il y a une chose que j'aime plus peut-être que vous-même, c'est votre honneur ; pour le conserver intact et immaculé, rien ne me coûtera. Ayez donc confiance en moi, car c'est ma fiancée, ma femme que je protège en vous défendant ; d'ailleurs, la nuit porte conseil, dit-on, ajouta-t-il avec un sourire triste, je ne quitterai l'hacienda que demain matin.

— Eh bien ?

— Eh bien ! señorita, cette nuit, consultez votre mère.

— Ma mère ! s'écria-t-elle avec une surprise mêlée d'épouvante.

— Calmez-vous, señorita, je sais tout, mais le secret est bien gardé au fond de mon cœur avec mon amour pour vous ; consultez votre mère, señorita : quelle que soit sa volonté, je m'inclinerai devant elle.

— Soit ! dit la jeune fille après un instant, je ferai ce que vous désirez, don Fernan, je dois le faire, je parlerai à ma mère ; mais comment oser lui avouer...

— Notre amour ? chère et douce enfant ; les yeux d'une mère sont clairvoyants, la vôtre a depuis longtemps deviné l'état de votre cœur, et si elle ne vous a rien dit de cet amour, c'est qu'elle l'approuve.

— Mon Dieu ! si cela était possible !

— Espérons, doña Flor, la bonté de Dieu est infinie, et le cœur d'une mère est un inépuisable trésor de bonté et d'héroïques sacrifices, ne le savez-vous pas ?

— Oh ! don Fernan ! si je le sais ! répondit-elle les yeux pleins de larmes ; ma bonne et tendre mère !

Et souriant à travers ses larmes :

— Vous avez raison, don Fernan, espérons !

Elle lui fit un geste gracieux de la main et s'envola légère comme un oiseau.

— Douce et charmante créature ! murmura Laurent lorsqu'il fut seul ; je l'aime à sacrifier tout pour elle, tout, jusqu'à ma vengeance ! ajouta-t-il d'une voix sourde.

Il quitta alors la chambre où il était resté seul et il se rendit tout pensif dans son appartement, où Michel le Basque et Fil-de-Soie l'attendaient.

XIV

COMMENT LE COMTE DON FERNAN REVINT A L'HACIENDA DEL RAYO

Aussitôt après la prise de Chagrès, lorsque, grâce aux mesures vigoureuses employées par les principaux chefs de l'expédition, un calme relatif se fut rétabli dans la ville, le Beau Laurent quitta la citadelle et se mit à la recherche de son matelot Montbars.

Nous nous servons avec intention de cette expression : « un calme relatif », parce que, seule, elle peut rendre à peu près exactement notre pensée.

La bataille avait cessé à la vérité, mais des luttes partielles et non moins terribles se continuaient dans les ténèbres entre les habitants affolés de terreur et les flibustiers exaspérés de l'héroïque résistance qu'on leur avait opposée, ivres pour la plupart, — car leur premier soin, le combat fini, avait été de se gorger de liqueurs fortes, — et qui, rendus plus intraitables par leur ivresse, se livraient aux plus horribles excès en poussant de véritables cris de cannibales.

La ville était à sac, les maisons et les édifices brûlaient, les femmes et les enfants qui avaient réussi à se réfugier dans les églises et les couvents en étaient brutalement arrachés par les vainqueurs en délire, qui, sous prétexte de leur faire avouer où ces malheureux avaient caché leurs richesses, leur infligeaient les plus épouvantables tortures.

On n'entendait de tous les côtés que des cris de douleur, des râles d'agonie, des lamentations et des prières mêlées à des coups de feu, au fracas des édifices consumés par l'incendie, aux rires et aux chansons joyeuses des flibustiers, qui avaient défoncé des tonneaux sur les principales places de la malheureuse cité, buvaient et dansaient des sarabandes et contraignaient, sous peine de mort, leurs misérables victimes à boire et à danser avec eux.

Au fur et à mesure qu'on découvrait de l'or, de l'argent, des bijoux, des étoffes précieuses, on les entassait pêle-mêle, et on en formait d'énormes monceaux sur la place principale, où chacun était tenu d'apporter son butin.

Aucunes sentinelles n'étaient commises à la garde de ces incalculables richesses; à quoi bon les garder? Les flibustiers pratiquaient entre eux l'honnêteté et la loyauté poussées jusqu'à l'extrême; nul n'aurait osé détourner même une piastre avant le partage du butin.

Les habitants les plus riches de la ville étaient amenés devant Morgan, Montbars et les autres chefs principaux de l'armée, et ceux de ces malheureux dont on était à peu près sûr de tirer une bonne rançon étaient mis à part et jetés pêle-mêle dans des cachots infects.

Mais ce n'était qu'à grand'peine qu'on obtenait de ces gens l'aveu de leur richesse; pour la plupart, on était forcé d'employer les grands moyens, c'est-à-dire de leur brûler les pieds, de leur serrer les pouces ou les tempes, ou bien de leur donner l'estrapade, et ce, à la grande joie des spectateurs, qui riaient à se tenir les côtes des cris de douleur et de désespoir des victimes.

Les chefs de l'armée ne se laissaient influencer ni par les cris, ni par les dénégations des misérables qu'ils torturaient; ils procédaient froidement, méthodiquement, avec l'indifférence mathématique de négociants traitant leurs affaires.

C'était ce que les flibustiers nommaient organiser le pillage, effroyable organisation sous laquelle une ville tout entière râlait dans les affres de la mort, et qui dépassait en horreur tous les excès commis par les plus féroces compagnies d'écorcheurs du moyen âge. Le terrible tribunal installé par les flibustiers siégeait à la Maison de Ville, sous la présidence de Montbars, de Morgan, du Poletais et de cinq ou six autres encore.

Le gouverneur de la ville, tenu en respect par deux flibustiers, était contraint, chaque fois qu'un nouvel habitant était amené, de faire connaître son nom et l'état de sa fortune, ce que le gouverneur ne faisait que bien contre son gré et au prix d'horribles souffrances que ces bourreaux lui infligeaient à la plus légère hésitation.

Mais la crainte de la mort est tellement ancrée dans le cœur de l'homme, même le plus brave, lorsque cette mort lui apparaît sous un aspect hideux, que le pauvre diable se résignait à obéir.

Ce fut au milieu de cet effroyable abattoir que le Beau Laurent alla trouver son matelot et qu'il le rencontra froid et impassible comme toujours, et ordonnant de sa voix douce et sympathique soit qu'un prisonnier fût appliqué à la torture, soit qu'il fût conduit en prison.

Des torches fichées dans des bras de fer sortant des murailles, et des cierges allumés et posés sur la table derrière laquelle siégeaient les juges improvisés éclairaient cette salle de lueurs rougeâtres qui lui donnaient un aspect encore plus sinistre.

Aussitôt que Montbars aperçut Laurent, il lui tendit la main.

— Eh! matelot, lui dit-il, te voilà? Qui t'amène?

— D'abord, cher ami, le dessein de te féliciter de ta belle victoire.

— Hein! ma belle victoire! fit Montbars en souriant, ne pourrais-tu pas dire notre belle victoire? car nous te la devons un peu beaucoup, il me semble. Qu'en pensez-vous, messieurs?

— Le fait est que sans toi, Laurent, dit le Poletais, nous étions bien malades.

— Eh! on ne s'entend pas, s'écria Morgan, ventre Mahom! faites donc taire ce braillard.

Le braillard susdit était un pauvre bourgeois auquel on serrait les tempes à lui faire sauter le crâne, sous prétexte qu'il prétendait être pauvre comme Job.

— Attends, dit Montbars.

Il sortit un pistolet de sa ceinture, ajusta le misérable et le tua raide.

— Voilà qui est fait, dit-il.

Et revenant à Laurent qui regardait toutes ces choses d'un air ennuyé :

— Voyons, matelot, lui dit-il doucement, tu n'es pas venu ici pour rien. Que veux-tu?

— Causer avec toi.

— Tout de suite?

— Oui.

— C'est donc pressé?

— Beaucoup.

— Bon, attends un instant.

Il se leva et s'adressant au Poletais :

— Prends la présidence à ma place, lui dit-il, j'ai à causer avec Laurent; surtout, frère, sois sévère, je t'en prie, tu es d'une faiblesse désespérante, sur ma parole!

Cett réprimande, adressée à un des plus féroces flibustiers de l'expédition, était d'un à-propos charmant.

Le Poletais, tout honteux, courba la tête, se promettant *in petto* de ne plus s'exposer à une si rude admonestation.

Montbars et le Beau Laurent passèrent alors dans une chambre contiguë; leur conversation fut longue et très intéressante, sans doute, ils n'étaient ni l'un ni l'autre hommes à perdre le temps en bavardage.

Au bout de deux heures au moins, ils rentrèrent dans la salle.

— C'est convenu, dit Montbars, demain les batteries seront détruites, les canons noyés et les maisons qui gênent le tir du fort démolies; j'enverrai quatre cents hommes pour renforcer la garnison. Quant à toi, matelot, carte blanche, comme toujours.

— Tu sais que je tiens surtout à ce que je t'ai demandé.

— Je t'ai donné ma parole, matelot; sois tranquille, on ne touchera pas un cheveu de leur tête.

— Merci, matelot, et maintenant adieu !
— Non, au revoir !
— C'est vrai, matelot, tu as raison, au revoir donc, à Panama !
— A Panama, oui.
— Envoie-moi donc José, tu l'accapares, ce garçon, et moi j'en ai un besoin extrême.
— Je te l'enverrai, jaloux, tu ne peux plus t'en passer, Dieu me pardonne !
— C'est un si bon compagnon ! adieu et bonne chance !
— Adieu !

Les deux flibustiers se serrèrent une dernière fois la main et se séparèrent.

Le lendemain, après avoir remis le commandement du fort à l'Olonnais, tout triste de rester seul, le Beau Laurent monta à cheval et partit, suivi de quelques compagnons, pour l'hacienda del Rayo ; les autres étaient ou morts ou blessés.

Nous avons vu comment le capitaine arriva à l'hacienda une heure après le départ de don Jesus, et de quelle façon il fut reçu.

Le premier soin de Laurent, en entrant dans sa chambre, fut de changer de vêtements et de faire une toilette complète.

Bien que flibustier, le Beau Laurent était resté gentilhomme jusqu'au bout des ongles ; il prenait un soin extrême de sa personne, et, que ce fût pour un duel, pour un rendez-vous d'amour ou pour une bataille, ce n'était que couvert de diamants, de dentelles, de soie et de velours, qu'il apparaissait sur le terrain où l'appelait le plaisir, le devoir ou le caprice.

Le majordomo apparut à l'heure du repas du soir ; mais au lieu de précéder le jeune homme selon son habitude, il s'inclina respectueusement devant lui.

— Vous avez quelque chose à me dire, ño Gallego ? lui demanda Laurent.

— Oui, monsieur le comte, répondit le majordomo avec une nouvelle révérence : les señoritas se trouvant trop fatiguées pour descendre au réfectoire, ont donné l'ordre qu'on les servît dans leur appartement.

— Seraient-elles indisposées ? s'écria vivement le jeune homme.

— Non, seigneur comte, la suite des événements d'aujourd'hui... Les jeunes filles sont si fragiles !

Laurent sourit à cette singulière expression du digne majordomo, mais il s'abstint de toute réflexion ; celui-ci continua :

— Le Révérend Père Sanchez prie M. le comte, pour lui éviter l'ennui de dîner seul, de lui faire l'honneur de dîner avec lui dans sa chambre.

— Avec plaisir. Mais mes gens, mon cher ño Gallego, où dîneront-ils ?

— Avec moi, monsieur le comte, répondit majestueusement le majordomo, et leur dîner n'en sera pas plus mauvais pour cela, je me plais à le croire.

— J'en suis convaincu, ño Gallego, dit-il en souriant ; veuillez donc, je vous prie, me conduire sans plus tarder à la chambre du Révérend Père Sanchez.

— Je suis aux ordres de monsieur le comte, dit le majordomo en s'inclinant respectueusement.

Et il précéda le jeune homme jusqu'à la cellule de l'aumônier, où il le laissa, après l'avoir pompeusement annoncé.

— Vous me pardonnerez, n'est-ce pas, mon cher comte, dit affectueusement l'aumônier en venant au-devant de lui et lui tendant la main, le dérangement que je vous cause ?

— Ce dérangement est pour moi un plaisir ; je suis heureux de ce tête-à-tête que vous me ménagez avec vous.

— Les vieillards sont égoïstes, vous le savez, comte ; je vous aime, et j'ai voulu causer avec vous cœur à cœur.

— Vous me comblez, mon Père !

— Trêve de cérémonies, et mettez-vous là, comte ; que ne pouvons-nous, hélas ! faire revivre un de ces charmants soupers de Tormenar où...

— Je vous en supplie, mon Père, interrompit le jeune homme avec émotion, ne réveillez pas ces doux et tristes souvenirs ; ma blessure est toujours vive et saigne comme au premier jour.

Les deux vieux amis, nous pouvons le dire, s'assirent en face l'un de l'autre et commencèrent leur repas, causant de choses indifférentes devant le domestique qui les servait ; mais, lorsque les *dulces* eurent été placés sur la table et que le domestique se fut retiré, la conversation changea et devint sérieuse.

Le Père Sanchez se leva, alla fouiller dans un tiroir et revint prendre sa place en jetant une poignée de cigares devant le jeune homme.

— Vous savez, comte, dit-il en riant, que vous êtes ici chez vous ; ainsi ne vous gênez pas ; voici des cigares qui sont excellents, usez-en, abusez-en même, si cela vous plaît ; bien que je ne fume pas, l'odeur du tabac ne m'est nullement désagréable. Vous avez là des liqueurs à choisir ; — et, prenant une bouilloire placée sur un réchaud : — Voici un café que j'ai fait à votre intention et dont vous me donnerez des nouvelles ; j'en prendrai, moi aussi, pour vous tenir compagnie.

— Vous revenez à vos vieilles habitudes, mon Père, vous me gâtez.

— C'est si bon, dit doucement le moine, de gâter ceux qu'on aime !

— Oui, reprit en riant le jeune homme tout en choisissant un cigare, et je vous soupçonne même de vouloir me corrompre.

— Chut ! dit finement le moine, ne dites pas cela, vous pourriez avoir raison.

— Voyez-vous ? Fi ! un homme d'Église !

— Que voulez-vous, comte, chacun tire son épingle du jeu aussi bien que cela lui est possible.

— Vous savez bien que vous n'avez pas besoin d'user de détours avec moi ; dites-moi franchement ce que vous désirez, et cela sera fait, à moins d'être impossible.

— C'est bien difficile, je vous en avertis, comte.

— Dites toujours.

— Eh bien ! voici ce dont il s'agit : depuis quinze ans que j'habite cette hacienda, j'ai une affection profonde pour les pauvres peones qui en dépendent et qui sont si malheureux ! je voudrais demeurer ici, au milieu d'eux,

Des torches et des cierges allumés éclairaient cette salle de lueurs rougeâtres.

les protéger et les sauvegarder de tout mal, lorsque vos compagnons arriveront.

— Ce n'est que cela! dit le capitaine en riant.
— N'est-ce donc point assez?
— Peut-être, mon Père; dans tous les cas, j'avais prévu votre désir : prenez cette lettre; elle est signée de Montbars, le chef de l'expédition. Voici

mon cachet, ajouta-t-il en retirant une longue chevalière du petit doigt de sa main droite; lorsque les Frères de la Côte arriveront ici, présentez à n'importe lequel d'entre eux cette bague et ce cachet, vous êtes sous la double protection de Montbars et du Beau Laurent, personne n'osera franchir le seuil de cette hacienda; elle est sacrée maintenant pour nos compagnons, rien ne sera touché même du bout du doigt; en un mot, vous êtes aussi en sûreté ici, toutes les portes ouvertes, que vous le seriez en France ou à l'île de la Tortue.

— Eh quoi ! mon enfant, vous avez eu cette bonne pensée ! s'écria le moine avec attendrissement.

— Cela vous étonne-t-il donc, mon Père?

— Non, non ! pardonnez-moi, mon fils : rien de ce qui est noble et grand ne m'étonne venant de vous. Hélas ! pourquoi faut-il...

— Pas un mot à ce sujet, mon Père, interrompit-il vivement; ne me connaissez-vous donc plus? Je n'oublie rien, moi, ni le mal, ni le bien. Je vous aime, car vous êtes un père pour moi, et ce que je fais, je devais le faire. N'en parlons donc plus, si vous tenez à m'être agréable.

— Soit, mon fils, comme il vous plaira.

— Doña Flor vous a-t-elle dit, reprit le jeune homme pour donner un autre tour à la conversation, que je l'avais engagée à se rendre à Panama?

— Elle m'en a dit quelques mots ; mais ne croyez-vous pas qu'il vaudrait mieux qu'elle demeurât ici près de moi?

— Qui sait, mon Père? Du reste, je lui ai conseillé d'en parler à sa mère.

— Vous avez eu raison, comte ; et dites-moi, mon fils, êtes-vous toujours résolu à partir demain matin ?

— Je ne puis faire autrement.

— Je voudrais vous adresser une question, mais je n'ose, mon fils, j'ai peur de vous indisposer.

— Parlez sans crainte, mon Père, répondit-il en souriant; toute question faite par vous sera écoutée par moi avec respect.

— Et vous y répondrez?

— Je tâcherai.

— Vous aimez doña Flor? dit brusquement le moine.

— Plus que ma vie, mon Père, répondit franchement le jeune homme.

— Vos intentions...

— Sont ce que vous devez attendre d'un homme comme moi, mon Père ; je veux l'épouser.

— Je le savais. Ah! je connais bien votre cœur, mon fils. Mais voici où mon embarras redouble; je ne sais plus comment m'y prendre pour vous demander...

— Ce que je compte faire de son père. N'est-ce pas cela? interrompit-il avec un sourire légèrement railleur.

— C'est vous qui l'avez dit, mon fils, oui, je suis anxieux de savoir la conduite que vous comptez tenir envers ce misérable.

— Écoutez-moi bien, mon Père ; je ne veux pas avoir de secrets pour vous, et je vous répondrai aussi franchement que vous m'interrogez. Ce misérable, ainsi que vous le nommez vous-même, et il vous serait impossible de lui donner un autre nom, ce misérable s'est souillé de tous les crimes les plus horribles; il s'est fait l'implacable bourreau d'une femme qui est ma proche parente, et dont il a empoisonné l'existence et détruit à jamais le bonheur; aujourd'hui même il a lâchement abandonné sa fille, sans regrets, sans remords, à la merci du premier bandit qui se présenterait à la porte de cette hacienda. Si vous n'aviez pas une sauvegarde toute-puissante entre les mains, cette enfant si pure, si naïve, si digne des hommages et des respects de tous, serait irrémissiblement perdue et condamnée à l'infamie ou à la mort; vous convenez de la vérité de ce que je dis, n'est-ce pas?

— Hélas! mon fils, ce n'est que trop exact.

— Cet homme doit être puni, continua froidement le jeune homme, puni d'une façon terrible et exemplaire.

Le père Sanchez pâlit et frissonna malgré lui à cette menace si nettement articulée.

— Rassurez-vous, mon Père, reprit le capitaine, je ne le tuerai pas, vos paroles m'ont donné à réfléchir, il vivra.

— Dieu soit loué! s'écria le moine en joignant les mains avec ferveur.

— Attendez, reprit-il avec une effrayante ironie. Qu'est-ce que c'est que la mort, en somme, pour l'homme fatigué de la bataille de la vie? c'est le sommeil, le repos; pour le soldat, c'est la consécration de la gloire; pour le malheureux, c'est la fin de ses douleurs; pour le criminel, c'est un moment terrible à passer, mais un seul moment, et après, rien, tout est fini. Dans aucun cas la mort n'est une expiation : cet homme vivra, je veux qu'il expie.

Le père Sanchez sentait une sueur froide perler à ses tempes; il écoutait avidement les paroles du jeune homme, et une terreur inexplicable s'emparait de lui, car il comprenait que le châtiment qu'il réservait à ce misérable serait mille fois plus terrible que la mort.

Laurent continua, impassible et froid :

— Je veux qu'il expie, que sa vie soit une douleur continuelle, sans trêve, sans merci, sans espoir. Il était riche, je le ferai pauvre; il avait des amis, des flatteurs, il sera seul, seul toujours en face de ses crimes ; lorsque Panama sera tombée en notre pouvoir, don Jesus Ordoñez, après avoir été dépouillé de tous ses biens, sera embarqué sur une caravelle qui m'appartient, conduit dans une île perdue de l'océan Indien et abandonné seul sur le rivage; mais, comme je veux qu'il vive afin qu'il expie réellement toutes ses mauvaises actions, on laissera près de lui des vivres, des outils, des graines, enfin tous les moyens de subvenir à force de travail à sa misérable existence; puis, la caravelle repartira, et cet homme, ce monstre à face humaine, sera rayé du nombre des vivants et demeurera seul sous l'œil de Dieu. L'espoir même n'existera plus pour lui; et comme cet homme est lâche, qu'il redoute surtout la mort, il vivra, il vivra, malgré lui, poussé par l'instinct de la conservation, et en maudissant à chaque heure du jour cette existence qu'il n'aura ni le courage ni la force de se ravir pour mettre enfin un terme à ses intolérables douleurs. Vous le voyez, mon Père, ajouta-t-il avec amertume, j'ai tenu compte de vos observations, je ne me venge plus, je châtie.

— Mon fils, peut-être vous montreriez-vous plus miséricordieux envers cet homme en lui enfonçant un poignard dans le cœur.

— Mon Père, le juge applique la loi, le bourreau l'exécute; je ne serai pas le bourreau de cet homme, je ne veux pas souiller mes mains de son sang.

— Mais vous vous faites son juge, mon fils, et vous le condamnez, lui dont vous prétendez épouser la fille.

— Vous vous trompez, mon Père, ce n'est pas moi qui le jugerai; nous autres Frères de la Côte, nous sommes régis par des lois terribles et implacables, dont celle du talion, la plus juste des lois naturelles, forme la base; un tribunal composé des principaux membres de notre association est chargé de rendre la justice parmi nous; ce tribunal fonctionne partout où il se trouve conduit par les événements, en mer ou dans le désert, sous la voûte du ciel, au fond des forêts ou des souterrains, dans les villes ou les hameaux, partout enfin où sa justice est invoquée; alors il s'assemble, écoute les plaintes portées devant lui, pèse mûrement dans sa conscience les faits qui lui sont révélés, et sans se laisser influencer par aucune autre considération que celle qui lui semble être juste, il condamne ou il absout; ses jugements sont sans appel.

Le père Sanchez demeura un instant pensif, puis il se redressa, et laissant errer un mélancolique sourire sur ses lèvres :

— Je comprends que, amoureux comme vous l'êtes de doña Flor et voulant l'épouser, dit-il, vous essayiez de vous délivrer de l'odieux que ferait peser sur vous aux yeux de celle que vous aimez le jugement que vous prononceriez contre son père, mais ne vous laissez pas tromper, mon enfant, par de subtiles arguties; quoi qu'il arrive, vous n'en porterez pas moins la terrible responsabilité.

— Moi, mon Père ! et quel odieux peut rejaillir sur moi dans cette affaire, s'il vous plaît?

— Vous ne serez pas le juge, je le veux bien; vous ne serez pas le bourreau, je l'admets encore, mais...

— Mais? achevez, mon Père !

— Vous serez le dénonciateur, c'est-à-dire que vous jouerez en tout cela le rôle le moins honorable, et, quoi que vous en disiez, celui de l'homme qui se venge.

— Vous avez une logique serrée, mon Père, répondit-il en souriant, et c'est réellement plaisir de discuter avec vous.

— Vous essayez vainement de tourner la question, mon fils, plaisanter n'est pas répondre.

— Non certes, et je n'essaie pas de tourner la question, je vous jure. Cet argument est-il le dernier que vous ayez à m'opposer, mon Père?

— Oui, le dernier, mon fils; mais celui-là est péremptoire, et je vous défie de le combattre victorieusement.

— Ne vous engagez pas trop, mon Père, répondit le jeune homme toujours souriant; ne vous souvenez-vous pas que je vous ai confessé la forte impression faite par vos paroles sur mon esprit, et comment j'avais sérieusement réfléchi?

— Oui, je me rappelle que vous m'avez dit tout cela, mon fils; mais vous ne me répondez pas, et j'en conclus que vous vous avouez vaincu. A votre santé, mon fils, et croyez-moi, laissez à Dieu le soin de punir lui-même le coupable.

Le jeune homme regarda pendant une minute ou deux la liqueur qui miroitait dans son verre, puis il le vida d'un trait et, le posant doucement sur la table :

— Ne vous hâtez pas de conclure, mon Père, dit-il toujours souriant, et surtout ne chantez pas si haut victoire, jamais vous n'avez été aussi près d'être mis en complète déroute.

— Oh ! oh ! je voudrais voir cela.

— Si je vous persuade, en conviendrez-vous franchement ?

— Sur l'honneur, mon fils ! Mais de votre côté, si vos raisonnements sont spécieux et ne concluent pas péremptoirement, vous renoncerez à votre vengeance ?

— Hum ! vous allez vite, mon Père. Eh bien ! soit, j'accepte ; vous avez ma parole. Vous voyez, mon Père, combien je suis rempli d'égards pour vous et quel cas je fais de vos conseils et de vos prières.

— Je le reconnais et je vous en remercie, mon fils ; parlez, je suis curieux d'entendre ce raisonnement qui doit réduire mes arguments en poudre.

Le père Sanchez affectait une légèreté et une sécurité très loin de son cœur ; il tremblait intérieurement ; la tranquille confiance du jeune homme l'effrayait.

— Écoutez-moi bien, mon Père, reprit le capitaine, car après tout il faut en finir ; je comprends que vous, homme de Dieu, vous soyez pour le pardon des injures et le précepte évangélique qui recommande de rendre le bien pour le mal ; tout cela est fort beau, certainement, mais, vous en conviendrez, ferait, si on n'y prenait garde, des scélérats et des bandits les maîtres du monde, dont les honnêtes gens ne seraient plus que les ilotes ; mais je ne veux pas entamer avec vous une nouvelle discussion, qui nous mènerait trop loin ; je préfère vous faire grâce de tous mes raisonnements plus ou moins fondés, et revenir tout simplement et tout franchement à l'affaire que nous traitons.

— Oui ! mon fils, revenez-y.

— Je ne serai ni le juge, ni le bourreau, ni le dénonciateur de cet homme, je n'assisterai pas à son jugement ; je vous dis plus, si mon témoignage est réclamé, je me récuserai, parce que mes paroles pourraient sembler suspectes et influencer les juges : c'est clair, cela, il me semble.

— Très clair, en effet, mais je ne vois pas comment alors...

— Attendez ; vous ne voyez pas, mon Père, parce que vous vous obstinez à fermer les yeux ; c'est à moi à vous contraindre à les ouvrir, et c'est ce que je vais faire à l'instant même. L'accusateur de cet homme, que vous appelez don Jesus, ce ne sera pas moi, je vous le répète ; deux autres personnes se chargeront de ce soin, et ces deux personnes, vous les connaissez bien, mon Père : la première est Michel le Basque, le fils de la nourrice de doña Christiana, ma mère, et de doña Luz, ma tante ; Michel le Basque, dont le père a été assassiné par cet homme en défendant contre lui doña Luz et doña Maria Dolorès, sa mère, qu'il enlevait. La seconde enfin, dont le témoignage sera accablant pour le misérable, ce sera doña Luz elle-même, qui sortira du tombeau où elle s'est ensevelie vivante pour demander justice contre son bourreau : qu'avez-vous à répondre à cela, mon Père ?

— Oui, qu'avez-vous à répondre ? répéta comme un écho sinistre une douce voix de femme avec un accent de volonté implacable.

Les deux hommes se redressèrent vivement. Doña Luz était près d'eux, pâle et belle comme toujours ; deux rayons lumineux jaillissaient de ses yeux auxquels ils donnaient un éclat fulgurant.

Le père Sanchez eut un éblouissement ; il sentit un instant vaciller sa raison, comme une lampe dont la flamme se courbe sous le souffle puissant de la tempête ; il poussa un douloureux soupir et laissa avec découragement tomber sa tête sur sa poitrine.

— Le bras du Seigneur s'est étendu sur cet homme, murmura-t-il faiblement, cette fois il est irrémissiblement perdu.

Il y eut un long silence.

— Oh ! doña Luz, reprit enfin le moine d'un ton de doux reproche, est-ce donc vous qui vous faites l'accusatrice de votre mari ?

— J'accuse le bourreau de ma fille, mon Père, répondit-elle avec une résolution froide ; le temps de la miséricorde est passé ; j'avais pardonné mon existence perdue, mes douleurs incessantes, mon bonheur détruit ; j'avais tout souffert, tout accepté sans me plaindre. Mais cet homme ose s'attaquer à ma fille, il fuit en l'abandonnant, dans l'espoir que le crime qu'il n'ose commettre, d'autres se chargeront de le commettre pour lui ; je me réveille alors, ce que je refusais de faire pour moi, je le ferai pour mon enfant ! Qui osera prétendre qu'une mère ne doit pas défendre sa fille ?

— Je suis vaincu, madame, hélas ! cette dernière infamie comble la mesure. Que la volonté du Seigneur soit faite !

Doña Luz saisit la main du moine et la baisa.

— Merci, mon Père, dit-elle, merci de ne pas insister davantage sur ce triste sujet ; tout serait inutile, vous l'avez compris : une lionne ne met pas plus d'acharnement à défendre ses petits menacés que j'en mettrai, moi, à protéger mon enfant, le seul bien qui me reste, hélas ! ajouta-t-elle avec une sombre énergie.

Puis elle se tourna vers le capitaine.

— Pouvez-vous nous offrir un abri sûr, à ma fille et à moi, mon neveu ? lui demanda-t-elle.

— Je puis, señora, vous donner à toutes deux un refuge impénétrable dans ma maison même.

Doña Luz réfléchit un instant.

— Vous partez demain ?

— Demain, oui, madame.

— Je compte sur votre honneur et sur votre loyauté, dit-elle en lui tendant la main. Vous êtes mon seul parent, je me fie à vous ; ma fille m'a tout avoué ; demain nous vous suivrons.

Le jeune homme baisa respectueusement la belle main tendue vers lui.

XV

EN QUEL ORDRE MONTBARS FIT MARCHER SES TROUPES SUR PANAMA

Quinze jours s'étaient écoulés depuis la prise de Chagrès. La terreur régnait à Panama.

Le gouverneur, don Ramon de la Crux, et le général Albaceyte, commandant la garnison, prenaient avec une infatigable activité les mesures urgentes pour mettre non seulement la ville à l'abri d'un coup de main, mais encore pour en défendre les approches et garder les marches de l'isthme.

La flotte des galions, forte de vingt-cinq navires, était depuis une semaine entrée dans le port. Les équipages de ces navires et des autres bâtiments mouillés sur la rade avaient été débarqués et enrégimentés pour concourir à la défense générale.

Les habitants notables, les négociants et les riches propriétaires avaient été convoqués au Cabildo; des armes leur avaient été données avec ordre d'en distribuer à leurs serviteurs et à leurs peones; les fortifications avaient été remises en état et garnies d'une artillerie formidable.

Trois jours auparavant, huit mille hommes avec de la cavalerie et du canon, commandés par le général Albaceyte en personne, étaient sortis à la recherche des flibustiers.

L'ardeur des habitants et des troupes était extrême; ils avaient juré de s'ensevelir sous les ruines de la ville plutôt que de se rendre.

Les richesses avaient été enfouies, les églises et les couvents ouverts pour servir d'asile aux non combattants, des vivres rassemblés en grande quantité, enfin toutes les mesures nécessaires avaient été prises avec intelligence et surtout célérité, chose rare pour les Espagnols; la ville se trouvait en aussi bon état de défense qu'on le pouvait désirer.

La nouvelle de la descente des flibustiers en terre ferme et de la prise de Porto-Bello et de Chagrès, n'avait pas, ainsi que pourrait le supposer le lecteur, été apportée à Panama par don Jesus Ordoñez; le digne seigneur s'était bien gardé de donner l'éveil, au contraire: arrivé vers sept heures du soir à une lieue de la ville à peu près, le lendemain de son départ de l'hacienda, don Jesus avait fait halte, puis il avait congédié son escorte dont il n'avait plus besoin, et l'avait renvoyée au Rayo, ne conservant avec lui que deux arrieros dont il était sûr et qui l'aidaient ordinairement dans ses opérations de contrebande; puis, après avoir laissé aux peones le temps de s'éloigner assez pour ne pas redouter leur espionnage, il s'était remis en route, et, par le souterrain qu'il connaissait, il s'était introduit dans la Casa Florida.

L'intention de don Jesus était de prendre un déguisement quelconque et d'aller immédiatement avertir de son arrivée le capitaine de la caravelle.

Mais, à sa grande satisfaction, il n'eut pas besoin de tenter cette démarche hasardeuse.

Vent-en-Panne l'attendait, et en l'attendant il soupait tranquillement en compagnie de son ami Tributor.

— Vous voilà, dit Vent-en-Panne en l'apercevant; vous êtes exact, tant mieux !

— Vous m'attendiez ?

— Dame ! que ferai-je ici sans cela ? Les marchandises sont-elles prêtes ?

— Oui, les mules sont encore chargées.

— Bon ! on ne les déchargera pas : ce sera une perte de temps d'épargnée.

L'haciendero se laissa tomber sur une chaise et but un verre de vin que lui versa le flibustier.

— Vous avez raison, dit-il, d'autant plus que le temps presse.

— Qu'avez-vous donc ? Vous semblez ému.

— Il y a de quoi ! si vous saviez ce qui se passe !

— Je ne le sais pas, mais vous allez me le dire, et je le saurai.

— Les ladrones ont débarqué dans l'isthme ! s'écria-t-il d'une voix tremblante ; ils ont brûlé et pillé Porto-Bello et Chagrès, et peut-être en ce moment ils sont en marche sur Panama.

— Diable ! dit Vent-en-Panne sans s'émouvoir, mais en échangeant un regard d'intelligence avec Tributor qui fumait gravement; vous êtes sûr de cela ?

— Parfaitement sûr, je les ai vus ; je n'ai eu que le temps d'emporter ce que j'ai de plus précieux et de m'enfuir au plus vite, pour ne pas tomber entre leurs mains.

— S'il en est ainsi, il n'y a pas un instant à perdre, en effet, reprit le flibustier en se levant, nous allons reconnaître les marchandises et procéder à l'embarquement.

— Mon cher capitaine, voulez-vous me rendre un service dont je vous serai éternellement reconnaissant ?

— Je ne demande pas mieux, señor. De quoi s'agit-il ?

— J'ai vingt-cinq mules chargées; elles portent le plus clair de ma fortune; embarquez le tout, et gardez-le-moi à bord; les ballots de marchandises portent tous la même estampille et sont faciles à reconnaître. Gardez-moi ma fortune jusqu'à ce que tout danger ait disparu; elle sera en sûreté à bord de votre navire.

— C'est vrai, dit le boucanier, mais vous m'imposez là une lourde responsabilité, cher señor. Pourquoi ne confiez-vous pas cette mission au capitaine Sandoval ? Il ne demanderait pas mieux, j'en suis convaincu, que de vous rendre ce service.

— C'est possible, répondit vivement l'haciendero en faisant une grimace qui fut saisie au vol par le rusé flibustier, mais je ne me soucie pas de me mettre ainsi sous la dépendance de don Pablo Sandoval.

— Auriez-vous des soupçons...

— Aucun, aucun ; mais je vous le répète, je préfère avoir affaire à vous, capitaine; ne me refusez pas ce service.

— Puisque vous le prenez ainsi, señor, je le veux bien, quoique, je vous l'assure, cela me contrarie assez.

L'haciendero se laissa tomber sur une chaise et but un verre de vin que lui versa le flibustier.

— Je vous prie !
— Allons, je ne veux pas vous être désagréable, embarquons donc; avant une demi-heure tout sera à bord.

Il siffla.

Sept ou huit matelots parurent.

— A la besogne ! commanda Vent-en-Panne. Où dites-vous que sont les marchandises ?

— Dans le souterrain.
— Vous entendez, vous autres; allons, en route, et hâtez-vous; il faut que dans dix minutes tout soit enlevé.

Les matelots sortirent.

— Vous venez avec moi à bord sans doute, señor don Jesus? reprit le flibustier en se rasseyant.

— Non pas, capitaine, je reste ici, provisoirement du moins.

— Diable! prenez garde, on dit ces ladrones féroces.

— Aussi ne les attendrai-je pas.

— Que voulez-vous donc faire?

— Retourner à l'hacienda, si cela m'est possible, et essayer de sauver le reste de ma fortune.

— Hum! c'est chanceux, vous risquez de tomber entre les mains de ces démons, et vous savez qu'ils ne sont pas tendres.

— C'est un risque à courir, capitaine; mais j'ai laissé là-bas bien des choses précieuses encore, je serais désespéré de les perdre.

— Je comprends cela; cependant, moi, à votre place, je n'hésiterais pas, je m'embarquerais; après cela vous agirez comme il vous plaira, ce que j'en dis, ce n'est que parce que je vous porte grand intérêt, cher señor, et que je ne voudrais pas qu'il vous arrivât malheur.

— Je vous remercie de cet intérêt, capitaine.

— Voyons, est-ce convenu? venez-vous avec moi?

— Non, je ne puis, dit-il avec un soupir, et il ajouta d'un air hypocrite; D'ailleurs ma fille est à l'hacienda encore; la pauvre enfant attend mon retour avec anxiété, je ne puis l'abandonner.

— Oh! dans ce cas-là, c'est autre chose, señor, et je retire ce que j'ai dit: certes, il vous faut au plus vite regagner l'hacienda. Puisqu'il en est ainsi, écoutez-moi; vous connaissez la falaise del Moro, n'est-ce pas?

— A trois lieues d'ici?

— Oui.

— Eh bien?

— Eh bien, si d'ici à huit jours vos affaires sont terminées, rendez-vous au Moro, le huitième jour à neuf heures du soir, avec votre fille et ce que vous aurez pu sauver de votre fortune; allumez un feu sur le sommet de la falaise; un quart d'heure après je viendrai vous prendre dans ma chaloupe, je tirerai toute la journée des bordées devant la falaise.

— Vous feriez cela, capitaine?

— Oui, le diable m'emporte! vous êtes un brave homme, je m'intéresse à vous; les braves gens sont si rares! ajouta-t-il d'un air béat.

— Soit! capitaine, j'accepte votre bonne proposition, s'écria vivement l'haciendero; rapportez-vous-en à moi, vous n'aurez pas obligé un ingrat, je vous le promets.

— Chut! don Jesus, ne parlons pas de cela en ce moment, nous aurons le temps d'y songer plus tard. Ainsi c'est convenu, dans huit jours, à la falaise del Moro, à neuf heures du soir?

— Je serai exact, capitaine.

— Bon! et à présent que tout est réglé entre nous, permettez-moi de prendre congé de vous, cher don Jesus. Il faut que je rentre tout de suite à mon bord; vous savez que les affaires n'attendent pas.

— Allez, capitaine, et acceptez mes sincères remerciements.

— Au revoir, don Jesus.

— Au revoir, capitaine.

Le lendemain la caravelle appareilla à la marée du matin.

La corvette *La Perle* mit sous voiles à deux heures de l'après-dîner.

Quant à don Jesus Ordoñez, comme personne ne l'avait aperçu dans la ville, qu'il n'était pas sorti de la Casa-Florida, nul ne songea à s'inquiéter de lui; on le croyait à son hacienda del Rayo. Aussitôt après l'embarquement de ses ballots, il repassa par le souterrain et quitta Panama, emmenant avec lui ses mules et ses deux arrieros de confiance.

Le Beau Laurent était arrivé à la ville deux jours plus tard, vers quatre heures de l'après-dîner; comme il n'avait aucun motif pour cacher sa présence, il avait pénétré très ostensiblement dans Panama, s'était arrêté quelques secondes devant sa maison, et, suivi seulement de deux serviteurs armés, il avait accompagné doña Linda chez son père.

La jeune fille, elle toujours si rieuse, si folâtre, semblait triste, songeuse, elle était pâle, tremblante.

— Seriez-vous incommodée, señorita? lui demanda le capitaine avec intérêt; j'ai eu tort de ne pas vous prier de vous reposer quelques instants chez moi; sans doute que cette longue route vous aura fatiguée.

— Vous avez grand'hâte de ne plus m'avoir auprès de vous, don Fernan, répondit-elle avec un sourire rempli d'amertume.

Le jeune homme, surpris de cette attaque à laquelle il était si loin de s'attendre, regarda la jeune fille.

— Moi! señorita! s'écria-t-il avec étonnement, je ne vous comprends pas.

— Les hommes ne comprennent jamais rien, murmura-t-elle; je souffre, señor.

— Vous souffrez, mon Dieu! señorita; je suis désespéré de ce qui arrive; je pensais que vous désiriez revoir votre père le plus tôt possible, et...

— Vous n'étiez pas fâché de me remettre entre ses mains, je vous en sais gré, señor.

— De quel ton vous me dites cela, señorita! Aurai-je, sans le vouloir, eu le malheur de vous offenser?

— M'offenser, moi! fit-elle avec un sourire railleur, non pas, señor! mais, comme vous ne voyez partout que votre bien-aimée doña Flor, que vous ne songez qu'à elle, vous ne remarquez rien; cela est dans l'ordre, pourquoi me plaindrais-je?

— Que signifient ces paroles dont je ne saisis pas le sens, ces reproches que je ne crois pas avoir mérités? Je vous en supplie, señorita, expliquez-vous.

— Pardonnez-moi, señor, je suis nerveuse, agacée, que sais-je! j'ai même, je le crois, un peu de fièvre : vous, vous êtes de sang-froid; restons-en là, señor, nous ne parviendrions pas à nous entendre.

— Cependant, señorita, je désirerais savoir...
— Quoi? dit-elle en le regardant en face.
— La cause de cet état dans lequel vous êtes, et qui, je vous avoue, m'inquiète vivement.
— Je vous remercie de votre pitié, señor, répondit-elle avec hauteur; mais gardez-la pour d'autres plus dignes, je vous prie, moi, je n'en ai que faire! D'ailleurs, nous voici arrivés chez mon père.
— Au nom du ciel, señorita, ne nous quittons pas ainsi, dites-moi...
— Mon secret, n'est-ce pas? répondit-elle avec un rire qui ressemblait à un sanglot. Señor don Fernan, une jeune fille laisse parfois deviner son secret, jamais elle ne le révèle. C'est à l'homme auquel elle s'adresse à comprendre non pas ce qu'elle dit, mais ce qu'elle veut dire. Adieu et merci don Fernan.

Elle bondit à terre avec la légèreté d'un oiseau et disparut dans la maison, avant que le capitaine fût remis de la surprise que lui avaient causée ces singulières paroles qui ressemblaient si fort à un aveu, qu'il en était presque effrayé.

— M'aimerait-elle? murmura-t-il à part lui.

Il jeta la bride de son cheval à un serviteur, pénétra dans l'hôtel et se fit annoncer à don Ramon de la Crux.

Il fut aussitôt introduit.

Au moment où il entrait par une porte dans le salon où l'attendait le gouverneur, la jeune fille s'échappait par une autre.

Don Ramon, selon son habitude, se confondit en politesses exagérées et remercia chaleureusement don Fernan d'avoir eu la courtoisie d'escorter sa fille et de l'accompagner jusque chez lui.

Le capitaine lui laissa épuiser toutes ses formules emphatiques de louanges, puis, lorsque don Ramon s'arrêta enfin, épuisé et hors d'haleine, il prit la parole à son tour.

Laurent, sans rien cacher au gouverneur, lui rapporta dans les plus minutieux détails les événements terribles qui avaient eu lieu à Porto-Bello et à Chagrès, la destruction de ces deux villes et la marche probable des flibustiers sur Panama; puis la fuite honteuse de don Jesus en abandonnant doña Flor et doña Linda seules et sans protection dans son hacienda, et comment il avait été, lui, assez heureux pour ramener la jeune fille dans les bras de son père.

Le gouverneur fut littéralement atterré de ces affreuses nouvelles, auxquelles il était si loin de s'attendre; la conduite de don Jesus l'indigna, il jura d'en tirer une éclatante vengeance; mais comme le temps pressait, et qu'il n'y avait pas une minute à perdre, il convoqua aussitôt les notables et envoya un homme de confiance au général Albaceyte pour le prier de se rendre immédiatement chez lui.

— Et vous, comte, dit-il au capitaine, quel rôle vous réservez-vous dans cette sanglante tragédie?

— Un rôle bien modeste, señor don Ramon, répondit le jeune homme, je ne puis vous être bon à grand'chose ici, je crois que mieux vaut que j'aille dans les villes voisines solliciter les secours dont, sans doute, vous aurez besoin.

— L'idée n'est pas mauvaise, en effet, dit le gouverneur, et vous consentiriez...

— De grand cœur, señor, mes services n'appartiennent-ils pas à mon pays?

— Votre nom, votre haute position, ajouteraient un grand poids à votre mission et seraient une garantie de succès ; quand partirez-vous?

— Rien ne me retient ici, señor, je me mets, dès ce moment, à votre disposition.

— Je vous remercie, monsieur le comte, et j'accepte votre concours avec reconnaissance; ce soir même, vous recevrez les lettres qui vous accréditeront auprès des gouverneurs des villes que vous devrez visiter.

— Après les avoir reçues, je me mettrai immédiatement en route.

Le capitaine prit congé et retourna chez lui.

Michel le Basque, d'après son ordre, avait installé doña Luz et sa fille, avec deux servantes de confiance, dans un appartement secret, où nul ne pouvait soupçonner leur présence.

Le soir même, ainsi que le gouverneur s'y était engagé, il avait envoyé au capitaine Laurent quatre lettres de crédit pour les villes les plus rapprochées de Panama.

Devant le messager, le capitaine monta à cheval et sortit de la ville, suivi de six domestiques bien armés ; mais moins d'une heure plus tard, il rentrait dans sa maison par le souterrain, et se faisait annoncer à doña Luz.

L'expédition tentée contre Panama fut peut-être la plus audacieuse et la plus extraordinaire de toutes celles exécutées par les flibustiers. Maintenant que notre action est sur le point de se concentrer tout entière à Panama, nous ne pouvons résister au désir de mettre sous les yeux du lecteur un extrait du journal de marche des flibustiers depuis Chagrès, pendant leur trajet à travers l'isthme; ce journal, écrit par Olivier Oexmelin, flibustier lui-même, et qui faisait partie de l'expédition, est d'une rigoureuse exactitude et surtout d'une naïveté charmante.

Le lecteur nous saura gré, nous l'espérons, de cet emprunt fait à un témoin oculaire.

. . . .

« Le même jour, ils avancèrent, tant à voile qu'à la rame, environ six lieues espagnoles, et furent coucher à un lieu nommé *Rio de los Brazos*. Ils tardèrent là quelque temps, parce que de nuit ils ne pouvaient aller plus loin et qu'il y avait des habitations où ils croyaient trouver de quoi vivre, mais ils furent bien trompés dans leur attente, car les Espagnols avaient tout ruiné et arraché jusqu'aux racines et même coupé les fruits qui n'étaient pas encore mûrs, sans laisser aucuns bestiaux ; si bien que les aventuriers ne trouvèrent que les maisons vides, qui ne laissèrent pas de leur servir pour y coucher, car ils étaient si pressés dans leurs vaisseaux qu'ils ne pouvaient pas même s'asseoir. Ils furent obligés de se contenter, ces jours-là, d'une pipe de tabac, quoique cela ne les inquiétât pas pour cette première fois, mais, au contraire, les animât à se battre de meilleur courage lorsqu'ils recontreraient les Espagnols, afin d'avoir de quoi se nourrir.

« Le dix-neuvième du mois et le deuxième de la marche, les aventuriers se préparèrent dès la pointe du jour à avancer chemin et, sur le midi, ils se trouvèrent à un lieu nommé la *Cruz de Juan Gallego*. En cet endroit, ils furent obligés de laisser leurs frégates légères, tant parce que la rivière, faute de pluie, était basse, qu'à cause des arbres qui étaient tombés dedans, l'embarrassaient et auraient trop donné de peine et fait perdre de temps à les ôter.

« Les guides dirent qu'à trois lieues de là on pouvait marcher une partie le long de la rivière et l'autre dans les canots; cependant il fallut passer le trajet à deux fois, car les canots, qui étaient pleins de monde, furent se décharger au lieu dont je viens de parler, afin de revenir quérir ceux qui étaient dans les frégates, à qui on donna ordre de demeurer là, deux ou trois jours, à dessein que, si on trouvait les Espagnols trop forts et qu'on fût obligé de se retirer, on pût se réfugier en cet endroit et, par le moyen du canon, les repousser et les défaire.

« On fit aussi défense à ceux qu'on avait laissés sur ces bâtiments de n'aller point à terre, de peur d'être surpris dans les bois et d'être faits prisonniers, ce qui aurait découvert aux Espagnols le peu de forces qu'avaient les aventuriers. Ce n'était pas que les Espagnols n'eussent assez d'espions qui observaient ces aventuriers, mais comme ces sortes de gens n'aiment guère à se battre et pour obliger leurs commandants à ne pas les engager dans un combat, ils faisaient les aventuriers trois fois plus forts qu'ils n'étaient.

« Le vingtième et qui était le troisième de la marche, Montbars envoya un de ses guides avec quelques aventuriers, afin de découvrir le chemin; mais lorsqu'ils entrèrent dans le bois, ils ne trouvèrent aucune route, ni même aucun moyen d'en faire, à cause que le pays était inondé et fort marécageux, tellement que Montbars fut encore contraint de passer son monde à deux fois, jusqu'à un lieu appelé *Credo Bueno*.

« La faim qui prenait les aventuriers leur fit souhaiter ardemment de rencontrer bientôt les Espagnols, car ils commençaient à devenir faibles, n'ayant point mangé depuis leur départ, faute de rien tirer, ni même de gibier. Quelques-uns mangeaient des feuilles, mais toutes n'étaient pas bonnes pour cela. Il était nuit avant que tout le monde fût passé, si bien qu'il fallut coucher sur le bord de la rivière avec beaucoup d'incommodités, à cause que les nuits sont froides et qu'ils étaient peu vêtus.

« Le 21, qui était le quatrième de la marche, les aventuriers trouvèrent le moyen d'avancer si bien, qu'une partie allait par terre et l'autre dans les canots par eau avec chacun un guide. Ces guides marchaient à deux portées de mousquet, avec vingt ou trente hommes, pour découvrir les embuscades espagnoles sans faire beaucoup de bruit, afin de surprendre quelques prisonniers pour savoir leurs forces; mais les espions espagnols étaient plus subtils que les aventuriers, et comme ils savaient très bien les chemins, ils avertissaient de ce qui se passait une demi-journée avant que les aventuriers dussent arriver.

« Environ sur le midi, les deux canots qui ramaient devant rebroussèrent chemin et firent savoir qu'ils avaient découvert une embuscade. Aussitôt chacun prépara ses armes avec une joie inconcevable, croyant trouver là bien de quoi manger; car les Espagnols ont soin, en quelque part qu'ils aillent, d'être bien fournis de vivres. Quand ils furent à la vue de cette embuscade, ils commencèrent à faire des cris épouvantables et à courir; c'était à qui serait le premier; mais ils demeurèrent plus morts que vifs, trouvant cette place abandonnée.

« Les Espagnols, à la vérité, s'y étaient retranchés; mais sachant que les aventuriers venaient en grand nombre, comme les espions leur avaient marqué, ils crurent que la place n'était pas tenable et laissèrent là leurs retranchements, qui pouvaient contenir quatre cents hommes. Ils étaient munis d'une forte palissade en forme de demi-lune, dont les pieux étaient des arbres entiers et fort gros.

« Lorsqu'ils s'en étaient allés, ils avaient emporté leurs vivres et brûlé ce qu'ils n'avaient pu emporter. On trouva quelques canastres, qui sont des coffres de cuir, qui servirent beaucoup à ceux qui survinrent les premiers, car ils les coupèrent en pièces afin de les manger; mais ils n'eurent pas le temps de les préparer, étant obligés de marcher.

« Montbars, voyant qu'il ne trouvait pas de vivres, avança tant qu'il put, afin d'en avoir pour lui et pour ses gens. Ils marchèrent le reste du jour et arrivèrent le soir à un lieu nommé *Torna-Muni* où ils rencontrèrent encore une embuscade, mais abandonnée comme l'autre. Ces deux embuscades leur avaient donné une fausse joie, une fausse alarme, car ils n'aspiraient qu'à trouver de la résistance.

« . . . .

« Il fallut néanmoins songer à reposer, car la nuit étant venue, on ne voyait plus à marcher dans le bois. Ceux qui avaient encore quelques morceaux de canastres soupèrent, mais ceux qui n'en avaient pas ne mangèrent rien. Ces canastres ne sont pas de cuir tanné; ce sont de ces peaux de bœufs qui sont sèches, et dont ils font ces canastres semblables à nos mannequins. Ceux qui ont toujours vécu de pain à leur aise ne croiraient peut-être pas qu'on pût manger du cuir, et seront curieux de savoir comment on l'accommode pour le manger.

« Je dirai donc que les aventuriers le mettaient tremper dans l'eau, le battaient entre deux pierres, et après en avoir gratté le poil avec leurs couteaux, le mettaient rôtir sur le feu, et l'avalaient haché en petits morceaux. Je puis assurer qu'un homme pourrait vivre de cela, mais j'ai peine à croire qu'il en pût devenir bien gras.

« Le 22, qui était le cinquième de la marche, dès le matin les aventuriers continuèrent leur chemin; ils arrivèrent sur le midi à un lieu nommé *Barbacoa*, où ils trouvèrent encore des barricades abandonnées, sans y avoir laissé de vivres. Mais comme il y avait en ce lieu plusieurs habitations, les aventuriers cherchèrent partout, et à force de chercher ils trouvèrent deux sacs de farine enfouis sous terre avec quelques fruits qu'on nomme *plantanos*. A l'instant, ces deux sacs de farine furent apportés à Montbars qui les fit distribuer à ceux qui avaient le plus besoin de nourriture, parce qu'il n'y en avait pas assez pour tout le monde.

« Ceux qui eurent de cette farine la délayèrent avec de l'eau et en firent une pâte sans levain dont ils prenaient des morceaux qu'ils enveloppaient dans des feuilles de bananier et les faisaient ainsi cuire sous la braise; ils appelaient ces morceaux de pâte ainsi cuite des porplains.

« . . . .

« Le lendemain 23, qui était le sixième jour de la marche, ces gens n'eurent pas besoin de réveille-matin, car leurs estomacs vides n'envoyaient pas de vapeurs au cerveau pour les assoupir : ils reprirent donc leur marche comme à l'ordinaire, étant obligés de se reposer souvent à cause de leur faiblesse qui les empêchait d'avancer; et, lorsqu'ils se reposaient, chacun allait dans le bois chercher quelques graines d'arbres pour manger.

« Ce même jour, ils arrivèrent sur le midi à une habitation un peu écartée du chemin qu'ils trouvèrent pleine de maïs encore en épi.

« Il fit beau voir chacun se jeter dessus et le manger tel qu'il était, parce que la précipitation de leur marche ne leur donnait pas le temps de le faire cuire et la faim encore moins.

« Un peu après qu'ils eurent trouvé ce maïs, ils aperçurent quelques Indiens qui marchaient devant eux; ils commencèrent à les poursuivre, croyant qu'ils rencontreraient quelque embuscade d'Espagnols. Ceux qui avaient du maïs le jetèrent pour ne pas être embarrassés à courir; ils tirèrent sur les Indiens, dont ils en tuèrent quelques-uns, et poursuivirent les autres jusqu'à Santa-Cruz, où les Indiens passèrent la rivière et échappèrent aux aventuriers, qui néanmoins les suivirent de bien près, passant aussi la rivière à la nage; ces Indiens leur criaient : *Ah! perros Franceses! à la savana! à la savana! Ally nos veremos!* Ah! chiens de Français, venez à la savane, nous vous y attendons.

« . . . .

« Le lendemain 24, qui était le septième du départ, ils arrivèrent au bourg de Cruz qu'ils trouvèrent en feu, sans y voir une seule personne. Ce bourg est la dernière place où l'on peut monter sur la rivière, c'est là qu'on apporte la marchandise de Chagrès, afin d'être transportée de là, par terre, sur des mulets, jusqu'à Panama, qui n'est éloignée que de huit lieues de ce bourg. Les aventuriers résolurent de demeurer là le reste du jour, afin de se reposer un peu et de chercher de quoi vivre.

« On trouva dans les magasins du roi quelques jarres de vin du Pérou et une canastre de biscuits. Montbars, de peur que ses gens ne s'enivrassent, fit courir le bruit que les Espagnols avaient empoisonné ce vin et que personne n'eût à en boire. Quelques-uns qui en avaient déjà bu, ayant l'estomac vide et affaibli par la faim, vomirent, ce qui fit croire à plusieurs que ce vin était empoisonné, et n'en voulurent point boire.

« Il ne fut pourtant pas perdu, car il y en avait entre eux qui n'auraient pu s'empêcher d'en boire, quand ils auraient été assurés qu'il aurait été empoisonné.

La grille s'entr'ouvrit et un homme parut un pistolet de chaque main...

« Le lendemain 25... Montbars choisit deux cents hommes pour servir d enfants perdus et marcher devant afin d'investir les ennemis, et que le gros ne fût pas surpris particulièrement dans le chemin qu'ils avaient à faire de Cruz à Panama, où en plusieurs endroits il était si étroit qu'il n'y avait que pour passer deux hommes de front. Ces deux cents hommes étaient des mieux armés et des plus adroits tireurs de l'Europe, la plupart tous boucaniers français, étant certain que deux cents hommes de ces gens-là valent mieux que six cents autres.

« Montbars fit du reste un corps de bataille, une avant et une arrière-garde, et en cas de combat une aile droite et une aile gauche, avec des gens de réserve qui marchaient toujours au milieu en avançant. L'aile droite avait l'avant-garde et en retournant chemin l'aile gauche. Voilà l'ordre que Montbars tint dans sa marche depuis Cruz jusqu'à Panama.

« Sur les dix heures, il arriva avec son monde en un lieu nommé *Quebraba obscura*, qui veut dire crique obscure. Elle n'était pas mal nommée, car le soleil ne l'éclaire jamais. Les aventuriers furent assaillis d'une pluie de flèches qui leur tua huit ou dix hommes et en blessa autant. Ils se mirent aussitôt en défense, mais ils ne savaient ce qu'ils avaient à faire, ne voyant que des rochers, des arbres et des précipices; ils tirèrent à boulevue, sans savoir où, ni voir personne.

« Cependant cette décharge ne laissa pas de faire effet, car on vit tomber deux Indiens dans le chemin, un desquels se releva tout en sang et voulut pousser une flèche qu'il tenait à la main dans le corps d'un Français, mais un autre para le coup et acheva de le tuer... Quand ces Indiens virent que cet homme leur manquait, ils lâchèrent pied, et depuis sa mort on ne tira plus une seule flèche. On trouva encore deux ou trois Indiens dans le chemin, mais ils n'étaient plus en vie. Il est vrai que ce lieu était fort commode pour une embuscade, car cent hommes résolus eussent pu empêcher le passage aux aventuriers, s'ils eussent voulu s'opiniâtrer... Au sortir de là, les aventuriers entrèrent dans une grande prairie où ils se reposèrent un peu pour y panser ceux qui avaient été blessés à l'embuscade... Ces Indiens ne faisaient que voltiger autour d'eux. Bien souvent ils leur criaient : *A la prairie, à la prairie, chiens de Français!*

« Ce même soir les aventuriers furent obligés de camper de bonne heure, parce qu'il commençait à pleuvoir. Ils eurent bien de la peine à trouver de quoi se loger et se nourrir; car les Espagnols avaient tout brûlé et chassé le bétail, si bien qu'ils furent contraints de s'écarter du chemin, afin d'en chercher. Ils trouvèrent à une lieue du chemin une *hate* (hatto) dont les maisons n'étaient point brûlées, mais il n'y en avait pas assez pour loger tout le monde, si bien que pour garantir du moins les munitions et les armes de la pluie, on ordonna qu'un certain nombre de chaque compagnie entreraient dans les maisons pour garder les armes, afin qu'en cas d'alarme chacun sût promptement les retrouver.

« Le lendemain 26, neuvième jour de la marche, Montbars commanda qu'on déchargeât toutes les armes, à cause de la pluie, de peur qu'en venant, à l'occasion, elles ne manquassent. Ce qui fut fait, et étant rechargées les aventuriers reprirent leur marche. Ils avaient un très mauvais chemin à faire, car c'était toutes prairies et pays découverts, où il n'y avait pas de bois, si bien qu'ils étaient obligés d'essuyer l'ardeur du soleil.

« ... Sur le midi, les aventuriers montèrent une petite montagne de laquelle ils découvrirent la mer du Sud et un grand navire avec cinq barques qui partaient de Panama pour aller aux îles de Tagora et de Tarogilla, qui n'en sont éloignées que de trois ou quatre lieues.

« Ils se réjouirent à cette vue, espérant que leur fatigue serait bientôt terminée. »

Nous arrêterons ici ces extraits, ils suffisent pour que le lecteur puisse se rendre compte exactement des souffrances et des privations que les flibustiers eurent à endurer pendant leur pénible marche à travers l'isthme.

Les Frères de la Côte n'avaient pu quitter Chagrès qu'après y avoir séjourné pendant dix jours ; ce laps de temps leur était strictement nécessaire pour remettre un certain ordre dans la ville et s'y préparer une retraite sûre au cas où ils seraient contraints de se retirer.

De plus, les hommes manquaient ; beaucoup de boucaniers avaient été blessés dangereusement et tués soit à Sainte-Catherine, soit à Porto-Bello, soit enfin à Chagrès où la résistance avait été désespérée et les pertes par conséquent considérables, car on avait à plusieurs reprises combattu corps à corps à l'arme blanche.

Montbars avait été en sus contraint de laisser de fortes garnisons dans ces différentes places, afin de maintenir les habitants dans l'obéissance et de résister avec avantage, au cas où les Espagnols auraient, ce qui était possible, tenté un retour offensif dans le but de reprendre ces différentes villes.

Lorsque Montbars passa la revue des troupes qui restaient libres, il ne trouva que *onze cents hommes*.

C'était avec onze cents hommes qu'il lui fallait traverser l'isthme, livrer bataille aux soldats espagnols vingt fois plus nombreux, et s'emparer d'une ville de soixante mille âmes : tout autre que le célèbre boucanier eût sinon renoncé à ce projet téméraire, du moins essayé de renforcer sa petite armée en affaiblissant les garnisons des villes dont il était maître. La pensée ne lui en vint même pas. Il sourit, en serrant la main de l'Olonnais qui se trouvait près de lui :

— Bah ! dit-il, chacun de nous vaut dix hommes ; nous serons vainqueurs, ce sera plus difficile, voilà tout, et puis la gloire sera plus grande. En avant, enfants ! nous ne nous arrêterons qu'à Panama.

Les flibustiers répondirent par de chaleureuses acclamations, et ils se mirent gaiement en marche.

Que pouvaient les Espagnols contre de tels hommes !

XVI

JUSQU'OÙ L'AMOUR PEUT CONDUIRE CERTAINES FEMMES

Le jour même où les aventuriers, après avoir gravi une montagne, avaient salué de leurs joyeuses acclamations la mer du Sud dont le calme et transparent miroir se déroulait sous leurs regards attendris, don Ramon de la

Crux, gouverneur de Panama, marchait de long en large dans un salon de son palais.

Le gouverneur paraissait sombre, préoccupé; son pas était nerveux et irrégulier, sa tête baissée sur la poitrine, et ses mains croisées derrière le dos témoignaient d'une irritation intérieure difficilement contenue.

Sur une table était posée, ouverte, une lettre sur laquelle chaque fois qu'il passait il jetait un regard de colère; parfois il s'arrêtait, relisait quelques mots d'une voix étouffée, puis il reprenait sa marche avec une agitation toujours croissante.

Doña Linda, belle à ravir, mais pâle comme un bloc de marbre de Paros, étendue ou plutôt à demi couchée sur une de ces butaccas si commodes pour la rêverie, à cause de leur balancement continuel, suivait d'un regard anxieux tous les mouvements de son père.

La demie après neuf heures sonna à l'horloge posée sur un piédouche; au bruit sec produit par l'échappement, don Ramon tressaillit et fixant un regard ardent sur le cadran :

— Encore une demi-heure ! murmura-t-il.

— Mon père, dit doucement doña Linda, pourquoi vous tourmenter ainsi pour une lettre anonyme? Ne savez-vous pas que les lâches seuls emploient ce moyen pour nuire à des ennemis qu'il n'oseraient braver en face?

— Ce que tu me dis, je me le suis répété cent fois à moi-même, ma fille, répondit don Ramon; oui, une lettre anonyme est une lâcheté; chacun convient qu'on doit la mépriser, mais malgré cela, lorsqu'on en reçoit une, le premier mot qu'on se dit en la lisant est : Si pourtant c'était vrai ! car notre misérable nature est ainsi faite que l'inconnu nous effraie toujours et que, n'importe d'où il vienne, nous croyons celui qui nous menace d'un malheur.

— Hélas ! murmura tristement la jeune fille.

— D'ailleurs, reprit vivement don Ramon, bien que l'écriture soit contrefaite assez habilement, je suis certain de l'avoir reconnue; cette lettre m'a été écrite par don Jesus Ordoñez.

— Don Jesus Ordoñez, cet infâme qui nous a si lâchement abandonnées, sa fille et moi !

— Lui-même, oui, mon enfant; tu comprends que pour que, après ce qui s'est passé, cet homme ose m'écrire et s'engager à venir ici en personne me fournir les preuves de ce qu'il avance, il faut qu'il se croie certain de l'impunité et soit par conséquent bien sûr de son fait.

— Et vous ajouterez foi à ce que vous dira cet homme?

— Je le croirai, oui, ma fille, mais preuves en main; sois tranquille, ajouta-t-il avec un sourire d'une expression singulière, si cet homme essaie de se jouer de moi, il ne m'échappera pas aussi facilement qu'il se l'imagine sans doute.

— Eh bien, mon père, je serai franche avec vous, moi, dit-elle avec une certaine animation : entre deux hommes comme don Jesus Ordoñez et don Fernan de Castel-Moreno, je n'hésiterais pas une seconde : le premier est un lâche, un fripon, un misérable enfin; le second un homme de cœur, toute sa conduite est là pour le prouver. Il y a quelques jours, il est accouru, blessé, à l'hacienda del Rayo, pour me sauver, lui, qui m'a rendue à vous, lui, encore, qui vous a averti du débarquement des ladrones; lui, toujours lui. Je ne vous parle pas ici de son nom, de sa position dans le monde, de sa parenté avec le vice-roi de la Nouvelle-Espagne, toutes choses dont il vous a donné des preuves irrécusables; à quoi bon? je vous dis seulement : Comparez ces deux hommes l'un avec l'autre, et du premier coup vous reconnaîtrez quel est le traître.

— Tu prends bien étourdiment la défense de don Fernan, mon enfant, dit don Ramon avec une douce raillerie; l'aimerais-tu par hasard? On ne défend ordinairement ainsi que ceux qu'on aime.

— Eh bien! oui, mon père! — s'écria-t-elle avec éclat, en se dressant subitement comme une lionne devant le gouverneur, qui s'arrêta presque effrayé, — oui, je l'aime! je l'aime de toutes les forces de mon être, je l'aime parce qu'il est beau, parce qu'il est grand, parce qu'il est noble, parce qu'il m'a sauvé peut-être la vie et sûrement l'honneur, je l'aime enfin parce je je l'aime!

— Ma fille, calme-toi, au nom du ciel! s'écria don Ramon; rien ne prouve encore que cette dénonciation soit vraie.

— Eh! que m'importe à moi cette dénonciation! reprit-elle en haussant les épaules avec un superbe dédain; est-ce que nous autres femmes, lorsque nous avons donné notre cœur, nous nous occupons de ces choses! Don Fernan serait-il un traître, serait-il, ainsi qu'on l'accuse, un des principaux chefs des ladrones, que je l'aimerais comme je l'aime, plus peut-être, si cela était possible, car il y a une certaine grandeur dans l'action de cet homme qui, pour servir une cause qui est la sienne, pour assurer le succès d'hommes dont il a embrassé le parti, n'hésite pas à venir seul, sans défense, se livrer à ses ennemis et les braver en face; l'homme qui agit ainsi, mon père, n'est, sachez-le, ni un traître ni un misérable; quelle que soit la cause qu'il défende, c'est un héros! Et puis, si cette dénonciation, à laquelle vous attachez une si haute importance, est véritable, don Fernan n'est pas Espagnol, il est Français. Donc il ne vous doit rien, il ne vous trahit pas; il sert ses amis, voilà tout.

— Ma fille, dit don Ramon en lui prenant la main qu'il pressa tendrement entre les siennes, tes paroles me causent une peine extrême; j'ai une profonde estime pour le caractère de don Fernan, dont jusqu'à ce jour, je me plais à le constater devant toi, la conduite m'a toujours semblé irréprochable; loin de lui chercher des torts, sois-en convaincue, mon enfant, mon plus vif désir est au contraire d'acquérir la preuve de son innocence; je n'oublie et je n'oublierai pas, quoi qu'il advienne, les immenses obligations que nous avons contractées envers lui; serait-il coupable, ce que, quant à présent, je ne veux pas admettre, il trouverait encore en moi un défenseur; dans son intérêt même je dois pousser cette affaire jusqu'au bout et confondre son lâche calomniateur; mais tu ne songes pas, ma pauvre enfant, que nous nous trouvons dans des circonstances exceptionnelles : l'ennemi nous menace au dehors, la trahison nous circonvient au dedans; une immense responsabilité pèse sur moi; je dois compte au roi et au pays de la vie et de la fortune des habitants de cette ville que je commande, j'ai un devoir terrible à remplir, je n'y faillirai pas.

— Mon père...

— N'augmente pas, chère enfant, par tes emportements de femme, par tes raisonnements passionnés, les difficultés de ma situation ; laisse-moi pleine et entière ma liberté d'action ; j'ai besoin de tout mon sang-froid et de toute la lucidité de mon esprit pour faire face aux événements qui me menacent de toutes parts. Surtout, je t'en supplie, Linda, mon enfant chérie, ne mets pas en opposition mon devoir et ma tendresse pour toi ; peut-être celle-ci l'emporterait-elle, et alors j'oublierais tout et je deviendrais criminel. N'ajoute pas un mot. Voici l'heure où cet homme va venir, laisse-moi seul avec lui.

La jeune fille fit un mouvement comme si elle voulait répondre, mais elle se ravisa tout à coup ; un sourire pâle se joua une seconde sur ses lèvres.

— Soit, mon père, dit-elle doucement en lui tendant le front, que celui-ci baisa, je me retire.

— Va, mon enfant, calme-toi, et surtout aie foi en ma tendresse.

Il l'accompagna jusqu'à la porte du salon, qu'il ouvrit, et la jeune fille sortit sans prononcer une parole.

Don Ramon revint vers la table, prit la lettre anonyme, la relut une dernière fois et la cacha dans son pourpoint.

Dix heures sonnèrent, la porte du salon s'ouvrit et un domestique annonça :

— Don Jesus Ordoñez de Sylva y Castro.

L'haciendero parut.

— J'avais deviné ! murmura à part lui don Ramon.

Il fit un geste au domestique, qui se retira en fermant la porte.

Les deux hommes restèrent seuls.

Doña Linda était rentrée chez elle en proie à une agitation extrême ; après avoir congédié ses femmes et verrouillé soigneusement sa porte, elle se laissa aller sur un fauteuil, cacha sa tête et s'abîma dans ses réflexions.

Réflexions bien tristes, sans doute, car des soupirs étouffés soulevaient sa poitrine, des sanglots déchiraient sa gorge, et des larmes coulaient entre ses doigts crispés par la douleur.

Mais cet accès de désespoir fut de courte durée ; cette fille à l'âme de feu se releva presque aussitôt, fière, hautaine, résolue ; elle essuya brusquement ses yeux rougis, un sourire amer crispa sa bouche mignonne.

— Il le faut ! murmura-t-elle, que m'importe !

Sa résolution était prise irrévocablement.

Doña Linda s'enveloppa dans une basquine noire, jeta un rebozo sur sa tête, prit sur un meuble un de ces mignons poignards à lame effilée et pointue comme une aiguille, comme les dames en portaient à cette singulière époque où dans certains pays hommes ou femmes, tout le monde était constamment armé, cacha ce poignard dans sa poitrine, puis, après avoir fait le signe de la croix à la façon espagnole, c'est-à-dire sur le front, les yeux, la bouche, et finalement sur le cœur, elle ouvrit doucement sa porte, se glissa furtivement dans la pièce voisine, de celle-là dans une autre, atteignit l'escalier, descendit sur la pointe des pieds, et, trouvant par hasard la porte du palais entre-bâillée, la franchit d'un bond sans être aperçue de la sentinelle, et s'enfuit, légère comme un oiseau, à travers les rues de la ville.

Il était dix heures du soir, la nuit était claire et sereine, les rues désertes ; la jeune fille était brave; d'ailleurs, le projet qu'elle avait conçu absorbait si complètement ses facultés qu'il ne laissait pas dans son cœur place pour la crainte.

Doña Linda serra sa mantille autour de son corps, posa la main sur son poignard, et la tête haute, l'œil brillant et la marche ferme, elle se dirigea rapidement à travers le dédale des rues vers les bas quartiers de la ville.

Elle ne rencontra sur son passage que les serenos, ces utiles gardiens de nuit de toute cité espagnole, qui regardaient avec surprise cette belle jeune femme qui, à cette heure de nuit, parcourait seule et à pied les rues de la ville ; parfois elle croisait des patrouilles dont les soldats lui lâchaient, en la rencontrant, quelques quolibets de haut goût; mais la jeune fille, sans se préoccuper ni de la surprise des serenos, ni des railleries des soldats, continuait impassiblement sa route sans ralentir son pas ni détourner la tête.

Elle marchait vers un but encore éloigné, mais qu'elle voulait atteindre quand même.

Lorsque les femmes prennent une résolution et se mettent en tête d'avoir du courage, elles sont cent fois plus entêtées et sont quatre fois plus braves qu'un homme; rien ne les arrête dans l'exécution de la résolution qu'elles ont prise, ni difficultés, ni périls ; elles renversent tous les obstacles, quittes à tomber pâmées de fatigue et d'épouvante lorsque la surexcitation nerveuse, qui seule les soutient, les abandonne.

Doña Linda marcha ainsi pendant près de trois quarts d'heure, enfin elle arriva devant une grille curieusement ouvragée, garnie de volets intérieurs ; elle s'arrêta, s'appuyant un instant contre la grille pour reprendre haleine, et, saisissant le heurtoir, elle commença à frapper à coups répétés.

Cette grille était celle de la Casa-Florida.

Quelques minutes s'écoulèrent, la jeune fille frappait toujours; enfin elle entendit un bruit de voix et de pas qui se rapprochaient.

— Qui est là? demanda-t-on de l'intérieur.
— Ouvrez ! répondit-elle d'une voix haletante.
— Qui êtes-vous ? que demandez-vous?
— Vous le saurez, mais ouvrez d'abord.
— Il est trop tard.
— Trop tard! Que craignez-vous? ne reconnaissez-vous pas la voix d'une femme?
— C'est possible, mais nous n'ouvrirons pas avant de savoir qui vous êtes.
— Oh! s'écria-t-elle avec douleur, et recommençant à frapper : ouvrez, si vous ne voulez pas que je tombe morte au pied de cette grille! il s'agit de vie ou de mort.

On parut se consulter à voix basse à l'intérieur, puis la grille s'entr'ouvrit et un homme parut, un pistolet de chaque main, suivi d'un second qui tenait une épée et une lanterne de la main gauche.

— Enfin! s'écria-t-elle avec une joie convulsive.
— Une femme! C'est vrai, dit le premier de ces hommes, qui n'étaient

autres que Michel le Basque et Tributor, et elle est seule! Que demandez-vous, madame?

— Regardez-moi, répondit-elle en rejetant son rebozo sur ses épaules.

— Doña Linda de la Cruz! s'écria Michel avec surprise; seule ici, à cette heure!

— Oui, moi, mon ami, laissez-moi entrer, au nom du ciel!

— Passez, madame, répondit-il en s'effaçant respectueusement.

La jeune fille entra vivement; la porte fut aussitôt refermée sur elle.

Michel la précéda; il la conduisit dans un salon, la pria de s'asseoir, alluma les cires, et, s'inclinant devant elle :

— Que désirez-vous, señora? demanda-t-il.

La jeune femme, accablée de fatigue et d'émotion, s'était laissée tomber dans un fauteuil.

— J'ai à parler à votre maître, répondit-elle; il faut que je le voie à l'instant.

— C'est impossible, señorita.

— C'est impossible? Ne vous ai-je pas dit qu'il fallait que je le visse? Pensez-vous que ce soit pour rien que j'ai osé traverser seule, à cette heure de nuit, toutes les rues de la ville?

— Mon maître n'est pas ici, señora.

— Pas ici! Où est-il donc?

— Je l'ignore, señora.

— Soit! il est absent, je l'admets, c'est bien, mais il rentrera; je l'attendrai.

— Mon maître ne rentrera pas, señora; le jour même de son arrivée ici, le soir, il est reparti; depuis lors nous ne l'avons pas revu.

— Bien, très bien, reprit-elle en hochant la tête avec incrédulité, vous avez reçu une consigne, vous l'exécutez en serviteur fidèle, rien de mieux; à présent allez avertir votre maître de ma présence, dites-lui que j'ai à lui communiquer des choses de la plus haute importance, que tout retard serait mortel peut-être.

— Mais, señora, je vous affirme...

— Allez, allez, mon ami, votre maître ne vous adressera pas de reproches, faites ce que je vous dis.

En ce moment un panneau mobile glissa silencieusement dans une rainure, le Beau Laurent parut, il fit un signe à Michel.

Celui-ci s'inclina et sortit sans prononcer un mot.

Laurent referma le panneau et s'avança vers doña Linda sans que la jeune fille l'entendit venir, tant sa préoccupation était grande.

Il s'arrêta devant elle, la salua respectueusement, et d'une voix douce et sympathique :

— Me voici à vos ordres, señorita, dit-il, que vous plaît-il d'exiger de moi?

Doña Linda leva vivement la tête et poussa une exclamation de plaisir; mais presque aussitôt, par un violent effort, elle éteignit le feu de son regard et donna à ses traits une rigidité marmoréenne.

Lorsqu'ils entrèrent dans le bois, ils ne trouvèrent aucune route, ni même aucun moyen d'en faire.

— Il est difficile de pénétrer jusqu'à vous, señor, répondit-elle froidement.
— Je le confesse, señorita, mais j'étais si loin de m'attendre à l'honneur de votre visite, surtout à une heure aussi avancée de la nuit !
— C'est vrai, murmura-t-elle, mon Dieu ! et une vive rougeur empourpra son visage.
— Pour avoir tenté une telle démarche, señorita, il faut que vous ayez un

motif bien grave : parlez, je suis le plus humble et le plus dévoué de vos serviteurs ; quoi que vous exigiez de moi, je suis prêt à tout.
— Est-ce bien vrai, cela, señor don Fernan?
— Sur l'honneur, señorita, je verserais mon sang avec joie pour vous éviter une larme ; parlez donc sans crainte, je vous en supplie.
— Je vous remercie, comte, mais il ne s'agit pas de moi ici.
— Et de qui donc s'agit-il, alors?
— De vous.
— De moi !
— Oui, comte, de vous, je vous le répète.
Elle lui indiqua un siège, le jeune homme s'assit.
— Je ne vous comprends pas, dit-il.
— Vous allez me comprendre, reprit-elle.
— Parlez, charmante sibylle, reprit-il en souriant.
— Sibylle sinistre, au contraire, car je n'ai que des malheurs à vous annoncer.
— Ces malheurs seront les bienvenus, señorita, venant de vous.
— Ne perdons pas notre temps en paroles creuses et en fades compliments, comte ; nous ne sommes pas des amoureux qui se font confidence de leur passion : nous sommes deux amis qui traitent de choses sérieuses.
— Je vous écoute, parlez, señorita.
— Comte, un danger terrible vous menace ; aujourd'hui mon père a reçu une lettre anonyme.
— Une lettre anonyme! fit-il avec dédain.
— Oui, mais l'écriture, bien que déguisée assez habilement, était reconnaissable.
— Et votre père la reconnut?
— Oui, comte, l'auteur de cette lettre est don Jesus Ordoñez.
— Jesus Ordoñez, fit-il avec une inflexion de voix singulière, ceci est autre chose ; il doit y avoir quelque infâme calomnie cachée sous tout cela.
— C'est ce que j'ai pensé aussitôt.
— Connaissez-vous le contenu de cette lettre ?
— Je l'ai lue ; j'ai fait plus, j'ai copié cette lettre à l'insu de mon père, et cette copie, je vous l'apporte.
— Vous avez fait cela, señorita! s'écria-t-il avec émotion.
— Pour vous, oui, comte, je l'ai fait ; lisez.
Elle sortit un papier de sa ceinture et le présenta au jeune homme, qui se hâta de le déplier et de le lire.
Voici ce que contenait ce papier que Laurent lut en pâlissant de rage et de désespoir :

A Son Excellence don José Ramon de la Cruz, capitaine général, gouverneur de la ville de Panama.

« Excellence,

« Un fidèle sujet du roi a l'honneur de vous faire savoir que hier, dans la nuit, un ladron a été surpris par ses gens à une demi-lieue de la ville, dans laquelle il essayait de s'introduire. Ce ladron s'est fait tuer en se défendant. Sur son cadavre on a découvert cette lettre portant cette suscription :

« *Au señor conde don Fernan de Castel-Moreno*
(Lui remettre en mains propres ; confidentielle). »

« Cette lettre est entre mes mains ; elle est ainsi conçue :

« Mon cher Laurent,

« Nous arrivons, après des traverses infinies ; encore quelques heures et
« nous serons enfin devant la ville de Panama, que sans toi nous ne serions
« jamais parvenus à atteindre : tout l'honneur de cette expédition revient
« donc à toi seul.
« Prends patience, ton rôle de comte sera bientôt terminé ; les Gavachos
« veulent, je le suppose, ne me livrer bataille que sous les murs mêmes de la
« ville, afin de se couvrir du feu des remparts ; la bataille sera rude, mais
« nous la gagnerons, je l'espère, si, ainsi que nous en sommes convenus à
« Chagrès, tu réussis à nous livrer une des portes de la ville. Nous n'avons
« d'espoir qu'en toi ; c'est le dernier coup de boutoir. Au reçu de ce mot,
« qui te sera remis par un de nos plus fidèles, mets-toi en mesure de nous
« seconder et d'entrer immédiatement en communication avec nous.
« Tous nos frères te serrent la main, moi je suis ton matelot.

« MONTBARS. »

« Je tiens l'original de cette lettre à la disposition de Votre Excellence, et j'aurai l'honneur de la lui remettre, ce soir même, en son hôtel, où je me présenterai, si Votre Excellence daigne me recevoir, à dix heures.
« Je suis, de Votre Excellence, le très humble serviteur.

« Un sujet fidèle du roi,
« Q. S. M. B[1]. »

Après la lecture de ce foudroyant factum, Laurent demeura un instant atterré, souhaitant presque que la terre s'entr'ouvrît sous ses pas et l'engloutît.

— Oh ! murmura-t-il en serrant les poings avec rage, cet homme, cet homme ! et ne pouvoir l'écraser sous mes pieds comme une vipère !

Cependant son visage se rasséréna presque aussitôt, et ce fut d'une voix calme et avec un sourire d'indifférence qu'il rendit le papier à la jeune fille en lui disant :

— Votre père a cru sans doute au contenu de cette lettre, señorita ?

---

1. *Que sus manos besa :* qui lui baise les mains.

— Pas entièrement peut-être, répondit-elle, mais elle l'a ému, et il a consenti à recevoir son auteur, ils sont ensemble en ce moment.
— Ah! fit-il vivement, mais se reprenant aussitôt: — Et vous, señorita, qu'en pensez-vous?
— De cette lettre?
— Oui.
— Est-ce une réponse franche que vous me demandez?
— Oui, señorita, une réponse franche.
— Eh bien! señor, je crois que cette lettre, bien que l'œuvre d'un ennemi et d'un lâche, puisqu'elle n'est point signée, est cependant exacte et ne contient que des faits véritables.
— Vous croyez cela, et vous êtes venue? s'écria-t-il avec surprise.
— Oui, señor, je suis venue malgré cette conviction.
— Mais dans quel but?
— Dans le seul but de vous sauver.
— Oh! vous êtes un ange! s'écria-t-il.
— Non, murmura-t-elle d'une voix si faible que ce fut à peine si Laurent l'entendit, non, je suis une femme qui aime!
Le jeune homme tomba à ses genoux, saisit une de ses mains qu'il baisa.
— Merci, dit-il, merci, señorita! hélas...
— Pas un mot, señor, dit-elle avec dignité, votre cœur appartient à une autre plus heureuse.
— Et cette autre te bénit, ma sœur bien-aimée! s'écria doña Flor en apparaissant subitement et se jetant dans ses bras.
Les deux charmantes créatures demeurèrent un instant embrassées, puis, toutes deux à la fois, elles regardèrent le jeune homme en s'écriant avec anxiété :
— Que faire? Mon Dieu! que faire?
— Fuir! fuir à l'instant, reprit vivement doña Linda; peut-être même est-il trop tard.
— Fuir! moi! répondit le capitaine avec un dédain superbe, jamais! Je m'engloutirai, s'il le faut, sous les ruines de cette maison, mais je ne fuirai pas!
— Mais c'est la mort!
— C'est le devoir, c'est l'honneur. Mon poste est ici. J'y reste. Vous avez mon secret, señorita : oui, je suis un flibustier, je suis un de leurs chefs les plus célèbres. Je me nomme le Beau Laurent. Vous voyez que tout ce que contient cette lettre est exact; mais ce n'est ni la soif de l'or, ni l'espoir du pillage, qui m'ont engagé à venir ici. J'avais un plus noble but, l'accomplissement d'une vengeance sacrée. A présent, vous savez tout. Si je ne puis tenir mon serment, du moins, je saurai mourir. Le Beau Laurent ne doit pas tomber vivant entre les mains de ses ennemis. Maintenant, je dois me préparer à la lutte; doña Linda, peut-être s'apercevrait-on d'une absence trop prolongée ; je vais avoir l'honneur de vous faire reconduire jusque chez votre père.
La jeune fille secoua doucement sa tête mutine.
— Non pas, señor, dit-elle, je reste.

— Vous restez?

— Oui ! qu'y a-t-il d'étonnant à cela?

— Mais le soin de votre réputation, la douleur de votre père qui vous croira perdue?

— Le soin de ma réputation ne m'inquiète que médiocrement en ce moment; quant à la douleur de mon père, c'est sur elle précisément que je compte.

— Oh ! tu l'aimes ! tu l'aimes ! ma sœur, murmura doña Flor à son oreille en l'embrassant.

— Oui ! répondit-elle sur le même ton, et toi?

— Oh ! moi !... s'écria-t-elle d'un accent passionné, en cachant son visage dans ses mains.

— Eh bien ! liguons nos deux amours pour le sauver. Ne crains rien, ma sœur, quand le moment sera venu, je disparaîtrai sans laisser de traces; souffrons ensemble pour lui ; seule tu seras heureuse quand le danger sera passé; mon cœur est brisé par la douleur; mais je suis forte, moi, je te laisse ton bonheur.

Doña Flor se jeta en sanglotant dans ses bras.

— Pauvre enfant ! murmura doña Linda en lui prodiguant les plus douces caresses.

Laurent assistait avec une émotion étrange à cette scène singulière dont les détails lui échappaient et étaient incompréhensibles pour lui.

— Voyez, caballero, dit doña Linda en lui montrant la jeune fille, cette enfant n'est pas assez forte pour éprouver d'aussi rudes coups : permettez-moi de lui donner mes soins et de me retirer avec elle dans son appartement ; d'ailleurs, il est tard, et vous avez sans doute d'importantes dispositions à prendre.

— Excusez-moi, señorita, mais sur l'honneur je ne comprends rien...

— A ma détermination, n'est-ce pas?

— Je l'avoue humblement.

— Vous entêtez-vous à ne pas fuir ?

— Ma résolution est prise.

— Soit, je ne discuterai pas avec vous; alors, puisqu'il en est ainsi, je reste ; si vous fuyiez, je partirais.

— J'ai la tête en feu, señorita, vos paroles...

— Vous paraissent incompréhensibles, interrompit-elle en souriant. Je vais tâcher de les rendre claires; dans une heure, avant peut-être, cette maison sera cernée par les troupes espagnoles, vous serez enveloppé dans un infranchissable cercle de fer et de feu. Une lutte acharnée commencera entre vous et vos ennemis; moi je suis la fille du gouverneur de la ville, votre prisonnière, votre otage ! Me comprenez-vous maintenant ?

— Oui, señorita, je vous comprends; ce dévouement est sublime, je l'admire, mais je ne puis l'accepter.

— Ah ! Et pour quel motif?

— L'honneur me le défend, señorita.

La jeune fille haussa les épaules.

— L'honneur?... Vous n'avez que ce mot à la bouche, vous autres hommes, dit-elle avec amertume; et cette lettre anonyme, cette dénonciation honteuse ?

— L'auteur de cette lettre est mon ennemi, señorita, mais en agissant ainsi qu'il l'a fait, c'est-à-dire en me dénonçant, il a accompli son devoir de bon Espagnol et de sujet dévoué à son roi.

— Soit! j'admets que vous ayez raison, mais ces raisons ne me convaincront pas, et à moins que vous ne me chassiez de votre demeure...

— Oh! señorita, ai-je mérité de telles paroles?

— Viens, ma sœur, dit doucement doña Flor en passant son bras sous celui de la jeune fille.

— Que votre volonté soit faite, señorita, reprit le capitaine en s'inclinant respectueusement; mais votre présence ici me condamne à vaincre ou à mourir en vous défendant.

— Vous vaincrez, don Fernan, dit-elle avec un sourire en lui tendant sa main qu'il baisa; maintenant vous avez deux anges gardiens.

Les deux jeunes femmes sortirent lentement en s'appuyant l'une sur l'autre.

— A l'autre, à présent! s'écria le jeune homme dès qu'il fut seul. Vive Dieu! nous allons avoir un beau siège.

Il siffla, Michel parut.

— José, tout de suite!

— Il est parti depuis une demi-heure; il a tout entendu, et m'a chargé de vous dire de tenir bon.

— La recommandation était inutile.

— C'est ce que je lui ai dit, répondit paisiblement Michel.

— Combien sommes-nous ici, tout compris?

— Vingt-six.

— Hum! enfin!

— Bah! derrière de bonnes murailles, nous en valons bien deux cents.

— A peu près, dit-il en souriant. Combien de fusils?

— Cent cinquante, quinze cents charges de poudre, peut-être même un peu plus, quatre-vingts pistolets.

— Et des vivres?

— Nous en avons au moins pour huit jours.

— C'est plus qu'il n'en faut : avant quarante-huit heures nous serons morts ou vainqueurs.

— C'est plus que probable.

— Fais charger toutes les armes, percer les meurtrières, gabionner les endroits faibles, et surtout murer solidement le souterrain connu de ce drôle de Jesus Ordoñez; surtout qu'on fasse bonne guette, et à la première alarme avertis-moi; va, mon vieux camarade, c'est peut-être notre dernière bataille, mais sois tranquille, nous nous ferons de belles funérailles.

— Allons donc! dit Michel en se retirant, notre dernière bataille! Nous sommes encore tous jeunes; et puis les Espagnols ne peuvent pas nous tuer, ils sont bien trop maladroits! C'est comme cela. Et il se mit à rire.

Laurent, lui, ne riait pas, il réfléchissait, et ses réflexions n'étaient pas couleur de rose, bien au contraire, car la situation où il se trouvait était des plus critiques.

XVII

OU VENT-EN-PANNE FAIT D'AGRÉABLES PLAISANTERIES, QUE QUELQUES PERSONNES TROUVENT D'UN GOUT ÉQUIVOQUE

Ainsi que nous l'avons dit dans un précédent chapitre, Vent-en-Panne avait quitté Panama avec sa caravelle ; mais, au lieu de s'éloigner, il avait mis le cap sur les îles qui se trouvent à l'entrée du port, et, sans être aperçu de la terre, il avait tiré des bordées entre les îles Taragu-Flaminios et Tarogilla, jusqu'au moment où, d'après leurs conventions antérieures, il avait vu le capitaine don Pablo de Sandoval déboucher du port avec la corvette *Perla*; alors le boucanier avait laissé arriver et avait mis le cap au large, tout en diminuant sa voilure de façon à ce que la corvette pût facilement l'atteindre, ce qui arriva en effet ; au coucher du soleil, les deux bâtiments naviguaient de conserve.

Pendant son long séjour à Panama, le brave capitaine n'avait pas perdu son temps ; en moins de deux jours, il connaissait la ville sur le bout du doigt, mais il avait surtout étudié avec le plus vif intérêt les cabarets de bas étage et les bouges enfumés, refuges ordinaires des matelots sans emploi ; dans ces excursions, il avait reconnu certaines faces patibulaires, certaines mines sinistres, appartenant à ces hommes qui ne sont d'aucun pays, pour lesquels toute terre est ennemie, et qui tueraient sans remords leur meilleur camarade.

Tout en se promenant, tout en flânant et en regardant de droite et de gauche, Vent-en-Panne avait engagé un jour l'un, le lendemain un autre, puis un troisième, un quatrième, et ainsi de suite, jusqu'à ce qu'enfin il eût recruté une soixantaine de chenapans, tous drôles de sac et de corde, qui, joints aux hommes de son équipage et à quelques autres que Laurent lui avait amicalement cédés lors de son départ pour l'hacienda, lui formaient la plus formidable collection de bandits qui se puisse imaginer. Nous ajouterons, pour être véridiques, que le capitaine Sandoval avait mis complaisamment son expérience à la disposition du flibustier et l'avait fort aidé dans ses recherches, ce dont Vent-en-Panne se réservait, le moment venu, de lui prouver sa reconnaissance.

Lorsque la caravelle fut sous voile et loin du port, Vent-en-Panne appela par un coup de sifflet son équipage sur le pont et le fit ranger à droite et à gauche, ou, si on le préfère, à tribord et à bâbord, contre les lisses.

Ils étaient là cent vingt coquins qui valaient chacun deux hommes. Le capitaine sourit à toutes ces faces hideuses, et il prit la parole pour leur dire qui il était d'abord et ensuite ce qu'il attendait d'eux.

Les pauvres diables, qui s'étaient engagés pensant seulement faire la contrebande, ce qu'ils trouvaient déjà très beau, furent agréablement surpris lorsqu'ils apprirent que le chef était le célèbre Vent-en-Panne, un des plus redoutables flibustiers de la Tortue, et que sous ses ordres ils allaient courir sus à tous les bâtiments espagnols qui croiseraient leur sillage; le capitaine leur promit même, s'il était content d'eux, de les reconduire dans quelques jours à Panama, où il leur procurerait l'agrément d'un assez joli pillage.

Seulement il ajouta, comme correctif à ces charmantes promesses, qu'à son bord il n'y avait qu'un maître, lui, le capitaine, qu'il ne répétait jamais un ordre deux fois, qu'à la moindre hésitation, à la plus légère infraction aux règles du bord, on était puni, et que, dans l'intérêt général, afin d'éviter la récidive, on ne connaissait qu'une seule punition sans appel : la mort.

Tous ces sacripans qui, pourtant, ne craignaient ni Dieu ni diable, sentirent leurs cheveux ébouriffés se dresser de terreur sur leur tête à cette terrible menace, dont ils concevaient toute la portée dans la bouche d'un homme comme Vent-en-Panne, dont la réputation était entourée d'une auréole sinistre qui faisait pâlir les plus braves.

Ils courbèrent humblement la tête et jurèrent d'être fidèles et obéissants. Vent-en-Panne sourit dans sa moustache. Les tigres étaient muselés ; il pouvait maintenant sans crainte en faire ce que bon lui semblerait.

Aussi, comme le digne capitaine était bon homme au fond, afin de rendre un peu de gaieté à son équipage, il lui promit pour le lendemain la prise de la corvette *La Perle*, dont la haute voilure commençait à se dessiner sur le ciel bleu à quelques lieues en arrière.

Ces braves gens furent en effet si joyeux à cette promesse, qu'ils poussèrent des cris à effrayer les requins qui flânaient aux environs du navire, dans l'espoir qu'il leur tomberait un homme ou tout au moins un mousse dans la gueule.

Sa revue terminée, Vent-en-Panne, qui ne voulait pas donner l'éveil à son navire matelot, renvoya ses recrues dans leurs cachettes, avec injonction péremptoire de ne pas se montrer, sous quelque prétexte que ce fût, sur le pont, sans son ordre exprès.

La nuit fut tranquille. Vent-en-Panne en passa une partie à tout préparer pour le hardi coup de main qu'il méditait ; puis, lorsque ses mesures furent bien prises, il s'étendit dans son hamac, l'esprit content, le cœur léger, et s'endormit avec la satisfaction intime de ne pas avoir perdu son temps.

Le lendemain, le soleil se leva radieux dans des flots de pourpre et d'or. La brise était maniable, la mer calme comme un miroir dont elle avait la transparence. Vent-en-Panne, en homme pratique qu'il était, se fût fait un scrupule de perdre une matinée qui présageait un si beau jour : en conséquence, il se mit en mesure d'en profiter.

Son premier soin fut de se concerter avec son second et son lieutenant, deux vieux loups de mer, vétérans de la flibuste, qui ne rêvaient que plaies et bosses et furent ravis de la confidence de leur chef, pour lequel ils professaient l'admiration la plus profonde.

Vent-en-Panne fit ensuite venir son cuisinier, empoisonneur émérite, d'une

LES ROIS DE L'OCÉAN 357

A chaque mot il le bourrait de coups de pied à lui briser les côtes et à lui défoncer la poitrine.

saleté proverbiale, auquel il donna ses instructions, puis, après avoir jeté un regard satisfait sur la mâture de son navire, le capitaine ordonna au timonier d'arriver d'un quart, ce qui le mit dans les eaux de la corvette et à portée de voix.

— Oh! du navire! cria-t-il.
— Oh là! répondit-on aussitôt.

— Le capitaine don Pablo de Sandoval et ses officiers veulent-ils me faire l'honneur d'accepter à déjeuner à mon bord?

— Avec plaisir, capitaine, répondit don Pablo lui-même, à la condition, toutefois, que vous dînerez ce soir avec nous.

— Convenu, dit-il, et pour plus de sûreté, nous resterons sur le mât pendant tout le temps de nos visites mutuelles.

— A bientôt! répondit le capitaine.

Cinq minutes plus tard, le capitaine Sandoval et ses officiers, excepté celui qui commandait le quart, descendirent dans un canot qu'on avait affalé en double, débordaient de la corvette et faisaient force de rames vers la caravelle.

— Je crois que le poisson mord, murmura à part lui Vent-en-Panne avec son sourire narquois de paysan bas-normand.

Les deux navires avaient mis sur le mât et se balançaient vent dessus vent dedans.

Vent-en-Panne reçut le capitaine de la corvette avec tous les honneurs dus à son rang, et il se montra d'une exquise courtoisie avec les autres officiers.

Le déjeuner avait été servi sous une tente dressée sur le pont même; Vent-en-Panne y conduisit ses hôtes, et le repas commença; le capitaine, sous prétexte d'une gastrite, ne toucha à rien, mais il fit si courtoisement les honneurs de sa table, que bientôt la gaieté la plus vive régnait parmi les convives; c'était charmant. Cependant, vers la fin du repas, les officiers de don Pablo et le capitaine Sandoval lui-même se sentirent la tête lourde, un invincible sommeil s'emparait d'eux, leurs paupières s'abaissaient, pesantes comme du plomb, sur leurs yeux, malgré leurs efforts; ils comprenaient d'autant moins ce qui leur arrivait, que, sobres comme le sont en général tous les Espagnols, ils n'avaient bu qu'avec une extrême modération.

Vent-en-Panne semblait ne s'apercevoir de rien; il redoublait d'entrain et de verve, mais c'était de l'esprit dépensé en pure perte. Bientôt le capitaine se trouva seul éveillé à sa table : tous les convives dormaient à poings fermés.

— Bon! murmura-t-il; ils en ont pour quatre heures; j'ai le temps.

Pendant que Vent-en-Panne traitait l'état-major de la corvette, le maître d'équipage soignait, lui, les matelots espagnols de l'embarcation. C'est assez dire.

Le capitaine siffla. A ce signal, qui, sans doute, était attendu, une vingtaine d'hommes, bien armés sous leurs jaquettes de toile bise, descendirent dans une chaloupe où précédemment deux barils avaient été embarqués, puis le second de Vent-en-Panne entr'ouvrit un des rideaux de la tente.

— Quand vous voudrez, capitaine, dit-il, tout est préparé.

Vent-en-Panne sortit de la tente et descendit à son tour dans l'embarcation qui, sur un signe de lui, se dirigea vers la corvette.

Le canot qui avait amené les officiers, monté par des marins de la caravelle, suivit la chaloupe.

Vent-en-Panne sauta à bord et salua l'officier.

— Je vous apporte des munitions, dit-il gaîment.

Les deux barils furent en un instant sur le pont.

Les Espagnols n'avaient pas la moindre défiance.

— Mais où est donc le capitaine ? demanda l'officier.

— Il arrive, répondit en riant Vent-en-Panne.

Le second canot accostait en effet en ce moment.

Cinq minutes plus tard, cinquante flibustiers étaient rangés sur le pont de la corvette.

L'officier, ne voyant ni son capitaine ni ses collègues, commença à s'inquiéter.

— Que signifie ? demanda-t-il.

— Cela signifie, répondit brutalement le flibustier, que je suis le capitaine Vent-en-Panne ; que je prends possession de ce navire au nom des Frères de la Côte ; et, ajouta-t-il en lui posant un pistolet sur la poitrine, si tu bouges, je te brûle ! Allons, garçons, à l'œuvre !

Les barils furent défoncés ; ils étaient remplis de poudre.

Sur chacun d'eux un flibustier braqua un pistolet.

— Rendez-vous, chiens de Gavachos ! hurla Vent-en-Panne en s'adressant aux matelots espagnols qui se pressaient sur le pont, rendez-vous, ou, par le Dieu vivant, je vous fais tous sauter !

Que faire ? toute résistance était inutile. Les Espagnols se jetèrent à genoux et se laissèrent garrotter comme des agneaux.

Vent-en-Panne était maître du navire, et cela sans violence, sans avoir versé une goutte de sang ; le flibustier était radieux.

Le brave Frère de la Côte n'était cruel qu'à ses heures, et quand les besoins de la cause l'exigeaient impérieusement ; à part cela, il était doux comme un agneau et n'aurait pas tué une mouche.

Cette prise si lestement faite et si adroitement exécutée enthousiasma l'équipage de Vent-en-Panne et lui donna une haute opinion de son chef ; on pouvait tout espérer d'un tel homme.

Le flibustier s'installa sur la corvette et ne laissa qu'une dizaine d'hommes sur la caravelle, sous les ordres de son second. Puis, comme il avait hâte de se débarrasser de ses prisonniers, un peu trop nombreux, il orienta ses voiles et mit le cap sur la baie de Goyaquil.

Grande fut la stupeur du capitaine Sandoval lorsqu'il sortit enfin de son lourd sommeil, en apprenant ce qui s'était passé, mais la chose était sans remède, force lui fut de se résigner à son malheur, ce qu'il ne fit pas néanmoins sans se jurer à lui-même de se venger d'une façon éclatante dès que l'occasion s'en présenterait.

Cependant les deux navires, poussés par une bonne brise, avançaient rapidement du côté de la rivière de Goyaquil ; lorsque Vent-en-Panne se trouva par son travers, il hissa pavillon espagnol et demanda un pilote.

Une heure après, le pilote était à bord. Vent-en-Panne lui remit une lettre à l'adresse du gouverneur, lui recommanda de faire diligence et le renvoya courtoisement après lui avoir montré ses prisonniers ficelés comme des saucissons et penauds comme des renards bafoués par des poules.

La lettre que Vent-en-Panne adressait au gouverneur de Goyaquil était laconique, le flibustier ne se piquait pas de clergie, il se contentait d'être clair.

Cette lettre, ou plutôt ce billet, ne contenait que ces mots, d'une écriture impossible et d'une orthographe plus impossible encore :

« J'ai deux cents prisonniers espagnols sur mes navires; si dans deux heures vous ne les avez pas fait débarquer, dans deux heures et demie ils seront pendus.

« Vent-en-Panne. »

Le gouverneur comprit tout de suite à quel homme il avait affaire; il se hâta de réunir toutes les barques disponibles et les dirigea immédiatement vers les deux navires; il ne s'en fallait que de quelques minutes que l'heure fût écoulée lorsque les barques arrivèrent. Il était temps : cinq minutes plus tard, l'exécution commençait.

Débarrassé de ses prisonniers, qui l'inquiétaient assez, Vent-en-Panne remonta vers Panama.

Au jour convenu avec don Jesus, il se trouvait par le travers del Moro; à neuf heures du soir, il aperçut un feu sur la falaise.

Vent-en-Panne se fit conduire à terre.

Don Jesus l'attendait; une dizaine de ballots étaient près de lui.

— Eh bien! demanda Vent-en-Panne, où est donc la señorita?

— Elle n'a pu venir encore, répondit l'haciendero; j'ai tant de choses encore à mettre en sûreté! embarquez toujours ceci.

— Et vous, ne venez-vous pas?

— Mon cher capitaine, il faut que vous m'accordiez encore huit jours.

— Hum! c'est beaucoup; et les ladrones?

— On dit qu'ils sont en marche, mais ils avancent lentement, les chemins sont exécrables et ils ne connaissent pas le pays.

— C'est vrai, dit le capitaine.

— De sorte, reprit vivement don Jesus, que nous avons le temps de faire un dernier voyage : accordez-moi encore ce délai, je vous en supplie, mon cher capitaine.

— Il le faut bien, grommela Vent-en-Panne; puisque j'ai commencé, je dois finir; c'est égal, si j'avais su, je ne me serais pas mêlé à tout cela.

— Que craignez-vous? Vous êtes à l'abri de tout danger, et puis vous me rendez un si grand service!

— Allons, soit, j'y consens, mais c'est sans remise cette fois.

— Je vous le jure.

— Dans huit jours.

— Dans huit jours.

— Mais comme on peut nous avoir surveillés, nous changerons l'heure du rendez-vous.

— Comme il vous plaira, mon cher capitaine.

— Je serai ici à trois heures du matin, mais ne me faites pas attendre.

— Je serai exact; mais n'est-ce pas la *Perle* que j'aperçois là au vent de votre caravelle?

— Oui, cher don Jesus, c'est la *Perle*.

— Pourquoi donc don Pablo ne vous a-t-il pas accompagné?

— Il en avait le vif désir, mais il en a été empêché.

— Je le regrette.

— Pas plus que lui, dit Vent-en-Panne de son air goguenard. Allons, au revoir, dans huit jours en comptant aujourd'hui, à trois heures du matin. C'est bien entendu, n'est-ce pas?

— Vous pouvez être tranquille, capitaine; j'ai trop d'intérêt à être exact.

— Au fait, cela vous regarde plus que moi. Adieu!

— Adieu!

Les deux hommes se séparèrent, et, comme les matelots avaient, pendant cette conversation, embarqué les ballots dans la chaloupe, le capitaine regagna son bord sans perdre de temps. Quant à don Jesus, il avait déjà disparu derrière la falaise.

— Quel gaillard précieux que cet animal-là! murmurait Vent-en-Panne à part lui; et on dit que les avares sont fins; en voilà un qui peut se flatter d'avoir bien placé sa confiance!

Le capitaine, qui n'aimait pas perdre son temps, employa les huit jours dont il disposait à croiser sur le passage des navires, dans l'espoir d'en happer quelques-uns au passage; mais sa chasse ne fut pas heureuse, il n'aperçut pas une voile, ce qui fit qu'il était d'une humeur massacrante lorsqu'il revint au bout de huit jours au rendez-vous.

Comme la première fois, don Jesus l'attendait; quelques ballots gisaient près de lui sur le sol.

L'haciendero était pâle, inquiet, nerveux, préoccupé, et cela à tel point, que force fut à Vent-en-Panne de s'en apercevoir.

— Qu'avez-vous donc, cher seigneur? lui demanda-t-il, je vous trouve l'air tout encharibotté. Est-ce l'absence de votre fille qui vous inquiète? Refuserait-elle de venir?

— Il s'agit bien de ma fille! s'écria-t-il avec impatience.

— Ah! alors c'est autre chose, reprit le flibustier de son air le plus tranquille.

— Figurez-vous l'aventure la plus extraordinaire, la plus stupéfiante, la plus...

— Bon, bon! arrêtez-vous et contez-moi tout simplement votre aventure, à moins cependant que vous préfériez la garder pour vous.

— Pourquoi donc? je n'ai pas de secrets pour vous, mon cher capitaine, d'autant plus que vous êtes un peu mêlé à tout cela.

— Moi?

— Oh! indirectement, s'entend.

— J'aime mieux cela; vous disiez donc?

— Vous connaissez le comte de Castel-Moreno?

— Mon navire lui est consigné; vous le savez, du reste.

— Je le sais, voilà pourquoi je vous demande si vous le connaissez.

Vent-en-Panne comprit instinctivement qu'il devait se tenir sur ses gardes.

— Oh! je le connais; entendons-nous, don Jesus, vous le connaissez sans doute mieux que moi; je ne l'ai vu que pour affaires, deux ou trois fois au plus, mon navire ayant été frété pour son compte.

— Ainsi vous ne le connaissiez pas auparavant?

— Pas le moins du monde; cependant je dois convenir qu'il m'a fait l'effet d'un très galant homme, fort généreux.

— Oui, généreux comme un voleur, dit l'haciendero en ricanant.

— Hein!

— Mon cher capitaine, savez-vous ce que c'est que le noble et généreux don Fernan de Castel-Moreno?

— Je vous le demanderai, répondit Vent-en-Panne en se rapprochant.

— Eh bien, c'est un ladron.

— Un ladron! juste Dieu!

— Parfaitement, et un des plus célèbres d'entre eux encore.

— Bah!

— Oui; savez-vous comment ses complices le nomment?

— Comment le saurais-je?

— C'est juste, eh bien! ils le nomment le Beau Laurent.

— Le Beau Laurent! s'écria le capitaine en bondissant; mais se remettant aussitôt :

« Et comment avez-vous donc appris cela, vous, mon cher seigneur?

— Oh! par le plus grand des hasards. Figurez-vous que je revenais de mon hacienda, lorsqu'un ladron est venu à l'aveuglette se jeter au milieu de mes gens; naturellement j'ai voulu m'emparer de cet homme, mais ce misérable s'est défendu comme un beau diable, si bien que j'ai été contraint de le tuer; je le fis fouiller; il était porteur d'une lettre de cet atroce scélérat nommé Montbars, dont la cruelle réputation est sans doute venue jusqu'à vous.

— Oui! oui! continuez.

— Cette lettre, je l'ouvris : l'enveloppe portait le nom du comte, mais le dedans était adressé à Laurent. Montbars lui disait qu'il était temps d'agir, que sous quarante-huit heures il arriverait à Panama, et bien d'autres choses encore que j'ai oubliées. La trouvaille était précieuse, qu'en pensez-vous?

— Très précieuse. Après? Qu'avez-vous fait?

— Vous comprenez, mon cher capitaine, il s'agissait du salut général, je n'ai pas hésité.

— Et...

— Je suis allé tout droit trouver le gouverneur et je lui ai montré la lettre.

— De sorte...

— De sorte qu'en ce moment la maison de ce scélérat est cernée par des forces considérables; qu'il ne peut échapper, et que j'espère qu'avant qu'il soit peu il sera pendu haut et court.

— Vieux misérable! s'écria Vent-en-Panne avec une rage indicible en sautant à la gorge de l'haciendero et en le renversant sur le sable de la grève.

Don Jesus était si loin de s'attendre à une telle agression, elle fut si subite, qu'il n'essaya pas de résister.

— Ah ! tu as dénoncé Laurent, mon frère, mon ami, vingt mille tonnerres ! je l'écorcherai vif, scélérat ! Je suis un ladron, moi aussi, cordieu ! je suis Vent-en-Panne ! Ah ! gueux ! dénonciateur infâme ! Sur ma foi, il serait préférable pour toi d'être dans la peau de la plus misérable vache morte de la peste que dans la tienne ! Ton compte est bon, sois tranquille !

Et à chaque mot il le bourrait de coups de pieds à lui briser les côtes et à lui défoncer la poitrine.

Mais il aurait pu parler longtemps ainsi, don Jesus ne l'entendait pas, il s'était évanoui de terreur.

— Oh là ! vous autres, jetez cette charogne dans le fond de l'embarcation, et à bord rondement, sang-dieu !

Une minute plus tard Vent-en-Panne atteignait la corvette. Après avoir fait enfermer l'haciendero en lieu sûr, il choisit dans son équipage trente de ses plus résolus matelots, leur fit prendre des fusils, des sabres et de la poudre, et après avoir donné à son lieutenant les instructions les plus détaillées, il se fit mettre à terre, ainsi que les trente hommes qu'il avait choisis, puis il renvoya l'embarcation à bord.

— Enfants, dit-il à ses matelots, un des nôtres est tombé, à Panama, dans un affreux guet-apens ; j'ai juré de le sauver ou de mourir avec lui, voulez-vous me suivre ?

— A Panama ! à Panama ! s'écrièrent les matelots d'une seule voix ; montrez-nous le chemin, capitaine, nous vous suivrons.

— Merci ! mes enfants, vous êtes des braves, en avant pour la flibuste, au nom d'un diable ! en avant !

Toute la troupe partit de ce pas gymnastique et cadencé, si bien connu des aventuriers, des Indiens et des coureurs de bois, et s'enfonça dans les palmiers.

Les marins ont un instinct qui ne les trompe jamais pour suivre leur route et la trouver sans risque de s'égarer ; ici du reste ce n'était pas chose difficile, le rivage leur servait de point de repaire.

Ils avaient quitté la falaise d'El-Moro un peu après trois heures et demie ; moins d'une heure plus tard, ils étaient en vue de Panama. Ils avaient fait, sans s'arrêter ni sans prendre haleine une seconde, près de trois lieues de ce pas gymnastique aussi rapide que le trot d'un cheval, qu'ils avaient adopté au moment du départ et n'avaient pas quitté depuis.

Le jour commençait à paraître, Vent-en-Panne ne se souciait pas d'être aperçu des sentinelles ou éventé par une patrouille, car il se doutait que l'armée de Montbars étant proche, la ville avait été mise en état de défense et se gardait comme une place de guerre.

Le flibustier se jeta résolument sous bois, afin d'essayer de découvrir l'entrée du souterrain qui débouchait dans la Casa Florida.

Mais ce souterrain était soigneusement dissimulé et, à moins de connaître bien exactement l'endroit où était la caverne par laquelle on y entrait, il était presque impossible de le découvrir.

Le temps se passait, les recherches n'aboutissaient pas, Vent-en-Panne était en proie à une de ces rages froides qui exaspèrent les hommes de résolution et les rendent comme fous, lorsqu'ils voient leur volonté se briser contre l'illogisme des obstacles matériels, qui ne résistent que par la force stupide de l'inertie.

Le flibustier avait tout prévu, tout calculé, excepté le cas où il ne découvrirait pas l'entrée du souterrain. Sa fureur était au comble et il ne savait plus à quel saint ou plutôt à quel démon se vouer, lorsqu'il lui sembla entendre un bruit de pas et de voix à peu de distance de l'endroit où il se trouvait et qui allait se rapprochant. Vent-en-Panne siffla doucement; les flibustiers s'aplatirent sur le sol et disparurent dans les hautes herbes, où ils demeurèrent immobiles et sans souffler.

Presque aussitôt une quinzaine d'hommes bien armés, guidés par un Indien, arrivèrent à dix pas des aventuriers; ils causaient entre eux sans défiance bien qu'à voix basse.

Vent-en-Panne retint un cri de joie, il avait reconnu en tête de cette petite troupe, entièrement composée d'alguazils, l'Indien Moucheté, Cascabel, le charmeur de serpents, et le corrégidor don Cristobal Bribon y Mosquito.

— Il y a quelque diablerie là-dessous, murmura Vent-en-Panne, dont l'œil lança un éclair.

Cascabel avait le bras en écharpe et semblait souffrir d'une blessure récente.

— Arriverons-nous bientôt? demanda le corrégidor.

— Dans cinq minutes nous y serons, señor; l'entrée du souterrain est là, dans ce chaos de rochers.

— Bon ! il suffira de quelques coups de pioche pour faire écrouler toutes ces masses et la détruire, si bien qu'il faudrait plus de huit jours pour la rendre de nouveau praticable; nous tenons nos bandits.

— Le fait est que la fuite leur sera impossible.

— Mais pourquoi don Jesus n'est-il pas venu lui-même ?

— Il a voulu me laisser le bénéfice de cette affaire. Vous savez que vous m'avez promis dix onces, señor.

— Tu les auras aussitôt que nous aurons pénétré dans la caverne et que je me serai assuré que tu ne m'as pas trompé.

— Hum ! vous n'avez guère confiance en moi !

— Il faut de l'exactitude en affaires.

— Enfin !... venez alors, c'est ici.

L'Indien écarta quelques broussailles et démasqua l'ouverture béante d'une caverne.

Les alguazils et leur chef pénétrèrent aussitôt dans l'intérieur sur les pas de leur guide.

Mais tout à coup une légion de démons sembla surgir de terre, et bondit sur eux sans proférer une parole ni jeter un cri.

Il y eut un instant de tumulte épouvantable, des râles d'agonie, des cliquetis furieux de fer, des gémissements étouffés, puis tout se tut, un silence sinistre plana de nouveau sur la caverne.

— Eh ! que se passe-t-il donc ici? demanda une voix railleuse.

Un alcade, suivi de quatre alguazils, s'approcha de la grille ; il frappa trois fois.

— Michel le Basque! s'écria le flibustier.
— Vent-en-Panne, répondit aussitôt Michel, des torches vivement!
La lumière, tenue masquée jusqu'alors, éclaira la caverne.

Les Espagnols avaient été tous massacrés, sans même pouvoir se défendre; pas un ne donnait signe de vie; Cascabel et le corrégidor gisaient l'un sur l'autre.

— Eh ! matelot, que fais-tu donc ici ? demanda Michel.
— Je te cherchais, pardieu ! Je t'amène du renfort.
— Et en me cherchant, tu as fait une assez joli boucherie, il me semble.
— On fait ce qu'on peut, matelot; ce sont ces drôles qui m'ont fait te rencontrer; ils furetaient par ici et voulaient détruire l'entrée du souterrain.
— C'est une peine que nous épargnerons, non pas à eux, mais à ceux de leurs amis qui, sans doute, viendront bientôt.
— Y songes-tu? nous couper la retraite?
— Niais! va, dit Michel en riant, ils connaissent ce souterrain, mais nous en avons d'autres que nous seuls connaissons.
— Alors en besogne; et Laurent?
— Il est radieux.
— Je le crois bien, il va avoir une belle bataille.
— Combien amènes-tu d'hommes avec toi?
— Trente.
— Cordieu! c'est une armée; les Gavachos n'ont qu'à bien se tenir, maintenant.

Les flibustiers se mirent à rire.

Un quart d'heure plus tard, la caverne était comblée et l'entrée du souterrain détruite.

XVIII

COMMENT LE BEAU LAURENT REÇUT LES SOMMATIONS QUI LUI FURENT FAITES,
ET CE QUI EN ADVINT

Don Ramon de la Crux, le lecteur s'en est aperçu, n'éprouvait qu'une estime fort médiocre pour don Jesus Ordoñez, mais les devoirs de sa charge lui imposaient impérieusement l'obligation de dissimuler ses légitimes rancunes, afin d'obtenir de cet homme les renseignements précieux qu'il lui avait promis, quitte à se venger plus tard des vilenies que l'haciendero lui avait faites, et surtout de la façon dont il avait, quelques jours auparavant, abandonné si lâchement doña Linda, au risque de tout ce qui pourrait arriver.

La réception qu'il fit à don Jesus se ressentit donc des sentiments intérieurs qui l'agitaient; elle fut polie, mais froide.

L'haciendero, qui avait son projet, et dont le parti était pris d'avance, ne parut pas s'apercevoir de cette froideur.

Sur l'invitation de don Ramon, il s'assit et entama son récit.

Le gouverneur l'écouta sans l'interrompre, et sans qu'un muscle de son visage tressaillît.

Don Jesus remit la lettre de Montbars, sur l'identité de laquelle il n'y avait pas de doute à conserver, et, finalement, il révéla l'existence du souterrain qui, de la Casa Florida, aboutissait dans la campagne.

— C'est par ce souterrain, sans doute, que vous faisiez passer votre contrebande, n'est-ce pas, señor? lui demanda don Ramon avec un sourire.

— Il est possible, caballero, répondit effrontément l'haciendero, que la personne à qui appartenait la maison avant moi s'en soit servie pour cet objet; mais quant à moi, je puis affirmer que jamais je ne me suis livré à ce trafic odieux et réprouvé par les lois.

— Oui, je sais que les affirmations ne vous embarrassent que médiocrement, mais laissons cela; je vous sais gré des renseignements que vous m'avez donnés et dont je ferai mon profit pour le bien du service de Sa Majesté.

— Il serait urgent, il me semble, señor don Ramon, de ne pas perdre un moment et de cerner la Casa Florida, en même temps qu'on s'assurerait de l'entrée du souterrain par laquelle les ladrones, se voyant découverts, tenteront probablement de fuir.

— Il me semble, señor, répondit don Ramon, que vous changez singulièrement nos rôles et que vous vous permettez de me donner des conseils sur ce que je dois faire.

— Excusez-moi, caballero, je pensais...

— Je suis le gouverneur de la ville, vous, vous êtes un espion.

— Un espion! s'écria l'haciendero.

— Cherchez un autre nom si vous voulez, moi je n'en connais pas, reprit froidement don Ramon : donc vous êtes un espion, vous m'avez fourni des renseignements précieux, je le reconnais, et que je vous paierai, s'il est besoin.

— Me payer, moi! don Ramon?

— Pourquoi non, señor? toute peine mérite salaire.

— Le désir seul de servir Sa Majesté m'a engagé à faire ce que j'ai fait, señor; si dures que soient vos paroles, reprit-il avec un accent pathétique, ma conscience me dit que j'ai accompli un devoir; me proposer un salaire, c'est méconnaître la pureté de mes intentions et me faire injure.

— Soit, j'admets cela et je n'insiste pas. Mais à présent que ces renseignements, vous me les avez donnés, votre rôle est fini et le mien commence; vous voudrez bien, señor, servir de guide aux gens que j'enverrai à la recherche du souterrain.

— J'ai un serviteur qui me remplacera, señor.

— Soit, je le veux bien encore. Où est-il, ce serviteur? Quel est-il?

— C'est un Indien walli-wahoes chassé de sa tribu je ne sais pour quel méfait et que depuis plusieurs années j'ai attaché à mon service.

— Vous le nommez?

— Cascabel.

— Ah! et ce drôle est à votre service? reprit-il avec un regard louche.

— Oui, señor, et toujours je l'ai trouvé fidèle.

— Vous me répondez de lui sur votre tête?

— J'en réponds, oui, caballero, dit froidement l'haciendero.

Don Ramon appela; un valet parut.

— Qu'on aille prier don Cristoval Bribon, le corrégidor, de se rendre ici à l'instant avec tous les alguazils qu'il pourra rassembler; allez! Ah! à propos, lorsque le corrégidor arrivera, vous ferez entrer en même temps que lui le serviteur de ce señor; il doit être là quelque part à fureter dans les antichambres.

Le domestique s'inclina et sortit.

Le gouverneur prit un livre qu'il ouvrit et qu'il sembla lire avec beaucoup d'intérêt; don Jesus se le tint pour dit et demeura silencieux. Que lui importait le mépris de don Ramon? N'allait-il pas s'éloigner à tout jamais de Panama, emportant ses richesses? Une demi-heure s'écoula.

Enfin la porte se rouvrit et livra passage à don Cristoval, derrière lequel apparut la hideuse figure de Cascabel.

Don Ramon jeta vivement son livre, dont il n'avait pas lu un mot; il se leva et, s'avançant à la rencontre de don Cristoval :

— Pardon! mon cher corrégidor, lui dit-il amicalement, de troubler ainsi votre sommeil au milieu de la nuit, mais j'ai un besoin pressant de votre concours dévoué pour une affaire urgente et surtout très grave.

— Je suis prêt, señor, parlez, je vous prie, de quoi s'agit-il?

Il salua respectueusement le gouverneur, qui lui offrit un siège, et fit un léger signe de tête à don Jesus.

Don Francisco raconta alors au corrégidor, qui l'écouta avec la plus grande surprise, tout ce que le lecteur sait déjà.

— Et c'est à don Jesus que vous devez ces renseignements, señor? dit le corrégidor en lançant un regard louche sur l'haciendero.

— A lui-même, mon cher don Cristoval, c'est un immense service qu'il rend au roi.

— Immense, en effet; peut-être serait-il prudent de s'assurer de sa personne.

— Hum! vous croyez?

— Eh! eh! c'est un homme précieux que don Jesus, et vous le savez, señor don Ramon, ce qui est précieux s'égare facilement, il est bon d'y veiller, si l'on ne veut pas le perdre, dit-il avec un ricanement qui fit passer un frisson de terreur dans les veines de l'haciendero.

— Non, cette mesure serait arbitraire; quant à présent, il faut nous fier à lui, plus tard nous verrons.

— Comme il vous plaira, don Ramon, cependant mieux vaudrait...

— Non, vous dis-je, n'en parlons plus.

Don Cristoval s'inclina; l'haciendero respira comme un plongeur qui est resté longtemps sous l'eau et qui remonte à la surface.

— Ce drôle, ajouta don Ramon en désignant Cascabel, vous servira de guide pour découvrir l'entrée du souterrain; veillez avec soin sur lui, au moindre mouvement suspect, cassez-lui la tête.

Cascabel haussa les épaules sans cérémonie.

— Qu'est-ce à dire? demanda don Ramon qui remarqua ce mouvement peu respectueux.

— Rien, répondit-il d'un ton bourru, sinon que je ne serais pas fâché de savoir quelle sera ma récompense si j'accomplis fidèlement ma mission?

— Cent coups de bâton, misérable! s'écria le corrégidor, qui était pour les moyens expéditifs.

— Bon! Et si je refuse? Je suis mon maître, après tout.

— Si tu refuses...

— Laissez, laissez, don Cristoval, interrompit en riant le gouverneur. Si tu accomplis loyalement ton mandat, voilà dix onces d'or que je remets au señor corrégidor qui te les donnera. Es-tu content, drôle?

— J'aime mieux cela que les coups de bâton; vous entendez la raison au moins, vous, au lieu que lui, il n'a jamais que la menace à la bouche.

— Allons! c'est bien, tais-toi, et suis le señor corrégidor. Je n'ai pas besoin de vous recommander la plus grande célérité, mon cher don Cristoval.

— Rapportez-vous-en à moi, señor don Ramon, je ne perdrai pas une seconde.

— Tant qu'à vous, don Jesus Ordoñez, vous pouvez vous retirer, vous êtes libre.

L'haciendero ne se fit pas répéter cette invitation, il salua et se retira aussitôt.

Don Ramon demeura seul.

Il était deux heures après minuit.

Don Ramon, dans le premier moment, ne savait quel parti prendre, il était très embarrassé. Ce que lui avait dit don Ordoñez était d'une si rigoureuse exactitude, d'une vérité si indiscutable, qu'il n'y avait pas le moindre doute à conserver sur la culpabilité du soi-disant comte de Castel-Moreno, et sur son identité avec le Beau Laurent, ce flibustier qui passait avec Montbars pour être le plus redoutable des Frères de la Côte.

Un instant don Ramon eut la pensée d'aller trouver sa fille, de lui expliquer ce qui se passait, et de lui faire comprendre qu'il était impossible, dans l'état où en étaient les choses, de garder à présent aucun ménagement avec un homme aussi dangereux que celui qui lui avait été dénoncé, et dont la présence dans la ville, surtout quand elle était menacée par les flibustiers, pouvait causer des complications terribles et peut-être, si on ne se hâtait pas de s'assurer de sa personne, amener une effroyable catastrophe.

Mais don Ramon réfléchit que sa fille reposait, qu'elle semblait porter un vif intérêt à cet homme qu'elle considérait comme son sauveur, et que mieux valait lui laisser ignorer les mesures qu'on prendrait à son égard; puis, lorsque tout serait fini, il verrait ce qu'il conviendrait de faire.

En réalité, don Ramon redoutait par-dessus tout les larmes et les prières de sa fille, et il n'osait les affronter.

Il demeura ainsi pendant assez longtemps, en proie à une perplexité extrême; enfin, vers trois heures du matin, il donna l'ordre qu'on sellât trois chevaux, un pour lui et les autres pour deux domestiques; lorsque cet ordre fut exécuté il quitta son hôtel et se dirigea vers celui du colonel, qui en l'absence du général Albaceyte commandait la place.

Le gouverneur avait compris qu'il ne pouvait sous aucun prétexte transiger avec son devoir, et il s'était enfin résolu à agir vigoureusement.

L'hôtel du commandant de place était situé dans un quartier assez éloigné, tout le monde dormait, il fallut que don Ramon se fît ouvrir la porte, que le colonel fût éveillé et en état de recevoir la visite du gouverneur; tout cela demanda un temps assez long.

Puis vinrent les explications, la discussion entre don Ramon et le colonel des moyens qu'il convenait d'employer pour surprendre le flibustier à l'improviste avant qu'il eût le temps de fuir, puis il fallut se rendre à la caserne, réunir les soldats, leur distribuer des munitions, donner aux officiers les instructions nécessaires; bref toutes ces allées, ces venues, ces démarches et ces conversations prirent un temps considérable; la nuit tout entière s'écoula avant que les troupes fussent prêtes à marcher.

Elles ne quittèrent la caserne que vers cinq heures du matin. On avait fait un grand déploiement de forces, afin de n'avoir aucun doute sur le succès de l'entreprise.

Quinze cents hommes avaient été réunis pour s'emparer d'un seul.

Il est vrai que le nom de celui qu'on voulait arrêter glaçait de terreur ceux qui s'avançaient à pas de loup et avec des précautions infinies contre lui. Le gouverneur avait voulu assister à l'exécution de ses ordres. Il se tenait à cheval à la tête de ses troupes.

Lorsque celles-ci arrivèrent dans une espèce de carrefour qui se trouvait à l'entrée de la rue où était située la Casa Florida, les troupes se divisèrent en quatre détachements qui prirent quatre directions différentes, convergeant cependant toutes vers le même point, c'est-à-dire la Casa Florida.

Dix minutes plus tard la maison était complètement cernée.

Lorsque don Ramon se fut assuré par lui-même que le mouvement de concentration était exécuté, il fit un signe.

Alors un alcade, suivi de quatre alguazils, s'approcha de la grille contre laquelle il frappa trois fois avec la pomme d'argent de la canne qu'il tenait à la main comme marque de sa dignité.

Un guichet s'ouvrit et la figure railleuse de Michel le Basque apparut à l'ouverture.

— Qui demandez-vous, señor? dit-il d'un accent gouailleur.

— Ouvrez au nom du roi!

— Au nom du roi? lequel? reprit-il en ricanant.

— Montrez l'ordre, dit sèchement le gouverneur.

L'alcade s'inclina, puis il déplia une grande pancarte, et de cette voix déplorable que les fonctionnaires publics affectent, on n'a jamais su pourquoi, lorsqu'ils sont dans l'excercice de leurs fonctions, il commença à lire :

— Au nom de Sa Majesté Catholique, don Carlos, deuxième du nom, roi d'Espagne et des Indes, moi, don Luis-José Bustamente...

— Concluez! cria Michel.

— Santiago, Juan de Mendrosa, continua imperturbablement l'alcade, y Rabioso, y Peral, y Castaño, alcade mayor de cette cité de Panama, fais sommation au sieur...

— Concluez donc, par tous les saints! reprit encore Michel.

— Laurent, ladron insigne qui se cache indûment sous les noms et titres de don Fernan, comte de Castel-Moreno, atteint et convaincu de haute trahison au premier chef envers mon dit seigneur le roi...

— Ne voulez-vous pas conclure?

— D'avoir à se livrer prisonnier entre mes mains pour son procès lui être fait immédiatement, continua l'alcade toujours impassible, et ce volontairement et sans tenter de se rebeller, sinon je l'avertis, moi, l'alcade mayor soussigné, qu'il y sera contraint par toutes les voies de droit et que, pour ce, j'ai amené avec moi des forces suffisantes.

— Essayez! grommela Michel.

— Le présent ordre émanant, au nom du roi, de Son Excellence don Ramon de la Crux, capitaine général et gouverneur de cette dite cité, m'ayant été transmis en forme exécutoire...

— Allez au diable, vous, votre ordre et vos soldats, bélître! cria Michel; et il lui referma le guichet au nez.

— Que décide Votre Excellence? demanda le magistrat tout penaud en se tournant vers le gouverneur et en repliant sa pancarte.

— Faites les trois sommations de rigueur.

L'alcade leva sa canne.

Trois trompettes qui se tenaient derrière l'alcade sonnèrent un appel.

Les sommations commencèrent.

Trois fois les trompettes sonnèrent, trois fois la maison fut sommée.

Mais ce fut inutilement; la Casa Florida demeura muette comme un sépulcre.

Il fallait en finir; don Ramon comprit la position ridicule de quinze cents hommes tenus ainsi en échec par un seul.

Les soldats frémissaient d'impatience et de colère.

— Que leur sang retombe sur leur tête! dit le gouverneur. En avant! abattez cette grille!

Quarante ou cinquante hommes se ruèrent contre la grille, armés de pics, de haches et de pioches.

Mais don Ramon, de crainte de surprise, fit d'abord faire une décharge contre les volets.

Ces volets, sans doute détachés à l'avance, tombèrent tout d'une pièce.

Les soldats poussèrent un cri de triomphe qui se changea presque aussitôt en cri de douleur.

Une fusillade bien nourrie et surtout bien dirigée éclata derrière la grille, et coucha sur le sol presque tous les soldats qui se préparaient à l'abattre.

Cette fusillade continua sans interruption, portant le désordre au milieu des troupes et renversant impitoyablement ceux des soldats assez téméraires pour essayer d'approcher de cette grille fatale.

Les flibustiers avaient eu la nuit presque tout entière pour préparer leur défense; ils avaient habilement profité du répit qui leur était donné pour organiser cette défense d'une façon terrible qui montrait la science profonde qu'ils possédaient des choses de la guerre.

Trop peu nombreux pour essayer de garnir les murailles, trop faibles pour résister à une attaque sérieuse et qui les aurait contraints à se disséminer et à éparpiller leurs forces, ils avaient élevé des épaulements tout autour de la maison, épaulements de huit pieds environ, faits en terre, qui se commandaient tous, derrière lesquels ils pouvaient tirer à l'abri et presque à coup sûr; de la maison elle-même ils avaient fait leur quartier général, puis, de distance en distance, ils avaient élevé des barricades avec des arbres abattus, des meubles renversés, enfin tous les objets dont ils pouvaient disposer.

De plus, ils avaient çà et là creusé plusieurs mines, au moyen desquelles ils se réservaient de renverser, le moment venu, des pans entiers de murailles sur les assaillants.

Ce système de défense, très bien imaginé et surtout très bien entendu, permettait aux flibustiers de surveiller leurs ennemis de tous les côtés à la fois et de se porter là où l'attaque devenait la plus vive.

Les murs qui clôturaient la propriété n'étaient plus pour eux qu'un rideau qui masquait les dispositions qu'ils avaient prises et qui les aidait à gagner du temps.

Le mur franchi, les soldats allaient se trouver devant les véritables défenses de cette forteresse improvisée, et il leur faudrait prendre d'assaut, les uns après les autres, les bastions et les barricades, puis enfin la maison elle-même, ce qui n'était pas une œuvre facile, tant s'en faut.

Cependant le gouverneur ne se découragea pas du mauvais succès de sa première tentative ; il ignorait le système de défense improvisé par les flibustiers, il ne connaissait pas le nombre exact des hommes renfermés dans la maison.

Nombre qu'en l'exagérant beaucoup il portait à une vingtaine.

Il s'imagina qu'il s'agissait tout simplement d'escalader le mur, et qu'une fois de l'autre côté toute résistance cesserait.

Il était loin de compte.

Il fit placer ses soldats hors de la portée des terribles fusils des boucaniers, dont chaque coup abattait un homme, et il envoya en toute hâte chercher des échelles pour tenter l'escalade.

Cette première échauffourée avait coûté une trentaine de soldats tués et le double de blessés aux Espagnols : c'était avoir payé bien cher un succès plus que problématique.

Quant aux flibustiers, ils n'avaient pas reçu une égratignure.

— Qu'ils sont bêtes, ces Espagnols! disait philosophiquement Michel le Basque à son ami Vent-en-Panne ; il leur serait si facile de rester tranquillement chez eux, au lieu de venir nous chercher querelle sans rime ni raison !

— Que veux-tu ! répondit Vent-en-Panne en haussant les épaules, je n'ai jamais vu de gens avoir le caractère aussi mal fait ; c'est dégoûtant, ma parole d'honneur !

Cependant, une espèce de trêve avait succédé à l'escarmouche : le feu avait cessé de part et d'autre.

Don Ramon voulut profiter de cet instant de répit pour faire une dernière tentative d'accommodement ; il ordonna de sonner un appel et de déployer un guidon blanc.

Michel s'approcha, les mains dans ses poches.

— Que voulez-vous encore ? demanda le flibustier d'un ton de mauvaise humeur.

— La parole d'honneur de votre chef que je serai libre de me retirer, si,

Michel ouvrit la grille, le prit par la main, l'introduisit dans la cour...

après avoir conféré avec lui, il ne consent pas à accepter les conditions que je désire lui soumettre, dit le gouverneur.

— Eh! fit Michel en biaisant, vous avez donc confiance dans la parole des ladrones, comme vous nous appelez?

— Allez faire ma commission à votre maître, répondit froidement le gouverneur.

— C'est bon ; retirez-vous de devant la grille et attendez.

Au bout de cinq minutes Michel revint.

— Monsieur le comte accepte, dit-il.

— Monsieur le comte ! murmura le gouverneur avec amertume.

— J'ai dit monsieur le comte, et je le répète, fit Michel d'un ton bourru. Il accepte et vous donne sa parole d'honneur que vous serez libre de vous retirer, à une condition.

— Une condition, à moi ! fit-il avec hauteur.

— C'est à prendre ou à laisser ; vous ne voulez pas ? n'en parlons plus. Au plaisir de ne jamais vous revoir. Et il fit un mouvement pour se retirer.

— Voyons cette condition, dit don Ramon.

— Vous aurez les yeux bandés en allant et en revenant, et vous ne retirerez votre bandeau que lorsque vous y serez invité.

— Soit ! j'accepte, dit le gouverneur au bout d'un instant.

— Alors, faites-vous bander les yeux.

Un officier prit le mouchoir que lui présentait don Ramon, le plia et le lui plaça sur les yeux.

— C'est fait, j'attends, dit le gouverneur.

Michel ouvrit la grille, le prit par la main, l'introduisit dans la cour, referma la grille, puis il le conduisit jusqu'à la maison.

— Otez votre bandeau et soyez le bienvenu, señor don Ramon de la Crux, dit la voix de Laurent d'un ton affable et courtois.

Le gouverneur enleva son mouchoir et jeta un regard curieux autour de lui.

Il se trouvait dans le grand salon de la Casa Florida ; Laurent était debout devant lui, entouré d'une quarantaine de flibustiers, aux vêtements sordides, aux physionomies sinistres, qui, les mains appuyées sur le canon de leurs fusils, fixaient sur lui des regards farouches.

Malgré son courage, don Ramon frémit intérieurement.

— Que vous veniez en ami ou en ennemi, je suis heureux de vous voir, señor don Ramon, reprit le capitaine.

— Je viens en ami, señor ; comment vous nommerai-je ? répondit le gouverneur avec une légère pointe d'ironie.

— Bien que j'aie droit au titre de comte et peut-être à un autre plus élevé encore, dit le jeune homme avec hauteur, comme je suis ici entouré de mes braves compagnons et que je ne suis, par leur choix, que le premier d'entre eux, nommez-moi Laurent ou capitaine, comme il vous plaira.

— Soit, capitaine Laurent ! mes intentions, en venant ici, sont amicales, je le répète.

— Je m'en suis aperçu, dit le jeune homme avec amertume ; continuez.

— Je désire éviter une plus grande effusion de sang ; je dispose de forces considérables ; vous, vous n'avez avec vous que quelques hommes qui, si braves qu'ils soient, ne pourraient, dans une maison ouverte comme l'est celle-ci, opposer une résistance efficace : consentez donc à vous rendre et à mettre bas les armes : je vous donne ma parole d'honneur que vous et vos compagnons vous serez considérés comme prisonniers de guerre et traités avec tous les égards que ce titre impose.

— Vous entendez, compagnons ; que pensez-vous de ces conditions du señor gouverneur ?

Les flibustiers éclatèrent d'un rire homérique.

— Continuez, señor.

— Capitaine Laurent, j'ai pour vous une grande estime, j'ai contracté envers vous certaines obligations qui me font un devoir d'insister auprès de vous ; votre refus de vous rendre me contraindrait à employer des moyens auxquels je répugne ; je fais appel une dernière fois aux bonnes relations qui ont existé entre nous : réfléchissez, songez que j'ai à remplir un devoir sacré, et que si le feu recommence, il ne s'éteindra que lorsque vous serez pris ou mort.

— Avez-vous tout dit, señor ?

— Oui, capitaine.

— Vous avez fait appel aux bonnes relations qui ont existé entre nous, c'est à cause même de ces bonnes relations que j'ai consenti à vous recevoir. J'ai autour de moi trois cents hommes résolus, des munitions en abondance, des vivres pour plusieurs jours ; cette maison n'est pas aussi ouverte que vous le supposez, et vous vous en apercevrez à vos dépens, si vous essayez de vous en emparer : réfléchissez aux pertes que vous avez subies déjà ; réfléchissez-y sérieusement, avant de recommencer les hostilités. Cependant je consens, bien que vous ayez été l'agresseur et que je ne reconnaisse pas votre mandat pour valide, car je ne suis pas, grâce à Dieu ! sujet du roi d'Espagne, mais seulement du roi de France, je consens, dis-je, et cela par considération pour vous, non pas à me rendre, mais à transiger.

— Veuillez vous expliquer, capitaine.

— Je m'engage à ne pas vous attaquer le premier, à demeurer neutre dans mes lignes jusqu'à trois heures de l'après-midi ; si d'ici là aucun événement favorable ne survient soit pour vous, soit pour moi, les hostilités recommenceront, et nous nous remettrons au jugement de Dieu. Il est bien entendu que vous conserverez vos positions comme je conserverai les miennes.

Don Ramon hocha la tête.

— Est-ce tout ce que vous avez à me proposer ?

— Oui, señor ; seulement j'ajouterai un mot.

— Parlez, capitaine.

— J'ai ici plusieurs dames qui se sont librement livrées entre mes mains et que je conserve comme otages ; vous comprenez, n'est-ce pas, la portée de ce fait ?

— Comment ! vous avez osé...

— Je n'ai rien eu à oser ; je vous jure sur l'honneur que ces dames sont entrées ici de leur plein gré et que j'ai fait tout ce qui dépendait de moi pour les engager à se retirer.

— Je vous crois, capitaine, car je vous sais homme d'honneur.

— J'ajouterai avec regret, señor, que doña Linda, votre fille, est au nombre de mes otages.

— Ma fille ! s'écria-t-il avec stupeur. Oh ! ce malheur me manquait !

— Pardonnez-moi, mon père ! s'écria la jeune fille en paraissant tout à coup et en se jetant à ses pieds ; pardonnez-moi, j'ai voulu sauver mon libérateur !

Don Ramon, livide comme un cadavre, fixa un regard foudroyant sur doña Linda et la repoussa si brusquement qu'elle fut presque renversée du choc.

— Que veut cette femme ? dit-il d'une voix rauque ; je ne la connais pas.

— Mon père !

— Sois maudite, misérable ! femme sans pudeur qui trahis les tiens pour des ladrones, arrière ! je ne te connais pas, te dis-je, reprit-il d'une voix terrible.

Et sans plus s'occuper de doña Linda qui gisait évanouie à ses pieds :

— Qu'on me bande les yeux, dit-il ; capitaine Laurent ! c'est un duel à mort entre nous ; adieu !

Cinq minutes après, le feu recommençait avec une furie extraordinaire, au bout d'une heure les Espagnols réussissaient à franchir le mur sous une grêle de balles, et s'élançaient tête baissée contre les barricades des flibustiers, dont, malgré une résistance désespérée, ils réussissaient à s'emparer ; rien n'arrêtait leur élan.

Don Ramon, l'épée à la main, marchait en tête des soldats et leur donnait l'exemple.

Le combat se resserrait autour de la maison, qui s'enveloppait, comme un Sinaï terrible, d'une auréole de feu et d'éclairs.

XIX

COMMENT LES FLIBUSTIERS FURENT VAINQUEURS ET PRIRENT PANAMA

Montbars avait continué sa route aussi rapidement que cela lui était possible, et avait atteint un bois excessivement touffu, où il s'engagea résolument ; le chemin devint bientôt si mauvais que les aventuriers furent contraints de s'ouvrir passage à coups de hache, et qu'il fallait réellement l'énergie indomptable de ces hommes de fer pour continuer à avancer au milieu des difficultés de toutes sortes qui surgissaient devant eux.

Il leur fallut un jour entier pour franchir ce bois qui cependant avait à peine trois lieues de long.

Le soir ils campèrent comme ils purent, pêle-mêle et sans manger, car Montbars, qui soupçonnait que les Espagnols étaient campés aux environs et voulant leur cacher son approche, avait défendu qu'on allumât du feu, excepté pour fumer, seule consolation qu'il laissa à ses gens.

Le lendemain au point du jour, l'ordre du départ fut donné, et on se remit en marche.

Vers midi, les aventuriers atteignirent le sommet d'une montagne du haut de laquelle ils découvrirent enfin l'armée espagnole, que depuis si longtemps ils poursuivaient sans réussir à l'atteindre.

Cette armée, forte d'environ trois mille hommes, marchait en bon ordre ; sa cavalerie était très belle, très leste, et semblait pleine d'ardeur.

L'infanterie était magnifique, vêtue de superbes habits de soie de toutes couleurs, qui resplendissaient aux rayons éblouissants du soleil.

Les aventuriers poussèrent de véritables hurlements de joie à la vue de cette armée et voulurent se précipiter sur elle ; mais Montbars les retint. Le célèbre flibustier comprenait que le moment d'une action décisive était arrivé ; il ne voulut pas compromettre le succès de son expédition par trop de hâte ; l'ordre de camper fut donné ; la journée était, à son avis, trop avancée pour engager la bataille, il préférait attendre au lendemain et commencer le combat au point du jour.

Cependant, pour bien faire connaître aux Espagnols sa résolution de ne pas reculer, il fit déployer les drapeaux, battre les tambours et sonner les trompettes en signe de défi.

Les Espagnols répondirent bravement par des batteries semblables, et de leur côté ils campèrent résolument à portée de canon des aventuriers.

Au coucher du soleil, Montbars doubla les sentinelles, organisa des patrouilles et fit donner plusieurs fausses alarmes, afin de tenir ses gens en éveil ; mais ceux-ci étaient trop joyeux de la perspective d'une bataille pour se laisser surprendre, et comme il avait été défendu d'allumer les feux, ils mordaient à belles dents après les morceaux de viande qui leur restaient et qu'ils ne pouvaient faire cuire.

Vers dix heures du soir, José, après avoir franchi, au péril de sa vie, les lignes espagnoles, arriva au camp des aventuriers et se fit conduire à Montbars.

Le célèbre aventurier, accablé de fatigue, s'était couché, enveloppé dans son manteau, sur un monceau de feuilles de maïs rassemblées à grand'peine par ses soldats pour lui faire un lit tel quel. Il s'endormait au moment où on lui amenait José ; il ouvrit immédiatement les yeux et se leva.

— Eh bien ! demanda-t-il à l'Indien, quoi de nouveau ?

— Beaucoup de choses, répondit le chef.

— Combien avons-nous d'hommes devant nous ?

— Trois mille, commandés par le général Albaceyte.

— A combien sommes-nous de Panama ?

— Deux lieues au plus.

— La ville est-elle en état de défense ?

— Jusqu'à un certain point ; on a élevé des redoutes gabionnées avec des sacs de farine et munies d'une bonne artillerie, réparé les murailles et dressé plusieurs embuscades : mais que tout cela ne vous inquiète pas, battez l'armée qui est devant vous, et je me charge, moi, de vous faire entrer sans coup férir dans la ville, qui est presque sans défenseurs.

— Comment ! que me dis-tu donc là ? et les troupes, où sont-elles ?

— Disséminées un peu partout ; je ne sais quel vertige s'est emparé des Espagnols, mais ils ont éparpillé leurs soldats dans toutes les directions pour garder et défendre les pueblos et les villes du littoral, si bien que l'armée la plus nombreuse est celle qui se trouve devant vous, et encore le général Albaceyte a-t-il enrôlé de force jusqu'à des moines cordeliers, augustins, que sais-je encore !

— Eh ! voilà de bonnes nouvelles, il me semble.

— Très bonnes, oui ; mais j'en ai de mauvaises à vous apprendre, maintenant.

— Hum ! fit Montbars en fronçant les sourcils, voyons cela.

— L'exprès que vous avez envoyé à Laurent a été surpris et tué par les Espagnols, qui ont découvert votre lettre ; le gouverneur a rassemblé tous les soldats disponibles, et a fait cerner la maison habitée par le capitaine, par une troupe d'environ quinze cents hommes.

— Quinze cents hommes !

— Tout autant ; c'est tout ce qui reste de soldats dans la ville ; ils devaient partir ce matin pour renforcer l'armée du général Albaceyte : au lieu de cela ils assiègent le capitaine.

— Vive Dieu ! s'écria Montbars avec exaltation, il est écrit que ce brave Laurent aura à lui seul tous les honneurs de l'expédition : c'est trop de bonheur, sur ma foi ! Ainsi il immobilise ces quinze cents hommes ?

— Oui, mais à ses dépens.

— Bah ! il s'en tirera et nous lui devrons la victoire, car nous aurons fort à faire demain, et si ce renfort était arrivé à l'armée ennemie nous étions perdus !

— Oui, mais il pourrait bien l'être, lui !

— Allons donc, Laurent perdu ! tu ne le connais pas, mon cher José : le feu est son élément ; il sait que j'arrive, il tiendra quand même ; demain je bats les Espagnols, je leur passe sur le ventre et je le dégage !

— Dieu le veuille, amiral !

— Dieu le voudra, ami, ces Gavachos si pimpants ne tiendront pas contre nous. Comme ce démon de Laurent doit s'en donner, là-bas ! Quelle chance il a ! il n'y en a que pour lui, vive Dieu ! J'en suis presque jaloux.

José était complètement ahuri de voir recevoir ainsi par Montbars une nouvelle que lui trouvait si mauvaise ; il ne comprenait rien à cette confiance imperturbable des flibustiers dans leur étoile, confiance qui leur faisait, en riant, mépriser tous les périls et ne voir que la victoire où tous autres auraient vu la mort et la défaite.

— N'as-tu rien autre à m'apprendre ? reprit l'amiral.

— Si, les Espagnols ont essayé de reprendre Porto-Bello et Chagrès.

— Ah ! ah ! et qu'est-il arrivé ?

— Ils ont été taillés en pièces par Morgan et Ourson Tête-de-Fer. Ces deux armées avaient été, il y a quelques jours, envoyées de Panama.

— Ces Gavachos sont fous, sur ma foi ! au lieu de conserver ici leurs soldats pour se défendre, ils en auraient grand besoin maintenant.

— Oui, mais il est trop tard, vos deux lieutenants les ont mis en complète déroute.

— Allons, déciment, le ciel est pour nous. Couche-toi là, près de moi,

José, et dormons quelques heures, mon ami ; non seulement demain il fera jour, mais j'ai le pressentiment qu'il fera chaud ! ajouta-t-il gaîment.

Le lendemain, au point du jour, les tambours espagnols battirent la diane. Montbars répondit aussitôt.

Bientôt les aventuriers aperçurent plusieurs escadrons de cavalerie qui venaient les observer.

Montbars ordonna à ses gens de se préparer au combat, et il descendit dans la plaine.

Les deux armées s'avancèrent alors résolument l'une contre l'autre.

Nous céderons ici la parole à Olivier Oexmelin ; mieux que personne il est en état de narrer cette incroyable bataille à laquelle il assista et où il fit bravement son devoir.

Nous copions textuellement son récit ; nous aurions scrupule d'y changer un mot :

« ... Quand on fut prêt à donner, Montbars fit ranger son armée en bataille, seulement pour la forme, car il est impossible d'obliger ces gens de garder leurs rangs comme on fait en Europe.

« Les deux cents enfants perdus furent désignés comme devant s'opposer à la cavalerie, qui espérait venir fondre sur les aventuriers avec deux mille taureaux animés (furieux) que les Espagnols chassaient de notre côté, mais leur dessein fut rompu par deux moyens : le premier qu'ils rencontrèrent fut un lieu un peu marécageux où les chevaux ne voulaient point passer ; le second fut que les enfants perdus les prévinrent et, mettant un genou en terre, commencèrent à faire une furieuse décharge : la moitié tirait pendant que l'autre chargeait, outre que chaque coup portait, car ils ne tiraient point qu'ils n'abattissent ou l'homme ou le cheval.

« Ce combat dura environ deux heures, où toute la cavalerie fut défaite, sans qu'il en échappât plus de cinquante qui prirent la fuite.

« Cependant l'infanterie voulut avancer, mais sitôt qu'elle vit cette défaite, elle tira seulement, et après jeta ses armes, et s'enfuit en défilant à côté d'une petite montagne, hors de la vue des aventuriers qui croyaient qu'elle voulait les venir prendre par derrière.

« Quand la cavalerie fut défaite les taureaux ne servirent plus de rien, car ceux qui les conduisaient ne pouvaient pas en être les maîtres ; les aventuriers s'apercevant de cela envoyèrent contre ces animaux quelques fusiliers qui firent voltiger drapeaux devant eux avec des cris terribles, de sorte que ces taureaux prirent l'épouvante et coururent d'une telle force que ceux qui les conduisaient furent aussi contraints et bien aises de se retirer.

« Lorsque les aventuriers virent que les Espagnols ne se ralliaient point, et qu'au contraire ils fuyaient çà et là par petites troupes, ils commencèrent à donner dessus et en prirent une grande partie qui fut tuée.

« Quelques moines qui étaient dans cette armée furent pris et amenés à Montbars, qui les fit mourir sur l'heure.

« La bataille finie, Montbars rassembla ses gens et leur dit qu'il ne fallait pas perdre de temps, et que si on donnait aux Espagnols le loisir de se rallier dans la ville, on ne la pourrait plus prendre. C'est pourquoi il fallait marcher contre elle le plus promptement qu'il leur serait possible, afin d'y être aussi tôt qu'eux, et de leur en empêcher l'entrée.

« En même temps, il fit revue, et on trouva qu'il n'y en avait que deux de morts et deux de blessés.

« L'on croira peut-être ceci une fable, ajoute notre naïf historien, vu les différentes forces des deux partis dont l'un était plus considérable que l'autre, et tous deux également animés, car il est étonnant que les aventuriers se soient retirés du combat avec si peu de perte, et les Espagnols avec un si grand désavantage qu'il en demeura plus de *six cents* sur la place.

« Je ne puis pourtant me dispenser de l'écrire, en ayant été témoin moi-même ; à la vérité, si je ne l'avais pas vu, je ne pourrais pas me persuader que cela fût. »

Lorsqu'on raconte des faits aussi incroyables, il est bon de citer ses auteurs, afin de ne pas être accusé de mensonge ; le récit d'Olivier Oexmelin porte en soi un tel cachet de vérité qu'il ne saurait être révoqué en doute.

Les aventuriers prirent à peine le temps de manger un morceau à la hâte, et ils se remirent immédiatement en route.

L'armée avait été divisée en deux parties.

La première, forte de cinq cents hommes commandés par le Poletais, marcha résolument et à découvert sur Panama, tiraillant et abattant les Espagnols qui fuyaient effarés devant ces hommes qu'ils prenaient pour des démons vomis par l'enfer.

Le second détachement, fort de cinq cents hommes et commandé par Montbars et l'Olonnais, s'enfonça sous bois à la suite de José, le chef indien qui lui servait de guide.

Il était dix heures du matin.

Le combat continuait toujours autour de la Casa Florida.

Depuis trente heures, les aventuriers, refoulés peu à peu jusqu'à la maison dans laquelle ils s'étaient solidement retranchés, soutenaient une lutte gigantesque contre leurs ennemis.

Les Espagnols avaient chèrement acheté leurs succès successifs : chaque pan de mur renversé, chaque barricade prise leur avait coûté des pertes énormes, des monceaux de cadavres jonchaient le sol autour de cette maison changée en forteresse.

Les Espagnols haletaient de rage et redoublaient leurs furieux efforts, électrisés par la valeur sans égale de leur chef.

En effet, don Ramon de la Crux combattait avec une intrépidité que les flibustiers eux-mêmes admiraient ; vingt fois ils auraient pu le tuer, mais Laurent avait formellement ordonné qu'il fût épargné, et les balles sifflaient à ses oreilles sans l'atteindre, mais en abattant tout autour de lui.

Cette fois don Ramon n'accomplissait plus un devoir, mais bien une vengeance ; il combattait pour lui : de là son entraînement et l'audace folle avec laquelle il se précipitait tête baissée au plus fort de la mêlée.

Certes, si les flibustiers avaient voulu, rien ne leur était plus facile que de fuir et d'échapper à leurs ennemis : n'avaient-ils pas des issues secrètes et des souterrains connus d'eux seuls ?

Laurent poussa un cri d'angoisse; il avait reconnu don Ramon.

Mais tel n'était pas leur but.

Avant-garde de l'armée des aventuriers, leur résistance, en immobilisant des forces qui pouvaient accabler leur compagnons, si elles se joignaient à l'armée d'Albaceyte, assurait leur salut et leur donnait peut-être la victoire; chaque minute qu'ils gagnaient était précieuse pour leurs frères : il leur fallait donc tenir, tenir quand même, ne pas reculer d'un pouce et tomber à leur poste.

Aussi ils tenaient, froids, impassibles, déterminés, comme des hommes qui ont bravement fait le sacrifice de leur vie, mais qui, ce sacrifice fait, veulent cependant vendre cette vie le plus cher possible.

Leurs pertes, assez insignifiantes en apparence, étaient cependant graves, à cause de leur petit nombre; ils avaient eu une dizaine de tués et autant de blessés, c'est-à-dire qu'un peu plus du quart de leur effectif était hors de combat.

Les munitions elle-mêmes commençaient à leur manquer.

Deux fois Michel le Basque et Vent-en-Panne avaient exécuté des sorties désespérées contre les Espagnols, dans le but de se procurer des munitions et en avaient rapporté, mais ces munitions étaient d'un trop faible secours et coûtaient beaucoup trop cher.

Laurent changea de tactique; il choisit les meilleurs tireurs qui seuls continuèrent le feu, les autres chargèrent et leur passèrent les armes.

Le tir se ralentit, il est vrai, mais devint plus juste et plus efficace.

Chaque coup porta et abattit son homme.

Les flibustiers combattaient maintenant presque à découvert, sur un monceau de ruines fumantes.

Le Beau Laurent, placé à une fenêtre, ayant près de lui ses deux anges gardiens, Linda et Flor, déchargeait incessamment les fusils que les jeunes filles lui faisaient passer au fur et à mesure, après les avoir chargés de leurs mains délicates.

Dans le fond de la pièce, le père Sanchez, qui était accouru del Rayo, ne pouvait résister à l'inquiétude qu'il éprouvait; agenouillé près de doña Luz, blessée par une balle perdue pendant qu'elle priait pour les combattants, il pansait sa blessure, et s'assurait qu'elle n'était pas mortelle.

C'était un spectacle saisissant et grandiose que celui de cette maison presque démolie, au sommet de laquelle les aventuriers avaient fièrement arboré le drapeau tricolore de la flibuste, continuellement ceinte d'éclairs du haut en bas et qui résistait à toutes les attaques.

Don Ramon, se méprenant au ralentissement du feu des boucaniers et supposant qu'ils faiblissaient, résolut de tenter un effort suprême.

Il réunit tous ses soldats autour de lui, les exhorta à bien faire et les lança contre la maison en courant en avant comme toujours.

Le choc fut terrible.

Les Espagnols, grimpant les uns sur les autres, s'aidant de tout ce qui leur tombait sous la main, parvinrent à atteindre les fenêtres du premier étage; ils se ruèrent sur les aventuriers, et la mêlée devint horrible; une lutte s'engagea corps à corps à l'arme blanche, pied à pied, poitrine contre poitrine.

Don Ramon bondit comme un tigre au milieu du salon, et apercevant Laurent qui, tenant son fusil par le canon, se défendait en désespéré contre huit ou dix soldats qui l'entouraient et qu'il assommait comme des bœufs à l'abattoir, se précipita sur lui le pistolet haut avec un cri de rage et de vengeance satisfaite, mais un autre cri répondit, haletant, désespéré, au sien, et au moment où il pressait la détente, doña Linda se jeta résolument en avant.

— Mon père ! mon père ! cria-t-elle.

Le coup partit, la jeune fille s'affaissa sur elle-même et roula aux pieds de don Ramon !

— Mon Dieu ! s'écria-t-elle, il est sauvé !

Don Ramon, pâle d'horreur, la sueur au front, les cheveux hérissés, l'écume à la bouche, ne voyant, n'entendant plus rien, recula pas à pas jusqu'à la fenêtre par laquelle il se précipita en criant avec désespoir :

— Ma fille ! j'ai tué ma fille !

Et il se mit à fuir comme s'il eût été poursuivi par un spectre horrible.

La fuite de don Ramon détermina celle de ses soldats ; cinq minutes plus tard, ceux qui n'avaient pas été tués étaient refoulés au dehors et jetés par les fenêtres.

Laurent s'était élancé éperdu vers l'héroïque jeune fille, à laquelle doña Flor et le Père Sanchez prodiguaient leurs soins, et qui souriait malgré ses intolérables souffrances.

— Pauvre ! pauvre enfant ! s'écria le jeune homme avec la plus vive douleur ; et c'est pour moi, mon Dieu !

— Ne suis-je pas votre ange gardien ! vous êtes sauvé, dit-elle avec un calme et doux sourire, oh ! je suis heureuse, bien heureuse !

Elle saisit alors la main de doña Flor, la mit dans celle de Laurent, et d'une voix qui allait s'affaiblissant de plus en plus :

— Aimez-vous bien, murmura-t-elle ; oh ! moi aussi je vous aimais ! ajouta-t-elle avec un sanglot qui déchira sa gorge.

Ses yeux se refermèrent, sa tête tomba lourdement en arrière, elle demeura immobile.

Les flibustiers, ces hommes implacables et farouches, s'enfonçaient les poings dans les yeux pour ne pas pleurer.

— Mon Dieu ! s'écria Laurent, elle est morte !

— Morte, ma sœur ! s'écria doña Flor avec désespoir.

Le Père Sanchez hocha la tête.

— Non, dit-il, elle n'est qu'évanouie.

— Oh ! elle est sauvée, alors.

— Ne vous flattez pas d'un fol espoir, sa blessure est excessivement grave.

Sur un signe du moine, les aventuriers transportèrent avec des précautions touchantes la jeune fille dans une autre pièce, où déjà doña Luz s'était installée ; doña Flor les suivit, les yeux baignés de larmes.

En ce moment une décharge formidable d'artillerie éclata avec un fracas épouvantable à une légère distance de la Casa Florida, et on aperçut les Espagnols qui fuyaient en proie à une indicible terreur.

— Courage, enfants ! cria Laurent d'une voix stridente ; ouvrez les portes, assez longtemps nous sommes demeurés ici, voici nos amis qui arrivent ! Sus ! sus aux Gavachos ! Pas de pitié pour ces assassins de femmes ! Souvenez-vous de doña Linda !

Les aventuriers répondirent par une acclamation joyeuse à laquelle se mêlèrent des cris et des clameurs venant de l'intérieur des souterrains.

Tout à coup les portes secrètes éclatèrent plutôt qu'elles ne s'ouvrirent, et une foule de flibustiers conduits par José, Montbars et l'Olonnais, firent irruption de tous les côtés à la fois.

L'entrevue des deux matelots fut caractéristique.

Ils se serrèrent la main.

— Je t'attendais, dit Laurent.

— Me voici! répondit seulement Montbars.

Tout fut dit entre ces deux hommes extraordinaires; ils s'étaient compris.

Les flibustiers s'élancèrent hors de la maison et se ruèrent sur les Espagnols, qui essayèrent vainement de se défendre.

Presque aussitôt le Poletais apparut bondissant comme un tigre au milieu de la mêlée, et refoulant tout devant lui.

Les derniers défenseurs de la ville étaient pris entre deux feux; on en fit une boucherie horrible.

La troupe conduite par le Poletais avait marché sur Panama par le chemin de Porto-Bello, qui était complètement libre; lorsque les aventuriers entrèrent dans la ville et qu'ils virent que personne n'essayait de leur barrer le passage, que les murailles étaient dégarnies de défenseurs, ils oublièrent les recommandations de prudence que Montbars leur avait faites, et ils s'éparpillèrent de tous les côtés pour piller et poursuivre les Espagnols qui, en les apercevant, s'enfuyaient avec épouvante.

Ils arrivèrent ainsi jusqu'à la grande place, où ils furent reçus à l'improviste par une effroyable décharge de six pièces de canon qui étaient en batterie devant l'église.

Les aventuriers, furieux de voir tomber une cinquantaine des leurs, se ruèrent à corps perdu sur les pièces sans laisser le temps aux artilleurs de les recharger, les passèrent impitoyablement au fil de l'épée, et commencèrent à massacrer tous les Espagnols qu'ils purent saisir.

C'était cette décharge d'artillerie qui avait donné l'éveil à Laurent, et lui avait appris l'entrée de ses compagnons dans la ville.

Cependant les plus riches négociants de la ville avaient chargé nombre de barques de leurs effets les plus précieux, dans l'intention de se refugier à l'île Taroga; la flotte des galions essayait en même temps de lever l'ancre et de prendre le large; mais les malheureux furent trompés dans leur espoir: la corvette *La Perla* et la *Caravelle*, entrées le matin même au point du jour dans le port sous pavillon espagnol, arborèrent tout à coup le drapeau de la flibuste, et ouvrirent un feu terrible sur les barques et sur les galions.

Il fallut se rendre.

Montbars donna l'ordre que toutes les richesses des habitants fussent portées sur la grande place et que, lorsqu'on ne trouverait plus rien à prendre, le feu fût mis à la ville.

En même temps les exécutions commencèrent.

Laurent, après avoir placé doña Flor et le Père Sanchez dans l'hôtel même du gouverneur, sous la garde de Michel le Basque et d'une vingtaine d'hommes dévoués, s'était jeté dans une barque avec Vent-en-Panne et avait fait force de rames vers la corvette.

Le jeune homme avait hâte de s'emparer du misérable Jesus Ordoñez et de le livrer à l'implacable justice de ses compagnons.

Ils atteignirent promptement la corvette et furent reçus avec les plus grands honneurs par le lieutenant de Vent-en-Panne.

Il se passa alors une scène qui peint bien le caractère des flibustiers, et qui, malgré son horreur, avait cependant un côté burlesque qui faisait qu'on ne savait si on devait rire ou frémir d'une action aussi atroce.

Le lieutenant de Vent-en-Panne était un vieux flibustier d'une intelligence assez médiocre pour tout ce qui ne regardait pas son métier, entièrement dévoué à son chef et pour qui toutes ses paroles étaient mots d'Évangile.

— Où est le prisonnier? demanda Laurent.

— Le prisonnier espagnol?

— Oui, fit Vent-en-Panne, celui que j'ai fait conduire à bord, il y a deux jours, à la falaise del Moro.

— Ah! très bien! j'ai exécuté vos ordres.

— Quels ordres? demanda Vent-en-Panne avec un commencement d'inquiétude, car il connaissait le pèlerin.

— Eh! mais les ordres que vous m'avez donnés vous-même.

— Moi?

— Dame! qui donc? Ne m'avez-vous pas dit que vous vouliez l'écorcher vif?

— C'est vrai, je l'ai dit : eh bien?

— Eh bien, c'est fait. Voilà! répondit-il avec un charmant sourire.

— Comment, comment, tu l'as écorché vif! s'écria Laurent frappé de stupeur devant ce magnifique sang-froid.

— Tout ce qu'il y a de plus vif, reprit le lieutenant en se frottant joyeusement les mains. Il nous a donné du mal, par exemple; il se débattait comme un démon et criait à nous assourdir; c'est égal, l'opération a parfaitement réussi.

— Mais, au nom du diable! s'écria Vent-en-Panne, pourquoi as-tu fait cela?

— J'ai pensé vous être agréable en vous évitant cet ennui, capitaine, et puis, vous n'étiez pas là et je ne savais que faire.

— Singulière occupation! grommela Vent-en-Panne.

— J'ai conservé la peau, elle est fort belle, vous en serez content.

— Va-t'en au diable, imbécile!

— Comment! est-ce que j'aurais mal fait? demanda naïvement le lieutenant, tout contristé de cette rebuffade.

— Non, mon ami, répondit Laurent d'une voix sombre, non, tu n'as pas mal fait, car tu n'as dans tout cela été qu'un instrument : c'est Dieu, Dieu seul qui a tout fait.

— Ah! murmura le lieutenant en regardant les deux flibustiers d'un air effaré.

Le digne homme n'y comprenait plus rien du tout.

— Viens, Vent-en-Panne, reprit Laurent, nous n'avons plus rien à faire ici, retournons à terre.

— Et la peau, demanda timidement le lieutenant, est-ce que vous n'en voulez pas, capitaine ?

— Moi ?... Mais se remettant presque aussitôt :

« Non, garde-la pour toi, reprit-il, fais-en ce que tu voudras.

— Bon ! j'en ferai un pourpoint, dit-il en se frottant les mains avec satisfaction.

— Fais-en des bottes, si cela te plaît, mais, mille diables ! laisse-moi tranquille et ne me rabats plus les oreilles de cette sotte affaire.

— Hum ! murmura-t-il à part lui, qu'est-ce qu'il a donc ? Rendez service aux gens, voilà la récompense !

Et il haussa les épaules.

Les deux flibustiers étaient tristes ; ils ramaient, sombres et pensifs, sans échanger une parole.

Ils n'étaient plus qu'à quelques brasses du débarcadère, lorsqu'ils aperçurent un homme, l'épée à la main, qui courait vers la mer, vivement poursuivi par des aventuriers.

Deux fois cet homme s'arrêta dans sa fuite pour faire face à ceux qui le poursuivaient, et chaque fois, retirant un pistolet de sa ceinture, il fit feu et abattit un homme.

Les aventuriers, furieux, redoublèrent d'efforts pour l'atteindre, mais cet homme, arrivé sur le rivage, brisa son épée sur son genou, en jeta les morceaux à l'eau, fit le signe de la croix et se précipita à corps perdu dans la mer, où il fut à l'instant saisi et roulé par la lame.

Laurent poussa un cri d'angoisse : il avait reconnu don Ramon.

— Sang Dieu ! s'écria-t-il, je le sauverai ! Et, se débarrassant de ses armes et de son pourpoint, il plongea à l'endroit même où le malheureux gouverneur avait disparu.

Ses recherches furent longues, plusieurs fois il fut contraint de revenir sur l'eau pour respirer. Vent-en-Panne suivait ses mouvements avec une curiosité douloureuse.

— Ah ! s'écria-t-il enfin avec un soupir de soulagement.

Laurent venait de reparaître, soulevant dans ses bras puissants le corps inerte du gouverneur.

Don Ramon était évanoui. En un instant, il fut placé dans la barque, qu aborda presque immédiatement.

— Venez çà, garçons ! dit Laurent aux aventuriers qui s'étaient curieusement arrêtés pour être spectateurs de ce sauvetage ; formez un brancard avec vos fusils, placez-y cet homme et suivez-moi.

Les aventuriers n'osèrent résister à leur terrible chef ; ils obéirent.

Don Ramon fut ainsi transporté dans son hôtel.

Le pillage de Panama dura dix-huit jours ; les richesses dont les aventuriers s'emparèrent furent incalculables. Tous les habitants qui n'avaient pas réussi à prendre la fuite et qui tombèrent entre les mains de leurs féroces vainqueurs furent impitoyablement massacrés, après des tortures affreuses, sans distinction d'âge ni de sexe.

Puis, sur l'ordre de Montbars, le feu fut mis à la ville : comme la plupart des maisons étaient construites en bois de cèdre, l'incendie se propagea rapidement, d'autant plus que les aventuriers l'avivaient encore par tous les moyens possibles.

Le désastre de cette malheureuse cité fut si complet que ses ruines furent abandonnées par les Espagnols, qui la reconstruisirent après le départ des aventuriers, un peu plus loin, sur le bord d'une rivière nommée le Rio-Grande, où elle existe encore.

XX

CONCLUSION

Trois mois s'étaient écoulés depuis la prise de Panama.

Les aventuriers, après avoir livré plusieurs combats heureux aux Espagnols éparpillés par petites troupes dans la campagne, avaient enfin quitté les ruines fumantes de la ville, emmenant avec eux un grand nombre de négociants riches et d'habitants appartenant aux premières familles de la colonie, qu'ils avaient mis à des rançons considérables.

Les richesses dont ils s'étaient emparés avaient été chargées à dos de mules et transportées à Crux, où on les embarqua pour Chagrès; là furent aussi apportées par les parents des prisonniers les rançons auxquelles ceux-ci avaient été taxés, de sorte que la plupart de ces malheureux avaient été rendus à la liberté.

A Chagrès, on fit le partage du butin; puis, après avoir détruit les forts, les aventuriers s'embarquèrent enfin et mirent le cap sur Santo-Domingo, où ils atterrirent sans que rien de particulier signalât leur traversée.

Leur débarquement à Port-de-Paix fut un véritable triomphe. En voyant les richesses que possédaient leurs compagnons, ceux des aventuriers qui n'avaient pas fait partie de l'expédition se lamentaient d'avoir perdu une aussi belle occasion de s'enrichir, eux aussi.

Par une belle matinée du commencement du mois d'août, deux cavaliers richement vêtus, montés sur d'excellents chevaux, et suivis à distance respectueuse par des serviteurs bien armés, débouchèrent d'un bois assez épais et, après avoir suivi pendant quelques minutes un large sentier qui serpentait à travers la plaine, ils s'arrêtèrent à la porte d'une quinta ou maison de campagne, à demi cachée au milieu d'un fouillis de verdure.

Au moment où ces cavaliers mettaient pied à terre, un homme apparut sur le seuil de la porte et poussa, en les apercevant, une joyeuse exclamation :

— Monsieur d'Ogeron! Montbars! s'écria-t-il, soyez les bienvenus, cordieu! La charmante surprise! Je me préparais à aller à Port-de-Paix vous faire visite.

— J'espère, mon cher, que notre visite d'aujourd'hui n'influera en rien sur celle que vous vous promettez, répondit M. d'Ogeron.

— Non, certes, répondit gaiement le Beau Laurent en les embrassant cordialement, mais passez, je vous prie, et ne demeurez pas davantage à la porte.

Ils entrèrent dans la maison, où le capitaine les précéda.

— Eh bien! demanda M. d'Ogeron lorsqu'il se fut assis et que des rafraîchissements eurent été apportés, qu'avez-vous de nouveau ici?

— Tout va-t-il bien? demanda Montbars avec intérêt.

A ces questions cependant si simples et faites du ton le plus affectueux, le visage du jeune homme s'assombrit.

— Grâce aux soins intelligents du Père Sanchez, répondit-il, doña Luz et doña Linda sont complètement rétablies; don Ramon lui-même, qui depuis son arrivée ici semblait être en proie à une incurable mélancolie, paraît moins triste depuis quelques jours; vous le voyez, ajouta-t-il en détournant la tête, tout va bien, je suis parfaitement heureux, ou du moins, fit-il avec un soupir étouffé, aussi heureux que le permet notre misérable organisation humaine.

M. d'Ogeron et Montbars feignirent de ne pas remarquer la tristesse du jeune homme.

— Je suis venu exprès ce matin, matelot, dit Montbars, parce que je veux être le premier à t'annoncer une nouvelle qui te fera plaisir.

— Je me suis presque douté que tu avais quelque chose d'heureux à m'apprendre, quand je t'ai vu, matelot; parle, de quoi s'agit-il?

— Hier soir, à l'heure de la marée, plusieurs navires sont entrés à Port-de-Paix; au nombre de ces navires se trouvent la corvette *La Perle* et la *Caravelle*; Michel le Basque et Vent-en-Panne ont fait un excellent voyage; ils ont traversé le détroit de Magellan sans encombre, et en venant ici, ils ont happé quelques barques espagnoles, ce qui les rend très joyeux.

— Ce que tu m'annonces, matelot, est réellement pour moi une bonne nouvelle, je vais donc enfin revoir mes vieux compagnons. Pauvre Michel le Basque, pauvre Vent-en-Panne! ils pleuraient presque en se séparant de moi là-bas à Panama. Et puis, je vais pouvoir rendre à doña Luz la fortune que ce misérable Ordoñez lui avait volée et avait embarquée sur la *Caravelle*.

— Oui, mais il paraît qu'il l'a payé cher, dit Montbars en riant. Vent-en-Panne m'a conté toute cette histoire; c'est fort drôle.

— Fort drôle, en effet, répondit Laurent, dont les sourcils se froncèrent.

Une porte s'ouvrit, un serviteur parut et annonça que le déjeuner était servi.

— Chut! pas un mot, dit Laurent à ses amis, qui ne comprirent rien à cette recommandation.

Laurent se leva et les invita à passer au réfectoire.

M. d'Ogeron et Montbars échangèrent un regard significatif.

Un bruit de chevaux se fit entendre au dehors et quatre nouveaux personnages parurent.

C'étaient Michel le Basque, le Poletais, Vent-en-Panne et l'Olonnais.

Laurent leur serra cordialement la main.

— Pardieu! dit-il gaîment, vous arrivez bien, frères, nous allions nous mettre à table.

— Alors, ne perdons pas de temps, je meurs de faim, moi, dit l'Olonnais.

Il battit l'air de ses bras et serait tombé à la renverse si ses amis ne s'étaient élancés à son secours.

On passa dans la salle à manger.
Don Ramon, doña Linda et le Père Sanchez s'y trouvaient seuls.
Le capitaine interrogea le moine du regard.
— Ces dames n'assisteront pas au déjeuner, répondit seulement le Père Sanchez.
Laurent n'insista pas.

Chacun prit place et le repas commença.

Doña Linda était charmante; ses traits avaient repris toute leur fraîcheur nacrée; une teinte de mélancolie répandue sur son visage ajoutait un charme de plus à sa ravissante beauté.

Don Ramon, lui, était sérieux sans être triste; il répondait avec une grande courtoisie aux politesses et aux avances amicales que lui faisaient les flibustiers.

La conversation, d'abord un peu languissante, s'anima vers la fin du repas et devint plus active.

— Amiral, dit don Ramon à Montbars, je suis heureux de vous voir pour vous remercier de la manière généreuse...

— Ne parlons pas de cela, je vous prie, caballero, interrompit Montbars avec un sourire de bonne humeur, je n'ai fait que suivre, en cette affaire, les instructions du capitaine Laurent : c'est donc à lui seul et non à moi que vous devez d'avoir conservé votre fortune.

— Je l'avais deviné! murmura doña Linda, dont les yeux se levèrent avec une expression indéfinissable sur le capitaine, tandis que son beau visage devenait pourpre.

— Encore cela, capitaine! s'écria don Ramon en tendant par-dessus la table la main au jeune homme placé en face de lui : vous voulez donc que je ne puisse jamais m'acquitter envers vous?

— Je l'espère bien, répondit en riant le capitaine, tout en lançant à la dérobée un regard à la jeune fille.

— Ce n'est pas tout, messieurs, dit M. d'Ogeron, je demande qu'on m'écoute un peu, moi aussi!

— Comment! ce n'est pas tout? demanda Laurent.

— Certes.

— Messieurs, dit Michel le Basque, je propose que nous buvions à la santé de notre gouverneur et que nous l'écoutions ensuite.

— J'appuie la proposition, dit le Poletais.

— A la condition qu'on boira deux fois, ajouta l'Olonnais.

— Tout le monde se mit à rire; on remplit les verres, qui furent religieusement vidés rubis sur l'ongle.

— Maintenant écoutons, dit Vent-en-Panne la bouche pleine.

— Messieurs, dit alors M. d'Ogeron en éloignant un peu son siège de la table, hier la frégate de Sa Majesté *La Clorinde*, commandée par notre vieux camarade Ducasse, est entrée à Port-de-Paix, venant de Brest, avec tout un chargement de bonnes nouvelles.

— Ce diable de Ducasse n'en fait jamais d'autres, dit le Poletais.

— Buvons à sa santé, cria l'Olonnais.

— Tais-toi donc, bavard! lui dit Michel le Basque.

Pour se consoler, l'Olonnais but tout seul.

— Señor don Ramon de la Crux, dit M. d'Ogeron en s'adressant au gentilhomme espagnol, Montbars m'avait expédié de Panama le récit de son expédition, ainsi que la relation détaillée de votre belle conduite pendant les événements qui se sont passés dans l'isthme; cette relation, écrite tout entière de la main du capitaine Laurent et certifiée exacte par l'amiral, ses principaux officiers et douze habitants notables de la ville, a été par moi adressée à Sa Majesté Louis XIV. Sa Majesté a daigné l'envoyer au duc d'Harcourt, son ambassadeur à Madrid, avec ordre de la mettre sous les yeux de Sa Majesté Catholique, et d'appuyer la demande que le roi avait jointe à cette relation. Je suis heureux, soyez-en convaincu, caballero, d'avoir été chargé par le roi mon maître de vous transmettre la réponse de Sa Majesté le roi d'Espagne.

M. d'Ogeron se leva, s'inclina et présenta plusieurs parchemins à don Ramon, qui les prit d'une main tremblante.

— Lisez, lui dit M. d'Ogeron.

Don Ramon déplia les parchemins et les parcourut des yeux. Soudain il pâlit, ses yeux se remplirent de larmes.

— Eh quoi! s'écria-t-il avec une émotion qu'il ne parvint pas à dominer, est-ce possible!

— Tout est possible, señor, dit M. d'Ogeron, lorsqu'il s'agit d'un homme de votre mérite.

— Moi, moi fait comte de Santa-Cruz, grand d'Espagne, gouverneur et capitaine général de l'île de Cuba! oh!

Et se levant tout à coup en proie à une agitation étrange :

— Mais qui donc êtes-vous, dit-il à Laurent, vous qui accomplissez de tels miracles?

— Monseigneur, dit respectueusement M. d'Ogeron au capitaine, si Votre Altesse daigne...

— Silence! interrompit vivement le flibustier, dont l'œil lança un fulgurant éclair : est-ce ainsi que vous tenez votre serment?

Et se penchant vers don Ramon avec un charmant sourire :

— Qui je suis, cher seigneur? dit-il, eh! ne le savez-vous pas? un ladron, ainsi que vous nous nommez, vous autres Espagnols, pas autre chose.

Don Ramon se laissa tomber confondu sur son siège.

— Peut-être ai-je une légère influence en haut lieu, ajouta-t-il avec une mordante ironie, mais c'est bien peu de chose, comme vous pouvez voir.

Le nouveau comte croyait faire un songe; il craignait naïvement de s'éveiller.

Doña Linda, dont le visage rayonnait de bonheur, baisait affectueusement les mains de son père, mais ses regards se fixaient incessamment sur le flibustier.

— Continuez, mon cher d'Ogeron, dit celui-ci en riant, vous n'avez pas tout dit, je crois.

— Il me reste bien des choses à dire encore, capitaine, mais je vous avoue que je suis fort embarrassé, dit le gouverneur.

— Embarrassé, vous? allons donc!

— Voici ce dont il s'agit, matelot, dit Montbars, voulant venir en aide au gouverneur : Sa Majesté Louis XIV a daigné...

— A daigné, eh bien! pourquoi t'arrêtes-tu, matelot?

— J'ai une arête dans le gosier, dit Montbars en riant, et cela m'étrangle.

— Diable! ce que tu as à dire est donc bien rude?

— Assez. Bah! voilà la chose : Sa Majesté Louis XIV, ajouta-t-il avec ironie, a daigné nous adresser à chacun un brevet de chef d'escadre.

— Un brevet de chef d'escadre? s'écria le jeune homme avec hauteur; à moi? à moi, le fils... Mais se reprenant aussitôt :

« Je suis très reconnaissant à Sa Majesté de cette faveur ! dit-il avec amertume. Ah çà! tu as refusé, j'espère, matelot?

— Pardieu! fit Montbars en riant ; je sers le roi à ma guise, moi; j'aime mieux cela.

— Et moi aussi. Que nous importent ces grades, à nous qui les avons tous; ne sommes-nous pas les premiers entre nos égaux? Qu'on nous trouve des titres plus beaux que ceux que nous ont décernés nos frères ; d'ailleurs, nous sommes des titans foudroyés, nous autres, des déclassés de la vieille société européenne, nous n'avons que faire de ses faveurs. Reprenez ces brevets, mon cher d'Ogeron, rendez-les au roi votre maître, ils nous sont inutiles; vous ne trouveriez pas parmi tous les Frères de la Côte un seul homme qui en fît plus de cas que d'une pipe de tabac.

— Bravo! vive Laurent! vive Montbars! vive la flibuste! s'écrièrent les aventuriers avec enthousiasme.

La stupéfaction de don Ramon touchait à l'hébétement, il se sentait devenir fou.

Il se demandait ce que c'était que ces hommes étranges qui traitaient sur le pied de l'égalité avec le plus puissant souverain de l'Europe, et qui, tout en faisant prodiguer des faveurs à d'autres, les méprisaient pour eux-mêmes, et se proclamaient aussi fièrement libres de tout hommage à ce souverain auquel ils rendaient cependant de si éclatants services.

Quant à doña Linda, la jeune fille était en proie à une émotion étrange; son cœur se serrait, des larmes roulaient dans ses yeux : ces larmes étaient-elles de joie ou de tristesse? elle n'aurait su le dire.

— Je n'insiste pas, capitaine; je sais que tout serait inutile, reprit M. d'Ogeron ; mais permettez-moi de vous faire observer que Sa Majesté sera fort peinée de cette résolution.

— Bah! répondit légèrement Montbars, une ou deux croisières heureuses, et Sa Majesté ne nous gardera plus rancune.

— Nous n'aimons pas faire payer nos services, nous autres ; à présent, avez-vous vidé votre sac aux nouvelles, mon cher d'Ogeron ?

— Non, capitaine, il m'en reste une encore à vous apprendre, elle est fort grave, mais comme elle vous est toute personnelle, j'hésite.

— Mon cher gouverneur, il n'y a ici que de vieux compagnons de dangers et d'aventures pour lesquels je n'ai jamais eu de secrets, et de nouveaux amis, ajouta-t-il en saluant don Ramon et sa fille, pour lesquels je ne veux pas en avoir ; d'ailleurs, j'aime la vie au grand jour, moi, vous le savez : parlez donc sans crainte, quoi que vous ayez à dire.

— C'est moi, si vous me le permettez, qui parlerai, mon fils, dit le Père Sanchez, qui jusqu'alors était demeuré témoin muet de ce qui s'était passé.

— Parlez, mon père, je vous écoute, dit Laurent avec une nuance d'inquiétude.

Don Ramon et sa fille descendirent dans l'embarcation qui devait les conduire à bord du bâtiment.

— Mon fils, lorsqu'en entrant dans cette salle vous m'avez demandé les raisons de l'absence de doña Luz et de sa fille, je vous ai répondu qu'elles n'assisteraient point à votre déjeuner.

— Vous m'avez répondu cela, en effet, mon père.

— Doña Flor et sa mère sont parties hier à huit heures du soir, pour le Port-de-Paix; voilà ce que M. d'Ogeron, chez qui elles sont descendues, était chargé de vous apprendre.

— Parties! par le Dieu vivant! s'écria le jeune homme avec violence, et pourquoi parties? Vive Dieu! je vais...

— Arrêtez, mon fils, dit sévèrement le prêtre; ne vous laissez pas emporter par la fougue de votre indomptable caractère. La résolution de ces dames est irrévocable.

— Par le nom de...! s'écria Laurent les yeux injectés de sang.

Montbars l'interrompit vivement, et, lui saisissant le bras :

— Sois homme! dit-il. Tu es injuste envers ces dames; leur départ est du dévouement.

— Du dévouement! murmura le jeune homme l'œil hagard et se laissant machinalement retomber sur son siège.

— Oui, et de la sagesse.

— Partir ainsi, en secret, me fuir de cette façon, moi! Oh! c'est affreux, matelot!

— Calme-toi, frère, j'ai causé longuement avec doña Flor; elle m'a convaincu, matelot, car ce qu'elle m'a dit est vrai; le mensonge n'emprunte pas de tels accents; elle a cédé, en te fuyant, à une vocation irrésistible; si elle ne t'a pas fait ses adieux, c'était pour ne pas t'affliger par un refus que rien ne saurait modifier.

— Et puis elle a laissé une lettre pour vous, mon fils, reprit le Père Sanchez : lisez.

Laurent prit d'une main fébrile la lettre que lui tendait le père Sanchez; il la décacheta vivement et la dévora des yeux plutôt qu'il ne la lut.

Un silence de mort planait sur cette assemblée un instant auparavant si joyeuse et si bruyante.

La lettre était courte, elle ne contenait que ces mots :

« Monsieur et cher cousin,

« Je pars. Quand vous recevrez cette lettre je serai loin de vous; je me rends en France, où j'ai l'intention de prendre le voile dans un couvent de dames espagnoles à Perpignan. N'essayez pas de combattre cette résolution, elle est immuable; je l'ai prise après de mûres réflexions, et après avoir sérieusement interrogé mon cœur. Fernan, mon ami, mon frère, laissez-moi vous donner ce nom si doux; nous nous sommes trompés sur nos sentiments mutuels, ce que vous et moi avons pris pour l'amour n'était qu'une profonde et fraternelle amitié. Mes yeux sont dessillés, je vois clair dans mon cœur à présent, les événements qui se sont passés pendant ces trois mois m'ont révélé la vérité; oui, vous m'aimez, mais comme on aime une sœur chérie : votre amour appartient à une autre; qu'elle soit heureuse avec vous! Du fond de ma cellule, je prierai Dieu pour votre bonheur. Mon frère, si vous avez bien compris le sens de cette lettre, vous ne nous laisserez pas partir, ma mère et moi, sans nous faire vos adieux. La mort de mon père, les malheurs qui nous ont assaillis, tout nous fait un devoir, pauvres et faibles femmes que nous sommes, de nous consacrer à Dieu et d'implorer sa miséricorde.

« Votre cousine,

« Flor Ordoñez. »

Après la lecture de cet étrange billet, Laurent laissa tomber sa tête dans ses mains.

Quelques minutes s'écoulèrent.

— Quand partent-elles? demanda-t-il enfin.

— Dans huit jours, sur la frégate *La Clorinde*, répondit M. d'Ogeron.
— Je suis ces dames en France, ajouta le Père Sanchez.

Le jeune homme fit un violent effort pour se contenir, et il répondit d'une voix calme :

— Je vous remercie de ne pas les abandonner, mon Père ; j'irai leur faire mes adieux ; ma cousine doit apporter une dot convenable au couvent dans lequel elle entrera, je me charge de la fournir ; d'ailleurs, ne suis-je pas le dépositaire de sa fortune qui se trouve toute à bord de ma caravelle ?

— Vous êtes le maître d'agir à votre guise, mon fils, répondit tristement le vieillard ; mais peut-être serait-il préférable...

— Ah! et pourquoi cela? interrompit-il avec un rire strident; suis-je donc un enfant mutin que la plus légère contradiction fait tomber en syncope? non, non! s'écria-t-il d'une voix déchirante, je suis un homme, moi, un homme fort, contre la large poitrine duquel tout s'émousse, joie ou souffrance, Vous voyez bien que la douleur ne tue pas, puisque je vis encore!... Ah!

Tout à coup le sang sortit avec violence de son nez et de sa bouche; ses forces, surexcitées au delà de la puissance humaine par l'effort qu'il avait fait pour se dompter, l'abandonnèrent subitement. Ses yeux sans regard roulèrent dans leur orbite, il battit l'air de ses bras, poussa un cri lamentable, et serait tombé à la renverse, si Montbars, Michel le Basque et ses autres amis ne s'étaient élancés à son secours et ne l'avaient reçu dans leurs bras.

Il était en proie à une crise nerveuse terrible.

Tous ses amis étaient épouvantés.

On se hâta de le transporter sur un lit.

Le Père Sanchez le saigna à plusieurs reprises.

Pendant six jours et six nuits ses amis veillèrent tour à tour à son chevet.

Doña Linda ne le quitta pas une seule minute, le soignant comme une sœur dévouée, écoutant en frémissant les terribles révélations de son délire, et baignant ses mains de larmes.

Au bout de six longs jours de ces angoisses continuelles, la jeune fille ne se sentit pas le courage de résister davantage à tant de douleur : elle se retira, triste, sombre, pensive.

Le lendemain, c'est-à-dire le septième jour, quoique bien faible encore, Laurent voulut se lever.

— Allons au Port-de-Paix, dit-il au Père Sanchez qui, en ce moment, entrait dans sa chambre à coucher, et qui ne put retenir un geste de surprise en le voyant debout.

— Allons, puisque vous le voulez, mon fils, répondit-il doucement.

Tout à coup la porte s'ouvrit, et doña Linda parut sur le seuil; elle était pâle, mais résignée.

— C'est inutile, dit-elle d'une voix qu'elle essaya vainement d'affermir, je vous amène celle que vous désirez si ardemment revoir. — Venez, ma sœur, ajouta-t-elle.

Et elle entra dans la chambre tenant doña Flor par la main.

La jeune fille s'élança vers Laurent, et se jeta dans ses bras en sanglotant.

— Flor ici ! mon Dieu ! s'écria le jeune homme en proie à une émotion terrible.

— Oui, répondit doña Linda d'une voix douce, mais ferme, Flor que vous aimez et qui vous aime !

— Oh ! oui je t'aime ! je t'aime ! s'écria la jeune fille avec égarement ; pardonne-moi, Laurent, j'étais folle ! j'étais...

— Jalouse ! pauvre sœur, reprit doña Linda en lui prodiguant les plus charmantes caresses ; ne t'avais-je pas dit que je voulais que tu fusses heureuse ?

— Oh ! vous êtes un ange ! dit avec émotion le capitaine, et vous tenez noblement votre promesse. Hélas ! son départ me tuait ; mais vous ?

— Moi, reprit-elle avec une expression d'ineffable joie, tandis que ses yeux pleins de larmes se levaient vers le ciel ; moi je suis votre ange gardien...

Deux jours plus tard, don Ramon et sa fille partirent pour Cuba sur un navire neutre qui était venu à Port-de-Paix régler les rançons de quelques prisonniers espagnols.

Les adieux furent tristes, mais calmes ; Laurent et doña Flor ne quittèrent la jeune fille qu'au moment où elle descendit dans l'embarcation qui la devait conduire à bord du bâtiment sur lequel son père avait arrêté son passage.

Un mois plus tard, Laurent apprit que doña Linda avait prononcé ses vœux dans un couvent de la Havane.

Cette nouvelle l'affecta péniblement, mais le charmant sourire de doña Flor dissipa bientôt ce léger nuage.

Le Père Sanchez n'attendait que la fin du deuil de doña Luz et de sa fille pour bénir l'union des deux jeunes gens.

www.ingramcontent.com/pod-product-compliance
Lightning Source LLC
Chambersburg PA
CBHW052044230426
43671CB00011B/1783